놀라운 책! 문학적이고, 매력적이고, 철학적으로
세련되고, 지적으로 방대하다. 사려 깊고 열정적인
오랜 지적 노동의 정점인 이 책은 다른 저작들, 인물들,
장소들, 철학적인 발상들에 깊이 닿아 있다.
반복해서 이 책을 펼쳐들 것 같다.

—피터 S. 파슬Peter S. Fosl,
　　미국 트랜실베니아 대학교

우리는 걷기가 명상적인 사고를 자극한다는 것,
그리고 많은 위대한 사상가들이 열정적인 보행자였다는 것을
잘 알고 있다. 저자인 보Baugh 역시 실제로는 자신이
사는 동네인 캠룹스를, 은유적으로는 놀라운 범위의
주요 저작들을 거닐고 있다. 그의 작업은
개인적이며, 학계에 적당히 의존하지 않는다.
이 책은 읽고 또 읽어야 할, 집을 나서기 전에
배낭에 챙겨야 하는 필수품이다.

—제프리 블뢰흐Jeffrey Bloech,
　　미국 보스턴 대학교

플라뇌르
Flâneur,
산책자

브루스 보 지음
황재준 · 우석영 옮김

철학자들을 매혹한
길과 풍경

산현글방

차례

일러두기

1. 저자 주는 미주로 처리했고, 역자 주는 본문에 넣었다.

2. 책 제목은 《 》로, 저널, 산문(에세이), 논문, 영화, 연극, 음악, 소설, 시, 강의의 제목은 〈 〉로, 그 밖의 강연과 글의 제목, 인용구는 " "로 표기했다. 저자가 강조한 사항은 ' '로 표기했다.

3. flâneur는 분방한 마음으로 홀로, 목적지 없이 길을 거닐며 관찰하고 사색하는 인간을 뜻한다. 국어로 압축해서 표현할 수 있는 단어가 사실상 없기에, 불만족스럽지만 (가장 많이 사용되는 번역어인) '산책자'를 이 단어에 대한 번역어로 채택했다.

4. street, rue는 통상적 번역어인 '거리'나 '가街'가 아니라 '로路'로 번역했다. (필요한 경우엔 '거리'로 번역했다.) 정부(행정안전부)가 도로명 국어 표기법을 정할 때 'street'는 '로路', 'road'는 '길街'로 표기하기로 정했기 때문이다. 반면, avenue는 주로 '가街'로 표기했다.

감사의 말

이 책이 나오기까지 그 길고 험난한 여정에서 나를 도와주신 분들이 적지 않다.

이 책의 초고를 읽고 매우 귀중한 의견을 제시해준 폴 헤드릭과 스티브 라이브에게 가장 먼저 감사를 표한다. 훌륭한 연구 조교 에밀리 던다스 오우크와 앨리스 맥클린에게도 고맙다는 말을 전하고 싶다. 톰슨 리버 대학교 걷기 연구소의 모든 구성원들과 수년간 함께 일한 학생 연구원들인 리아 버크넬, 아만다 크랩, 케이트 가렛-펫츠에게 감사하고 싶다. 많은 것이 2014년에 걷기 철학 수업을 들은 열정적인 학생들, 그리고 녹지와 신성함에 관한 고무적인 연구(2014-2018)를 진행한 메간 (팬) 그레이엄 덕분이라고 생각한다. 타라 체임버스는 추가적인 연구 지원 업무를 수행해주었다. 마지막으로, 교정을 진행한 오드리 맥크렐런에게 깊은 감사의 인사를 건넨다.

2009년부터 2014년까지 소규모 대학 지원 보조금과 2008년 지역 대학 연구 연합 보조금을 통해 자금을 지원해준 캐나다 사회과학 & 인문학 연구위원회에 감사하고 싶다. 내부 연구 보조금(2013), 최고 연구자 상(2013), 학생 수습 연구원 보조금(2017-18)을 지원한 톰슨 리버 대학교에 감사 드린다.

차분하게 안내하고, 방향을 제시하고, 지원해준 라우틀리지 출판사의 토니 브루스와 애덤 존슨에게 감사 말씀을 드린다. 이 책 초고를 읽고 예리한 의견을 제시해준 익명의 검토자 세 분께도 감사 드린다.

이 프로젝트를 시작하게 해준 피터 머피, 특히 필 스미스, 마이크 콜리어, 2013년 선더랜드에서 열린 걷기 관련 학술 대회에 참여한 모든 분들, 톰슨 리버 대학교 철학·역사·정치학과 동료들, 그리고 모든 걷기 동료 분들을 포함하여 수년간 나를 격려해준 모든 분들께 감사 드린다. 톰슨 리버 대학교 수업에서 데카르트와 루소에 관한 연구 결과를 발표하도록 나를 초대해준 아네트 도미니크와 제나 우드로에게도 특별한 감사의 마음을 전한다. 5장은 버니 보우커와 브라이언 머리가 오래전에 뿌린 씨앗의 결과물이라고 할 수 있다.

이 철학자의 산책로를 함께 걸었던 동료들에게 가장 감사 드린다. 어니 크뢰거(캠룹스Kamloops와 콜리지 길), 제너비브 피롱(페레스크Peyresq, 로잔, 모티에Môtiers), 자비네 마인베르거와 마르코 부르소티(실스 마리아Sils Maria), 그리고 특히 나의 아내 다이앤 린지(런던, 로드멜Rodmell, 에르메농빌Ermenonville, 길렐라이에Gilleleje, 코펜하겐)가 그들이다.

마지막으로, 변함없는 사랑과 지지를 보내준 아내 다이앤 린지와 딸 안나 린지 보에게 가장 깊은 감사를 보낸다. 그 두 사람에게 이 책을 바친다.

1장

동네 알아가기

1. 철학자의 길

"철학자의 길Philosophers' Walk"이라 불리는 곳은 많다. 철학 박사학위를 위해 토론토에 왔을 때, 나는 산골짜기를 따라 토론토 대학교 교정까지 이어지는 철학자의 길을 발견하고 기뻤다. 그곳은 여름과 봄에 상대적으로 한적한 녹색 피난처가 된다. 나는 종종 그 길을 걸으며 사색에 잠기거나 마음을 안정시키곤 했다. 과거 프러시아의 쾨니히스베르크Königsberg(현재는 러시아의 칼리닌그라드Kaliningrad)에는 더 유명한 철학자의 길이 있었다. 임마누엘 칸트가 하루도 거르지 않고 5시 정각에 산책하기 시작해서 주부들이 그를 보고 시계를 맞추었다는 일화로 유명한 길이다.[1] 이와 비슷한 수준으로 유명한 철학자의 길이 교토에도 하나 있는데, 20세기 철학자 니시다 기타로가 매일 대학에 출근하며 걸었던 길이다.

　이 책에서 이야기하는 철학자의 걷기는 각기 종류가 다르다. 특히 나는 특정 철학자들과 작가들의 작품에 나타난, 걷기와 생각하기의 교차 방식에 관심이 가 있다. 그들 중 몇몇—르네 데카르트, 장 폴 사르트르, 시몬 드 보부아르—은 철학자로서는 잘 알려졌지만, 걷기와 그들 사상의 연관성은 언급된 적이 거의 없다. 다른 이들—쇠렌 키르케고르, 장 자크 루소, 프리드리히 니체—은 자신들의 철학적 사고에서 걷기의 중요성을 강조한 것으로 유명하다. 세 번째 그룹은 앙드레 브르통과 버지니아 울프처럼 철학적인 성향이 강한 작가들, 그리고 철학자이자 시인인 새뮤얼 테일러 콜리지로 구성되어 있다. 나는 그들의 발자취를 따라 도시, 들판, 숲, 등산로, 평원을 걸었고, 그들의 걷기와 사고가 어떻게 연결되는지에 관한 통찰력을 조금이나마 얻을 수 있기를 희망했다. 이 책은 그 "철학자들의 걷기"에 관한, 그리고 그 걷기가 그들에게 불어넣은 영감에 관한 기록이다.

　　나는 "생각하기"가 철학적 추론뿐만 아니라 감각 지각, 기억, 그리고 상상까지 포함하는 것이라고 여긴다. 나는 이러한 정신적인 현상들을 연구하는 데 걷기를 활용해, 우리의 정신적 삶과 신체적 실존 사이의 관계 또는 이른바 "정신-신체 문제the mind-body problem"를 살펴보려 한다. 이 테마는 17세기 철학자 르네 데카르트와 그의 동시대 철학자 피에르 가상디를 중심으로 2장에서 가장 명시적으로 다루어지지만, 2장만이 아니라 이 책 전체를 관통하는 주제이기도 하다. 감각 경험과 감각 지각이 정신만큼이나 신체와 관련이 깊다는 것은 분명해 보인다. 철학자들의 발걸음을 따라 걸었던 경험 덕에 나는 기억, 상상, 개념적 사고도 그와 마찬가지라는 견해를 취하게 되었다. 몇몇 사상가들—루소, 콜리지, 키르케고르, 니체—의 '사색 방식'은 그들의 신체화된 경험, 보행자로서의 신체 활동과 분리될 수 없으며, 이는 그들의 가장 "지적인" 사고에도 해당한다. 걸었기 때문에, 그들은 생각했다.

　　따라서 그들의 사고 과정 안쪽으로 들어가는 최상의 방법은 그들이 걸었던 길을 따라 걷는 것이다. 보통 누군가가 걸었던 길을 따라 걷는 행위는 일종의 성지 순례이고, 작가에게 경의를 표하는 방법이며, 그 사람을 더욱 가깝게 느끼기 위한 수단이기 쉽다. 걷기 여행은 때로 관광객을 모으는 상술 수준으로 떨어지기도 한다. 하지만 이 책에서 다루는 대부분의 사상가의 경우, 걸으면서 자신들의 물리적이고 사회적인 환경과 관계를 맺는 방식이 그들이 세계를 경험하는 방식의 대부분을 차지했기에, 나는 그들의 사상을 사유하기 위해서는 그들이 걸었던 길을 직접 걸어야겠다고 생각했다. 스위스 알프스의 산길들을 오르내리지 않았다면 니체는 자신의 철학에서 '시각주의perspectivism'라는 독창적 개념을 발전시키지 못했을 것이다. 이스트 서식스의 사우스 다운즈South Downs를 두루 걷지 않았다면 버지니아 울프는《댈러웨이 부인》같은 소설에서 표현했던, 모든 것을 포괄하는 생명력에 관한 통찰을 얻지 못했을 것이다. 그들의 발걸음을 따라 걷지 않았다면 나는 그들이 어떻게 생각하고 글을 썼는지 이해할 엄두조차 나지 않았을 것이다.

이것은 대강의 이야기이며, 나는 다음 장들에서 이를 조금 더 상세하게 설명하고자 한다. 책의 각 장은 모두 걷기와 관련이 있다. 이 장은 나의 한결같은 캠퍼스 걷기와, 다음 장들은 문자 그대로 한 작가(브르통, 콜리지, 루소, 니체, 키르케고르, 울프)의 발자취를 따라가는 걷기나 그들(사르트르, 보부아르)의 작품이라는 매개체를 통한 걷기와 관련이 있다. 내가 활용한 방법론은 다양하다. 나 자신의 걷기와 사르트르와 보부아르의 걷기를 다룰 때는 현상학을, 브르통의 걷기를 논할 때는 초현실주의를, 키르케고르의 코펜하겐 걷기를 논할 때는 심리지리학과 발터 벤야민의 '산책자[소요인, 사색하는 산책자, 플라뇌르, flâneur]'론을, 콜리지를 논할 때는 독일 관념론을 활용했다. 그 각각에서, 나는 작가가 자기를 이해하는 방식대로 그 작가를 이해하려고 노력했다.

나는 걷기와 생각하기의 연관성이라는 주제를 단계적으로 발전시킨다. 이 장에서는 생동하는, 신체화된 앎의 형식으로서의 걷기라는 주제에 관해 대강의 줄거리를 그리기 위해 나의 캠퍼스 걷기부터 시작한다. 2장에서는 정신이 신체로부터 독립적으로 기능할 수 있는가에 관한 데카르트와 가상디의 논쟁을 살펴보며 이 주제를 발전시킨다. 가상디는 그것이 가능하지 않다고 했고, 나는 가상디의 고향인 프랑스 디뉴레뱅Digne-les-Bains 인근의 등산로를 걸었던 경험을 토대로 정신과 신체가 분리될 수 없다는 그의 논지를 지지한다. 3장에서 나는 기억이 왜 뇌만이 아니라 물질적 환경 안에도 구현될 수 있는지를 탐구한다. 브르통이 남긴 물질적 흔적이 정말로 걷기를 통해 재활성화되고 "기억될" 수 있는지를 알아보기 위해 나는 1920년대 파리에서 브르통이 걸었던 길을 따라 걸었다. 나는 그것이 가능하다고, 이를 통해 타인의 경험을 "기억하는" 것이 가능하다고 주장한다—언뜻 보면 놀라운 결론이지만, 이를 이해시키고자 노력할 생각이다.

4장에서는 사르트르 실존주의 철학의 대작인 《존재와 무》의 주요 두 부분을 살펴본다. 논의 주제의 하나는 현기증vertigo이고, 다른 하나는 사르트르가 말한 "근본적 기투original project", 즉 내가 세계 그리고 나 자신과 어떤 관계를 맺을지를 선택하기다. 나는 사르트르가 자유, 불안, 자아 정체성에 관한 자기 생각을 설명하려고 걷기를 활용한 사실을 결코 사소한 것으로 취급할 수 없다고 주장한다. 그가 산길을 걷는 과정을 생생하게 묘사한 것을 보면, 그 자신의 직접적인 경험에서 도출되었다는 것은 확실하다. 사르트르는 도시에서 가장 행복했고, 나는 그의 근본적 기투 이론을 활용해 시골길 걷기에 대한 그의 부정적인 태도와 하이킹과 등산에 대한 보부아르의 열정을 대비한다. 즉, 그들이 각자의 몸과 관련 맺는 다른 방식을 보여 주는, 태도상의 차이를. 사르트르는 흔히 신체와 정신을 분리하는 데카르트적 이원론자로 오인되지만, 그와 반대로 사르트르의 사례들과 이론들은 심지어 우리의 가장 근본적인 자유도 몸으로 구현된다는 점을 보여 주는 경향이 있다.

만약 정신적 자유가 몸으로 구현된다면, 가장 자유로운 정신적 능력인 상상력도 마찬가지일 것이다. 5장에서 나는 잉글랜드 서머싯Somerset에서 새뮤얼 테일러 콜리지가 걸었던 길을 따라 걸으며, 〈이 라임 나무 그늘은 나의 감옥〉 같은 시에서 엿볼 수 있는 시적 상상력과 걷기의 관계를 탐구한다. 나는 상상력에 관한 콜리지의 철학적 이론과 그 근거인 독일 관념론(칸트와 셸링)을 활용해, 걷기처럼 시적 상상력 역시 장시간에 걸친 여러 시각 경험들의 종합임을 보여 준다. 또한 감각 지각 또는 기억만큼이나 상상력 역시 필연적으로 신체화된 것임을.

이 책의 첫 다섯 장은 생각하기, 지각하기, 알기, 기억하기, 그리고 상상하기가 신체화된 형식인 걷기의 이론을 확립해간다. 6~8장은 키르케고르, 루소, 니체, 울프 네 명의 사상가들과 관련하여 이 이론을 탐구한다. 이 사상가들이 생각하는 방식은 그들이 걷는 방식과 전적으로 일치한다.

6장의 주인공 키르케고르는 "코펜하겐의 산책자flâneur"로, 일생의 모든 산책길에서 만난 사람들과 이야기하며 온 동네를 돌아다닌 이른바 "빈둥거리는 자idler"로 유명하다. 이 장의 목적은 키르케고르가 타자를 심리적으로 관찰했던 현장을 재방문하여—《두려움과 떨림》부터 《죽음에 이르는 병》까지의 저작들에 표현된—겉으로 볼 수 있는 외면과 그 사람의 내면은 서로 다르므로 "같은 척도로 비교할 수 없다"는 그의 핵심 논제를 탐구하는 것이다. 어떤 의미에서 나의 실험은 하나의 역설(키르케고르는 역설을 매우 좋아했다)과 관련이 있다. 나는 외부 조건(코펜하겐)에서의 외적 행위(걷기)를 활용해 외적 면모를 통해 개인의 내면과 정신세계 속으로 들어가는 것의 불가능성을 탐구할 것이다. 이 역설이 난제인지, 아니면 반대로 키르케고르의 사색 방식에 대한 더 깊은 시야를 제공해 주는 단서인지는 독자들이 결정할 사안으로 남겨 두고자 한다—독자로 하여금 자기만의 "내면성inwardness"으로 돌아가 인생의 중대한 질문들에 답하도록 하는 키르케고르 특유의 글쓰기 스타일과 보조를 맞추는 방식이다.

　　7장과 8장은 루소, 니체, 울프의 장시간 걷기, 생각의 탐구, 저작들을 논하지만, 여러 면에서 더 단순명료하다. 이 세 작가/사상가의 경우, 그들의 사고 내용 및 방식과 걷기와의 관계는 그들 스스로 오랜 시간에 걸쳐 깊이 성찰한 것이다. "나는 걸을 때만 묵상할 수 있다. 내가 걸음을 멈추면 내 생각도 멈춘다. 내 정신은 내 다리가 움직여야 작동한다 […] 내 정신이 움직이려면 내 몸이 움직여야 한다"는 루소의 말은 유명하다.[2] 그러나 루소의 사색을 자극하는 걷기에는 특별한 조건이 필요한데, 그것은 숲과 산, 다른 사람들로부터 멀리 떨어져 있기, 맑은 공기와 고독이다. 이런 면에서 루소는 자연에서 홀로 걸으며 위안을 얻고 영감을 받았던, 니체부터 울프에 이르는 낭만주의 보행자 세대에게 본보기를 제시했다. 니체는 스위스에 있는 어퍼 엥가딘Upper Engadine의 산들이 그의 위대한 사상의 원천이었다고 평가한다. 버지니아 울프는—대체로 소설 《댈러웨이 부인》으로 인해—런던의 위대한 '플라뇌르'로 유명하지만, 자신의 소설에 표현한 세계관의 대부분을 사우스 다운즈 곳곳에서의 고독한 걷기에서 끌어내곤 했다. 사우스 다운즈는 자연이 선사하는 창의력과 치유력에 그녀가 온전히 몰입할 수 있는 곳이었다.

　　마지막으로 9장에서는 책의 앞부분에서 다룬 내용들을 되짚으며 걷기와 생각하기의 연관성에 대한 좀 더 심화된 의견을 제시한다.

　　이제는 누구나 짐작하겠지만, 이 책은 여러 가닥들을 하나로 묶어낸다—내가 논하는 이들의 사상, 그들의 삶, 나만의 고유한 걷기가 그것들이다. 이 탐구는 본질적으로 다양한 학문 분야에 걸쳐 있어서, 나는 종종 다른 사람들의 전문 영역으로 들어서기도 할 것이다. 리베카 솔닛은 다양한 지식 분야에서 "걷기는 항상 길을 잃고 마는 주제"[3]임을 짚어낸다. 내가 때때로 길을 잃는다면, 나는 브르통의 산책 동반자인 나자Nadja가 이야기했던 "길을 잃었다고요? 이 세상에 그런 개념은 존재하지 않아요"[4]라는 말이 틀리지 않기를 바랄 뿐이다. 이렇게 다양한 학문 분야의 길을 따라가면서, 나는 솔닛의 20년 전 저작 《방랑벽Wanderlust》(국역본 제목은 '걷기의 역사'-역자)이 개척했고 많은 작가들이 따라 걸었던 바로 그 길을 걷는다. 나의 여정이 그들과 다른 점이 있다면, 그것은 이 책에 등장하는 철학자, 작가들의 사상과 걷기와의 연관성에 관한 탐구의 깊이일 것이다.

이 책은 나와, 내가 논하는 작가들과 함께 여유롭게 거닐 수 있는 독자들을 위한 책이다. 걷기를 다룬 뛰어난 동시대 작가들이 내게 길을 안내해 주었다. 리베카 솔닛, 로런 엘킨, 메리 소더스트롬, 조지프 아마토, 다비드 르 브르통, 프레데릭 그로, 장 루이 위, 필 스미스, 댄 루빈스타인, 로버트 맥팔레인, 낸 셰퍼드, 케런 틸, 앨리슨 할렛, 조 베르군스트, 팀 잉골드, 그리고 미셸 드 세르투가 바로 그들이다. 과거의 목소리—도로시 워즈워스, 로버트 루이스 스티븐슨, 윌리엄 해즐릿, 헨리 데이비드 소로, 샤를 보들레르, 발터 벤야민, 기 드보르—가 그 길을 가도록 나를 격려해 주었다. 가는 길 곳곳에서, 독자는 이들을 전부 만나게 된다.

2. 걷기와 알기—내가 걸은 캠룹스

자, 어디서부터 시작할까? 《도덕경》에는 "천릿길도 한 걸음부터 시작된다"라는 말이 있다. 모든 길과 여행, 모든 일에는 반드시 첫걸음이 있어야 한다는 뜻이다. 대안적 번역은 "여행은 자신이 서 있는 곳에서 시작된다"[5]는 것이다. 이 말에 따라, 나는 내가 살고 있는 캐나다 서부의 캠룹스, 그중에서도 우리 동네에서 늘 버릇처럼 하는 걷기에 관한 이야기부터 풀어가려 한다. 나는 매일 걸으며 걷기를 통해 길러진 감각 지각과 관심의 패턴이 우리의 물리적, 사회적 환경을 어떻게 독특하고 생생한 방식으로 포착하는지 탐구한다. 걸으면 물리적 특징만이 아니라 사회적 역학과 전체적 상황까지, 주변세계를 상세하고 "낱낱이" 이해할 수 있다. 이 첫 번째 "철학자의 걷기"는 일종의 머리말 역할을 하면서 다음 장에서 사용되는 몇 가지 방법론을 소개한다.

걸어서 알게 되는 세계가 운전하는 차 안에서, 타고 가는 버스 안이나 하늘을 나는 비행기 안에서 바라보는 세계와 얼마나 다른지는 누구나 잘 알고 있다. 솔닛의 관찰에 따르면, 보행자는 "많은 것들을 그냥 지나치지 않고, 사물을 상세하게 들여다보고, 현지 사람들과 장소들에 거리낌 없이 마음을 연다."[6] 보행자와 그를 둘러싼 세계 사이에는 장벽이 없고, 신경 써야 할 정교한 기술도 없으며, 신발과 옷 이외의 장비도 필요하지 않다.[7]

우리 중 대다수는 신체적 움직임에 대해 크게 신경 쓰지 않고 걸을 수 있으니, 우리 마음은 자유롭게 자연에 주의를 기울이거나 몽상에 잠긴 채 방랑할 수 있다. 다비드 르 브르통이 말한 것처럼, "걷기는 완전한 감각적 인식을 요구하는 적극적인 형식의 명상이다. […] 어느 한 감각도 소홀히 하지 않는, 하나의 총체적인 감각적 경험이다."[8] 또는, 질 들뢰즈와 펠릭스 과타리의 정식화에 따르면, 걷기는 "움직이는 직관"[9]이다. 걷기는 단지 생각에 영향을 주는 자극에 국한되지 않는다. 그것은 그 자체로 사고와 지각의 신체적 형식이며, 세계와 연결하고 세계를 드러내는 본질적인 방법이다.

나는 캠퍼스를 걸으며 내 다리와 발로 자연의 윤곽과 질감을 느낀다. 자동차 매연과 초목의 향기에 더 많이 노출되고, 빛과 그림자, 열기와 냉기의 움직임에 더 익숙해진다. 자갈이 아삭거리는 소리, 길에서 솟아난 한 줄기 먼지의 냄새, 진흙의 미끄러움과 식물이 퇴비가 되는 냄새를 느끼며 눈, 귀, 코, 손과 발을 통해 섬세하고 다채로운 감각의 자연에 몰입한다.

걷기라는 신체 활동은 차를 타는 것에 비해 각도angles와 경사도 변화를 더 정확히 알게 해준다. 윌 셀프에 따르면, "공간에 대한 신체의 명상"인 걷기는 몸이 느끼는 노력, 통증, 고통 때문에 "단지 마음으로만 하는 명상보다 훨씬 더 울림이 크다."[10] 걷기에 수반되는 신체적 노력과 환경에 대한 감각적 근접성은 환경의 물리적 특성에 생생함과 현실감을 부여한다. (이 주제는 다음 장에서 더 상세히 살펴볼 예정이다.)

그와 동시에 루소와 울프 같은 보행자들이 발견한 것처럼 걷기는 목표, 욕망, 사고와 같은 한 사람의 내적, 정신적 삶의 감각을 더 예리하게 벼린다. 걷기의 반자동적인 특성으로 인해 우리는 환경에 주의를 기울이면서도 동시에 지속적으로 내면을 성찰할 수 있다. 하지만 걷는 동안에는 내면 성찰도 신체적 인식과 분리되지 않는다. 언덕을 오르내릴 때 근육, 폐, 외부 감각 기관에서 느껴지는 감각은 내가 특정 목적지에 도달하기 위해 얼마나 많은 노력을 기울일 수 있는지를 내 의식에 알려준다. 윌 셀프가 언급한 대로, 내 몸이 느낀 노력과 장래의 성취의 관계는 순전히 정신적인 성찰보다 "더 뚜렷한" 자기 인식의 형태다. 걷기는 자기 인식을 신체적 지각과 감각에 연결함으로써 나의 내면적 삶과 외적 환경 모두에 높은 현실성을 부여한다.

내 몸이 느낀 쾌快 또는 불쾌不快는, 목표 또는 목적지에 비추어볼 때 내가 어디에 있는지에 대한 지각과 함께 "내 상태가 어떤지"[11]에 대한 전반적인 느낌에 기여한다. 나의 기분mood이란, 하이데거가 언급한 것처럼, 내 행동과 목표의 관계에 대한 나의 "조율attunement"이다.[12] 다른 활동에서는 목표 대비 내가 어디에 있는지에 대한 감각에 따른 기분을 느끼겠지만, 걷기에서는 목표와 그 목표를 향해 얼마나 나아갔는지는 문자 그대로 내가 가는 길의 앞뒤를 '살펴봄으로써' 알 수 있다. 따라서 걸으며 느끼는 기분은 내 목표 대비, 그리고 내가 목적지까지 남은 거리 이상으로 더 나아갈 수 있는 세계 대비 "내가 어디에 있는지를" 더 예리하게 인식하게 한다. 루소, 니체, 키르케고르, 울프가 모두 동의하는 것처럼, 만약 내가 그 세계와 "잘 맞지 않음"을 알게 될 때의 좋지 않은 기분을 치유하는 방법은 더 좋은 세계 속으로 걸어 들어가는 것이다.

걸으면 내 몸, 내 목표, 내 행동과 관련하여 구조화된 공간인 생생한 실존적 공간을 알게 된다. 하이데거의 이야기대로, 우리는 어떤 장소가 얼마나 멀거나 가까운지를, 시계로 측정한 시간이 아니라 "엎어지면 코 닿을 데", "걸어서 갈 만한 거리", "자전거로 잠깐이면 가는 곳" 같은 표현대로 "도착하기까지 걸리는 시간"에 따라 정의한다.[13] 하지만 이푸 투안의 말처럼, 거리란 "접근성의 정도이자 우리에게 중요한 것과의 관계의 정도"이기도 하다.[14] 나의 목표, 욕구, 역량이라는 기준으로 볼 때 환경의 다양한 요소는 나와 가깝거나 멀 수도 있고, 수단이 되거나 장애물이 될 수도 있으며, "긍정적인" 가치이거나 "부정적인" 가치가 될 수도 있다. 내가 보행자로 살고 있는 공간은 고도로 구조화된, 매혹이라는 극과 거부(감)라는 극이 있는 "전기적 성질이 있는" 장場이다. 게슈탈트 심리학자인 쿠르트 레빈을 따라 사르트르가 말한 "심리적 선호 공간hodological space"[15]이 바로 이것이다. 내가 좋아하는가 또는 싫어하는가에 따라 진흙 웅덩이는 돌아가야 할 장소가 될 수도 있고, 그 안에서 첨벙거리며 뛰어다니는 장소가 될 수도 있다. 그런 진흙 웅덩이는 내 인생의 역정이 어땠느냐에 따라 대수롭지 않은 것이 될 수도 있고, 어느 순간 버지니아 울프에게 그랬던 것처럼 도무지 극복할 수 없는 장애가 될 수도 있다.[16]

걷기는 감정적으로 채워지고 신체적으로 감지되는 환경적 특성을 드러내는 것만은 아니다. 걷기는 기 드보르가 "개인의 감정과 행동에 영향을 끼치는 […] 지리적 환경의 구체적 효과와 정확한 법칙에 관한 탐구"라고 규정한 "심리지리학"의 '탁월한' 연구 형태이기도 하다. 다양한 공간을 걸어보면 여러 거리들과 동네들의 "정신적 분위기"가 드러난다.[17] 지역민들은 (지역 장소에 대한) 자신들의 정서적 프로필을 보유한다. 개인에 따라 차이가 있기는 해도, 그 프로필은 '대체로' 경험되고 또 앎의 대상이 된다. 어느 한 도시를 잘 아는 사람은 슬프고 우울한 구역, 행복하고 평온한 구역, 활기차거나 지루한 구역이 어디인지 안다. 어떤 공간에서는 더 머물고 싶은 반면, 어떤 공간은 빨리 그곳을 벗어나고 싶다.

요약하면, 걸으면 신체적이고 감각적인, 정서적이고 상호적인 경험 등 경험의 총체로서의 세계를 알 수 있다. 걸어 다니는 나의 몸은 캠룹스의 자연환경과 사회관계의 진동을 포착하는 심리사회적 지진계다.

하지만 캠룹스 탐사를 시작하기 전에 해결해야 할 몇 가지 방법에 관한 문제가 있다. 나의 주관적 인상은 내게는 거의 틀림없이 타당하지만, 다른 이들에게는 불투명하고 무의미할 수도 있다. 하지만 다음 장들에서 우리는, 걷기가 어느 한 장소에 관한, 우리가 어떻게 그곳에 거주하게 되었는지에 관한 진실들을 드러낼 수 있다는 전제의 역사가 장구함을 확인할 것이다—루소의 《고독한 산책자의 몽상》(1778),[18] 근대화 시기 19세기 중반의 파리를 거닐던 보들레르의 산책[19], 놀랍도록 근대[현대]적인 1920년대 파리에서 펼쳐진 앙드레 브르통, 루이 아라공, 필립 수포의 초현실주의적인 모험[20]부터 종종 우리의 생각을 궁지 말고는 다른 곳으로 인도하지는 않는 '숲길Holzwege' 또는 "나무숲-길"[21], 나무숲과 들판을 주유한 하이데거의 진지하고 명상적인 하이킹까지. 물론 이 긴 역사에는 (도로시 & 윌리엄 워즈워스 남매, 콜리지, 존 클레어, 로버트 루이스 스티븐슨, 버지니아 울프, W. G 제발트, 이아인 싱클레어 같은) 잉글랜드와 스코틀랜드의 보행자/작가로 구성된 선구자 그룹, 그리고 진 리스부터 아녜스 바르다, 소피 칼, 재닛 카디프까지 걷기를 자기 작업의 중심 영역으로 삼았던 뛰어난 현대 여성 작가/예술가 그룹도 있다.[22] 이들 작가/예술가 모두가 걷기라는 개인적인 경험을 자신에게뿐만 아니라 다른 사람에게도 세계의 비밀을 드러내는 수단으로 활용했다. 걷기는 매우 개별적이지만, "나는 생각한다, 그러므로 존재한다"—가상디는 이에 대해 "나는 걷는다, 그러므로 존재한다"로 응수한다—라는 데카르트의 고독한 사유만큼이나 보편적인 진리를 세계에 드러낸다.[23]

우리가 걷는 방식은 다양한 상황(연령, 성적 정체성 표현, 체력 수준, 인종, 계급)과 개인의 감수성에 따라 다르게 세계를 드러내지만, 각 조합이 개별적이라고 해서 그것이 진실되지 않을 이유는 없다. 관절염에 걸린 보행자가 마주하는 가파른 언덕길이라는 난관과 그 가파른 언덕길도 평평한 길처럼 걷는 건장한 운동선수의 수월함은, 다른 경험으로써 다르게 조명되는 환경의 실제 특질을 드러낸다. 걷기가 드러내는 환경의 특성은, 그 앞에서는 외부적이고 "객관적인" 판단이 힘을 쓰지 못하는, (사르트르 식으로 말하면) 상대적인 "경험된 진실들lived truths" 가운데 있는 절대적인 것들이다.[24] 경험이 다를 수 있음은 하나의 동일한 공유 공간에 대한 경험된 진실이 여럿일 수 있음과 같은 것이다.

나는 솔닛이 즐거운 걷기의 선요건으로 정의한 "자유 시간, 갈 곳, 질병이나 사회적 제약에 위축되지 않는 신체"[25]를 누리고 있다. 무엇보다도 나의 걷기는 자발적이다. 집이 없거나 가난해서, 전쟁과 부당한 일들을 피해야 해서 걸어야 하는 사람들에게 걷기는 시련이자 위험하고 위협적인 세계를 통과하는, 피할 수 없는 통로다.[26] 반면, 나는 인종, 피부색, 성적 지향, 또는 성 표현 때문에 공격받을 염려 없이 자유롭게 이동할 수 있는 꽤 건강한 백인 중년 남성의 특권을 누리고 있다. 이 모든 것이 (내가) 다른 많은 보행자들보다 더 쉽게 세계에 접근하도록 보장해준다.

하지만 캠룹스를 걸으면, 내 개별성의 깊이가 유지되면서도, 단지 나만의 것이 아니라 '우리의' 것, 주민들의 공유 공간인 '경험된 공간lived space'을 발견하게 된다. 내가 따라가는 길은 현재 주민들뿐만 아니라 마차를 타고 다음 마을로 이동하던 정착민들, 그보다 앞선 시기의 모피 상인들, 그리고 카누와 말을 타고 여행하던 선주민들(주로 세쿼펌크Secwepemc 족)의 길이기도 하다. 심지어 동물들(사슴, 코요테, 곰, 표범, 말코손바닥사슴)도 종종 위험을 감수하며 자기들의 옛길을 따라 지금도 여전히 도심으로 이동하곤 한다. 이러한 다른 거주자들 모두 자신의 신체적 능력에 적합한 지형을 따라 이동 경로를 발견했고, 그 옛길들이 오늘날의 많은 길들의 시초가 되었다. 경사가 지나치게 가파른 길은 최근에 건설된 자동차 전용 고속도로뿐이다. 그 경우를 제외하면, 도로들은 비탈 꼭대기들 사이에 뻗은 구불구불하기 십상인 길, 최소 노력의 길("심리적 선호 공간"을 함축한다-역자)로 이어진다. 무더운 여름날이나 지독히 추운 겨울밤에 얼마나 걷기 힘들든, 최소의 노력만 요하는.

걷기는 감각에 현존하는 것을 그저 지각하는 것을 넘어 그 길을 처음 낸 선구자들의 발걸음을 기억하는 것이다. 솔닛에 따르면, "길"이란

> 자연을 횡단하는 최선의 방법에 관한 옛 해석이다. 그리고 어떤 길을 따라간다는 것은 그 해석을 수용하는 것이다. […] 같은 공간을 같은 방식으로 이동하는 행위는 같은 생각을 하며 같은 사람이 되는 하나의 방법이다.[27]

같은 길을 다시 걸으며, 우리는 선조들이 그 자연에 남긴 상상과 욕망을 소환한다.[28] 인류학자인 웨이드 데이비스는, 호주 선주민이 '태초의 길Songlines'을 걸을 때 "모든 랜드마크들은 그것의 기원에 대한 기억과 결부되면서도 언제나 태어나는 상태에 있다. […] 그 땅을 걷는 것은 끊임없는 수긍 행위에 진입하는 것이다"[29]라고 말한다. 캐리어Carrier 족의 한 원

로는, 내가 어떤 "조상들"(내 조상이든 다른 사람의 조상이든)이 만든 길을 걷는 것은 내가 그 과거를 "기억"하고 존중하는 것이라고 가르쳐 주었다. 이처럼, 나의 걷기는 지각, 기억, 상상의 종합이고, 집합적 과거를 나의 현재에 연결하는 수단이다.[30]

　　이러한 집합적 과거와의 연결은, 걷기가 공유된 사회적 공간을 드러내는 한가지 방식일 뿐이다. 캠룹스는 너무 넓어서 적정 시간 내에 전체를 다 돌아볼 수는 없다. 따라서 캠룹스 산책은 한 동네 또는 몇몇 동네에 한정되는 '지역적인' 것이다. 우리 동네를 걸을 때, 나는 사회적 관계로 구성된 공간에 '거주하고 있는' 셈이다. 나는 그곳을 걸으며 내 개인적인 좌표와 경계, 쉬운 공간과 노력이 필요한 공간, 매혹적인 구역과 거부감이 이는 구역,[31] "거주지 또는 대피소라는 내부 구역"과 내가 속한 "영역"으로서의 외부 구역을 설정한다.[32] 그 접경은 내가 속한 공간과 내가 속하지 않은 공간을 나누는 선이다. 강아지를 산책시키거나 출근 또는 쇼핑을 위해 시내를 걷는 사람들을 마주치면, 나를 이웃이나 동료로 생각하는 사람들은 고개를 끄덕이거나 손을 흔들며 반갑게 인사한다. 나는 지인들과 서로 알아보며 안도감을 느끼지만, 그렇다고 해서 끊임없이 감시당하거나 모두가 내 대소사를 알고 있다는 식의, 소도시의 밀실 공포증을 느끼는 것은 아니다.

　　내가 마주치는 사람들이 전부 내게 친숙한 이들은 아니다. 관광객, 자동차나 기차를 타고 다니는 유랑자, 거리와 골목, 계곡과 숨겨진 장소, 공원, 강둑에서 쉴 곳을 찾는 대도시 내부의 방랑자 같은 낯선 이들도 있다. 관광객들은 상냥하고 호기심이 많아 종종 길을 묻는데, 나는 그들에게 도움을 주는 온정 넘치는 주인장 노릇을 하는 것이 좋다. 노숙자들을 만날 때 마음이 편치 않은 이유는, 어떤 폭력적인 위협 때문이 아니라 배고픔, 중독, 흥분 같은 곤경과 혼미의 상황에서 그들이 어떻게 행동할지 모른다는 불확실성 때문이다. 그들이 말을 하거나 다른 사람과 눈을 마주치는 일은 거의 없다. 그들에게도 이 동네는 엄연히 거주지이자 피난처다. 때로 그곳에서 그들이 가장 혹독한 환경에 노출된다 해도.

특정 유형의 트라우마로 인해 심리적으로 '불안정한' 난민들,[33] 안전한 거주지가 없는 난민들은 대개 선택이 아닌 필요에 의해 걷는다.[34] 내가 그들 중 상당수를 알아볼 수 있으니, 그들은 나에게 낯선 이들은 아니다. 하지만 그들과 나는 타인, 일상 활동, 돈, 개인의 안전, 경찰과 기타 기관, 자신의 신체, 자신의 필요와 관계맺는 방식이 다르다. 같은 공간이지만 다른 세계를 사는 것이다. 철학자 앙리 르페브르가 말한 것처럼, 각각의 사회적 공간은 "연결망과 길, 관계의 묶음이나 다발 덕분에" 구성되고, 어떤 공간도 상호 침해하지 않은 채로 '밀푀유mille feuilles' 패이스트리(층층이 쌓인 빵이나 과자-역자)처럼 층층이 쌓인다.[35] "보행자들은 지나가며 만나는 사람들, 함께 살아가는 사람들과 관계를 맺고 공감할 기회가 상대적으로 더 많다"[36]는 댄 루빈스타인의 말도 옳지만, 사회적 지위의 차이는 상호 이해를 손상할 수 밖에 없다.

그러나 우리의 차이에 관계 없이, 노숙자와 나는 보행자라는 공통의 지위 덕분에 문자 그대로 '같은 처지'다. 우리가 서로에게 느끼는 불안은, 자동차로부터 받는 위협에 비하면 아무것도 아니다. 동료 보행자로서 우리는 사회적 차이를 초월하는 모종의 연대를 발견한다.

그렇기는 하나 고독하게 걷는 자아에서 사회적 집합체로 전환하기란 쉬운 일이 아니다―나의 지각과 감정은 나만의 것이며, 다른 보행자들은 사물을 다르게 바라보고 다르게 행동할 수 있기 때문이다. 이러한 모든 주의 사항을 염두에 둘 때 비로소 나는 캠룹스의 물리적, 사회적, 역사적 공간을 만나는, 여느 때와 같은 걷기를 시작할 준비가 된다.

거의 매일 아침, 나는 톰슨 강 계곡 아래쪽에 있는 구도심 인근의 집을 출발해 언덕을 올라가 톰슨 리버 대학교에 있는 내 연구실까지 걷는다. 총 35분이 걸리지만 "시간이 얼마나 걸리는지"는 날씨와 내 피로 상태나 각성 상태 같은 조건에 따라 달라진다. 하이데거가 말한 것처럼,

> 길을 걷는 과정에서 […] 우리가 택하는 길은 날마다 그 길이가 다를 것이다. […] "객관적으로" 긴 길이, "객관적으로"는 더 짧지만 매우 "힘들고" 끝없이 긴 [길게 느껴지는] 길보다 훨씬 더 짧을 수 있다.[37]

찬바람이 매섭게 부는 밤에는 따뜻한 봄날 아침보다 5분이 훨씬 더 길게 느껴진다. 나는 아침에 그 언덕을 올라 밤에 내려오길 반복했고, 내 몸의 여러 근육들이 나를 밀어내는 그 길의 "반대 근육"과 조우할 때 긴장되고 이완되는 것을 느꼈다. 그 숱한 경험을 통해 내 "근육의 의식muscular consciousness"[38](바슐라르의 언어)은 나의 길을 안내하는 나만의 지도를 그렸다.

1번가의 가파른 경사를 올라갈 때는 매 걸음이 힘들지만, 1번가와 컬럼비아Columbia 로가 만나는 고지에 도달하면 작은 환희를 느끼면서 겨우 두세 구역밖에 가지 않았는데도 "절반은 온 것 같다"고 여기게 된다. 내려가는 길에 도착한 그곳은, 집에 거의 다 왔다는 뜻이다. 오르막길과 내리막길은 대칭을 이루지 않는다. 기분이 그렇듯, 나의 신체적 노력과 근육의 감각은 다르다—올라갈 때는 1번가에 도달했다는 성취감이 곧 앞으로 얼마나 더 가야 하는지에 관한 계산, 더 간다는 결연함과 여기까지라는 단념 사이의 고민으로 뒤바뀐다. 반면, 내려갈 때는 같은 장소가 긴장을 풀고 집의 안락함을 생각하기 시작하는 지점이 된다.

1번가 정상을 지나 집은 없고 덤불만 무성한 공터가 전부인 컬럼비아 로의 직선 구간을 빠르게 이동한다. 이 1km 구간은 춥고 어두울 때면

항상 한없이 길게 느껴지고, 사람이 없는 탓에 약간 위협적으로 보이기도 한다. 나는 부정적인 느낌이 드는 이곳을 지날 때면 온몸이 긴장됨을 느낀다. 기온이 섭씨 40도까지 치솟는 여름에는, 이 구간을 벗어나 가까운 그늘로 서둘러 이동한다. 겨울에는 나무들이 바람을 막아주는 곳을 찾는 마음이 간절하다. 계절에 상관없이 이 가릴 것 없는 황량한 한데는 내게 더 오래 머물러 있을 여유를 허락하지 않는다.

컬럼비아 로는 내가 사는 1910년대에 지어진 동네와 전후 도시 근교 개발 사업이 이루어진 언덕 위쪽 구역의 경계다. 과거와 현재의 경계선을 넘나들며 나의 몸과 기분은 그 둘을 구분하는 격차를 체감한다. 사람 중심 구도심과 자동차 중심 교외 지역의 "느낌"의 변화는 뚜렷한데, 신도시 지역은 도로가 넓을 뿐만 아니라 차량의 흐름이 끊이지 않고, 시끄럽고, 사람에게 위협적이기까지 한다. 나는 이 신설 도로를 위험한 장벽(그 도로들을 따라 돌진하는 차량이 매우 많기 때문)이자 나를 매혹하면서도 동시에 거부하는 통행 수단으로 느낀다. 나는 보행자인 나의 신체적 취약성과 관련된 정서적 반응의 변화 덕분에 캠퍼스의 짧은 역사에 걸쳐 누적된 개발의 층위들에 민감해지며 세월이 흘렀음을 생생하게 느낀다. 더 높은 곳으로 올라갈수록, 나는 더 많은 과거를 뒤로 하고 "똑같은 것" 이외에는 미래가 없는, 겉보기에는 과거도 없는 현재에 들어선다.

한때 고속도로였던 4차선의 컬럼비아 로에서는, 위로 올라갈수록 동료 보행자들을 만나기 어렵다. 그 길은 공허하고 광막하게 느껴진다. 사람이 걸어 다니는 길이었던 적이 한번도 없었으므로, 이 길을 걷는 행위는 억지스럽고 거의 시대착오적인 것처럼 느껴진다. 차량들만 가까이 있고 동료 보행자들은 없다는 불안감, 인공적으로 만들어진 환경과 무지막지하게 넓은 공간의 답답함 때문에 생기는 우울감이 내 기분에 미치는 영향은 극명하다. 1945년에 미국을 방문한 사르트르는 미국의 교외 지역들을 "다른 어떤 곳보다도 더 우울한 곳"이라고 표현했다.[39] 세상에 이런 곳은 없음을, 모두가 알고 있다.

웬디스와 월마트가 시야에 들어오니, 나는 발전된 글로벌 자본주의 세계 어딘가의 누군가가 되는, '홀리데이 인 호텔' 같은 기분(1950년대에 표준화 숙박 개념의 홀리데이 인 호텔을 설립한 케몬스 윌슨은 숙박객들이 어디서나 똑같은 경험을 하는 데 공을 들였다-역자)에 휩싸인다. 수천 번을 걸어도 이 도로가 나의 영토가 되는 일은 결코 없을 것이다. 심지어 내가 그 안에 있을 때도 그런 공간과 "가까이 있다"고 느끼지는 않는다. 윌 셀프가 주장한 것처럼, 이렇게 자동차들이 지배하는 공간에서 "홀로 걷는 보행자는 당대 세계를 거스르는 반항아이자 걸어 다니는 시간 여행자"[40]로서 예전에 사람이 기준이었던 공간에 더 적합한 이동 수단을 좋아하며 "시공간 연속체를 압축하고 사람을 물리적 지형에서 분리시키는"[41] 자동차에 대해 거리낌 없이 저항한다. 다비드 르 브르통이 말한 것처럼, 걷기는 "느림, 자발성, 대화, 침묵, 호기심, 우정, 쓸모없는 것들과 같은, 우리의 삶을 길들이는 신자유주의적 감성에 단호히 반대하는 많은 가치들을 중시하는 저항 행위"[42]가 될 수 있다.

레이 브래드버리가 1952년에 쓴 예언적 단편 〈보행자〉[43]에서는 한 (백인) 남성이 단지 교외의 어떤 동네를 걷는다는 이유로 경찰의 제지를 받는다. 이 이야기는 허구이지만, 레드 제플린의 멤버로 유명한 존 폴 존스가 1970년대에 호텔 밖 로스앤젤레스 거리를 걷다가 경찰에 체포되었던 실화를 제프 니콜슨은 상세하게 서술한다. "아무 데나 걸어 다니면 안 되는 줄 몰랐어요"라고 존스는 말했다.[44]

15분 정도 더 걸으면 컬럼비아 로의 광활한 아스팔트 포장 구역을 지나 한적한 주택가 골목길에 도달한다. 그 길들 중 일부는 인도가 한쪽에만 있다. 상업이나 소매업이 없는, 전후에 건설된 교외 지역이라 걸어 다니는 사람이 거의 없지만, 그렇다고 해서 차가 많이 다니는 곳도 아니다. 어깨가 처지고 근육에 힘이 풀리기 시작한다. 나는 이내 커다란 장애물 하나 만나는 일 없이 높다란 폰데로사 소나무들에 둘러싸인, 피터슨 샛강 Peterson Creek이 만든 골짜기로 이어지는 산쑥 지대의 흙길에 도착한다.

컬럼비아 로의 소음과 스트레스에 지칠 때면 이 산길을 걸어 출근하고, 종종 기분 전환 삼아 피터슨 샛강 골짜기를 올라간다. 봄에는 나비나리와 야생 아스파라거스가 이 산길 주변에서 자라고, 해바라기처럼 생긴 발삼루트 꽃이 산비탈을 수놓는다. 지빠귀, 독수리, 종다리, 검은꼬리사슴, 흑곰이 이곳에 집을 짓고 산다. 보행자인 나 또한 이곳이 집처럼 편안하다. 다시 숨통이 트인다.

캠룹스의 동네들을 물리적으로 분리하는 계곡과 협곡은, 그와 동시에 땅과 관계를 맺는 공통의 방식으로 주민들을 하나로 묶는다. 보행자, 하이커, 조류 관찰자, 산악자전거 타는 이들은 모두 자기 나름대로 아름다움, 휴양, 명상의 공간인 이곳을 아낀다. 우리는 이곳에서 (하이데거의 말처럼) 우리의 소속감을 "가늠"하고,[45] '우리 것'이라고 이해한 세계에 실천적이고 정서적인 몰입을 하며 우리 자신을 이해할 수 있다.[46] 우리는 이곳에서 바슐라르가 "구체적이며 고도로 질적인 공간"[47]이라고 명명한 "거주 공간" 또는 우리가 그 속에 "뿌리를 내린" "생명 공간vital space", 우리가 그곳에 부여한 상상, 느낌, 기억으로써 보유하고 보존하고 싶은 "살가운 삶의 현장"을 다루고 있다.[48] 피터슨 샛강 산길(그 산길에는 내 딸이 상상의 집을 지어보았던 곳도 있고, 내 아내가 종다리를 발견했던 곳도 있다)에 대한 나의 개인적인 기억은, 나와 각자의 기억을 지닌 다른 이들을, 때로는 전설, 신화, 상징에서 표현되는 공유된 집단적 기억을 연결한다.

바슐라르는 "상상력으로 이해한 공간은 기하학자의 측정과 고민에 종속되는 특색 없는 공간으로 남을 수 없다"[49]고 말한다. 자연을 사랑하면,

우리는 우리만의 공간, 많은 다른 공간들과 얽혀 있다고 해도 국가나 세계에 완전히 압도되거나 흡수되지 않는 "지역"의 감각을 얻을 수 있다. 심지어 월마트에도 코요테(토착 신화에서 코요테는 요술쟁이로 그려진다)의 흔적이 남아 있다. 사회적 의미가 부여되면, 사람이 사는 생명 공간은 절대로 지도에 표시되는 단순한 좌표의 조합일 리 없다. 생명 공간을 가장 즉각적이고 "세밀하게" 탐험하는 방법은, 신체의 모든 감각이 그 공간의 물리적 특성, 사회적 역동성, 기운, 주변 분위기와 적극적으로 상호작용하도록 천천히 걷는 것이다.

3. 앞에 놓인 길

하이데거는 "어떤 길이든 항상 길을 잃을 위험, 길을 잃게 하는 위험이 있다"[50]고 말한다. 세심한 독자라면 캠룹스의 공간과 장소를 주유하는 이 산책의 끝자락에서 내가 연구실에 가지 않고 피터슨 샛강 산길에 머물러 있었다는 사실을 알아차릴 것이다. 하지만 르 브르통이 말한 것처럼 때로 자신의 길을 찾기 위해 먼 길을 돌아가야 할 때도 있다.[51] 지금은 잠시 멈추고, 내가 지나온 길을 돌아보고, 캠룹스의 여러 공간과 장소를 따라 나아가는 이 사색의 에움길이 '다양한 물리적, 사회적, 역사적, 정서적 차원에서 어떻게 걷기가 동네를 알게 해주는가'에 관한 생각을 제공하는지 판단할 때다.

　　나는 데카르트의 유명한 명제인 "나는 생각한다, 그러므로 존재한다"만큼 자명하고 강렬한 나의 근육, 감각, 의식의 인식을 활용해서, 내 발밑에 놓여 있는 것이며 그것을 따라 걸을 때 보고 느끼는 것인 이 산길의 윤곽을 파악한다. 그 윤곽에 대한 나의 경험은 공유 공간에 대한 공동 경험의 중심에 있는 개인적이고 주관적인 절대자가 된다. 다리 근육의 피로와 자갈, 흙, 콘크리트를 밟을 때의 확실함 속에서, 비와 햇볕과 바람에 상한 피부의 긴장 속에서 걷는 나의 몸은, "몸으로 대지와 조우하는 태고의 순수는 여전히 가능하다"[52]는 솔닛의 진술을 증명한다. 이렇게 무언가를 몸으로 드러내는 방식은 내 발밑의 대지를 넘어서 사회적 대면 만남, 여러 동네의 기운의 특질과 분위기, 앞선 이들이 만든 길을 따라 걸으며 얻게 되는 역사 감각과 기억으로 확장된다.

내가 사는 동네를 탐사하며 우리는 이미 이 책의 몇 가지 핵심 주제를 엿보았다. 다음 장에서 데카르트와 가상디와 관련해서 살펴볼 걷기와 사고의 연관성, 걸어서 알게 되는 환경과의 현상학적이고 개인적인 만남, 누군가에게는(보부아르) 즐거운 하이킹이 다른 누군가에게는(사르트르) 끝없이 긴 여정이 될 수도 있다는 발상, 다른 사람의 발걸음을 따라 걷는 것이 어떻게 그 사람의 경험을 기억하는 것과 같아지는지의 문제(브르통), 자연에서든(콜리지, 루소, 니체, 울프) 도시에서든(키르케고르, 울프) 적용되는 걷기, 몽상, 상상, 사고의 연관성, 매혹되는 구역과 거부감이 드는 구역으로 구성된 도시 공간의 심리지리학(포, 보들레르, 벤야민, 드보르) 등이 그것이다.

길을 안내하는 표지판이 제 위치에 잘 준비되어 있다. 자, 이제 우리는 철학자의 길에 서 있다.

2장

나는 걷는다 그러므로 존재한다

가상디와 데카르트의
정신-신체 문제

철학자들은 이른바 "정신-신체 문제"라는 것에 익숙하다. 그것은 인간의 정신과 신체의 관계에 관한 것이다. 이를테면 정신과 신체가 별개의 분리된 본성인지 아니면 같은 것의 두 측면인지, 정신과 신체는 어떻게 상호작용하는지, 우리는 어떻게 신체와 정신에 관해 알 수 있는지 등의 문제다. 이 문제를 처음 제기한 사람은 르네 데카르트(1596-1650)로서 그는 정신과 신체는 뚜렷이 구분되는 별개의 두 실체라고 논증했다. 만약 데카르트의 주장처럼 둘이 분리되어 있을 뿐만 아니라 근본적으로 본성이 다르다면, 사람의 행동, 지각, 감정에서 정신과 신체는 어떻게 상호작용할 수 있을까?

　　지금까지 거의 400년 동안 철학자들은 해답을 찾으려 노력했다. 정신이 신경화학적 과정과 같은 물질로 "환원"될 수 있다고 주장하는 토머스 홉스(1588-1679)부터 폴(1942년생)과 패트리샤(1943년생) 처칠랜드 부부까지 이어지는 "제거적 유물론eliminative materialist"의 입장이 있는가 하면,[1] 반대 극단에는 소위 물질이라는 것이 실제로는 어떤 관념이나 정신적 작용이라고 주장하는 조지 버클리(1685-1753), 요한 고틀리프 피히

테(1762-1814), 로빈 조지 콜링우드(1889-1943) 같은 관념론적 입장이 있다.

대부분의 철학자들은 양극단 사이에서 무언가를 모색해왔다. 프란시스코 바렐라, 에반 톰슨 등이 발전시킨 "신체화된 인지embodied cognition"라는 접근법이 현재 유력한 이론 중의 하나다. 바렐라와 톰슨은 중추 신경계를 포함하되 그것에만 국한되지 않는 신체적 과정에 정신적 과정을 "놓아두면서" 일인칭 경험의 독특하고 생생한 특성을 보존하고자 한다.[2] 앞장에서 논의한, 메를로 퐁티가 개척한 현상학적 접근법도 의식적 경험을 감각 지각과 운동과 관련된 신체적 능력에서 찾으려고 하되 정신을 물질로 환원시키지는 않는다.[3]

이 끝없는 논란에서 아마도 걷기가 향후 나아갈 방향을 제시할 수 있을 듯하다. '솔비투르 암불란도Solvitur ambulando.' 성 아우구스티누스에서 유래한 이 경구는 "걸으면 해결된다"는 뜻이다. 2008년에 나는 네덜란드 예술가 헤르만 드 브리스가 데카르트의 동시대인이자 경쟁자였던 피에르 가상디(1592-1655)를 기리기 위해 만든 길을 걸으며 정신과 신체의 관계에 관한 통찰력을 얻고자 했다. 가상디는 데카르트의 유명한 명제 '코기토 에르고 숨cogito ergo sum[나는 생각한다, 그러므로 존재한다]'에 대해 '암불로 에르고 숨ambulo ergo sum[나는 걷는다, 그러므로 존재한다]'으로 답했다.

"나는 생각한다, 그러므로 존재한다"는 데카르트의 1637년 저작인 《이성을 올바르게 이끌어 여러 학문에서 진리를 구하는 방법에 관한 서설(약칭 방법서설)》에서 처음 나오고, 그의 《제일철학에 관한 성찰(약칭 성찰)》 또는 《형이상학적 성찰》(1641년 라틴어판, 1647년 EN)에서 다시 등장한다. 데카르트의 방법은 의심할 수 있는 모든 것을 의심하고, 의심할 수 없는 것은 무엇이든 진실로 여기는 것이다. 우리의 감각은 종종 사물을 잘못 인식하기 때문에(예를 들면, 실제로는 큰 물체도 멀리서 보면 작아 보인다), 데카르트에게는 감각 지각도 의심할 만한 것이었다. 실제로는 침대에 가만히 누워 신체 감각이 휴면 상태인데도 꿈에서는 행동하고 지각하는 것으로 상상하기 때문에, 그는 자기 신체의 존재도 의심했다. "아마 나는 신체가 없는 사람일지도 모르겠군."

하지만 그가 의심할 수 없었던 한가지 사실은 자신의 정신의 존재였다. 그는 자신이 생각하고 있다는 것, 즉 의심하고, 판단하고, 의지를 갖고, 지각한다는 것은 의심할 수 없었다. […] 만약 그가 생각한다면, 신체로서가 아니더라도 최소한 '생각하는 것'으로서, 다시 말하면 '사유하는 실체res cogitans'로서 존재해야 한다. '코기토 에르고 숨'인 것이다. 나는 무엇보다도 정신으로서 존재하며, 내가 기본적으로 아는 것은 내 신체에 대한 나의 '생각'처럼 사물에 대한 나의 생각이지 사물 자체가 아니다. 만일 내가 꿈을 꾸고 있다면 그 사물은 내 정신 바깥에는 존재하지 않지만, 그 사물에 대한 내 생각은 꿈을 꾸고 있든 깨어 있든 존재하기 때문이다.[4]

데카르트는 동료 철학자들에게 논평을 구하고자 《성찰》을 보냈는데, 그중 하나인 피에르 가상디는 데카르트의 접근법 전반에 동의하지 않았다.

우선 그는 의심의 방법론에 동의하지 않았다. 가상디는 사람이 알 수 있는 것 중에 의심의 여지 없이 명백한 것은 없다는 입장이지만, 그래도 실용적인 목적으로 충분히 신뢰할 만한 지식은 보유할 수 있다고 주장한다. 이렇게 실제적으로 신뢰할 수 있는 지식의 원천은 감각이며, 감각은 정신의 지적 활동보다 환경에 대한 훨씬 더 믿을 만한 안내자라는 것이다.

우리의 감각 반응과 환경에 의한 자극 사이에는 규칙적이고 상당히 신뢰할 만한 연관성이 있다. 우리는 감각이 수동적이며 비자발적이라는 점에서 어느 정도 감각을 신뢰한다. 우리는 감각을 통제하거나 조작할 수 없다. 반면, 지적 판단은 의지에 의해 통제되는 정신 활동이기 때문에 더욱 변덕스럽고, 자의적이고, 신뢰할 수 없다고 가상디는 말한다. 우리는 우리가 감지하는 것을 선택할 수 없지만, 지적 활동과 관련된 상황에서는 명백하게 불합리하거나 모순적인 것만 제외하면 동의하거나 동의하지 않는 것을 대체로 선택할 수 있다. 이는 우리의 지적 판단 과정에 의지가 개입할 여지가 크다는 것을 의미한다. 반면, 감각 지각은 비자발적이며 그 자체로 반박의 여지 없이(즉, 지적 판단에 의한 추론보다 선행해) 수용된다. 내가 본 녹색이 색을 입힌 선글라스의 효과가 아니라 자연의 실제 색깔과 일치한다는 추론은 잘못된 것일지도 모르지만, 녹색에 대한 나의 지각 자체는 의심의 여지가 없다. 가상디가 보기에, 데카르트는 감각의 명백함을 불신하면서부터 완전히 잘못된 길을 가게 된다.

유명한 명제인 '코기토 에르고 숨'에 대해 가상디는 이렇게 이야기한다.

> 이를테면 걷기와 같은, 당신의 어떤 행동에서도 동일한 추론을 이끌어 낼 수 있었겠지만, 당신은 '암불로 에르고 숨'이라고 주장한다. 왜냐하면 우리는 활동하고 존재하는 무엇이든 [우리 이성의] 자연의 빛으로 그것을 알 수 있기 때문이다.[5]

나의 감각이 나의 지성보다 더 신뢰할 만한 현실의 안내자이므로, 나는 생각하기 때문에 존재한다는 결론보다 걷기 때문에 존재한다는 결론을 더 확신할 수 있다. 이 주장에 대해 데카르트는 내가 걷는다고 '생각'하는 것만 확실할 뿐 내가 걷는다고 꿈꾸는 것일 수도 있기 때문에, 내 몸이 실제로 걷는다고 확신할 수는 없다고 반박했다.[6]

가상디를 지지하는 네덜란드 예술가 헤르만 드 브리스(1931년생)[7]를 들여다보자. 드 브리스는 많은 "생추어리[보호소]"들을 예술작품으로 만들어왔다. 프랑스어 "sanctuaire"는 자연 보호구역이라는 의미와 영어의 피난처, 성지라는 의미를 모두 갖고 있다. 드 브리스의 생추어리는 인간을 '위한' 피난처가 아니라 인간의 개입'으로부터' 신성한 자연을 보호하여 자연이 자유롭고 자발적으로 길을 가도록 함을 목표로 한다.[8] 그중 하나는 드 브리스가 피에르 가상디의 고향인 디뉴레뱅 근처의 한 버려진 마을에 2001년에 건립한 것이었다. 그곳에 도달하기 위해서는 산길을 걸어야 하는데, 그 길에는 '암불로 에르고 숨'이라는 문구가 새겨진 돌이 있다. 드 브리스는 "가상디의 문구인 '암불로 에르고 숨'은 이동, 변화, 기회 […] 등 움직임이 생명의 본질임을 의미한다. 움직임이 있는 한, 생명체도 있다"고 말한다.[9]

드 브리스는 "'암불로 에르고 숨'이라는 문구는 […] 움직임을 강조하며, 보행자에게 자신의 걷기를 성찰할 기회를 준다"고 말한다. 다시 말해 그 문구는 자신의 '보행', 즉, 자신이 걷는 길과 걸음걸이뿐만 아니라 접근법과 걷는 방법에 관해서도 생각할 수 있게 한다. 이 책에서 살펴볼 것처럼, 걷기는 "방법", 즉 진리 탐구, 모종의 명상, 생각하는 방식이 될 수 있다.[10] 확실히 그것은 데카르트의 고독한 사유 방법이 아니라 신체가 살고 있는 물질적 세계에 근거한 진리를 추구하며, 환경 속에서 움직이는, 살아 있는 신체의 명상인 신체화된 인지다.

가상디에 따르면, 걷기가 신체의 비자발적인 감각 지각과 관련되는 한, 걷기는 데카르트처럼 방에 앉아 사색하는 것보다 자연의 진리를 찾는 데 더 믿을 만한 방법이다. 드 브리스는 호슈-후쓰Roche-Rousse에 있는 생추어리까지 걷는 것이 "그 프로젝트의 일부를 이루는 성찰과 명상의 과정에 도움이 되기"를 바랐다.[11] 그는 "걷고, 움직이고, 찾고, 발견하는 행위는 우리가 지식을 얻는 데 도움을 주며, 어쩌면 그러는 동안에 찾고 있던 것보다 더욱 중요한 것을 발견할 수 있다"고 상세히 설명한다.[12] 나는 호기심이 생겼다. 디뉴레뱅 근처에서 열리는 학회에 참석할 예정이었던 나는 그 길을 직접 걸어보기로 결심했다.

그 길을 걷는 것 자체가 도전이었다. 길은 디뉴레뱅에서 시작하지 않고 도심에서 꽤 멀리 떨어진 곳에서 시작한다. 나는 택시를 타야 했고, 길이 시작되는 지점을 찾기까지 시간이 한참 걸렸다. 오트 프로방스 자연 지질 보호구역에서 발간한 소책자는 그 길을 걷는 데 한 시간 반이 걸린다고 안내한다. 하지만 "이 길을 걷는 데는 필요와 노력이 수반된다. 그것은 자연에 대한 준비이자 몰입imprégnation이다"라는 내용만 있을 뿐, 이 길이 고도 1,400m까지 가파르게 상승한다는 내용은 없다. 내가 찾아본 정보에 따르면, 그 길의 시작 지점에는 '침묵'이라는 금색 글자가 새겨진 끝이 금색인 말뚝이 박혀 있다. 이 문구가 걷기 명상의 시작점을 알린다.[13] 어느 정도 올라가면 호슈-후쓰에 있었던 마을 옛터 주변의 금색 말뚝 울타리를 볼 수 있을 것이다. 나는 걷기 시작했고, 그 말뚝을 찾아 나섰다.

그 길은 솔숲 사이로 이어지며 이따금 그 너머 산 (알프스 드 오트 프로방스les Alpes de Haute Provence)의 절경을 열어주기도 한다. 나는 오르고 또 올랐다. 숱한 걷기로 단련된 내가 깨달은 사실은 이 길이 매우 가파르고 곳곳이 힘들며, 내가 이내 8월의 더위 속에서 안간힘을 쓰며 숨을 헐떡이고 있었다는 것이다. 말뚝은 여전히 보이지 않았다.

러시아 정교회 수행자를 방해하지 말라는 표지판을 보고 정상에 도착했음을 알았다. 수행자는 요한계시록의 저자인 사도 요한에게 봉헌된 예배당에서 살고 있다. 그 예배당은 드 브리스가 사물의 진실과 자연의 진실을 표현하기라는 자신의 프로젝트의 일부로 삼은 곳이다. "나는 다만 사물이 지닌 진실을 회복하고자 한다." "사물 그 자체"[14] "즉, 그 자체로 살아 있는 모든 것들의 현현인 자연을 드러내는 것.[15]

정상에서 바라본 풍경은 장관이었다. 가슴 벅찬 산행이었고, 많은 것을 내게 보여준 시간이었다—솔잎과 백리향의 향기, 숲속에서 펼쳐졌던 빛과 그림자의 유희, 산의 아름다운 풍광, 그 길이 얼마나 가파른지에 대한 명백한 증거가 되는 나의 뻐근한 다리 근육과 벅찬 숨과 땀. 하지만 금색 말뚝도, 마을 옛터를 둘러싸고 있다는 울타리도 없었고, 무엇보다도 '암불로 에르고 숨'이라는 금색 문구가 새겨진 돌도 분명 없었다. 실망스러웠다.

휴식이 필요했다. 나는 드 브리스의 금색 말뚝을 찾겠다는 일념으로 단숨에 그 길을 올랐었다. 기진맥진한 나는 자리에 앉아 쉬면서 뭐라도 조금 먹을 수 있는 장소를 물색했다. 한가지 문제점만 제외하면 거의 완벽했을 평평한 바위를 발견했다. 문제점이란 바위 한가운데에 튀어나와 있는 커다란 금색 말뚝이었다.

내 눈을 믿을 수 없었다. 올라가는 길에 이것을 못 보았다는 것이 정말 믿기지 않을 정도로 지금 이 말뚝을 확실하게 바라보고 있다. 올라갈 때는 보이지 않던 말뚝이 어떻게 이제야 확실히 보일까? 워낙 강하게 내 의식을 침범해 들어와서 이제는 무시하거나 그 존재를 모를 수 없는 말뚝에 부딪히지 않기 위해 바위 가장자리에 걸터앉아야 했다. 점심 식사를 마치고 내리막길을 천천히 걸어 내려왔다. 더 많은 말뚝이 보였다. 마을 옛터의 거의 다 허물어진 담벼락을 둘러싸고 있는 말뚝 울타리도 눈에 들어왔다. 여기도 말뚝, 저기도 말뚝, 온통 말뚝들이다.

나는 몹시 기뻤지만 당혹스럽기도 했다. 어떻게 이런 일이 가능했지? 내 시점의 각도나 빛이 말뚝을 비추는 방식과 관련 있었을까? 그런 것 같지는 않다. 불과 30분 전만 해도 나는 그 말뚝 옆을 지나가고 있었다. 조명 조건은 변하지 않았다. 올라갈 때나 내려올 때나 (내려오는 길을 찾기 더 좋으니) 사방을 잘 살펴보았기 때문에 내 시야에 문제가 있는 것도 아니었다. 보이지 않는 것에서 보이는 것으로의, 자기를 감추는 "사물 그 자체"에서 자기를 드러내는 사물 그 자체로의 변화를 설명하기 위해서는 뭔가 다른 것이 필요했다.

올라가는 길에서 나는 내 눈에 들어오는 것을 발견할 수 없었다. 말뚝을 먼저 찾고 정상에 오르겠다는 나의 물리적 노력이 내 눈을 닫히게 했다. 정신적으로뿐만 아니라 신체적으로도 나의 노력은 과도했다. 아마도 이것이 바로 드 브리스가 걷기가 명상과 성찰 과정의 일부이며, "어쩌면 그러는 동안에 찾고 있던 것보다 더욱 중요한 것을 발견할 수 있다"라고 말했을 때 염두에 둔 것일 테다. 나는 말뚝만 찾아 헤매고 있었다. 내가 깨달은 사실은, 가상디가 옳았다는 것이다. 감각 지각과 움직임에서 정신은 신체와 분리될 수 없다.

가상디는 "존재한다"를 의미하는 '숨sum'이 신체적인 것이 아니라고 주장하는 데카르트에게 "당신은 이미 자신을 전체가 아니라 내면의 또는 숨겨진 부분인, 신체의 감각, 팔다리, 움직임과는 거리가 먼 영혼으로만 간주하고 있다"고 말했다.[16] 내 정신은 내 신체에서 그런 피난처와 생추어리를 발견할 수 없었다.[17] 내 눈이 볼 수 있는 것은 매우 신체적이고 구체적이며 물리적으로 힘든 걷기의 노력과 절대로 분리될 수 없는 사고에 의존하고 있었다. 나는 내 다리와 폐로써 생각하고 있었고 내 생각은 온통 육체적인 노력에 함몰되어 있었기에, 그 길에서 내 눈에 들어왔던 것은 오직 최종 목적지를 향해 앞으로 펼쳐진 길뿐이었다. '길을 찾는 데만' 집중하느라 '그 길에' 무엇이 있었는지는 볼 수 없었던 셈이다.

더 이상 긴장하지 않고 심지어 무엇을 찾지도 않으니 하산길에서야 비로소 '볼' 수 있었다. 내려올 때의 육체적 수월함과 내가 어디로 가는지 안다는 사실 덕분에 마음이 편안해지면서 무심코 지나쳤던 말뚝을 찾아낼 수 있었다. 실제로 내가 첫 말뚝을 발견한 후에 다른 말뚝들도 내 시야에 들어왔고, 그들은 의심과 회피의 여지가 없는 방식으로 자기들의 실재를 나의 감각적 인식에 각인시켰다.

　그러나 이런 결론은 지나치게 성급한 것일지도 모른다. 어쩌면 가상디가 아니라 데카르트가 옳았을 수도 있다. 나의 감각은 현실에 대한 믿을 만한 안내자이기는커녕, 올라갈 때 나를 기만했고 제 오류를 스스로 바로잡지 못했다. 중요한 순간은 내 감각의 오류를 '알아차린', 내가 착각했다는 것을 깨달은 순간이었다. 데카르트는, 내가 틀렸다는 것을 안 것은 내 눈이 아니라 이성적 판단력으로 오류를 인지한 내 지성이라고 말할 것이다. 내 오류의 지각은, 하늘을 바라보고 그것이 지중해의 햇빛 속에서 얼마나 파랗게 보이는지 아는 것보다, 내가 한 줄의 숫자들을 덧셈하는 데 실수했음을 깨닫는 것과 더 비슷했다.

　하지만 그런 생각도 지나치게 성급한 것일 수도 있다. 내 오류를 교정하고 사물을 볼 수 있게 해준 것은 지성의 추상적 판단이 아니라 내 몸과 내 눈이었다. 그들이 말뚝의 존재를 내게 알려 주었고 내가 오류를 범했다는 것도 알게 해주었다. 말뚝이 물리적으로 나를 막았기 때문에 내가 앉고 싶은 곳에 나는 앉을 수 없었다. 그러니 나는 단순히 내가 잘못했다고 '생각했던' 것이 아니라 내가 잘못했음을 '보았던' 것이다.

　데카르트가 다시 대답하겠지만, 그 대답은 '감각은 믿을 수 없다'는 것뿐일 테다. 감각은 때로는 진실을 알려 주지만, 때로는 그렇지 않다. 감각이 믿을 만한 것이라고 확신하지 못한다면, 감각을 전적으로 신뢰해서는 안 된다. 버나드 윌리엄스가 멋지게 비유한 것처럼, 그것은 독이 있는 버섯과 없는 버섯이 모두 있는 어떤 숲속에서 그 버섯들을 어떻게 구별하는지 모르는 것과 같다. 이 경우 신중한 행동 방침은 어떤 버섯도 먹지 않는 것이다.[18]

　그래도 여전히 가상디는 감각을 믿지 않으면 우리는 굶어 죽을 것이라고 답할 것이다. 어떤 음식은 먹기 좋고, 어떤 감각은 세계를 진실하게 보여 준다. 사실 나의 감각은 종종 사물의 진실을 충실히 파악한다. 감각이 완전히 믿을 수 없는 것이 되려면, 감각이 완전히 왜곡된 상황, 즉, 한 감각 지각의 오류를 다른 진실한 감각 지각이 교정하지 못하는, 모든 감각 지각이 동시에 오류를 범하는 상황을 상정해야 한다. 그런 일은 거의 일어나지 않는다. 멀리서 본 네모난 탑을 둥근 탑이라고 생각할 수 있지만, 탑에 가까이 다가설 때 그것이 오류임을 깨닫는다. 물에 꽂혀 있는 막대기가 수면 부근에서 휘어져 있다고 생각할 수 있지만, 막대기를 손으로 잡거나 물 밖으로 꺼내면 그것이 곧다는 것을 알게 된다. 나는 호슈-후쓰에서 길을 걸을 때 말뚝이 없다고 생각했으나 시각과 촉각으로 그런 말뚝이 실재함을 결국 확인했고, 한번 그렇게 확인한 후로는 말뚝의 실재를 의심하는 것은 불가능하게 되었다. 한 감각이 다른 감각의 오류를 교정할 수 있다. 우리는 (물에 꽂혀 있는 막대기의 예와 같이) 시각이 잘못 판단한 것을 촉각으로 교정할 수 있거나, 나중에 인지한 것으로 앞서 인지한 것을 수정할 수 있다. 이것이 가능하지 않으려면 우리의 모든 감각이 항상 오류에 빠져 있어야 한다.

하지만 데카르트는 우리 모두에게 익숙한 상황이 있다고 말한다―내가 꿈을 꾸고 있는 것인지도 모른다는 상황이 그것이다. 데카르트는 이 것이 바로 '암불로 에르고 숨'이 옳지 않은 이유, 내가 걷는 행위로부터 내 존재를 확실하게 추론할 수 없는 이유라고 말한다. 데카르트는 말한다. 내가 실내복을 입고 난로 앞에 앉아 손에 이 종이를 들고 있는 것 같지만, 실은 벌거벗은 채로 이불을 덮고 내 침대에 누워 어두운 밤에 그저 꿈을 꾸고 있는 것일 수 있음을 고려해보라고. 내가 난로 앞에 앉아 있는 모습의 꿈이 당신이 좋아하는 만큼 생생할 수도 있다. 내 감각이 내게 말하는 것들이 실제로 일어나고 있다고 완전히 납득할 수도 있다. 하지만 꿈을 꾸는 동안 발생한 일들이 실제라고 내가 완전히 납득했던 경우가 종종 있었다.

우리 꿈의 일부는 기이하고 비현실적이어서 의심을 불러일으키지만, 어떤 꿈은 너무 현실적이어서 깨어 있을 때의 경험과 구분할 수 없을 정도다.

현실에서 일어날 수 있는 일은 꿈속에서도 일어날 수 있으므로 (그 반대로는 일어나지 않지만) 나의 지금의 경험이 꿈이 아니라고 확신할 만한 "구별 표지"는 없다.[19] 이 경우 나는 내가 정말로 걷고 있다고 확신할 수 없는데, 그 이유는 내가 걷고 있다고 그저 꿈꾸고 있을 수 있기 때문이다. 내가 걷는다면 내가 또한 존재한다는 것이 뒤따를 것이다. 하지만 선행 조건(나는 걷는다)에 대한 어떤 확실성 없으면, 후행 결과(나는 존재한다)에 대한 확실성도 없다. '암불로 에르고 숨'은 '코기토 에르고 숨'의 확실성을 동반하지도 않고, 동반할 수도 없다.

내가 종종 걷는 꿈을 꾸는 것은 분명한 사실이다. 그런 꿈에서는, 내 신체의 움직임에 의해 사물과 물체가 내게 드러나야만 내가 그것들을 알게 되는 것 같다. 그 움직임을 통해 내 눈은 내가 상상한 움직임에 맞추어 변화하는 꿈의 시각적인 내용과 함께 다른 광경을 주시할 수 있다. 그렇다면 내가 꿈을 꾸고 있었다면 어떻게 될까? 내 정신 속에 내가 걷는다는 '생각'이 있다는 것만 확신할 것이다. 나는 단지 내가 걷고 있었다고 '생각했을' 뿐이다.[20] 내 신체가 움직였다고 확신할 수 없다. 데카르트의 말대로 나는 신체가 없는 사람일지도 모른다.[21]

맞다, 그것이 문제다. 나는 내가 신체가 있는 인간임을 확실히 알고 있다. 더위와 과로로 인한 고통스러운 감각이 부인할 수 없는 그 증거다. 내 다리에서만 그런 것이 아니다. 숨을 헐떡이는 폐, 땀이 흥건한 피부, 가슴과 귀에서 두근거리는 심장 박동, 뱃속에서 느껴지는 허기 등 모든 것이 압도적인 증거의 총체, 감각과 생생한 경험의 총합이 되어 어느 한가지 개별 감각과는 차원이 다른 커다란 확신을 준다. 내가 만약 단지 한 쌍의 눈만 있어서 경험의 전체가 순전히 시각적일 뿐이라면, 호슈-후쓰에서 실제로 본 것과 꿈을 거의 구분할 수 없을 것이다. 시각은 그 자체로 일종의 이상적인 특성이 있어서 플라톤 이래로 많은 철학자들로부터 감각 중에서 가장 "철학적"이고 진실한 감각으로서 사랑받아 왔다.[22] 하지만 나의 경험은 이상적이지도 '순전히' 시각적이지도 않다. 그것은 "내면에 있거나 숨겨진"[23] 영혼의 경험이 아니라 팔다리, 내장, 심장, 폐, 피부, 후각, 청각, 촉각 등 몸 전체, 가상디가 말한 "전체로서의 인간"의 경험이었다.

걷기의 물리적 강도, 가파른 경사의 물리적 저항을 극복하려는 애씀, 감각과 고통의 비자발적인 성격은 모두 내 경험이 단순한 상상이 아니었다는 증거들이다. 부분적으로는 맞는 말일 수 있으나, 걷기가 꿈보다 훨씬 더 풍부하고 생생한 내용을 내 경험에 제공해 줄 수 있었던 이유는, 걷기가 나의 모든 감각과 신체의 인식을 내가 걷고 있는 환경으로 이동시키는 방식 때문만은 아니었다. 가장 결정적인 요소는 걸으며 느낀 고통이었다. 그 고통은 생생하고 비자발적이었다. 그 고통은 내 상상이 떠올릴 수 없는 것이었고, 내가 떨쳐낼 수도 없는 것이었다. 그것은 거부할 수 없는 힘으로 내 의식에 들어왔다. 그로 인해 나는 지적인 사색이나 꿈에서는 느낄 수 없는 강렬한 걷기 경험을 할 수 있었다.

존 로크(1632-1704, 가상디처럼 모든 지식은 감각에서 온다고 주장한 경험주의자)[24]도 데카르트의 꿈 가설을 반박하며 비자발적인 고통의 생생한 강렬함을 주장했다.

> 그러나 만약 […] 어떤 사람이 자신의 감각을 불신하고 우리가 보고 듣고 느끼고 맛보고 생각하고 행동하는 모든 것이 실체가 없는 기만적인 긴 꿈의 연속에 불과하다고 단언할 정도로 회의적이라면, […] 우리가 사물에 대한 '우리의 감각의 증거'를 보유하고 있을 때, '사물의 본성에in rerum Naturâ' 있는 사물의 '확실성'은 우리의 신체Frame가 도달할 수 있

을 만큼 '광대'할 뿐만 아니라 '우리의 조건이 필요로 하는' 만큼 그러하다는 사실을 생각해보았음 한다. 우리의 능력은 [⋯] 모든 의심과 주저와는 무관한 사물에 대한 완벽하고, 분명하고, 포괄적인 지식에 적합한 것이 아니라, 그 능력을 보유한 우리를 보존하는 데 적합하며 생명의 사용에 적합하다. [⋯] 만약 우리의 몽상가가 자기 손을 그 안에 넣어 유리 가마의 작열하는 열이 잠에 취한 어떤 사람의 종잡을 수 없는 단순한 상상인지 아닌지를 확인하고자 한다면, 그가 확인하고 싶었던 것보다 훨씬 더 큰 수준의 확신, 즉 그것이 단순한 상상이 아니라는 사실을 깨달을 것이다.[25]

해발 1,400m 고지까지 걸어 올라갔기에 숨이 턱까지 차고 다리 근육이 화끈거리며 심장이 두근거릴 때, 우리는 자신이 '살아 있다'는 것, 자신은 존재하며 신체가 있는 인간이라는 것을 의심하지 않는다. 이는 상상 그 이상의 것이다. 이것은 꿈이 아니라 현실이고, 이렇게 강렬하고 무의식적인 감각 지각이 바로 현실에 대한 우리의 접근법이다.

로크는 감각 경험에서 비롯된 확신은 "우리의 신체가 성취할 수 있을 만큼 '광대할' 뿐만 아니라 '우리의 조건이 필요로 하는' 만큼 그러한 것"이며, 난로 앞에서 공부하는 어느 누군가가 잠든 것인지 깨어 있는 것인지 확신할 수 없다는, 일종의 지적인 유희 같은 추상적이고 철학적인 방식 말고는 아무도 이 확신을 무시하거나 기각할 수 없다고 말한다. 또한 문밖을 나설 때와 같은 실생활에서 이러한 감각의 증거는 상당히 설득력 있고 압도적이어서, "2 더하기 2는 4"라든가 삼각형에는 3개의 내각이 있다와 같은 사실을 의심할 수 있을지언정 이 증거를 심각하게 의심할 수는 없다. 우리는 이렇게 분명하고 설득력 있는 진실을 의심하는 '척'할 수 있을 뿐이다. 의심이 확신을 동반하지 않는다고 가장했을 뿐이다.

플라뇌르Flâneur, 산책자 철학자들을 매혹한 길과 풍경   44

감각 지각이 서로 불일치하거나 불협화음을 내지 않고 한목소리로 일관된 증거를 말할 때도 우리가 진지하게 그 증거를 의심해보려 한다고 가정해보자. 그런 의심은 비현실적일 뿐만 아니라 완전히 위험할 수 있다. 내가 산에 올랐다는 것은 눈뿐만 아니라 다리, 폐, 심장, 이마에 맺힌 땀으로도 알 수 있다. 이 모든 것들을 의심하려면, 아마 내가 신체가 없는 인간일지 모른다는 명제를 진지하게 받아들여야만 할 것이다. 하지만 내 감각의 비자발성, 강렬함, 일관성이 내가 그렇게 하지 않도록 해주었다. 정신이 신체로부터 독립적으로 존재할 수 있고 신체의 영향으로부터 자유로울 수 있는 피난처는 없다. 생각은 발끝부터 시작하는 전체 몸과 분리될 수 없다.

가상디가 옳았다. '암불로 에르고 숨.' 걷기는 자신과 환경에 대한 신체적 인식을 만들어 내는데, 이는 데카르트의 '코기토'처럼 의심의 여지 없이 자명하며 감각의 비자발적인 본성에 뿌리를 두고 있으므로 어떤 의미에서도 부정할 수 없는 확신이다. 호슈-후쓰를 하이킹할 때 내 의식 상태 전체는 내 몸의 감각과 팔다리에서 일어나는 모든 일들과 밀접하게 연관되어 있었다. 가상디의 말대로 정신과 신체인 인간 '전체'는 팔다리를 움직이고, 자기 움직임과 감각과 감각 기관 속에 존재하며, "살아가고, 감각이 있고, 움직이고, 이해한다."[26] 보행자는 살아 숨 쉬고 느끼고 움직이는 존재로 그 사람의 운동 감각과 자기 수용 감각과 시각, 촉각, 청각, 후각 등의 외부 감각은 모두 그 사람의 인지와 사고의 조화에 관여한다. 마이클 본드는 그저 길을 걷는 단순한 행동에도 눈, 전정계前庭階, 근육, 관절에서 오는 조직화된 감각 입력이 필요하다고 말한다.[27]

보행자의 생각은 두뇌 속 성채에 있는 작은 호문쿨루스Homunculus처럼 자신의 신체와 분리되어 존재하는 것이 아니라 땀에 젖은 머리부터 아픈 발끝까지, 손끝부터 뱃속 깊은 곳까지 신체의 모든 신경과 섬유질 속에 스며들어 있다. 인식은 신체화되고, 살아 있는 신체는 인식한다. 신체가 제 움직임을 상세하고 무조건적으로 인지하지 못한다면, 우리는 한 발도 앞으로 내딛지 못하고 걸을 수 없을 것이다.

"움직임이 생명의 본질"이라는 드 브리스의 말이 맞다면, 걷기는 이 원칙의 전형적인 사례가 된다. 그가 호슈-후쓰에 만든 생추어리는 "자연의 자기 개진, 그 순간의 성찰, 깨달음, 관조"[28] 과정의 일부인 걷기 행위 자체에 집중하는 걷기로 우리를 초대한다. 길을 오르내릴 때 우리는 걷기를 홀로 작동하는 하나의 감각이나 신체 없이 작동하는 정신이 아니라 살아 숨 쉬며 무언가를 느끼는 통합된 전체인 몸의 움직임으로 인식하게 된다. 우리 신체는 길을 안내하고, 길을 잘못 들면 스스로 실수를 바로잡는다. 이러한 교정은 인간의 의지에 예속된 단순한 지적 판단이 아니라 비자발적 감각 경험의 부인할 수 없는 자명함이다.

물론 보행자의 정신도 개입되지만, 신체가 감각을 통해 인지를 획득하는 만큼이나 정신도 체화된다. 신체와 정신은 '경험의 과정 중에' 분리되거나 구별되지 않는다. 가상디와 로크와 마찬가지로 드 브리스에게도, 데카르트의 정신과 신체의 분리는 우리를 진리로 인도하는 대신 현실에서 더 멀어지게 하는 추상적이고 지적인 사고 과정의 산물이다. 걷는 몸이 곧 활동하는 생각이다.

감각으로 인식하는 신체는 우리를 변화하는 우연적 사실의 세계와 접촉하게 한다. 우리는 눈이 차갑다는 것이나 불이 뜨겁다는 것을 선험적으로 알 수 없다. 오직 경험이 그 사실을 우리에게 알려 주고, 현재의 경험은 이후의 경험에 의해 증강될 수도 있고 의심받을 수도 있다. 변화와 우연에 대한 이러한 개방성은 걷기가 사례해 주는 신체화된 인식의 큰 장점이다.[29] 그 개방성은 이상적이고 불변하는 어떤 것에 대한 확신을 추구하기보다는 우리가 실제로 살고 있는 변화하는 세계에 대한 새로운 경험의

가능성을 제공한다.[30]

　데카르트는 실내에서 많은 시간을 보냈고 주로 침대에 누워 있었고, 그리하여 우리는 자신이 깨어 있는 것인지 꿈을 꾸고 있는 것인지 의심했던 그를 이해할 수 있다. 전해오는 이야기에 따르면, 침대에 누워 개미가 천장을 기어다니는 모습을 보며 그는 좌표 기하학(수학적인 분석 장치로서, x축과 y축으로 만든 그래프에 대수 방정식을 표현한 것)을 발견했다고 한다. "나는 생각한다, 그러므로 존재한다"라는 그의 위대한 통찰은 따뜻한 방에 혼자 앉아 생각에 잠겨 있던 어느 날 그의 머리를 스쳤고, 그날 밤 꿨던 세 번의 꿈을 통해 확정되었던 듯하다.[31]

　데카르트가 의식의 '내면성'에 관한 탁월한 철학자라는 것은 의문의 여지가 없다—그 의식은 신체로부터 의식을 보호하는 신체 내 피난처 속에 있고, 따라서 내면성은 "신체의 쇠락이 곧 정신의 붕괴를 의미하지는 않는다"라는 그의 말로 잘 표현된다.[32] 자신이 꿈을 꾸고 있을지도 모른다는 가설을 세울 때도 그는 "내가 여기 불 옆에 앉아 겨울 가운을 입고 있다"는 것이 어떻게 의심받을 수 있는지 자문하며 이런 생각을 계속한다.[33] 그는 감각보다 지적 판단이 우리에게 "사물 그 자체"를 더 잘 알게 해준다고 주장하면서, 창밖을 내다보며 광장을 오가는 사람을 보지만 정확히 말하면 사람이 아니라 "자동기계automata를 은폐하고 있는 모자와 외투"를 본 것이라는 예를 통해 "따라서 내가 눈으로 본다고 생각했던 것이 사실은 판단력에 의해서만 파악된 것"[34]이라고 스스로 입장을 바꾼다. 누군가는 이렇게 대답하고 싶을 것이다. 당신이 의자에서 일어나서 계단을 내려와 거리로 나가서 자동기계라고 추정되는 것들과 대화하면 그들이 사람이라는 것을 보고 들을 수 있다. 그들 중 누군가와 악수만 해도 그들이 사람이라는 것은 더 확실해진다.

　실내에서 가운 차림으로 앉거나 누워서 형이상학적으로 신체와 정신을 분리했던 그는 생활방식에서도 그랬던 것 같다. 스웨덴의 크리스티나 여왕의 가정교사가 되어 매일 아침 5시에 일어나 강의를 해야 했던 데카르트는 지나치게 이른 기상과 스톡홀름의 추운 겨울 날씨로 인해 폐렴에 걸려 1650년 2월 11일에 세상을 떠났다. 침대에서 좀 더 늦게까지 잤으면 어땠을까? 이 "잠보"에게는 그것이 자연스러웠다. 어린 시절 그는 학교 친구들이 수업을 받고 운동을 하던 아침까지 침대에 계속 누워 있도록 허락받았고, 이는 크리스티나 여왕의 명령이 있기까지 일생 동안 이어진 습관이었다. 타고난 몽상가였던 그가 꿈과 현실을 잘 구분하지 못한 것은 당연한 일이었다. 머리보다 몸을 더 많이 쓰고, 실내에 머무는 대신 바깥에 더 자주 나가고, 더 많이 걸어서 자연과 동료들을 생생하게 만났다면, 그는 아마도 정신-신체 관계에 관한 다른 개념을 정립했을 것이다.

피곤했지만 아름다운 풍경을 따라 열심히 걸었다는 것에 한껏 고무되어 호슈-후쓰 생추어리에서 내려왔다. 나는 디뉴레뱅에 있는 박물관을 방문하여 철학자 미셸 옹프레의 매혹적인 음성 녹음이 흘러나오는 가상디기념 전시회를 관람하며 그에 대해 더 많은 것을 알게 되었다. 에피쿠로스적 유물론과 기독교라는 가상디의 낯선 조합을 어떻게 이해해야 할지 확신이 서지 않았지만, 한가지는 확신할 수 있었다. 실제 경험에서 '암불로 에르고 숨'에는 데카르트가 주장했던 '코기토 에르고 숨'과 동일한 자명함과 저항 불가능성이 있지만, 이 저항 불가능성은 비자발적이며 때로 강렬한 감각 경험을 통해 느껴진다는 것이 그것이다.

아직 어떤 심리학 문헌에서도 내가 왜 그 길을 오를 때 그 말뚝을 인지하지 못했는지 설명하는 내용을 발견하지는 못했다. 마음에 다른 요구사항들이 있을 때 사물을 인지하지 못하는 현상에 관한 많은 연구가 있었지만, 그 연구들은 모두 몇 초나 몇 분 정도의 짧은 시간 동안 지속되는 현상에 관한 것이다. 몇 시간 넘게 높이가 3m가 넘는 금색 말뚝들을 못 알아본 이유를 설명하는 연구는 없었다.[35] 반면, 걷기, 특히 자연에서의 걷기가 인지와 지각 능력을 향상시킨다고 이야기하는 연구들은 많다. 호슈-후쓰까지 걸었던 경험은 내게 격렬한 걷기와 시지각의 관계에 대한 풀리지 않는 고민을 남겼다.

그렇다면 우리는 걷기를 통해 머리부터 발끝까지 몸 전체로 확장하는 인식에 대해 무엇을 알 수 있을까? 걷기는 기억, 감각 지각, 상상, 창의적이고 철학적인 사고와 어떤 관련이 있을까? 다음 장에서는 이 주제를 살펴보려 한다.

3장

앙드레와 나자의 발걸음으로 걷기
기억할 만한 경험

1. 쫓아다니기 그리고 기억

"Dis-moi qui tu hantes, je te dirai qui tu es"라는 프랑스 속담이 있다. "친구를 보면 그 사람이 누구인지 알 수 있다"라는 뜻이지만, 문자 그대로 해석하면 "당신이 누구를 쫓아다니는지(누구와 어울리는지) 알려 주면 당신이 누구인지 말해주겠다"라는 뜻이다.

앙드레 브르통이 우연히 만난 여성 나자와 함께 파리를 걸었던 이야기를 담은 시적 회고록 《나자Nadja》[1]는 이렇게 시작한다."나는 누구인가? […] 어쩌면 모든 것은 내가 누구를 '쫓아다니는지' 아는 것이리라. " 브르통은 이 "쫓아다니다[유령처럼 나타나다]haunt"라는 단어가 자신을 혼란스럽게 한다고 말한다.

> 이 단어는 본래의 뜻보다 더 많은 뜻을 말한다. 이것은 살아 있는 내가 유령fantôme처럼 행동하도록 한다. 확실히 그것은 지금의 내가 되기 위해 '내가 죽었었다는 것이 확실함'을 암시한다.

(N 11/11)

2008년 나는 브르통과 나자가 1926년에 걸었던 길을 다시 걸어보려고 파리를 방문했다. 루이 아라공의 《파리의 농부》, 필립 수포의 《파리의 마지막 밤》과 함께 걷기, 우연한 만남, "기묘한 것"에 관한 초현실주의 삼부작을 이루는 브르통의 1928년 저작 《나자》에 기록된 일정대로 나는 움직였다.[2] 브르통과 나자의 발걸음을 따라 걸으며 그들의 과거 속에서 내 현재를 잃고, 길을 잃고, 나 자신을 잃고, 과거의 나이기를 그치고, 그리하여 하나의 환영, '유령'이 될 수 있을까? 그들이 걸었던 길을 다시 걸으면 그들이 지각한 것을 "기억"할 수 있어서 그들의 과거로 돌아가고, 그 과거에 "유령처럼 나타날" 수 있을까? 다른 사람의 발걸음을 따라 걸으면 과거의 기억 흔적이 되살아날 수 있을까?

나의 이야기는 걷기와 쫓아다니기 또는 과거에 자주 갔던 곳을 재방문하기에 관한, 그곳에 새롭게 "유령처럼 나타나기"에 관한 이야기다. 그러나 내가 재방문한, 과거에 자주 갔던 곳은 나의 장소가 아니라 브르통과 나자의 장소다. 나는 '그들의' 눈으로는 파리(그들이 보았던 것)를 보고 싶었고, 나의 눈으로는 나는 볼 수 있으나 그들은 보지 못한 것(1926년 이후의 모든 변화)과 그들은 보았으나 나는 볼 수 없는 것(그 이후 사라져버린 모든 것)을 보고 싶었다.

무엇보다도 나는 그들의 발자취를 따라 걸으며 그들의 '사라진 발걸음'을 되찾고, 그들이 우연히, 운 좋게 찾았던 "발견물들"을 다시 한번 찾고 싶었다. 나는 지금 "사라진 발걸음을 찾고 있다à la recherche des pas perdus." '사라진 발걸음'은 또한 브르통이 쓴 책 제목이기도 하다.[3] 브르통이 선물로 《사라진 발걸음》 한 권을 나자에게 건네자 그녀는 이렇게 말했다—"사라진 발걸음이요? 그런 건 없어요"(N 72/72). 얼마 후 두 사람의 짧은 연애가 끝나갈 무렵 나자는 브르통에게 이렇게 말했다. "당신이 나를 좋아했다면, 나는 당신에게 아무것도 아니거나 하나의 발자국에 불과할 거예요" (N 116/116). 같은 강에 두 번 들어갈 수 없다는 헤라클레이토스의 말이 틀려서 내가 브르통과 나자의 발걸음을 따라 걸을 수 있다면, 그들의 발걸음은 사라진 것은 아닐 것이다.

2008년에 본 파리의 거리에는 브르통과 나자가 1926년에 남긴 흔적들이 남아 있었다. 다른 이들의 누적된 경험이 그 흔적 위에 덧입혀지고, 건축 환경의 변화에 따라 그 흔적이 물리적으로 없어졌다가 다시 만들어지는 과정을 반복하기는 했어도 말이다. 이런 과정은 일련의 경험과 지각에 의해 기억 흔적이 덧쓰이는 방식과 유사하다. 물론 1926년의 모습을 그대로 유지하고 있는 파리를 다시 방문하고 싶다는 어리석은 바람을 품었던 것은 아니다. 하지만 (한 번만이라도, 달리 이 '정확한 표현' 외에는 적합한 단어가 없는) 팔림세스트palimpsest처럼 과거의 파리라는 유령이 오늘의 파리 아래에서 그 모습을 드러내기를 소망했다.[4]

브르통의 기억은 1966년에 그의 죽음과 함께 소멸했으므로 내가 그의 기억에 직접 들어갈 수는 없었다. 그러나 나자의 그림에 대한 그의 기록(N 211)을 포함하는, 브르통이 《나자》에 글로 남긴 흔적들이, 그와 나자가 방문했던 경로와 장소에 지금도 여전한 자취들을 남겼던 그 무의식적 기억 속으로 나를 인도해 줄지도 모른다. 나자와 브르통의 발걸음을 따라 걸으며 나는 이 흔적들을 되살려 그들의 경험을 기억하고 싶었다. 그녀에 따르면, 나자(그녀가 스스로 지은 이름)라는 이름은 러시아어로 "희망"을 뜻하는 단어의 앞부분이다. (N 66/66)

하지만 나의 희망은 터무니없는 것, 한참 "궤도를 이탈한 것"임에 틀림이 없다.[5] 브르통과 나자가 '우연히' 찾아냈던 경험과 만남을 '의도적으로' 다시 찾으려 한다는 것은 같은 강에 두 번 들어가는 것보다도 어려운 일이다. 브르통에 따르면, 《나자》는 초현실주의자들이 "객관적 우연"이라고 부르는 것을 다룬다. 객관적 우연이란 "비록 그 사람은 그것을 중차 대한 필요로 경험하지만 그가 이해하지는 못하는 필요를, 매우 신비스러운 방식으로, 그 사람에게 보여 주는 종류의 우연이다."[6] 그는 '의외의 발견trouvaille'을 다음과 같이 정의한다.

> 그 본성대로라면 통상적인 논리 경로를 따라서는 우리에게 올 수 없는 해법의 출현이다. 이 경우, 그것은 언제나 과도한 해법, 필요에 엄격히 부합하면서도 그 필요를 훨씬 더 초월하는 해법이다.[7]

'의외의 발견'은 자연발생적이고, 불확실하고, 예측할 수 없고, 가능성이 없는 우연한 만남의 결과일 수밖에 없다.[8] 《파리의 마지막 밤》에서 필립 수포는 정처 없이 방황하며 "우리가 우연이라고 잘못 부르는 것"의 "놀라운 변덕"을 찾아 헤맸는데, 결국 그 변덕은 그의 눈앞에서 너무 커져 "거의 손가락으로 잡을 수 있게 되었다."[9] 하지만 계획된 일정을 따르면서 우연한 만남을 찾겠다는 것은 모순처럼 보인다.

그들이 자주 찾던 장소라는 매개체를 통해 브르통과 나자의 유령을 만나고 싶다는 사치스런 희망에 비하면, 그 어려움은 사소한 것처럼 보였다. 하지만 캐런 틸에 따르면, "유령은 실재물이자 상상물이며 지극히 개인적이고 감정적인 존재로, 우리가 그 현존에 열려 있을 때 우리의 사회적 공간에 나타난다."[10] 미셸 드 세르투에 따르면, "침묵 속에 숨겨진 다양한 영혼, '불러낼' 수도 있고 불러내지 못할 수도 있는 영혼이 나타나지 않는 장소는 없다."[11] 이러한 유령의 등장은 "현재에 내재한 어떤 깊이", "도시의 일상에 존재하는 신비함"을 선사한다.[12] 과거 세대의 흔적은 모든 장소를 유령이 나타나는 장소로 만들고,[13] "새로운 (그리고 종종 예상치 못한) 공간적, 사회적, 시간적 효과"[14]를, 즉 계획된 일정을 따를 때에도 의외의 발견으로 우리를 인도하는 우연한 만남을 생산할 수 있다.

브르통과 나자의 발걸음을 따라 걷는 일은 전기 작가 리처드 홈즈가 "쫓아다니기haunting"라고 부른 것과 비슷했다. 그것은 "현재가 과거를, 어떤 의미에서는 과거가 현재를 의도적으로 […] 침략 또는 침해하는 행위다."[15] 이 경우, 그들이 나를 쫓아다니는 만큼 나도 그들을 쫓아다닐 것이다. 그들의 유령을 만나기 위해 나도 유령이 되어야 할 것이다. 자크 데리다는 "유령을 따라간다는 것은 무엇을 의미할까? 만약 우리가 계속 추적하는 그 행위에 의해, 언제나 그 유령이 우리를 따라온다는 것을 의미한다면?"이라는 유명한 질문을 던졌다.[16] 유령을 따라간다는 것, 유령을 쫓는다는 것은 데리다가 명명한 '유령론hauntology'의 논리, 즉 "돌아옴으로써 오는", "돌아옴으로써 '시작하는'" 죽은 자들의 '망령'이나 유령의 시간을 다루는 논리에 따르면, 유령에게 쫓기고 홀린다는 것을 의미한다.[17]

유령을 따라가는 것(찾아다니고, 괴롭히고, 집요하게 쫓는 것)은 쫓아다님과 쫓김의 영역에 진입하는 것이다. 이곳에서 시간은 현재의 시간 순서를 벗어나 "어긋나고 흐트러진 현재"가 되고, 과거는 뭔가 미래적인 것, 도래할 것이 된다. 즉, 현재를 자기 자신과 같지 않은 것으로 만드는, 과거의 가능성이 귀환한다. 이러한 현재의 비동시성으로 인해 나의 체화된 현재적 자아는, 나의 현재와 그들이 미래로 살았던 과거의 동시성(Mitsein, "함께 있음" 또는 "동시성") 속에서 앙드레와 나자의 신체를 여읜 영혼과 함께 걷거나 함께 있을 수 있었다.[18] 그들은 살아 있을 때 걸었고, "영혼은 종종 죽음 속에서 걷는다"라고 말한 호레이쇼처럼[19] 브르통과 나자와 나는 함께 걷거나, 어딘가에서 자주 모이거나, 서로를 쫓아다닐 수 있을 것이다.[20]

하나의 걷기 경험이 다른 하나 위에 겹쳐지면서, 그들이 1926년에 파리에서 겪은 경험을 매개로 오늘의 파리를 바라보고, 내가 오늘의 파리를 걸었던 경험을 매개로 1926년의 파리를 바라보는 일종의 '이중 시각'

이 생성된다.[21] 이런 방식으로 현재와 과거, 무의식적 기억과 의식적 인식이 서로 투명하게 겹쳐지면서 둘 중 하나가 다른 하나를 지우지 않고 동시에 나타날 수 있었다. 나자와 브르통이 걸었던 장소와 연결된 현재의 지각을 통해, 나는 경험된 경험, 그러나 어떤 죽은 이 즉 망령이 경험한 경험으로서 나에게 돌아오는 과거와 연결되곤 했다.

한편, 이러한 것들 중에서 초자연적인 것은 없다. 리케 플레이트가 말한 것처럼, 다른 사람의 발걸음을 따라 걷는 행위는 "우리 것은 아니지만 마치 우리 것인 양 관련을 맺게 되는 과거에 참여하는 신체화된 방법"이 될 수 있다.[22] 반면, 이보다 더 초현실적인 것이 있을 수 있을까? 파리를 방랑하던 수포는 "상상과 기억의 경계를 확정지을 수 없다."[23] 브르통은 "초현실성"을 이렇게 정의한다—"나는 꿈과 현실이라는 모순적인 두 상태가 향후 일종의 절대적인 현실인 '초현실성'으로 해소될 것이라고 믿는다"(SM 14/20). 하지만 지각과 기억의 융합, 즉 과거가 현재를, 현재가 과거를 덮어쓰는 이 이중적 홀림은 어쩌면 가장 일상적이고 평범한 경험이 될 수도 있다.

2. 죽은 이들을 깨우기

현재의 지각이 어떻게 과거를 소환할 수 있을까? 지각과 기억의 관계는 적어도 플라톤이 그의 저서 《메논》과 《파이돈》에서 제시한 "회상recollection"의 교리까지 거슬러 올라가는 철학적 질문이며,[24] 이후 요한 구스타프 드로이젠의 역사적 경험의 재발견 이론을 거쳐 키르케고르와 하이데거의 '실존적 재현'이라는 개념까지 확장된다. 키르케고르는 재현을 "미래를 회상하는 것", 즉 현재를 위해 미래의 가능성을 제시하는 과거 결정과 행동의 회복으로 규정한다.[25] 나의 걷기에서, 나는 브르통과 나자가 후세에 물려준 경험 가능성을 회복할 수 있을 장소로서 그들의 과거 경험과 행동의 현장을 마주하게 될 것이다.

키르케고르가 그의 저작 《재현》[26](국역본 제목은 '반복'이다-역자)에서 설명한 것처럼, 과거 경험을 '회복'한다는 것은 똑같은 경험을 두 번 한다는 것은 아니다. 어떤 것을 두 차례 경험할 때, 첫 번째 경험의 기억이 두 번째 경험을 쫓아다니기 때문에 직접적이고 정확한 재현은 가능하지 않다. 역설적으로 보이지만, 새로운 것만이 재현될 수 있다. "재현의 변증법은 쉽다. 왜냐하면 재현은 '계속되어 왔지만'—그렇지 않았다면 재현은 진행되지 못했을 것이다—재현이 계속 진행되었다는 바로 그 사실이 재현을 새로운 것으로 만들기 때문이다."[27]

하이데거가 보기에 진정한 회복 또는 "재현Wiederholung"은 (미국 남북전쟁 당시의 모습을 재연하는 사람들처럼) 과거의 '실제' 모습을 모방하려는 시도가 아니라, 가능성으로서 본질상 미래적이며 현재의 목표와 필요와 관련됨으로써 재경험될 수 있는 실존적 '가능성'의 과거를 소환하는 것이다.[28] 따라서 회복은 일종의 기억하기다. 즉, 과거의 경험 양식을 현재의 '가능성'으로 소환하여 과거의 흔적을 '재활성화'하는 것으로, 과거는 완성된 실재가 아니라 열린 가능성으로서 미래라는 우회로를 통해 '새로운' 것으로 되돌아온다. 나자와 브르통의 과거 경험을 나에 대한 미지의 가능성으로 회복함으로써, 나는 그들을 망령으로 소환하고 그들의 경험을 "기억"할 수 있었다. 하지만 어떻게 걷기가 그저 N를 읽는 것보다 이를 달성하는 더 나은 방법이 될 수 있단 말인가?

우리는 이미 어떻게 걷기가 사회적, 자연적 세계를 지각하는 하나의 방법이 되는지를 살펴봤다. 걷기는 또한 기억의 형식이기도 하다. 리베카 솔닛의 말을 다시 인용하면, 길은 "상상과 욕망에서 나온 행위의 흔적"[29]이며 "앞서간 이들에 대한 기록"[30]인 기억의 형식을 구성하므로, "같은 길을 걷는다는 것은 어떤 것을 깊이 반복한다는 것이고, 같은 공간을 같은 방식으로 이동하는 행위는 같은 생각을 하며 같은 사람이 되는 방법이다."[31] 다비드 르 브르통에 따르면, 길은 "대지에 새겨진 기억, 오랜 시간 동안 그 장소를 찾았던 많은 보행자들이 대지의 중추 신경에 남긴 흔적"이자, 현재와 과거를 연결하는 "공간적일 뿐만 아니라 시간적이기도 한 의사소통의 한 형식"이다.[32] 같은 길을 다시 걸으며 우리는 자연에 새겨진 경험(생각, 욕망, 상상)을 떠올리고,[33] 과거의 흔적을 되살리고,[34] 그곳에 살았던 옛 사람들과 우리를 다시 연결하는 방식으로 그 장소에 얽혀 있는 옛 이야기를 되살린다.[35]

'한 번에 한 걸음씩.' 나는 앞으로 나아가고 있다. 이 모든 것이 꽤 은유적이고 심지어 환상적으로 보일지도 모른다. 걸으면 타인의 생생한 경험을 기억할 수 있다고 생각하는 것은 우스꽝스러운 일이 아닐까? 한 걸음 물러서서 이 질문에 논리적으로 접근해야 할 필요가 있다. 다음에 나올, 프로이트와 데리다가 말한 신경 경로와 "흔적의 순회 작업"이 도움이 될 것이다. 그러나 논쟁의 여지가 있는 그들의 이론으로 돌아가기 전에, 이론의 여지 없이 실천적인 지성인인 독일의 역사 철학자 요한 구스타프 드로이젠(1808-84)을 먼저 살펴보고자 한다. 드로이젠은 어떻게 하면 물질적인 역사적 흔적에 생명을 불어넣어 현재의 사람들이 과거에 살았던 사람들의 삶을 "기억"할 수 있는지에 관해 가장 단조로운 방식으로 설명한다.

드로이젠은 감각 지각을 생각해보라고 말한다. 감각 지각은 "정신이 […] 외부 사물의 신호를 받은 자극을 통해, 감각 신경의 '특정 에너지'에 의존한다."[36] 이러한 감각 신호 중에는 과거 사건의 "희미한 흔적"이 포함될 수 있다. 과거 인간 활동의 물질적인 자취와 결과로서 "수많은 과거의 일들이 지금 여기에 남아 있다." (120) "과거'로서의' 과거", "과거였었던 과거와 과거가 존재했던 방식"인 과거 그 자체는 '사라졌고' 더 이상 남아 있지 않다. 그러나 (지각의 안내를 받는 직관인) "탐구의 통찰력"은 "과거의 흔적을 새로운 생명으로 소생"시킬 수 있고, 그리하여 그것을 지각하는 탐구하는 정신에 의해 되살아난 그 흔적은 '기억된' 과거로서의, 원래 과거의 '현재적' 존재를 구성한다. (120)

존재물 자체가 아니라 (존재물은 정신의 외부에 있다) 눈을 비추는 빛줄기가 신경을 자극해 눈에 들어온 존재물의 '신호'를 정신 내부에 만드는 것처럼, 과거의 활동 중에서 현재 남아 있는 것들을 구성하는 존재물도 그 존재물들을 "만지고, 만들고, 주조했던" (121) 사람들의 과거 경험의 '신호'로 작용할 수 있다. 드로이젠은 과거의 흔적을 되살리고 거기에 생명력을 불어넣는 힘이 바로 '기억'이라고 말한다. (121)

개인적 기억은 우리 자신의 개인적 과거 경험의 흔적을 되살리도록 한다. 즉, 이것이야말로 어떤 과거를 기억한다는 것이다. 마찬가지로 '역사적' 기억— 역사가가 과거 인간 활동과 경험의 물질적 흔적을 되살리는 행위—은 역사적 과거를 '기억'하도록 한다. 개인적 기억이 과거 '그 자체'를 복원할 수 없고 '우리와 연관이 있는' 과거만 복원할 수 있는 것처럼, 역사적 기억 또한 오래 전에 사라진 실제 과거 경험과 활동이 아니라 '우리와 관련 있는' 집합적 과거만을 지금의 우리에게 복원해줄 수 있다. 브르통은 "죽은 이들은 말하고, 돌아오고, '되살아난다'"(브르통, "알프레드 자리" PP 44/30)고 말하고, 드로이젠은 역사 해석의 목적은 "이 메마르고 활력 없는 자료들이 다시 살아나고 다시 말하도록 그것들에 생명력을 불어넣고 분석하는 것"(126)이라고 말한다. 이 지점에서 열광적인 초현실주의가 냉철한 독일 철학과 손을 잡는다. 문제가 하나 남아 있다—내가 파리를 걷는 행위는 '어떻게' 브르통과 나자의 경험을 되살릴 수 있을까?

나자와 브르통의 발걸음이 눈에 보이는 흔적을 노면에 남긴 것은 아니다. 그럼에도 파리의 거리는 예전에 그곳에 살았던 사람들, 그 거리의 역할과 그 거리가 공간을 활용한 용도, 이야기와 전설로("이곳이 브르통과 나자가 처음 만났던 곳이래") 전해지는 기억으로 우리를 연결해 준다. 그 도시를 드 세르투가 말한 "거대한 기억", 과거와 현재의 조각들의 '브리콜라주bricolage'[37]로 변화시킨다. 그 도시에서는 옛 사람들이 더 이상 스스로 기억할 수 없는 과거를 무생물이 "기억"한다.[38] 같은 맥락에서 르 브르통은 "걷기는 언제나 떠난 자들을 향한 긴 기도이자 혼령과의 끊임없는 대화"라고, 그들과 관련된 "장소의 퇴적층들에 시간을 정착"시킨 사람들에 대한 추모라고 말한다.[39]

3. 도시, 길, 기억

프로이트에 따르면, 정신은 모든 다른 역사적 시대와 지층이 동시에 존재하는 도시—"한번 존재한 것은 어느 것도 사라지지 않는 존재물"—와 유사하다. 마치 로마에서 아우구스투스 시저의 주피터 신전이 16세기 건축물인 카파렐리Caffarelli 궁전과 같은 장소에 동시에 있을 수 있는 것처럼 말이다. "정신적 삶에서 한번 형성된 것은 소멸하지 않으며, 모든 것은 어떻게든 보존되고 적절한 상황을 만나면 다시 한번 자기 존재를 드러낸다." 왜냐하면 기억의 흔적은 결코 소멸하지 않고 단지 다른 것에 의해 덮일 뿐이기 때문이다.[40]

　　반대로, 도시도 정신과 비슷하다. 파리(루테티아Lutetia)에서 로마에 이르는 옛 로마의 길이 무프타르Mouffetard 로 아래에 있는 것처럼,도시의 어떤 흔적도 무無로 축소되지 않으며 다른 것에 의해 덮이고 손상될 뿐 그곳에 여전히 남아 있다. 콜리지가 "기억의 팔림세스트 명판the palimpsest tablet of memory"[41]이라고 명명한 흔적은 완전히 사라지지 않는다. 그것은 토머스 드 퀸시가 언급한 것처럼 지속적으로 다른 것에 의해 겹쳐지고 심지어 "망각만큼이나 짙은 장막"에 덮인 흔적도 "나지막한 명령" 한마디에 소환되고 소생할 수 있다.[42] 걷기는 그 흔적들을 리베카 솔닛이 "도시의 무의식, 그 기억"[43] 이라고 명명한 것의 일부인 길로 묶음으로써 그것들을 소생시킬 수 있다. 그 흔적들의 거대한 저장소가 도시다.

정신과 도시는 모두 신경 경로, 기억 흔적, 도로, '인상'과 같은 길로 구성되어 있다. 기억이 정신의 물질적 인상으로 처음 비유된 것은 플라톤의 《테아이테토스Thaeatetus》(191c-196a)에서였다.

> 우리 정신 속에 밀랍 덩어리가 있다고 상상해보자. […] 그리고 그것이 뮤즈의 어머니인 기억의 선물이며, 우리가 보거나 듣거나 생각한 것을 기억하고 싶을 때마다 그 덩어리를 지각이나 관념에 예속시켜 마치 도장을 새긴 반지로 표식을 찍듯 인상을 그 안에 찍는다고 해보자. 인상이 그 덩어리에 남아 있는 한 우리는 각인된 것을 알고 기억한다. 하지만 지워지거나 각인될 수 없는 것은 잊어버리게 되고 알지 못하게 된다.[44]

정신적 각인이라는 기억의 이미지는 아리스토텔레스, 로크 등 수많은 철학자들을 거치며 "당연한" 것으로 받아들여졌다. 이 은유는 아마도 영혼이 (과거만이 아니라) 미래의 흔적을 지니고 있다고 말한 라이프니츠에 이르러 정점에 도달하는 듯하다.

> 사물의 연결을 주의 깊게 생각해보면, [개인의 영혼에] 내재한 모든 시간에는 그 사람에게 일어났던 모든 것의 흔적, 그 사람에게 일어날 모든 것의 징후, 심지어 오직 신만이 알 수 있을, 우주에서 일어난 모든 것의 흔적이 있다고 말할 수 있다.[45]

기억이 과거와 미래의 흔적을 모두 가질 때, 그 시간은 정말로 앞뒤가 어긋나게 되고, 우리가 미래를 '기억'할 수 있게 해주는 유령의 출몰 속에서 자기 자신으로 되돌아간다.[46]

그러나 그 정점의 순간에도, 정신적 각인 은유의 결점은 마치 하나의 발자국처럼 인상이 고정적이라는 것이다. 그것은 겹쳐지고, 감춰지고, 심지어 지워질 수는 있어도 선이나 길로 발전하지는 않는다.[47] 1920년대에 에드가 로드 애드리안이 최초로 제시한 신경 '경로' 이론을 받아들인 사람은 프로이트였다.[48] 프로이트의 신경 경로 이론은 도시의 물리적 구조가 어떻게 물질적 기억을 구성할 수 있는지, 따라서 도시의 거리를 걷는 것이 어떻게 옛사람들의 경험을 다시 소환할 수 있는지 밝히는 데 도움이 된다.

프로이트는《쾌락 원리의 저편》(1920)에서 처음으로 자신의 이론을 정교화했다.[49] 프로이트는 지각하는 의식적 정신 체계는 "외부 세계로부터 오는 [신경] 자극의 지각과 정신 기관 내부에서만 발생 가능한 쾌快와 불쾌不快라는 느낌으로 구성된다"고 말한다. 하지만 이러한 영구적인 흔적이 새로운 자극을 등록하는 지각하는 의식적 정신 체계를 방해할 수 때문에, 의식적 정신은 이런 자극의 영구적인 흔적을 유지하지는 않는다. 개울의 물이 끊임없이 새로 유입되는 물로 대체되는 것처럼, 지각하는 의식적 정신 체계가 외부 자극에 노출되면 그 안에 있는 자극은 새로운 자극들이 이전의 자극들을 대체하는 과정에서 소멸한다. 반면, 무의식과 전의식 체계에서는 자극이 영구적인 흔적을 남기며 기억의 기초를 형성한다. 프로이트는 "의식하는 상태가 되는 것과 기억 흔적을 남기는 것"은 다른 체계에 할당되어야 할 양립 불가능한 과정이라고 결론짓는다. 지각하는 의식적 정신 체계의 자극이 영구적인 흔적이 되려면, 그 자극은 무의식으로 이전되어야 한다.[50] 실제로 기억 흔적Erinnerungsspuren은 "그것을 남긴 과정이 결코 의식에 진입하지 않아야 가장 강력하고 오래 지속된다."[51]

　　의식에서 무의식으로의 자극 이동이 신경 경로를 생성한다. 의식 지각이 무의식 속으로 이동할 때는 저항을 극복해야 하며 "자극의 영구적인 흔적인 촉진"(촉진은 독일어로 Bahnung이며, 이는 경로 또는 도로Bahn에서 장애물을 치우는 것을 뜻한다)을 남긴다. 데리다가 명쾌히 설명한 것처럼, Bahnung과 프랑스어 frayage는 모두 "길을 여는 것", 신경 자극이 "통하는 길", 극복된 저항의 "자취를 따라가는 것"을 뜻한다. "길은 깨지고, 균열이 생기고, '부서지고', 구멍이 뚫린다."[52] 그래서 기억 흔적은 (무의식까지 나아가는 자극이) 길을 여는frayage, 길을 만드는frayer son chemin 과정의 결과물이다. 신경 자극은 길을 여는 과정에서 무의식에 기록되고, 기억 흔적은 무의식 내부에서 일종의 정신적 안내서가 된다. 데리다에 따르면, "우리는 흔적 순회 활동, 흔적의 순회 경로를 만들고 따라가는 것, 흔적을 따라가는 흔적, 자기 길을 여는 흔적을 […] 생각하고 있다."[53]

　　기억 흔적과 길의 생산은 모두 정신이나 자연에 쓴 일종의 문구나 명문銘文이라고 할 수 있다. 따라서 길과 도로를 만드는 일은 기억 흔적의 생산과 유사하고, 길과 도로는 물질적으로 외부화된 기억의 표현이라고 볼 수 있다.[54] 프로이트는 자신의 저작 《신비스런 글쓰기 판에 대한 소고》(1925)에서, 무의식 기억 체계에 보존된 흔적은 적절한 조건 아래에서는 "읽을 수 있는" 상태가 된다고 말한다.[55] 보행자에게 길이나 안내 지도의 가독성은 보행 가능성과 같은 것이다. 걷는다는 것은 일련의 연결된 흔적들을 이해하기 위해 신체의 감지 능력과 운동 능력을 활용해 일정표를 "읽는다는 것"이다. 마찬가지로 보행자는 그 도시의 무의식적 기억을 구성하는 길을 따라 "나아가며" '기억한다.'

　　수포는 "시간은 옛 사람들의 흔적을 지우지 않고 다만 우리의 시야에서 숨길 뿐"이며 "향기나 대기의 미세한 차이"가 그 숨겨진 것들을 다시

우리의 의식으로 소환한다고 말한다.[56] 브르통과 나자가 걸었던 길을 걸으
며 내가 얻고자 했던 것이 바로 이 소환이다. 파리의 거리를 그들의 발자
취를 따라 걸으며 나는 나와 그들의 내부 기억 통로를 활성화하고, 나만의
개인적인 연상물과 어떤 장소의 분위기로 표현된 그 장소의 영혼을 탐색
할 것이다.

　　브르통은 이렇게 말한다―'정신에는 실재와 상상이, 과거와 미래가
모순적이지 않은 […] 어느 지점이 있다'(SM 123/72-73). 말은 쉽지만
그것이 가능한지 알아보기 위해 나는 흔적을 따라 걷고 '기억'해야 했다.

4. 사라진 발걸음을 찾아서

다비드 르 브르통에 따르면, "이미 도시를 어느 정도 알고 있거나 그 거리
에 익숙한 보행자에게는 모든 거리에 첫걸음부터 끌리는 자극磁極과 같은
지점이 있다."[57] 앙드레 브르통도 마찬가지였다. 나는 브르통이 나자를 만
났던 날에 걷기 시작했던 지점인 본 누벨Bonne Nouvelle 대로에서 일정을 시
작했다.

> 파리에서 분명 당신은 우연히 나를 만날 수 있다. 일과 시간이 끝날 무렵
> '르 마탱Le Matin' [신문] 인쇄소와 스트라스부르Strasbourg 대로 사이의
> 본 누벨 대로를 오가는 내 모습을, 당신이 발견하지 않고 3일을 보낼 수
> 는 없을 것이다. 내 발걸음이 나를 데려간 곳이 왜 하필 그곳인지, 내가
> 특별한 목적 없이 찾아간 곳이 왜 하필 그곳인지 모르겠다.
>
> (N 36/32)

　　내가 여정을 시작한 것은 8월의 화창한 날이었다. 하늘에는 구름

몇 조각만 떠 있었다. 브르통을 끌어당겼던 자력磁力에 나를 맡기기에 완벽한 날이었다. 나는 초현실주의자들이 말하는 "경이로운 것"과 조우할 가능성을 열어두고 있었다.

스트라스부르 대로를 걷자니, 아프리카와 아시아에서 온 사람들과 자동차와 버스가 끊임없이 윙윙거리는 소리로 붐비는 이 인도가 브르통과 나자가 경험했던 것과 얼마나 다를지 궁금해졌다. 1920년대에도 브르통과 나자는 프랑스 식민지 출신이든 미국의 공공연한 인종차별에 시달리던 (시드니 베쳇이나 조세핀 베이커 같은) 난민이든, 숱한 아시아인과 아프리카인을 마주쳤을 것이다. 파리는 오랫동안 다양한 문화와 민족의 교차로였고, 지금도 그렇다. 그래도 나는 브르통과 나자가 넓은 대로에 가득 찬 엄청나게 많은 자동차를 마주치지는 않았을 것이라고 확신한다.

나는 그 길이 데지 통로Passage du Désir를 지날 때 기뻤다. 초현실주의자들은 이러한 "통로"나 아케이드(루이 아라공의 《파리의 농부》 첫 부분은 오스만Haussmann 대로의 확장으로 사라질 위기에 처했던 오페라 통로Passages de l'Opéra와 그 주변의 다른 아케이드에 대한 찬가다)를 사랑했는데, "통로Passage"와 "욕망Désir"의 결합은 단순한 우연이 아닌 것처럼 보였다. '통로'는 이행, 뚫고 가기, 중간 장소, 일시적인 순간, 교차 지점, 구절 또는 악절, 변환, 신성한 "통과 의례", 관통, 지나가기, 의식부터 무의식까지의 자극의 통로 또는 '길Bahnung', '이동'과 '장소', 걷기와 말, 말과 음악이다. 헤겔에 따르면, 사고는 이동 또는 통로이고 "자신이 되는 과정", 즉 자신을 이해하고 자신의 "진리"를 부여할 미래를 향해 현재를 넘어서는 (dépasser, Aufhebung) 과정이다.[58] '통로passage'는 찰나의, 순간적인이라는 뜻을 가진 단어 passager의 어근이기도 하다. 그렇다면 미래의 만족을 향해 자기를 넘어가는 욕망의 움직임 또한 그렇다. 그것이 상품과 서비스를 판매하는, 얼마간 아프리카나 아시아적 성격이 있는, 소박한 쇼핑몰인 경우는 말할 것조차 없다. (이런 쇼핑몰은 오늘날의 파리에서는 꽤 흔히 볼 수 있다.)

이러한 공간적 통로는 시적인 텍스트와 그 구조가 동일하다. 문학 평론가 메리 앤 코즈는 이렇게 썼다.

> 모든 텍스트에서 [⋯] 단어의 공간은 그 단어를 포함한 구절의 공간이기 도 하다. 한쪽 끝에서 다른 쪽 끝으로 이어지는 공간적 통로, 한 지각 상 태에서 다른 지각 상태로 이어지는 심리적 통로, 말하지 않음에서 말의 시간을 완료함으로의 시간적 통로, 그 공간과 지각과 시간 사이의 횡적 통로. [⋯] 초현실주의자들에게 통과는 처음에는 우연에 마음을 연 파리 의 방랑자들, 거리의 모험가들에게 어울리는 머무름이었다.[59]

조금 더 머무르고 있던 나도 발걸음을 옮겼다.

바로 다음 거리가 자리 로rue de Jarry였는데, 알프레드 자리는 초현실 주의자들이 가장 좋아하는 작가였기 때문에 이 상황은 더욱 우연처럼 보 였다.[60] 알프레드 자리는 파타피직스pataphysics("형이상학이 물리학을 넘어 서는 것만큼이나 형이상학을 초월하는 [⋯] 형이상학 위에 덧붙여진 불가 능한 해결책의 과학")의 창시자이자,[61] 그 초연을 보고 놀란 예이츠가 "우 리 다음은, 야만인 신이다."라는 유명한 말을 남겼던, 초현실주의 연극의 원형인 《위비 왕》의 저자다. 자리 로는 사실 통로도 막다른 골목도 아니 다. 브르통에 따르면, 자리는 방문객을 성가시게 하는 일을 즐겼는데, 포 르 루아얄Port Royal 대로에 있는 그의 집에 가기 위해서는 좁은 막다른 골 목을 통과해야 했기 때문이다. (PP 43/29) 또한 작가들에게 "문장의 고속 도로에 모든 단어들의 교차로를 만들라고"(PP 29/42) 촉구한 것도 자리 였다. 자리 로는 말라르메부터 브르통까지, 상징주의부터 초현실주의까지 모든 단어들의 교차로가 된다.

아, 맞다. 자리와 스테판 말라르메. 말라르메의 장례식에서 있었던 자리에 관한 특별한 이야기를 풀어내기 위해 나만의 기억 연상의 경로를 따라 잠시 주제에서 벗어나는 것을 독자들이 허락해 주면 좋겠다. 말라르메와 자리의 만남이라니, 이 얼마나 무서운 충돌인가! 말라르메는 어떤 면에서 지금껏 존재했던 시인들 중에서 가장 신중하고, 세심하고, 조심스러운 사람으로 그의 모든 시는 단어와 이미지를 정교하게 정제한 조합이었다. 자리는 무질서하고 반항적이고 통제되지 않고 통제할 수 없는 자연의 힘이고, 새로운 단어와 언어를 만들어 내고, 외설적이고 엉뚱하고, 뚜렷한 이유 없이 쏠 것 같은 권총을 주머니에 지니고 다니는 사람이어서, 궁극적으로 초현실주의자가 하는 일이란 권총을 들고 거리로 나가 군중을 향해 무차별 난사하는 것(SM 74/125)이라는 브르통의 유명한 정의를 예상하게 한다. 말라르메의 장례식은 1898년 퐁텐블로 인근의 외딴 교외에서 열렸다. (마크 프럿킨이 기욤 아폴리네르 시인에 관해 쓴 소설에서 상상한) 자리의 이야기에 귀기울여 보자.

맞다, 나는 거기에 있었다. 9월 초 화창한 어느 날 자전거를 타고 갔다. […] 날씨가 화창했지만 무슨 이유인지 나는 우산을 집어 들고 나갔다. 나중에 말라르메의 관 위로 흙이 덮일 때 한 젊은 여성이 하얀 장미 꽃잎 한 움큼을 무덤 구덩이 속으로 던졌다. 나는 충동적으로 검은 우산을 펼쳐서는 조문객들의 놀란 시선을 받으며 구덩이 속으로 던졌는데, 우산은 마치 하얀 꽃비를 맞고 있는 커다란 검은색의, 죽은 난초 한 줄기 같았다. 무덤 파는 사람은 흙 한 삽을 뜨던 도중 멈췄다. 그는 어쨌든 이 장례식 비용을 내는 미망인을 바라봤다. 계속할까요? 그가 물었다. 네, 그녀는 구덩이에서 시선을 떼지 않은 채 대답했다. 그는 말했다. 하지만 부인, 구덩이 안에 우산이 있습니다. 저게 이 안에 있어도 되는지 모르겠군요. 이번에는 그녀가 고개를 돌려 그를 바라보았다. 물론 구덩이 안에 우산이 있지요. 계속하세요. 오, 흙이 팽팽한 우산 천에 부딪히는 소리가 매우 무겁고 정확하게, 그러나 공허하고 왠지 모르게 우스꽝스럽게 들렸다. 정확히 여섯 삽을 뜨고 난 후 나는 내 소중한 우산을 다시 빼내고 싶은 강렬한 생각에 사로잡혔다. 날이 금세 어두어질 것이라고 생각하기라도 한 것처럼. (실제로는 그렇지 않았다. 비록 나는 내일이나 모레는 날이 궂을지도 모르겠다고 생각했지만.) 그래서 나는 구덩이 속으로 뛰어내렸다. 몇몇 여성 조문객들은 내가 슬픔을 가누지 못하고 그런 행동을 했다고 생각했는지, 입에서 새들이 도망쳐 나오는 것처럼 작고 가냘픈 비명을 질렀다. 구덩이 속은 땅 위쪽보다 더 서늘했다. 무덤 파는 사람은 엎드린 채 내게 팔을 뻗어 잡고 나오라고 했다. 나는 어떻게 해야 할지 몰라 머리 위로 우산을 받쳐 들고 서 있었다. 조문객들은 나의 광기를 혐오하며 무덤 반대쪽에 교양 있는 사람들처럼 서 있었다. 나는 홀로 서 있었다. 나는 고대 그리스 여성들처럼 울부짖으며 울었고, 코에서 흘러나온 콧물이 입속으로 흘러 들어가도록 내버려두었다. 그들은 몹시 불쾌해했다. 나는 로댕이 나를 쳐다보며 놀라고 증오하는 모습을 봤다고 생각했다. 하지만 나는 흐느껴 울었고 내 몸은 눈물로 범벅이 되어 있었으며, 내 자전거가 나무에 기대어 있는 것을 보고 나서야 진정이 되었다. 나는 자전거를 타고 하데스를 통과하는 말라르메의 이미지가 너무도 매혹적이어서 내 눈물만큼이나 깊고, 끔찍하고, 아름다운 웃음을 터뜨리기 시작했다. 이제 그들은 내가 미쳤다는 것을 알아차리고는 입을 다물지 못한 채 서로를 바라봤다. 모두가 그러는 동안, 그 미망인만이 베일을 쓰고 구덩이를 응시하며 감정의 동요 없이 참으로 순수하고 슬프게 홀로 서 있었다. 나는 손에 우산을 든 채 자전거를 향해 뛰기 시작했다. 자전거에 올라타서 참석자들을 향해 있는 힘껏 페달을 밟았다. 마치 홍해처럼 조문객들이 갈라져 내가 그 사이를 통과할 수 있었다. 나는 미친 듯이 울부짖으며 구덩이를 향해 질주했고, 멀리 있는 벽에 부딪혀 웃음과 눈물을 구별하지 못하는 상태로 머리 위에 우산을 든 채 부서진 자전거 위에 앉아 있었다. 무덤 파는 사람이 다시 한번 나를 도와주었다. 한 경찰관이 나를 기다리고 있었다. 그는 부서진 자전거가 있는 구덩이를 바라보며 우산을 들고 있는 나를 쳐다봤다. 그는 고개를 저으며 놀란 조문객들에게 물었다. "고인이 시인인가요?" 그 경찰관은 다시 돌아오지 않겠다고 내가 약속하자 나를 문으로 안내했다. 나는 그에게 팁을 주려고 했지만, 그는 거절했다. "나는 웨이터가 아닙니다"라고 그가 말했다.[62]

자리는 그 장례식에 돌아오지는 않았다. 하지만 그는 이제 자연 속에 체화되어 행인의 몽상 속에서 소생할 수 있는 그의 행위의 물질적 흔적 덕분에, 그에 관해 쓴 브르통의 글 덕분에 망령이 되어 계속 파리로 돌아온다. 브르통이 나자에게 《사라진 발걸음》한 권을 빌려준 후, 그녀의 관심을 끌기 위해서는 그 책에 인용된 자리의 시 몇 편 이외에 어떤 일이 더 일어나야 했던 걸까? (N 72-73/72-73, PP 41/28) 파타피직스 같은 불가능한 해결책을 바라던 나는 이곳 자리 로에서 한 줌의 객관적 우연을 다시 만나 그것을 소생시켰다. 살아 있는 현재에서 반짝이는 과거의 빛은 이미 과거와 현재, 죽음과 삶 사이의 장벽을 허물고 있었고, 죽은 이들이 나라는 매개체를 통해 말할 수 있게 해주었다.

자리에 대한 환상의 샛길에서 본래의 여정으로 돌아오니 스트라스부르 대로는 웅장한 대로도 매력적인 골목도 아니었다. 부르주아지들이 화려한 차림으로 쇼핑하거나 거리를 활보하는 장소도 상점과 수많은 인

파로 붐비는 골목길도 아니었고, 그저 평범하고 분주한 파리의 한 거리였다. 그것은 그저 보행자와 자동차가 '지나가는' 일종의 도관導管일 뿐이어서 어떤 의미에서는 데지 통로보다 훨씬 더 '통로'에 가깝다. 나는 현재라는 매개체를 통해 잃어버린 시간을 되찾기를 바라면서 마치 사람과 차량의 통행처럼 이곳을 지나갔다. 오래 머무를 필요는 없었다.

(보다 무정부적이고 파타피지컬한 모습을 한 욕망의 종착지인) 피델리테Fidélité 로를 지나자 성당 하나가 보였다. 브르통이 나자를 처음 만났을 때 나자가 그 안에서 나온 성당이 이 성당일까? 아니, 이곳은 생 로랑성당이었다. 이 성당은 내 유년 시절에 이르는 자유로운 연상의 길로 나를 인도했다. 세인트 로렌스는 캐나다에서 제일 큰 강에 자기 이름을 붙였고, 결과적으로 캐나다 순상지Laurentian Shield와 로렌스 색연필Laurentian coloured pencils은 눈 덮인 오두막과 함께 장식되는 패키지가 되었다. 세인트 로렌스 수로, 온타리오와 퀘벡, 연기를 뿜는 오두막의 굴뚝, 추운 겨울과 메이플 시럽에 대한 생각. 내가 브르통과 나자의 거리에 '길을 이은frayage' 것은 8월의 파리로부터 아주 먼 곳으로 나를 데려가는 기억 경로를 열었다. 이 경우, 그것은 내 과거의 침입으로 내 현재를 비동시적인 것으로 만든 시공간 이동이었다.

다시 브르통과 나자가 걸었던 길을 따라 마젠타Magenta 대로에서 왼쪽으로 돌았다. 마젠타 대로는 스트라스부르 대로보다 넓고 번잡했고, 특이한 것 없이 시끄럽고 매력 없었다. 스트라스부르 대로를 따라가다 잠시 동역Gare de l'Est을 돌아봤다. 브르통과 나자를 생각하지 않았다면 웅장한 정면과 그 앞에 펼쳐진 광활한 공간을 갖춘 이 아름다운 19세기 기차역의 매력에서 헤어날 수 없었을 것이다. 브르통과 나자를 생각한 덕분에 나는 곧 보상을 받았다. 나는 마젠타 대로를 포기하고, 조용하지만 별 특색이 없는 골목길인 쁘띠 오텔Petits Hôtels 로로 걸어갔고, 1926년에는 라파예트

La Fayette 광장이었었던 프란츠 리스트Franz Liszt 광장에 도착했다. 광장의 북쪽 끝에는 (가난한 이들에 대한 자선과 연민으로 유명한 성자의 이름을 딴) 생 뱅상드폴Saint Vincent-de-Paul 성당이 있는데, 나자가 겪은 대부분의 불행이 극심한 가난에서 비롯되었다는 사실을 고려하면 그냥 지나칠 곳은 아니다. (N 142/142)

바로 이곳이 1926년 10월 4일 브르통이 처음으로 그녀를 우연히 마주쳤을 때, 나자가 그 안에서 나왔던 성당이다.

> 그녀는 다른 행인들과 달리 고개를 높이 들고 다녔다. 그녀는 너무 허약해서 걸을 때 거의 땅을 밟지 않는 듯했다. […] 나는 그런 눈을 본 적이 없었다. […] 그 눈동자에서 일어나고 있던 것은 무엇이었기에 그렇게 특별했을까? 그 눈빛에 동시에 드리워진 알 수 없는 고통과 빛나는 자부심은 대체 무엇이었을까?
>
> (N 64-65/64-65)

고대 그리스인들은 발이 땅에 닿지 않는 것으로 여신을 알아볼 수 있다고 했다. 브르통이 그녀를 처음 만났을 때부터 이미 나자는 자신을 인간과 신 사이에 두는 영적인 태도를 지녔고, 그녀의 발이 거의 닿지 않는 바로 그 땅을 영화靈化했다. 브르통은 그녀의 눈동자, 신비한 미소 (N 64/64)[63]와 태도의 "경쾌함"(N 71/71, 94/93)에 매혹되었다. 그녀의 경쾌한 태도란 "지극히 순수하고 세속의 속박으로부터 자유로우며 작지만 놀랍도록 삶에 애정을 기울이는" 것이었다. (N 89/90)

그렇다면 나자는 누구였을까? 신상 자료가 많지 않은 상황에서 작가들은 주저 없이 자기만의 상상으로 그 공백을 채웠다. 멀린 커벌리는, 리베카 솔닛의 견해를 따라, 나자는 브르통이 그녀의 발자취에 대해 기록한 것을 제외하고는 실체가 없는 파리의 상징일 뿐이라고 주장한다.[64] 솔 닛은 나자가 "시의 여신이자 창녀", 개별자가 아닌 "도시의 화신"이라고 말한다.[65] 로런 엘킨은 나자가 브르통이 "쫓아다니고 유혹한, 정신적으로 불안정한 젊은 예술가"라고 주장한다.[66] 브르롱의 전기 작가 안나 발라키 안은 나자를 "지나치게 자기중심적으로 보일 수도 있는 [브르통]의 언어" 의 대변인으로 여긴다.[67] 아무도 그녀를 자기만의 힘, 생각, 감정을 가진 사 람으로 취급하고 싶어 하지는 않는 듯하다.

브르통은 확실히 나자를 신화화한다. 그는 나자를 스핑크스 (N 77/78, 105/105, 112/112, 167 47번), 일주일에 한 번 뱀 여인으로 변신 할 수 있는 힘을 가진 전설의 존재 멜뤼진Mélusine, (그의 말에 따르면) 그 녀의 연인과 함께 일련의 시련을 겪은 후 "되돌아온 여자"가 되는 "사라진 여자" (N 106/106, 169 64번, 184), 1900년 무렵 유명한 영매였던 엘렌 스미스(N 79/79-80)와 연관짓는다. 물론 우리가 나자가 하는 말을 듣거 나, 순진하고 감정을 불러일으키는 그녀의 그림들을 볼 수 있는 것은 오직 브르통의 책 덕분이다. (N 106/105)[68] "당신은 누구죠?"라는 브르통의 질 문에, 나자는 "나는 방황하는 영혼이에요"라고 답한다. (N 71/71)[69] 나자 는 움직이고, 가늠할 수 없고, 불가사의하고, 끊임없이 변화하는 (N 197) 이상적인 초현실주의의 여신이다.

브르통은 그녀를 자기의 발상과 꿈을 위한 수단으로 삼았지만, 나 자는 살과 피를 지닌 살아 있는 인간이었다.[70] 1902년 릴Lille 인근에서 '리 오나-까미유-길렌느 델쿠르Léona-Camille-Ghislaine Delcourt'라는 이름으로 태어난 그녀는 스물네 살에 당시 서른 살이었던 브르통을 만났다. 자상하 지만 병약했던 그녀의 아버지는 식자공 일을 하다가 외판원이 되었고, 성 실하지만 무뚝뚝했던 어머니는 공장에서 일했다. (N 66-67/66-68) 나자 의 가족은 늘 가난했다. 리오나는 겨우 열여덟 살 때 아이를 낳았고 그 아이를 남겨 둔 채 스물한 살에 파리로 떠났다. 파리에 도착했지만 괜찮은 급료를 주는 일자리를 찾기는 힘들었고, "주변인"의 인생 (N 197)을 사는 그녀의 건강은 허약하고 불안정해졌다. (N 70/70) 그녀는 허드렛일을 하며 자신의 "추종자들"이 준 선물을 되팔아 생계를 유지했던 듯하고, 집세를 내려고 어쩌면 성노동과 마약 거래에 의존해야 했을지도 모른다. (N 91-93/91-92)

브르통이 그녀를 처음 만났던 날 나자/리오나는 헝클어진 머리 모양에 남루한 옷차림이었지만(N 64/64), 나중에 브르통은 그녀를 검은색과 붉은색의 조화, 실크 스타킹, 예쁜 모자, 잘 어울리는 구두, 가지런히 빗은 머리, "잘 갖추어 입었다"는 말로 묘사했다. (N 72/72) 브르통의 전기 작가인 마크 폴리조티는 계란형 얼굴을 감싸는 짙은 금발의 웨이브 머리, 도톰한 입술, 반쯤 감은 듯한 눈동자를 갖춘, 미공개 사진 속 리오나(N 108 참조)의 모습에서[71] 경이로움과 너그러움이 뒤섞인 슬픔이 넌지시 비친다고 말한다. 돌출된 윗니가 보이는 옅은 미소를 띤 채, 보는 이들을 무장해제시키는 솔직함과 명료함으로, 사진 속의 그녀는 사진을 보는 이들을 응시한다.[72] 그녀는 아름답다기보다는 호기심을 불러일으키는 사람이었던 듯하다. 동료 초현실주의자인 피에르 나빌은 리오나를 "모양이 변하는 환상적인 눈"을 가진 정말로 색다른 여성으로 묘사한다.[73] 다른 증언과 문서가 뭐라고 말하든, 나자의 독특한 성격을 이해하는 데 주된 자료는 브르통의 책이고, 나는 이제 브르통의 이야기로 되돌아가고자 한다.

브르통이 나자와 함께 라파예트 광장에서 다음 목적지인 북역Gare du Nord까지 어떻게 갔는지 정확히 서술하지 않은 탓에, 나는 길잡이로 삼을 만한 흔적 없이 그들의 경로를 상상해야 했다. 나는 매우 좁고 조용한 페늘롱Fénélon 로를 걸었고, 이어서 변화의 손길이 닿지 않은 듯한 19세기식 아파트 건물이 내 발길을 붙드는 평화로운 피난처인 벨쥔스Belzunce 로를 걸었다. (18세기 파리에서 살았던 온화한 영혼의 신비주의자 장 자크 루소를 이해하는 핵심 참고 자료인) 교육 소설《텔레마코스의 모험》의 저 자인 페늘롱 신부(본명이 프랑소와 드 살리냑 드 라 모트-페늘롱François de Salignac de la Motte-Fénélon인 캉브레Cambrai의 대주교)의 이름을 딴 거리를 걸으며 브르통과 나자를 생각하자니, 무척이나 행복했다.[74] 여기서 그들의 발걸음을 따라 걸음으로써 나자와 앙드레가 봤던 거리를 내가 보고 있다 는 상상이 거의, '정말로 거의' 가능했다.

나는 그들의 발걸음을 따라 드넓은 마젠타 대로의 공격성과 속도 를 다시 마주했다. 나자는 스핑크스 호텔 옆 예약한 미용실로 가는 것이라 고 했지만(N 64/65, 103-05/104-05), 곧 브르통에게 특별한 목적 없이 걷고 있었다고 고백했다. 두 사람이 북역에 있는 카페로 갔기 때문에 나도 마젠타 대로를 건너 북역 앞 나폴레옹 3세 광장Place Napoléon III과 덩케르 크Dunquerque 로로 이어지는 작은 콩피에뉴Compiègne 로로 서둘러 갔다. 거 리는 기차역과 인근 카페에서 나온 보행자들로 붐볐다. 광장 근처에 있는, 나자와 브르통이 들렀을 법한 카페를 발견했다. "북역 호텔Hôtel Terminus Nord, 레스토랑"―보수 공사로 덮이거나 지워지지 않은, 벽 어딘가 돌에 새겨진 옛 이름이 눈에 띄었다. 이곳에서 나자는 술을 마시며 브르통에게 자기의 과거, 손이 기형인 옛 애인, 가난, 목적 없는 삶에 관해 이야기했다. (N 65-70/65-70) "우연한 발걸음"이 그들을 "협소한 포브 쁘와소니에르 Faubourg-Poissonière 로"에 이르게 했을 때 나자는 브르통이 결혼했다는 사 실을 알고 실망했다. ("결혼했다고요? 저런…그렇다면 실망이네요.") 그 녀는 브르통에게 인간의 발걸음을 "자유롭게 하는" 그의 위대한 생각이 (N 69/69) "정말 하나의 별, 당신이 향하고 있는 별이고, 당신은 꼭 그 별 에 도달할 것"이라고 말했다. (N 70-71/70-71) 브르통은 감동했다. 그들 은 다음 날 라파예트 로와 포브 쁘와소니에르 로의 모퉁이에 있는 라 누벨 프랑스La Nouvelle France라는 맥주집에서 만나기로 약속했고, 나도 다음 날 일정을 그곳에서 시작했다.

　　라 누벨 프랑스가 있던 자리에는 눈에 잘 띄지 않는 작은 카페를 포함해 현재 세 개의 다른 가게가 있다. 하지만 이 소박한 공간에도 이곳만의 매력은 있다. 포브 쁘와소니에르 로의 명판에는, 이곳의 이름이 라 누벨 프랑스인 이유가 뉴 프랑스(지금은 퀘벡)로 파견된 신병들을 수용했던 막사 때문이라고 적혀 있었고, 퀘벡의 국장國章이 새겨진 작은 부조는 옆 건물을 돋보이게 했다. 다시 한번 나는 기억의 길을 따라 세인트 로렌스 강과 내 조국 캐나다로 돌아갔다.

　　라 누벨 프랑스에서 브르통과 나자가 만났던 10월 5일, 나자는 옷을 잘 차려입고 곱게 화장한 모습으로 미리 도착해 있었다. (N 72/72) 브르통은 나자에게 그의 《사라진 발걸음》과 《(초판본) 초현실주의 선언》두 권을 선물했다. 나자는 자신의 정체에 대한 단서를 말했다. 한 미국인 친구가 "죽은 딸을 생각하며 나자를 리나Lena"라고 불렀지만, 나자는 그런 이름으로 불리는 것을 참을 수 없었다. "아니요, 리나가 아니에요. 나자에요"(N 73-74/73-74). 나자는 브르통을 "너tu"라는 친근한 단어로 부르기 시작했고 게임을 하나 제안했다. "눈을 감고 무언가를 말해봐요. 아무거나 좋아요, 숫자, 이름. 둘…이런 것처럼요. 둘 다음에는 어떤 단어죠? 두 여자. 그 여자들은 어떤 모습이죠? 검은 옷을 입었어요. 어디에 있죠? 공원에 있어요…"(N 74/74). 브르통이 말한 것처럼(N 74n/74n), 나자의 게임은 "초현실주의자들의 열망의 극한"에 근접하고 있다. 사실 이 게임은 초현실주의자들의 게임인 "우아한 시체Exquisite Corpse"를 많이 닮았다. 한 사람이 종이에 단어를 쓰고 그 단어가 보이지 않도록 종이를 접으면 다음 사람이 정해진 패턴(영어로 형용사-명사-동사-형용사-명사의 순서)대로 어떤 결과("우아한 시체가 새 와인을 마신다the exquisite corpse drinks the new wine")가 완성되는 단어 하나를 쓰는데, 그 결과는 한 사람의 무의식적 사고를 다른 사람의 무의식적 사고와 연결하는 무의식적 힘, 그리고 외부 상황의 우연한 조합인 "객관적 우연"의 작동을 보여 준다. 브르통은 나자가 완전히 혼자서 이와 비슷한 방법을 찾아냈다는 사실에 놀라움을 금치 못했다.

브르통과 나자는 다음 날 오후 5시 30분에 라 누벨 프랑스에서 다시 만나기로 했다. 4시 경 퐁텐Fontaine 로에 있는 아파트에서 나온 브르통은 오페라 지구를 돌아다녔고, 평소 습관과 달리 바로 오른쪽에 있는 쇼세 당탕Chaussée d'Antin 로로 올라갔다가 예상치 못하게 나자와 마주쳤다. (N 76/74-77) 첫날처럼 부스스한 모습의 나자는 당황한 기색이었고, 약속 장소에 나타나지 않을 생각이었다고 털어놓았다.

그들은 카페로 들어갔다. 나자는《사라진 발걸음》을 가지고 있었는데, "새로운 정신The New Spirit"이라는 장이 잘려 있었다. (N 77/78) 그 장 (PP 96-98/72-73)은 아라공과 브르통이 나자와 닮은 가상의 인물, 즉 1월 어느 날 보나파르트Bonaparte 로에서 우연히 만난, "눈이 크고" 알 수 없는 "독특한 '상실감'을 풍기는", 특이한 옷차림의 "흔하지 않은 아름다움"을 지닌 한 여자에게 매료된 이야기를 다룬다. 아라공과 브르통은 그녀를 스핑크스에 비유했다. (PP 97/73) 나자는 크게 실망했고 브르통은 이 사건을 더는 언급하지 않았다. 그들은 나자의 제안에 따라 카페에서 택시를 타고《(초판본) 초현실주의 선언》에 수록된, 꿈을 꾸듯 "붓 가는 대로 쓴 글"의 모음집인《녹는 물고기》의 한 배경이 되는 장소로 이동했다.

브르통은 나자가 생루이Saint-Louis 섬에서 일어난 장면을 염두에 두고 있다고 생각했지만, 그녀는 택시 기사에게 시테Cité 섬에 있는 도핀 Dauphine 광장으로 가 달라고 했다. 그곳은 브르통이 "내가 아는 가장 외진 곳이자 파리에 있는 최악의 공터"(N 79/80)라고 말한 곳으로,《녹는 물고기》에 나오는 다른 장면의 배경이 되는 장소이기도 했다. 해 질 무렵 그들은 와인 가게의 야외 자리에서 저녁을 먹었다. 브르통에 따르면, 이때 나자는 처음으로 "불안정하게" 행동했다. 그녀는 두 사람의 발밑으로 앙리 4세 호텔을 지나 법원까지 이어지는 터널을 상상했다. 나자는 광장을 향하고 있는 어느 집의 깜깜한 창문을 가리키며 "곧 불이 켜질 거예요. 붉은색이겠죠"라고 예언했고, 그녀의 말대로 1분 후 정말로 불이 켜져 붉은 커튼이 연출한 불그스레한 빛이 감돌았다. (N 81-82/83)

죽음에 관한 생각에 사로잡힌 듯(그녀는 유령의 모습과 유령이 그녀에게 "넌 죽을 거야!"라고 외치는 목소리를 상상했다), 나자는 1789년부터 1795년까지 프랑스 대혁명 당시 감옥이 된 왕궁인 콩시에르주리 Conciergerie(마리 앙트와네트가 가장 유명한 수감자였다)를 지나 경찰청으로 걸어가자고 제안했고, 그녀는 무언가를 찾으려는 것처럼 경찰청 마당에 들어서서 "여기에는 없네"라고 외쳤다. (N 81-82/83-84) 나자는 해자가 내려다보이는 창문을 바라보며 두 손으로 난간을 움켜쥔 채 움직이지 않았고, 결국 30분쯤 지나 브르통이 그녀를 그곳에서 데리고 나왔다. 루브르Louvre로 가는 길에 퐁네프Pont Neuf를 건너다가(N 85/85) 나자는 돌 난간에 기대어 앉았다. 센 강을 바라보던 그녀는 물에 비친 불타는 손을 보았다. 그녀는 브르통이 자기를 정신질환자라고 생각할지 걱정했지만, 이내 그 생각을 지웠다. (N 87/85-86)

이 이야기는 나자의 예언자적인 예감, 쾌활함과 불안의 혼재, 순전한 예측 불가능성을 잘 묘사한 것이 특징이다. 콩시에르주리와 경찰청은 나자가 결국 정신병원에 감금될 것을 예고하는 듯하다. 도핀 광장에서 벌어지는《녹는 물고기》속 장면에서는 나자와 비슷하게 "연약하고 남자 경험이 많은 여자와 사귀는" 브르통이 "키스는 곧바로 잊힌다"라는 격언을 말하는데,[75] 이 문구는 그날 저녁 택시 안에서 한 브르통과의 키스에

"불길함이 도사리고 있었다"고 말한 나자의 마음에 파문을 일으킨다. (N 85/85) 나자의 불안정성과 미래를 예측하는 재능을 묘사하고 있음에도 이 장면에는 불길한 분위기가 서려 있다.

브르통이 혐오했고 나자가 두려워했던 곳이지만, 나는 오래된 건물에 둘러싸여 곳곳에 플라타너스들과 벤치들이 있는 삼각형 모양 공원인 도핀 광장이 꽤 마음에 들었다. 이렇게 화창한 8월의 어느 날, 근처 노트르담 대성당 주변은 관광객들로 붐볐지만 도핀 광장에는 인적이 거의 없었다. 25번지에는 여전히 앙리 4세 호텔이 있었고, 건너편에는 콜레트가 종이를 샀던 문구점이 여전히 영업 중이었다. 플라타너스 그늘에서 잠시 쉬면서 나는 나자와 브르통이 그곳에서 저녁을 먹는 모습, 나자가 불안정한 상태로 앙리 4세 호텔에서 법원까지 이어지는 터널을 상상하는 모습을 떠올렸다. 해가 중천에 떠 있는, 공원 가장자리 17번지부터 19번지에서 지금도 영업 중인 와인 가게가 운영하는 식당(르 카보 뒤 팔레Le Caveau du Palais 레스토랑)에 아직 손님이 없을 만큼 너무 이른 시간이었다. 그래도 지금 이곳은 1926년 당시의 모습 그대로여서, 나는 내가 본 풍경을 보았던 그들의 눈을 통해 나자와 브르통의 유령을 거의 살아 있는 존재처럼 소환할 수 있었다.

나는 도핀 광장을 출발해서 오를르주 부두Quai de l'Horloge를 따라 어마어마한 규모의 콩시에르주리를 지나갔다. 그곳에는 거기에서 무언가 "시작"되기를 기다리던 그녀를 매혹한 낮은 창문이 있었다. (N 85/84-85) 나는 당당하고 웅장한 법원 건물을 돌아 시테Cité 로에 있는 경찰청으로 향했다. 그러나 보안 요원이 마당으로 못 들어가게 하는 바람에 나자가 그 안에서 찾으려고 했던 것을 나 역시 찾을 수 없었다. 나는 다시 마르셰 9번 부두Quai du Marché Neuf와 오르페브르 부두Quai des Orfèvres를 따라 걷다가 나자가 어두운 물에 반사된 불타는 손을 보았던 퐁네프로 되돌아갔다.

그것은 예전에 내가 밤에 강이 주변의 빛을 어떻게 반사하는지, 그런 반사가 손 모양을 만들어 낼 수 있는지 관찰하면서 그곳에서 조사해봤던 기묘한 현상이었다. 그곳을 떠나 나는 나자와 브르통이 1926년 10월 6일 밤 자정 무렵 그랬던 것처럼 튈르리Tuileries 궁으로 이어지는 부두를 따라 걸었다.

그들이 어느 길로 갔는지 잘 몰라서 튈르리 궁의 입구인 콩코드 광장으로 두 번이나 되돌아갔다. 다양한 연령과 인종, 국적, 연인, 가족, 혼자 산책하는 사람 등 각양각색의 사람들이 화창한 날씨를 즐기고 있었다. 나는 자갈이 깔린 넓은 중앙로를 따라 모퉁이에서 세찬 물줄기들이 솟아나는 커다란 팔각형 분수대-수영장까지 갔다. 그 주변에는 어린 자녀들을 동반한 가족들이 모여 있었다. 하지만 이것은 N에 나오는 분수대는 아니었다. 그 분수대는 같은 길을 따라 카루젤 광장Place du Carousel 방향으로 더 가야 나오고, 둥근 모양으로 가운데에서 물줄기 하나만 뿜어져 나온다.

나자는 그 물줄기를 가리키며 브르통에게 말했다—"저 물줄기들은 당신과 나의 생각이에요. 그들이 어디서 오는지, 얼마나 높이 솟구치는지, 다시 떨어질 때 얼마나 더 예쁜지 보세요. 서로 섞인 물줄기는 같은 힘으로 […] 끊임없이 다시 솟아오르죠"(N 87-88/86). 브르통은 놀랐다. 그가 최근 입수한 (조지 버클리의 관념론적 저작인)《하일라스와 필로누스가 나눈 세 편의 대화》1750년 판본의 세 번째 대화에는 물줄기 하나가 뿜어져 나오는 원형 분수대 그림(N 86/88)이 삽입되어 있었다. 그리고 "물을 하늘로 끌어 올리는 힘과 동일한 힘이 물을 다시 아래로 끌어 내린다 Urget aquas vis sursum eadem flectit que deorsum"라는 뜻의 설명 문구가 적혀 있었다. (N 168 56번) 브르통은 나자에게 이 구절이 버클리의 관념론에서 매우 중요한 의미를 지닌다고 말했다. (N 88/86) 그러나 그때 나자는 최근 자신에게 청혼한 남자인 듯한 이를 발견하고는 너무도 정신이 혼란스러워져서 브르통의 말을 제대로 듣지 못했다. 현재는 공원 규정상 그렇게 할 수 없지만, 나자는 자정 무렵 튈르리 공원에 유령처럼 나타나곤 했다.

낮과 밤의 차이, 2008년과 1926년이라는 차이가 있지만 나는 우리를 갈라놓았던 세월의 장막이 걷힌 듯 그 순간, 그 장소에서 나자와 브르통과 묘하게 가까워졌음을 느꼈다. 분수는 넋을 놓고 자유롭게 유동하는 몽상의 상태를 만들어낼 수 있어서 생각이 이끄는 곳이면 어디든 가도록 몽상가(나자, 브르통, 나)를 안내한다. 그리하여 그들의 생각과 나의 생각은 같은 물줄기 속에서 오르내리고, 보이지 않는 근원으로부터 신비스럽게 계속해서 다시 시작되고, 나의 몽상을 그들의 몽상에 섞이게 한다.

그 순간 나자는 자기 생각에 빠져들었고, 브르통은 갑자기 피곤을 느껴 아직 불이 꺼지지 않은 생토노레Saint-Honoré 로의 르 도팽Le Dauphin 술집으로 들어갔다. (N 88/89) 나자는 둘이 라 도핀La Dauphine에서 르 도팽Le Dauphin으로, 즉 여성적인 것에서 남성적인 것으로 이동했다고 말했다. 르 도팽은 더 이상 존재하지 않지만, 나는 오늘날 생토노레 로 167번지에 있는 카페 드 라 레장스Café de la Régence에서 도핀식 그라탱을 맛보았다. 하지만 나자와 브르통은 그 카페에 머물지는 않았다. 나자가 카운터에서 바닥 전체로 이어지는 모자이크 타일을 몹시 불쾌하게 느꼈기 때문에 둘은 곧바로 자리를 떠났다. (N 89/89) 그들은 택시를 타고 나자의 거처 근처의 예술 극장Théâtre des Arts으로 가서 이틀 후 라 누벨 프랑스에서 다시 만나자는 약속을 하고 작별 인사를 나눴다. 나 역시 오늘 일정을 마감하기로 했다.

이틀 동안 그들의 발자취를 따라가면서, 나는 그들이 남긴 과거 경험의 물질적 흔적이 내 안에서 그들의 기억을 점점 더 많이 소생시키고 있다고 느꼈다. 내가 방문한, 1926년 이후 거의 변하지 않은 장소들은 단순히 《나자》를 읽는 것만으로는 얻을 수 없었던, 나자와 브르통의 경험의 내부로 나를 이끌었다. 나는 그들의 발자취를 되짚으면서, 원래의 장소에서 그들의 경험을 되찾으면서, 그 도시의 무의식으로부터 그들과 나의 기억을 소환하고 있었다. 공간과 공간의 체화된 결합인 걷기 자체가 길(파리의 거리와 프로이트의 신경 경로Bahnen 모두)을 새롭게 하는 효과를 냈고, 이를 통해 나는 잠자고 있던 과거의 신호와 "희미해진 흔적"을 되살려 두 사람의 경험을 마치 내 것처럼 "기억"하며 나의 의식과 그들의 의식, 과거와 현재의 경계를 허물어뜨렸다. 기억과 상상을 모두 활용하면서, 유령이 나를, 내가 유령을 쫓아다니기도 하며 나는 유령을 따라가고 있었다. 또는 그렇게 되기를 바랐다.

1926년 10월 7일 아내와 함께 택시를 타고 가던 (그날 나자를 만나지 않았던 것을 몹시 후회하던) 브르통은 우연히 생 조르주Saint-Georges 로의 한 모퉁이 인도에서 나자를 발견한다. 부부는 재빨리 택시에서 내려 그녀를 따라잡았다. 세 사람은 함께 이름 없는 카페에 들어갔고, "돈이 손가락 사이로 줄줄 샌다"고 불안해하던 나자는 브르통이 집세를 내라며 500 프랑을 건네자 이내 진정되었다. (N 90-94/91-93) 나는 부질없는 시도 (그곳이 어느 골목인지, 어떤 식당인지)가 될 것 같다는 생각에 그들을 따라가지 않고 바티뇰Batignolles 대로에서 조금 떨어진 셰로이Cheroy 로 5번지에 있던 나자의 거처인 테아트르 호텔Hôtel du Théâtre을 찾아갔다.

17구에 있는 그곳은 인파나 관광객이 없었다. 대로에는 잎이 무성한 나무와 벤치가 있는 아름다운 중앙분리대가 있었다. 길 왼쪽으로 19세기 프랑스 제국의 자신감을 보여 주는 경이로운 건축물 중 하나인 위풍당당한 샤탈 고등학교Lycée Chaptal가 나타났다. 이 학교는 프랑스 제3공화국이 교육, 정부, 도시 계획, 철도와 산업, 영토 확장, 정복에서 이룩한 진보의 영광을 기린 기념비였다. 프랑스 최초의 직업-산업 학교이자 알프레드 드레퓌스와 니콜라 사르코지의 모교로서, 웅장한 1876년식 건물이 그 모든 것을 상징적으로 보여 주는 듯했다.

길 건너 78번지에서 예전에는 예술 극장이었지만 이름이 바뀌어 2008년에도 여전히 성업 중인 에베르토 극장Théâtre Hébertot을 발견했다. 셰로이 로로 우회전해서 5번지에 도착했다. 브르통과 연락을 주고받던 시절에 나자가 살았던 테아트르 호텔은, 브르통의 묘사를 읽고 기대했던 것보다 훨씬 더 훌륭한 모습으로 남아 있었다. 언젠가 두 사람은 바티뇰 대로에 있는 한 카페에 간 적이 있는데, 그곳에서 나자는 처음으로 자기가 그린 그림 한 점을 브르통에게 건네주었다. (N 106/105) 유달리 흥미로운 것을 찾지 못한 나는 10월 10일에 그들이 식사를 했던 23번지 말라케 부두Quai Malaquais 근처의 식당을 찾아 나섰다. (N 97/98)

나는 지하철을 타고 오데옹Odéon으로 가서 넓고 번잡한 생제르맹Saint-Germain 대로를 따라 내려가 ("새로운 정신" 장에서 브르통과 아라공이 스핑크스 여자와 만나는 장면의 배경이 된) 좁은 보나파르트 로로 들어섰고, 다시 오른쪽으로 방향을 돌려 말라케 부두로 향했다. 23번지 주소는 여전했으나 그 자리에는 골동품 가게가 들어서 있었다. 아쉬웠다. 1926년 브르통과 나자에게 서비스를 제공했던 웨이터는 나자에게 매혹되어 테이블에 와인을 쏟고 접시를 11개나 깨뜨렸다. (N 97/98) 나는 식당에서 나온 후 나자와 브르통이 갔던 (인근 센Seine 로 6번지의) 도르본Dorbon 서점을 찾아보기로 했다.

나자가 센 강에서 봤던 불타는 손과 옛 애인의 기형이 된 손을 연상시키는 붉은 손이 그려진 광고 포스터를 본 곳이 그 서점 근처였다. 나자는 뛰어올라 포스터 속의 붉은 손을 만지면서 브르통에게 "불의 손, 이것은 당신에 관한 것이에요. 당신도 아시죠, 이것은 바로 당신이에요."라고 말했다. 그녀는 "모든 것이 소멸하고 사라지지만 우리에 관한 무언가는 남아야 하기 때문에" 우리 둘에 관한 소설을 써야 한다고 그에게 말했다. (N

99-100/100) 흔적은 남아야 한다.

길을 잃은 듯 큰 소리로 다음 행선지를 논하던 한 무리의 독일인 관광객들을 제외하면, 센 로는 꽤 아담하고 평화로웠다. 독일인 관광객들은 6번지 앞에 서서 시야를 가리고 있었다. 그들이 자리를 옮기자, 나는 그곳이 여전히 서점이고 이름만 바뀌었다는 것을 알았다. 물론 붉은 손이 그려진 광고 포스터는 없었다. 독일인 관광객들이 짜증스럽게 느껴졌다. 그들의 시끄러운 잡담 때문에 나자와 앙드레의 유령과 대화하는 것의 거의 불가능했다. 살아 있는 이들이 죽은 이들을 방해하고 있는 셈이다.

나는 나자와 브르통이 파리의 교외인 생 제르맹 앙 레Saint-Germain-en-Laye로 하룻밤 여행을 떠나 호텔에서 완성한 불륜 같은 것은 더 이상 따라가지 않았다. (N 107-09/106-08) 교외 기차 여행은 누군가의 발걸음을 따라 걷는 것이 아니어서 나와는 맞지 않았다. 어쨌든 호텔에서 보냈던 그날 밤이 둘의 불륜, 그 끝을 의미했던 듯하다. 그 후 브르통은 나자에 관해 과거 시제로 말하기 시작한다. (N 201) 그는 나자와의 밀애가 "마치 잔 다르크와 사랑을 나누는 것 같았다"고 말한 것으로 전해지는데, 그 말이 정확히 어떤 의미이든 적어도 칭찬은 아니었다.[76] 나자와 브르통은 다음 해에도 가끔 만났지만, 나자의 간곡한 편지에도 불구하고 브르통은 결국 그녀에게 빠졌던 마음을 정리한다. 두 사람이 함께한 정처 없는 방랑과 놀라운 우연한 만남은 그렇게 끝났다. 내가 따라 걸어야 할 길도 이제 더는 없다.

브르통은 나자와 함께 베르사유에서 파리로 운전하던 도중 나자가 가속 페달을 밟고 있던 브르통의 발을 밟고 그의 눈을 가린 채 키스했던 사건 이후 그녀와 확실히 결별했다고 말한다. 그 행동은 차를 숲에 충돌하게 해서 그들의 키스를 영원불멸의 것으로 만들려고 했던 나자의 의도였던 것 같다. (N 152-53n/152-53n) 이것은 나자의 "완전한 전복의 원리"

의 궁극적인 표현일 수 있지만, 나자의 말이 점점 더 일관성이 없어지는 것과 연결해보면(N 134-35/130, 135) 브르통이 감당하기 힘든 그녀의 정신적 장애의 증거이기도 했다. 브르통은 논리의 감옥에서 벗어나는 탈출구로서 광기를 원칙적으로는 좋아했지만(N 143/143-44), 실제로 정신적 장애를 겪는 사람들을 감당할 수는 없었다.[77]

브르통과의 불륜이 끝난 후 나자는 외롭고 불행했다. (N 143/142) 1927년 3월 21일, 호텔 매니저가 복도에서 시각 환각과 후각 환각으로 공포에 질려 비명을 지르는 그녀를 발견했다. 그녀는 먼저 의무실로 옮겨진 뒤 파리에 있는 생탄 정신병원으로 이송되었다가, 파리 교외 에피네 쉬르 오르주Epinay-sur-Orge에 있는 페레 보클뤼즈 병원으로 다시 이송되어 강제 수감되었다. 폴 엘뤼아르와 루이 아라공은 병원에 있는 그녀를 찾아갔던 것 같지만, 브르통은 한번도 나자를 면회하지 않았다.[78] 한 반체제 초현실주의자 모임은 1930년판 소책자 《시체》에서 브르통이 페레 보클뤼즈 병원에 14개월간 수감되어 있던 나자를 방치한 문제를 비판적으로 제기했다. (N 178) 그것은 확실히 그답지 못한 부적절한 행동이었다. 1928년 5월, 나자는 그녀의 부모님과 더 가까운 곳인 릴 근처의 병원으로 이송되었고, 1941년 장티푸스로 생을 마감했다.[79]

5. 돌아오는 길에
―유령의 흔적을 기억하다

아마도 나자에게 남은 것은 흔적, 발자취, 무엇이 되겠다던 그녀의 맹세일 테고(N 116/116), 그것은 브르통의 서사라는 지속될 형식 안에 구현되었다. 그들의 모험은 불과 열흘짜리였고 나의 모험은 그보다 더 짧았다. 그들의 발걸음을 따라 걸으며 나는 그들이 보았던 것을 보았을까? 그들이 걸었던 길에 남아 있는 물질적 흔적을 되짚으며 나는 그들의 경험을 기억했을까? 브르통은 "내 삶에 놀라운 우회로를 선사해줄 수 있다고 생각했던 거리, 관심과 시선의 그 거리가 나의 진정한 본령이며, 나는 다른 곳에서는 찾을 수 없는 가능성의 예감을 그 거리에서 포착했다"고 말한다. (PP 11/4) 나는 그들의 가능성을 내 것으로 만들 수 있었을까?

브르통은 이 놀라운 사실에 관해 이야기하지는 않지만, 데지 통로, 자리 로, 피델리테 로의 연결은 초현실주의적인 감성과 거의 일치하는 일종의 초현실주의적인 결합으로, 마치 초현실주의자들에 의해, 초현실주의자들을 위해 이 거리의 이름이 그렇게 붙여진 것 같다고 느껴질 정도다. 그것은 초현실주의자들이 "객관적 우연"이라고 부를 법한 것이었다. 이 경우 우연히 발견한 존재물은, 그 존재물에 의해 깨워지기 전까지는 자신도 갖고 있었음을 몰랐던 욕망에 대응한다. 이 우연은 내부 무의식적 욕망과 외부 무의식적 자연(우연)의 교차로로서, 기억 흔적 속 무의식적 경로와 도로의 그것의 유사성과 비교할 만하다.[80] 반대로 내가 본 생 로랑 Saint-Laurent 성당은 그들에게는 익숙하지 않지만 나에게는 경이로운 연상의 흐름을, 그들의 가능성이 아닌 나의 가능성을 불러일으켰다.

나자와 앙드레는 북역 내부의 초현대적인 서비스와 상점을 보지 못했다. 현재는 프란츠 리스트 광장으로 이름이 바뀐 옛 라파예트 광장 120번지에 있던 뤼마니테l'Humanité 서점(프랑스 공산당의 서점이었다)은 더 이상 존재하지 않는다. 그러나 2008년 당시에는 프랑스 공산당이 여전히 그 주소를 사용했고, 지금도 그 과거의 이야기들이 그곳을 맴돌고 있다. 그들이 등장했던 성당과 주변의 거리, 놀랍도록 화려하게 장식된 북역의 외관은 그들이 발견했을 '환상'을 내게도 똑같이 선사해 주었다. 길 건너 카페에 새겨진 "북역 호텔, 레스토랑"이라는 문구는 1926년에도 역시 그 자리에 있었다. 도핀 광장, 솟구치는 물줄기가 나자와 브르통을 떠올리게 하는 튈르리 공원의 분수도 1926년 당시의 모습 그대로였다. 이곳은 같은 곳을 두 번 디딜 수 없을 만큼 넓고 바쁜 대로에서 헤매다가 내 발걸음을 되찾을 수 있는 베이스 캠프 같은 곳이었다.

이 여정에서 나자와 앙드레는 매 순간 나와 함께 있었다. 그들은 내가 찾았던 것과 내가 실제로 본 것을 안내해 주었다. 특히 내가 확인한 것이 내가 본 것과 그들이 보았을 것이라고 내가 상상한 것의 '차이'였을 때는 그랬다. "욕망, 자리Jarry, 충실"이나 생 로랑/세인트 로렌스/로렌시안에 대한 나 자신의 초현실주의적 몽상에 그들이 영감을 주었던 순간조차 나는 그것을 확인했었다. 이러한 몽상은 나만의 '뜻밖의 행운'이었다. (저절로 발생하고, 불확실하고, 예측할 수 없고, 가능성 없는) 우연한 만남을 통해 내가 그것을 발견하기 전까지는 내가 찾고 있었다는 사실조차 몰랐던 어떤 것, 외부 우연의 작용을 통해 무의식적 욕구를 일깨우고 그에 반응하며 심지어 그것을 초월하는 어떤 것에 대한 나의 발견이었다.

이러한 "객관적 우연"의 사례를 통해, 나의 지각과 욕망과 상상의 융합을 통해, 그들의 영혼은 나에게 생기를 불어넣었고 내 안에서 살아났다. 그들은 나를 쫓아다녔고, 그들의 파리는 "회복"과 "재현", (나의 것의) "소환", '망령들'의 "귀환"의 절차를 통해 나의 파리를 쫓아다녔다. "영혼은 종종 죽어서도 걷는다"는 말처럼 그들의 영혼은 나와 함께 걸으며 내 발걸음과 생각을 인도했다. 나자는 "당신의 생각과 나의 생각"이라고 브르통에게 말했지만, 브르통이 있던 곳에 서 있자니 (비록 그가 된 것은 아니라 해도) 나는 내 생각이 두 사람의 생각과 융합되는 것을 느꼈다.

아폴리네르는 "이것은 누구의 목소리인가? 파리의 거리를 걸을 때 나는 시간이 산산이 부서지고 오래 전에 죽은 이들이 살아 있는 이들의 입을 통해 말하는 것을 상상한다"라고 물은 적이 있다.[81] 브르통은 나자와의 연애가 끝난 후, "누가 거기로 가나요Qui Vive?(직역하면 "누가 살고 있나요?") 나자, 당신인가요? […] 오직 나뿐인 건가요?"라고 물었다. (N 146/144) 내가 그들의 발걸음을 따라 걷는 동안, 죽은 이들은 내 지각을 매개로 다시 살아나 말했다.

확실히 나의 발걸음은 앙드레와 나자의 영혼을 부활시켜 그들의 영혼이 거리의 소음을 듣고, 매연을 흡입하고, 진동을 느끼고, 전혀 알지 못했던 것들을 볼 수 있게 했다. 살아 있는 이들은 죽은 이들을 쫓아다닌다. 내가 그들의 경험에 내 경험을 덧입혔기 때문에 그들은 내 경험을 통해 2008년의 파리를 보고 느꼈다. 솔닛은 "도시는 언어이고 가능성의 저장소이며, 걷는다는 것은 그 언어를 말하는 행위다"라고 썼다.[82] 브르통은 "죽은 이들은 말하고, 돌아온다"라고 했다. 파리를 걸으며 나는 브르통과 나자가 처음 드러냈던 파리를 경험할 가능성을 되살렸다. 마치 내가 그들 영혼이 말을 걸고 내 감각과 사지 안에 그들 자신을 육화시키는 매개체라도 되는 것처럼, 그들이 나를 소유하고 나를 통해 말하도록 했다. 그들이 문자 그대로 육체적으로 나와 함께한 것은 아니지만, 그들은 유령으로서 수포의 여신인 조젯(수포의 초현실주의 소설 《파리의 마지막 밤》의 주인공으로서 소설 속 화자는 조젯에게 집착한다. 조젯은 화자를 파리의 이면과 비밀로 인도한다-역자)과 "밤을 변모시키는 신비한 힘"을 공유했다.[83] 그것은 낮에도 마찬가지였다. 그들의 발자취는 초현실주의적 행위의 목표였던 경이로운 것의 경험을 내게 상기시켜 주었다.

마찬가지로 나는 유령, 즉 "다른 사람 안에 묻힌 죽은 자가 존재했음을 증언하는"[84] 자인 '망령[죽은 후에 되돌아온 자]revenant'이 되었다. 브르통이 걸었던 길을 걸으며, 그들이 나를 쫓아다녀서 유령이 된 나로 돌아오기 위해, 과거의 나였던 나는 죽어 사라져야 했다. 제발트의 소설 속 인물인 자크 오스터리츠의 말을 인용하면,

나는 […] 우리가 과거의 귀환을 지배하는 법칙을 이해한다고 생각하지 않는다. 나는 시간은 전혀 존재하지 않으며 산 자와 죽은 자가 원하는 대로 이리저리 이동할 수 있는, 더 발전된 형태의 입체 기하학 법칙에 따라 맞물려 있는 다양한 공간들만 존재한다고 점점 더 느낀다.[85]

브르통은 첫 만남에서 나자에게 다음과 같이 말한다.

우리가 아는 한 자유는 사람이 족쇄를 푸는 일련의 놀라운 '발걸음'이기도 하죠. 나에게는 이 발걸음이 전부라고 생각해요. 그 발걸음은 어디를 향해 갈까요? 그게 진짜 질문입니다. 발걸음은 길을 찾으면 끝나겠죠. 그 길을 따라갈 때 족쇄를 푸는 방법이, 자신의 족쇄를 푸는 그 길을 따라갈 수 없는 이들을 돕는 방법이 나타나게 될지 누가 알까요?

(N 69/69)

나중에 브르통은 나자에게 다른 것들보다 이 자유의 관념을 우선하라고 너무 쉽게 권유한 것을 후회했다. (N 143/142) 하지만 나에게도 이러한 발걸음은 모든 것이었고, 비록 지나갔지만 나를 안내하기 위해 내 앞에서 계속되었던 가능성의 흔적이었다.

쫓기고 쫓았던 앙드레, 나자, 그들의 파리는 오래 전에 사라졌다. 그러나 그 파리는 어느 초현실주의 순례자가 그들의 발걸음을 따라 걸으며 과거의 유령을 소환할 때마다 돌아오고 또 돌아온다. 리처드 홈즈의 말을 인용하면, "당신은 그들을 멈춰 세울 수도 없고, 그들을 정확히 찾아낼 수도 없다. 도로의 어떤 특정 분기점, 강의 곡면, 밖을 내다보는 창문에서도 그렇다. 그들은 항상 움직이면서 과거의 삶을 미래로 잇는다."[86] 나는 그들이 걸었던 길을 계속 걷고, 그들의 발걸음을 따라 걸어야 할 것이다. 우리의 족쇄를 풀고, 브르통이 말한 것처럼 우리에게 "동시에 많은 삶을 안내해 주는 시각perspective"(SM 3/12)[87]을 선사하기 위해 과거에서 미래로 나아가는 그 발걸음을.

4장

사르트르, 보부아르와 더 가까이 걷기

《존재와 무》 안의
걷기 사례

1. 도시의 사르트르

사르트르 하면 떠오르는 이미지는 하이데거나 루소 같은 숲 보행자나 하이커의 모습은 아니다. 우리는 어딘가에, 그러니까 파리의 카페라든가 집필용 책상 같은 곳에 앉아 있는 사르트르의 모습을 쉽게 떠올린다. 사르트르는 종종 자신을 순전히 도회적이고 문학적인 존재로 묘사한다. "나는 의심의 여지없이 내 인생이 책 속에서 끝날 것이라고 확신하며 삶을 시작했다. […] 모든 사람에게는 본연의 장소가 있다. […] 나의 장소는 "진정한 문학의 진귀한 공기"를 들이마시면서, 최종적으로는 자신이 프랑스 국립도서관의 서가들의 책 스물다섯 권이 되는 모종의 신성화가 실현될 때까지 글을 쓰거나 글쓰기를 꿈꾸는, "지붕들이 내려다보이는 파리의 어느 건물 6층이다."[1]

　　사르트르는 젊었을 때, 특히 보부아르와 함께 많이 걸었지만, 보부아르만큼 걷기의 희열을 느끼지는 못했다. 보부아르에 따르면 그는 시골을 좋아하지 않았는데, 그 이유는 "그는 […] 야단스러운 곤충들과 무성하게 자라는 식물들을 […] 혐오하고, 인공물로 이루어진 인공적 세계의 중심인 도시에서만 편안함을 느끼기 때문이다."[2] 실제로 사르트르의 허구의 분신인 《구토》의 로캉탱이나 《자유의 길》의 마티유 들라뤼("거리의 마태오")는 시내와 도시의 포장도로를 보들레르가 말한 의미의 플라뇌르처럼 걷는다. 그들에게 자연은, 자연이 길들여진 형태인 공원이나 먼 곳에 보이는 어떤 것으로 국한된다. 사르트르와 마찬가지로 그들이 생각하는 "야외" 개념은 거리나 카페의 테라스이고, 다비드 르 브르통이 이야기한 것처럼 카페에 있는 것은 도시인들이 "집처럼 편하게 느끼는 것"이기도 하다.[3]

　　당연히 사르트르의 발걸음을 따라 파리를 걷는 (나를 포함한) 보행자들은 생 제르맹 데 프레Saint-Germain des Prés와 몽파르나스Montparnasse 구역 사이의 명소들(카페 드 플로르Café de Flore, 되 마고Deux Magots, 돔Dôme, 브라스리 립Brasserie Lipp)을 찾아다니지 프로방스의 시골이나 딴Tarn 협곡을 여행하지는 않는다. 로캉탱이 도시를 둘러싼 순환 도로 너머에 있는 식물들의 비밀스런 맥박과 야생 초목의 번성에 공포를 느끼는 것을 보면,[4] 보부아르가 놀렸던 것처럼 사르트르에게는 단순히 "엽록소에 대한 알레르기" 정도가 아니라 병적인 반감에 가까운 무언가가 있었다고 짐작할 만하다. 사르트르 자신에 따르면, 시골은 책으로 배운 것이지 걸어서, 가까이서, 실제로 겪어서 알게 된 것이 아니었다.[5]

　　그런 사르트르가 자신의 첫 철학 주저인 《존재와 무》[6]의 중요한 두 지점에서 철학적 핵심 내용을 설명하려고 시골길 걷기라는 사례를 활용했다는 사실은 꽤나 놀라운 일이다.

　　첫 번째는 사르트르가 난간이 없는 절벽을 따라 산길을 걸을 때 느끼는 현기증의 예를 통해 불안angoisse을 설명한 것이다. 현기증은 심연에 자신을 던질 가능성 앞에 있는 불안이며, 따라서 자신의 자유라는 무無 앞에 있는 불안이다. (BN 65-69) 사르트르는 평생을 탁월한 자유의 철학자로 살았고, 따라서 그가 심연에 직면한 자의 현기증을 예로 들며 자유에 대한 불안을 설명한다는 것은 단순한 우연이 아니다.

　　두 번째 예는 (사르트르가 말한) 존재를 향한 우리의 보편적 지향과 일치하는 세계 내 존재의 "근본적 기투original project"라는 틀에 의해 우리의 자유의지가 어떻게 제약되는지를 설명하는 데 활용된다. 그것은 몇 시간 동안 시골길을 걷다가 피로에 지쳐 포기하고 어딘가에 주저앉은 사람에 관한 것이다. (BN 584-89, 597-98) 이 확장된 분석에는 "근본적 기투"만이 아니라, 몸과 (사르트르가 말한 "즉자적 존재the in-itself"에 해당하는) 원초적, 우연적 존재를 논하는 상반된 두 가지 방식에 관한 실존주의적 분석도 포함되어 있다. 여기에는 어떻게 하이킹과 등산이 자연세계라는 맹목적인 기정 사실들에 의미를 부여함으로써 "즉자적 존재를 존재하게 하는지"에 관한 현상학적 탐구도 포함되어 있다.

　　나는 사르트르가 두 발 걷기 사례를 선택한 것이, 그의 자유 개념과 근본적 기투 개념에 ('외부적인' 것이 아니라 오히려) '본질적' 중요성을 지닌다고 생각한다. 이와 관련해 나는 데리다가 《회화 속의 진리》에서 수행한, 철학적인 사례 활용에 관한 분석에서 영감을 얻었다.[7] 그는 사례와 사례가 설명하고자 하는 이론 사이의 융통성 없는 구별에 의문을 제기한다. 동시에 사르트르가 《존재와 무》에서 걷기를 다루는 방식을 살펴보면 보부아르와 사르트르가 시골길 걷기에 대해 매우 상이한 태도를 지녔음을 알게 된다. 보부아르에게 프로방스의 언덕과 산을 걷는 일이 황홀경의 원천이었지만, 사르트르에게는 피로와 짜증의 원천이었다. 사르트르의 "실존주의적 정신분석학" 이론에 따르면, 시골길 걷기에 대한 그와 보부아르의 상이한 태도는 자기 몸과 맺는 관계를 포함해 자기 자신과 이 세계와 어떤 관계를 맺을까라는 문제, 즉 둘의 기본적인 "실존적 기투"의 차이를 보여 준다.

2. 불안과 현기증

사르트르가 심연의 가장자리를 따라 산행하는 자의 현기증을 사례로 들며 불안을 설명하려고 했던 이유는 확실하지 않다. 사실 사르트르의 불안이라는 주제의 한 원천인 키르케고르는 불안을 일종의 "현기증" 또는 "자유의 아찔함"으로 서술한다.[8] 그러나 키르케고르나 하이데거에게 등산객이 경험하는 현기증에 관한 현상학적 설명을 기대해서는 안 된다.[9] 사르트르의 서술은 책보다는 개인적인 경험에 기반하고 있는 듯하다. 그의 서술은 단순한 설득력을 넘어 그 안에 진실을 담고 있다. 사르트르는 키르케고르, 하이데거와 마찬가지로 불안이란 명백한 동기나 객관적 근거 없이 갑자기 발생하는 "무"와의 조우라는 논지를 설명하기 위해 여타의 다른 경험들을 선택할 수도 있었을 것이다. 실제로 그는 《자아의 초월성》에서 한 고상한 부인이 (아무 이유 없이) 창문에 서서 마치 매춘부처럼 행인들에게 손짓할지도 모르는 불안을 묘사할 때 그렇게 한다. 그 사례에서 그는 불안을 "가능성의 현기증"이라고 명명하지만, 현기증의 실제 '경험'에는 전혀 주의를 기울이지 않았다.[10] 《존재와 무》에서와는 달리 사르트르가 젊은 신부新婦의 "현기증"을 묘사한 부분에는 현기증과 관련된 것은 아무것도 없다. 그것은 단지 1933년에 이미 프랑스에서 유행하고 있던, 의심의 여지 없이 키르케고르에게서 차용한 하나의 은유일 뿐이다.[11]

사르트르는 1939년이 되어서야 키르케고르의 《불안의 개념》을 제대로 이해하고는, 무에 직면한 불안은 가능성으로서의 자유 앞의 불안과 동일하다—"자유는 그 자체로 무"라는 자신의 생각을 정교화한다. 그러나 이번에 그가 불안을 설명하기 위해 든 사례는 와인 한 잔을 마실지 말지에 관한 것이다. 그 사례는 "그 '무엇'도 내가 와인을 마시지 못하게 할 수는 없다"와 "또한 그 '무엇'도 우리에게 와인을 마시라고 강요할 수는 없다"

이다.[12] 이것이 바로 평소처럼 산의 정상이 아니라 단골 카페에 앉아 있는 사르트르의 모습이다.

그렇다면 불안 개념을 설명하기 위해 걷기, 특히 심연으로 이어지는 산길 걷기라는 사례를 선택한 것을 완전히 '우발적'이거나 우연적이라고 볼 수는 없다. 사르트르의 실존주의적 정신분석학의 개념을 빌리자면, 오히려 그러한 선택은 (세계와 자신의 가능성에 대한 방향을 결정하는 기본적인 선택인) 근본적 또는 기초적 기투에서 유래하는 선택이라는 일종의 총체적인 맥락에서 이해되어야만 한다.

> 그것은 주체의 부분적이고 불완전한 양상에서 진정한 명확함을 재발견하는 문제다. 진정한 명확함은, 내적 관계와 근본적 기투의 통일성에서, 오직 그의 존재를 향한 충동의 총체성, 그가 자신, 세계, 타자와 맺는 고유의 관계가 될 수 있다.
>
> (BN 719)

> [실존주의적] 정신분석학의 원칙은, 인간은 집합체가 아니라 총체성이라는 것이다. 따라서 그는 가장 사소하고 피상적인 행동에서도 자신을 총체적으로 표현한다. 이를 다른 말로 하면 모든 취향, 독특한 버릇, 행동은 결국 전부 '드러나게' 된다.
>
> (BN 726)

사르트르가 걷기 사례를 선택한 것이 우리에게 무엇을 알려 주는지는 이어지는 내용에서 중점적으로 살펴보려고 한다.

3. 자연을 거스르다—자유에 관한 사르트르의 견해

현기증에 관한 사르트르의 현상학적 설명을 살펴보기 전에, 사르트르가 어떻게 산길을 처음 걷게 되었는지 궁금하지 않을 수 없다. 이미 말했듯, 사르트르의 "자연환경"은 시골이 아닌 도시였다. 보들레르처럼 (아니면 적어도 사르트르가 그렇다고 생각한 보들레르처럼) 사르트르는 자연보다 인공을, 시골보다 도시를, 날것보다 조리된 것을, 개발되지 않은 자연보다 인간의 산물을 더 좋아했다. 이는 그의 말년에 보부아르가 그와 나눈 대담에서도 분명하게 드러난다.

> 사르트르: 단것을 먹고 싶으면 나는 차라리 케이크나 타르트처럼 인간이 만든 것을 먹고 싶어요. 이것은 모양, 음식의 배치, 심지어 맛까지 인간이 의도와 목적을 갖고 만든 것이죠. 반면, [생]과일의 맛은 우연의 문제이지요. [⋯]음식은 인간이 수행한 작업의 결과물이어야 합니다.
> 보부아르: 그러니까 당신은 확실히 익힌 것이 좋지 날것은 싫다는 말이죠?
> 사르트르: 물론이에요.[13]

사르트르가 보들레르에게 적용한 분석은 사르트르 자신에게도 동일하게 적용된다. "강하게 양념한 고기, 기하학적인 그릇에 담은 물 [⋯] 이 모든 것이 자연에 대한 그의 공포의 많은 측면들과 맞닿아 있다."[14] 사르트르는 이렇게 썼다.

> 도시인인 보들레르에게 '진정한' 물, '진정한' 빛, '진정한' 열은 도시에서 발견되는 것이자, 어떤 유력한 생각에 의해 통일된 예술작품을 의미

했다. […] 쇼나르는 다음과 같은 그의 이야기를 전한다. "나는 어딘가에 담겨 있지 않은 물을 참을 수 없다. 나는 물이 부두의 기하학적인 벽들 사이라는 굴레에 갇혀 있는 것을 좋아한다." […] 갇혀 있고 […] 인간화된 물이 진정한 물이다.[15]

사르트르도 다르지 않았다. 사르트르에게 센 강은 자유롭게 굽이치는 시골의 개울과 강이 아니다. 센 강은 사람이 만든 부두와 제방에 안전하게 갇히거나, 물의 무형성과 무한한 가변성에 인간의 질서와 규칙이 부과되는 운하로 변한다.

보들레르처럼 사르트르는 "삶이라는 완고하고 무정형적인 우연성"에 반기를 들었다.[16] 《구토》의 거의 대부분은 우연성과 자연, 즉 계획이나 설계의 결과가 아니라 우발적으로 우연히 존재하는 것에 대한 사르트르의 혐오에 대한 사색이다. 소설의 끝부분에 나오는 다음 구절이 대표적이다.

나는 도시가 두렵다. 하지만 당신은 도시를 떠나면 안 된다. 도시를 떠나면 초목 지대에 진입하게 된다. 초목은 도시를 향해 상당한 거리를 기어서 왔다. 그것은 기다리고 있다. 도시가 죽으면 그것은 도시를 침략해 돌 위로 기어오르고, 돌을 뒤지며 움켜쥐고, 기다란 검은 집게발로 돌을 깨뜨리고, 구멍을 막고 사방에 녹색 발을 드리울 것이다. 당신은 그들이 살아 있는 한 도시에 머물러야 한다. 당신은 자기네 입구에서 기다리고 있는 저 거대한 털 뭉치 속으로 혼자 들어가서는 안 된다. 당신은 목격자 하나 없는 상태에서 그것이 나부끼고 갈라지도록 내버려두어야 한다.[17]

사르트르는 자연에 대한 보들레르의 태도를 매우 유사한 용어로 묘사한다.

인간이 자연 앞에서 두려움을 느끼는 것은, 자신이 거대한 무정형의 무가치한 존재, 즉 자신을 제 무가치함 속에서 완전히 냉동시키는 존재 안에 갇혀 있다고 느끼기 때문이다. 인간에게는 더 이상 어디에도 '자기' 자리가 없다. 그는 마치 헤더heather나 금작화 무리처럼 땅에 심겨 있을 뿐이다. 반면, 도시에서 그는 맡은 역할에 따라 그 존재가 결정되고, 후광처럼 가치나 가격이 매겨져 있는 정확한 사물들에 둘러싸여 있기 때문에 안정감을 느낀다.[18]

사르트르와 보들레르는 도시의 남자들, 사람의 목적에 맞게 가공된 자연의 남자들, 아무런 이유 없이 존재하는 자연과 식물의 번성을 두려워하는 남자들이다. 보부아르에 따르면 "[사르트르]는 녹지, 들판, 자연 전반을 혐오했다."[19] 보들레르만큼이나 사르트르는 "생시몽에서 마르크스, 프루동, 콩트를 거쳐 말라르메와 위스망스에 이르기까지 19세기 전체를 관통하는 거대한 반자연주의적 흐름"에 속한다고 할 수 있으며, 이들은 모두 "자연세계의 맹목적이고 기계적인 힘"에 대비되는 "인간적 질서"를 내세우고 인간의 노동과 자유가 '반자연anti-physis'을 구성한다고 생각한다.[20]

사실 사르트르의 자유 이론 전체는 '반자연' 이론이다. 자유는 의식에 의한, 우연적 존재 또는 즉자적 존재의 "무화無化"다. 또한 자유는 사르트르가 "사실성facticity"이라고 부른, 선택되지도 만들어지지도 않은 존재의 기정 사실과 인간의 의식 사이에, 의식이 분비하는 무의 얇은 막이다.[21] 또는 사르트르의 보다 유물론적이고 마르크스주의적인 측면에서 볼 때, 자유는 이미 정해져 있는 자연의 성질과 관성을 변형하는 노동과 일치한다.[22] 어느 쪽이든 자유는 자연을 넘어서는 것, 자연을 벗어나는 것, 또는 무정형 물질을 인간의 산물로 변형시키기 위해 자연의 인과관계 법칙과 관성의 법칙을 활용하는 것이다. 사르트르의 고유의 영역은 인간이 만든 사물로 가득하고, 이미 주어져 있으며, 사회적으로 결정된 의미와 기능을 가진 도시라는 인간세계다. 무정형의, 길들여지지 않은 시골의 자연에서 그는 불편하고 불안하다.

4. 산에서 느끼는 현기증

이제 사르트르가 어떻게 처음으로 가파른 산길을 오르게 되었는가라는 질문으로 돌아가보자. 사르트르의 현기증 이야기는 ("순진하다"는 표현을 쓰고 싶을 정도로) 정말이지 단순하게 시작된다. 사르트르는 '불안은 자유에 직면해 있다'는 키르케고르의 견해와 '불안은 무를 깨닫게 한다'는 하이데거의 견해를 비교하면서, 불안은 공포와 달리 "세계 내 존재"에 직면해 있는 것이 아니라 자신과 자신이 할지 모를 행동에 직면해 있다는 점에서 키르케고르가 맞다고 이야기한다.[23] "현기증은 절벽에서 떨어지는 것이 두려운 것이 아니라 절벽으로 나를 던지는 것이 두려운 불안이다" (BN 65/EN 64).

　사르트르는 다른 많은 사례(포격을 견디는 군인, 주가 폭락으로 큰 재산을 잃은 사람, 막중한 책임을 맡게 된 사람)를 거쳐 그의 가장 한결같은 불안 연구 속 현기증으로 돌아온다. 이 내용은 독자를 붙잡아 심연 위에 매달 뿐만 아니라 사르트르의 가장 근본적인 자아 개념을 드러낸다. 조금 길게 인용할 필요가 있겠다.

　　나는 절벽을 따라 난간도 없는 좁은 길을 걷고 있다. 그 절벽은 내게 '피해야 할 것'으로 보인다. 그것은 죽음의 위험을 상징한다. 동시에 나는 이 죽음의 위협을 현실화할 수도 있는, 보편적 결정론에서 유래한 몇 가지 이유를 생각해낸다. 즉, 바위에서 미끄러져 나는 심연으로 떨어질 수도 있고, 길의 한 부분이 무른 흙으로 돼 있어 내가 딛는 그 지점이 무너질 수도 있다. 이러한 여러 예측을 통해 나는, 중력에 종속되는, 세계 안의 하나의 물체, […] 사물로서 나에게 나타난다. 이 순간 '두려움'은, 미래 소멸의 원인이 자기 안에 없는 하나의 물체 같은 […] 상황에 있는 자로서 나 자신을 파악할 때 발생한다. 이에 대한 반응은 신중히 생각하는 것이 될 것이다. 즉, 나는 길가에 있는 바위에 "주의를 기울이고", 길 가장자리에서 최대한 멀리 떨어져 있을 것이다. […] 나는 세계의 위협으로부터 거리를 두기 위해 고안된 몇몇 미래 행동을 내 앞에 던진다.

(BN 66-67/EN 65)

위험한 산길을 조심스럽게 걸어본 사람들이라면 누구나 사르트르의 이 서술이 익숙할 것이다. 그런 사람들은 심연의 위험을 피하도록 몸과 마음을 온전히 집중하고, 발걸음을 조심하고, 발판이 안전한지 확인하고, 집중력과 경각심을 유지한다. 절벽으로 떨어질지 모른다는 공포감은 우리로 하여금 심연에서 멀리 떨어지도록 하고, 넘어질 위험을 회피하는 일에 심신을 집중하게 한다.

잘 알려진 것들이 많지만 사르트르의 설명에서 정말 흥미로운 것은 다음과 같은 부분이다.

하지만 이런 행동들은 정확히 '나의' 가능성이기 때문에 내게는 외적인 원인에 의해 결정된 것으로는 보이지 않는다. 그것들의 효과도 확실하지 않을 뿐만 아니라 채택 가능성도 확실하지 않다. […] 그 가능성의 필요 조건은 (길가의 바위에 주의를 기울이지 '않고', 달리고, 마음 내키는 대로 하는) 상반된 행동의 가능성과 (절벽 아래로 나를 던지는) 모순적 행동의 가능성이다. […] 내가 불안해지는 정확한 이유는 나의 행동이 단지 '가능성'일 뿐이기 때문이다. […] 그리고 특정 행동을 '가능성'으로, 특히 '나의' 가능성으로 구성할 때, 나는 '아무것도' 내가 그 행동을 채택하라고 강요할 수 없다는 것을 알게 된다. 그러나 나는 이미 미래에 존재하고 있고, 내가 열심히 노력하는 것은 그 길의 분기점에 곧 있게 될 존재를 향하는 것이므로 이런 의미에서 나의 미래 존재와 과거 존재 사이에는 이미 관계가 형성되어 있다. 그러나 이 관계의 중심에는 무 néant가 자리를 잡는다. 나는 내가 되려고 하는 자가 '아니다.' […] 그러나 나는 이미 내가 되려고 하는 자이므로 (그렇지 않다면 나는 특정한 방식으로 존재하는 선택에 개의치 않을 것이다) '그것이 되지 않는 방식으로, 내가 되려고 하는 자다.' […] 불안은 정확히 그것이 되지 않는 방식으로 (자신이) 자신의 미래가 됨을 의식하는 것이다. […] '아무것도' 내 생명을 구하라고 강요하지 않지만, 동시에 '아무것도' 내가 심연으로 뛰어내리는 것을 막지 못한다.

(BN 67-69; EN 65-67)

현기증으로서의 불안은 "'무에 의해 촉발되고 속박되는 한 그 자체에 직면해서 불안한 자유"이다. (BN 73/EN 70) 또한 그 불안은, 내 눈이 "심연을 위에서 아래로 응시하면서 내가 죽음으로, 무로 추락할 가능성을 가늠해볼"(BN 69/EN 67) 때 심연 그 자체로써 상징되는 무이다. 나는 심연과 나의 가능성에 매혹과 거부감을 동시에 느끼고, 추락에 대한 공포는 나를 끝까지 밀고 가서 아래를 응시하게 한다. 키르케고르의 용어를 빌리자면 심연은 나를 '매혹한다.' 불안은 무에 직면한, 자신의 "존재 가능성"에 직면한 "공감적 반감이자 반감적 공감이다."[24] 그 매혹과 긴장이 너무커지면 심연에 투신하는 행위가 해방과 안도라는 유혹으로 다가오고, 그 유혹은 투신하지 '않으려고' 안간힘을 쓰던 일을 정확히 수행할 동기로 바꾼다.[25] 끔찍한 심연을 응시하니 두려움 그 자체가 나를 깊은 곳으로 끌어 내리는 것을 느낀다. 키르케고르는 두려움은 단순히 '할 수 있음'의 불안, 내가 두려워하는 바로 그 일을 내가 할지도 모른다는 두려움이라고 말한 다.[26]

사르트르는 자유는 (미래와 현재를 분리하는) 동기motif와 행위 사 이에 있는 무rien이므로, 어떤 것도 내가 내 생명을 구하도록 강요하거나 내 생명을 구하지 못하도록 막을 수 없다고 말한다. (BN 71/EN 69) 심연 으로의 추락에 대한 나의 두려움이 실제로 나를 위험에서 벗어나게 하는 데에 얼마나 '효과적'일지는, 미래의 내 자아, 산기슭에서 안전하고 건강 하게 만나기를 바라지만, 단지 아무것도 그를 막지 않는다는 이유로 그 사 이에 나를 심연으로 던질 수 있는 그 자아의 행동에 달려 있다. 안전한 곳 으로 물러나기와 마루터기에서 몸을 던지기 사이를 맴돌면서 "나는 미래 의 나를 기다린다." 나는 저 앞쪽 길목에서 나 자신과 약속하는데, 불안은 "그 약속을 지키지 못하고 더 이상 그곳에 나타나고 싶지 않은 두려움"이 다. (BN 73/EN 71) 다행히도 심연에 대한 두려움이 내가 심연을 피하도 록 결정할 힘이 없는 것처럼, 하고 싶은 마음과 하면 안 된다는 마음이 공 존하는 자살의 가능성에 직면한 나의 상반된 불안도 나를 뛰어내리게 할 힘이 없다. 그 무엇도 내가 그렇게 하는 것을 막을 수 없으므로 나는 안전 한 곳으로 물러나 내 길을 계속 간다. (BN 69/EN 67)

사르트르의 대자적 존재(being-for-self, 인간의 존재와 의식에 적 합한 존재)에 관한 존재론의 핵심 내용은 이 사례에서 놀랍도록 많은 윤 곽을 드러낸다. 이것 중에서 가장 확실한 것은 현재의 자아와 미래의 자아 를 분리함으로써 행위의 이유와 행위를 분리하는, 자유라는 "무"의 제시 다. 나는 행위 이유의 무효無效에 기반하고 있는 "내가 아닌 방식의" 내 미 래 자아다. (절벽을 피하는) 행위 이유를 가진 자아는 그 이유에 따라 행동하기 위해서, 모호하게도 현재의 자아이기도 하고 아니기도 한 미래 자아에 의존한다. 아무것도 미래 자아가 현재 자아의 이유에 따라 행동하도록 강요하지 않는 이유는, 자아를 그 자신으로부터 분리시키는 무, 즉 (행위 이유를 포함하여) 현존하는 모든 것들을 "경로 밖으로" 내보내고 자유 자체를 구성하는 "무" 때문이다. (BN 51-52, 58-61, 63-64/EN 52, 58-60, 62-63) 상징적으로 심연은 무한한 가능성 안에 있는 자유 그 자체이며, 자유라는 무에 직면한 모든 불안은 심연에 직면한 현기증이다.

    이러한 유명한 사르트르의 수사학 외에 "자기 자신을 기다린다"는 은유도 쉽게 선택된 것은 아니다. "자기 자신을 기다린다는 것"은, 우리의 미래 자유liberté ultérieure가 "현재의 가능성이 아니라 아직 존재하지 않는 가능성의 토대"인 한, 실존한다는 것의 본질이다. "우리의 삶은 긴 기다림에 불과하다. 먼저 우리의 목적이 실현되기를 (어떤 일에 관여한다는 것은 그 결과를 기다리는 것) 기다리는 것이며, 특히 우리 자신을 기다리는 것이다"(BN 688/EN 582). 대자적 존재는 자기를 시간화하므로, 우리는 우리의 삶이 "기다림만이 아니라, 스스로 기다림을 기다리는 기다림을 기다리는 것으로도 구성된다고 생각해야 한다. [⋯] 자기 자신이 된다는 것은 자기 자신에게 오는 것이다venir à soi"(BN 688/EN 582). 인생의 길목마다 내게 다가오는 대로 내가 다가가는 자아가 앞에 있지만, 내가 기다리는 미래 자아가 (나는 그의 기다림을 기다린다) 그 사이에 무엇을 하느냐에 따라, 나는 그 자아와의 약속을 지키지 못할 수도 있다.[27] 현재의 나와 같은 미래 자아가 자리에 앉아 다음 문장을 고민하거나 와인을 한 잔 더 마실지 고민하고 있다면, 그는 진짜인 것처럼 또는 연극처럼 "자기 자신을 기다릴 수" 있었을까? 엄밀하게 말하자면, 모든 결정에는 불안과 그로 인한 가능성의 심연 앞에 있는 일종의 현기증이 동반될 수 있지만, 오직 '실제' 심연 앞에 있는 '실제' 현기증의 사례만이 독자의 상상력을 사로잡을 것이다.

5. 하이킹과 황홀경—보부아르의 일탈

시골길 걷기에 관한 두 번째 중요한 사례를 《존재와 무》에서 살펴보자.

> 나는 친구들과 함께 여행을 떠났다. 몇 시간 걷다 보니 피로가 쌓여 견디
> 기 힘든 지경에 이르렀다. 처음에는 버텨 보려고 했지만, 갑자기 나 자
> 신을 놓아버리고 포기했다. 배낭을 길가에 던지고 그 옆에 주저앉았다.
>
> (BN 584/EN 498)

질문을 던져본다. 나는 다르게 행동할 수 있었을까? 많은 철학자들
에게 다르게 행동할 수 있다는 것은 "자유의지"의 특징이다. 다르게 행동
할 수 없었다면 그 사람은 그렇게 행동하거나 그렇게 행동하지 않을 자유
가 없었다는 것이고, 그 행동은 필요에 의해 좌우되었을 뿐이다. 사르트
르에게 이 문제는 그리 단순하지 않다. 분명히 내 친구들은 나와는 다른
행동을 할 수 있었고 실제로 그렇게 했다. 그들은 지정된 휴게소까지 계
속 나아갔다. 따라서 피로를 극복하는 일이 인간의 능력으로 가능했다. 하
지만 그것이 '나에게도' 가능했을까? 그렇다면 '어떤 대가'를 치러야 했을
까? (BN 585/EN 498)

　　시몬 드 보부아르가 사르트르를 다그치는 소리가 들리는 것 같다.
"힘내요, 장 폴! 1km만 더 가면 돼요!" 콜리지의 산악 횡단 방법—모험적
이고 위험한 행동을 할 수밖에 없는 막다른 지점에 이르기까지 계속 걷
는 방법[28]—을 실천한 보부아르는 자신을 한계까지 밀어붙이고 피로를 극
복하며 쾌감을 느꼈다. 이는 물질적 장애물을 극복함으로써 자아를 극복
하는 것이었는데, 그녀는 이 방식에 빠져들었다. 1930년대에 마르세유에
서 가르치는 동안 보부아르는 주변의 언덕과 산을 하이킹하며 자기 스스

로 "광신적"이라고 표현할 만큼 시골길 걷기에 대한 열정을 키웠다. (FA 105-10) 한번은 "신록과 하늘빛"으로 가득한 오트루아르Haute-Loire에서 하이킹을 하면서 자신이 세운 계획의 엄격함이 어떻게 자연의 우연성을 필연성으로 바꿔놓았는지에 주목했다.

> 확실히 이것은 (표현되지 않은) 내 지극한 행복의 의미였다. 세상의 저항이 나를 좌절시키기는커녕 오히려 내 계획을 돕고 내 계획의 재료가 되었기에, 승리의 기쁨으로 가득 찬 내 자유에는 임의성도 장애물도 없었다. […] 나는 신들의 행복을 맛보았다. 나 자신은 내게 쏟아진 선물의 창조자였다.

> (FA 249-53)

보부아르에게 하이킹은 세계를 자신의 것으로 만드는 수단이었다.

보부아르는 시골길 걷기를 즐겨했는데, (많은 낭만주의자들처럼) 그녀에게 그것은 영혼의 탄산수이자 치료제였다. 마르세유에서 발견한, 하이킹에 대한 열정은 이후 20년간 그녀를 지탱해 주었다. (FA 105-06) 쉬는 날(목요일과 일요일)에는 겨울이든 여름이든 새벽에 혼자서 기본적인 장비(배낭, 미끄러짐 방지 등산화, 로덴 천으로 만든 방수 망토와 치마)도 갖추지 않고, (20년 후에 거의 재앙으로 이어질 뻔한) 낡은 드레스와 운동화 차림으로 바나나와 브리오슈가 담긴 작은 바구니 하나를 들고 출발하곤 했다. 대신 그녀는 가이드 블뢰(아셰트 리브르 출판사에서 발행하는 프랑스어 여행 가이드 시리즈-역자)와 미슐랭 가이드를 활용해서 최대한 꼼꼼하게 동선을 짰다.

보부아르는 처음에는 보행 시간을 5~6시간 정도로 제한했지만, 나중에는 9~10시간을 걷기도 했고 때로 40km 이상을 걷기도 했다. 그러니까 루소나 니체 수준의 걷기였다. 그녀는 파란색, 녹색, 빨간색, 노란색 표지를 따라 자신이 한번도 가지 않은 곳까지 가보면서 그 지역의 봉우리, 계곡, 절벽을 체계적으로 탐험했다. 걷기는 새로운 발견의 연속이었다. 식물(노간주나무, 수선화, 털가시나무)을 보고 그 냄새를 맡았고, 해안 절벽을 따라 징세원들이 걷던 굽은 길, 올리브 숲을 보호하는 돌출부를 밀어내는 지중해의 단단한 암석, 꽃이 만발한 아몬드 나무를 알게 되었다. 모든 망루와 계곡은 새로운 풍경이 나타날 것을 약속했고, 그 풍경의 아름다움은 항상 그녀의 기대를 뛰어넘었다. 무엇보다도 그녀가 발견한 이 모든 아름다움은 그녀만의 소유물이 되었는데, 이는 그녀의 노력과 지각이 무명無名의 상태로부터 이 모든 자연 현상들을 구해냈기 때문이다.

> 나는 내 베레모를 저 아래 평야로 내동댕이치는 바람의 폭력에 맞서며 필롱 듀 후와Pilon du Roi의 산등성이를 따라 생 빅투아르Saint-Victoire 산 정상의 안개 속을 홀로 걸었고, 류베홍Luberon의 협곡에서 길을 잃었다. 그 빛, 부드러움, 격렬함의 순간들은 오직 나만의 것이었다.
>
> (FA 106-07)

보부아르에게 걷기란 자연을 독차지하여 자기 것으로 만드는 경험이었다. 그녀가 느낀 어려움과 쉬움, 감각 지각(후각, 시각, 청각, 촉각)은 자연의 맹목적인 우연성으로부터 자연의 "본질적인" 요소를 가져와서 그것에 인간적인 의미와 그녀만의 개인적인 의미를 부여했다. 다른 이들 역시 보행자가 어떻게 자신의 지각을 활용해 자연을 소유할 수 있는지에 주목했다. 쥘리앙 그라크는 자연 속을 걸으며 자연을 소유하는 "도취"를 말했고, 프레데릭 그로는 고독한 보행자가 자연을 마치 도둑처럼 소유하게 된다고 했다—"세계는 나의 것이고, 나를 위해, 나와 함께 있다."[29] 몸의 노력과 경험 덕분에 보부아르에게는 자연의 "드러남-소유"가 가능했고, 그래서 그녀는 홀로 하는 하이킹을 선호했다. 보부아르는 마르세유로 찾아온 언니가 열이 나는 바람에 더 이상 하이킹할 수 없게 되자 그녀를 수용 시설에 버렸다고 부끄럽게 고백했다. "나는 내 계획을 어그러뜨리는 대신 언니의 존재를 부정했다"(FA 108).

자신과 다른 의지와 계획이 존재한다는 것은, 그녀가 걸었던 세계가 그녀에게만이 아니라 다른 보행자들에게도 비밀을 알려준다는 것, 그 세계에 대한 그녀만의 의미를 변화시켜 그녀의 독점적 소유권을 박탈한다는 것을 뜻한다. 화가나 작곡가가 공동 작업자를 원하는 것과 달리 그녀는 더 이상 동료를 원하지 않는다. 왜냐하면 보부아르에게 걷기는 창작 활동과 동일한 것이기 때문이다.

> 나는 공식적으로 인정받은 어떤 하이커들보다 더 완벽하고 우아하게 프로방스를 탐험하고 싶었다. […] 나는 내 몸을 힘의 최대치까지, 가능한 한 정교하게 사용하는 것을 즐겼다. […] 각각의 걷기 promenade가 하나의 예술작품이었다.
>
> (FA 108-09)

예술을 창조하는 데는 첫째가 동료이고 대중은 그 다음이다. 보부아르는 동료인 투멜린 부인과 함께한 하이킹을 묘사하며 이 점을 분명히 밝힌다. 투멜린 부인의 복장(배낭, 미끄러짐 방지 등산화)과 느린 걸음이 자신을 짜증나게 했다는 것이다. "알프스에 있는 것도 아니었으니 나는 내 속도에 맞게 걸었을 뿐이다." 동행자의 느린 걸음은 차치하더라도, 보부아르의 경험을 망친 것은 타인의 존재 자체였다. "이 여행을 특별하게 만든 것은 사람이 없는 자연과의 만남과 나의 변덕스러운 자유였다. 투멜린 부인은 나의 즐거움과 풍경을 모두 망쳤다"(FA 114). 영화 〈그랜드 호텔〉의 그레타 가르보처럼 보부아르는 혼자 있고 싶었다.

혼자 있는 것은 위험하다. 시골에서 하이킹하는 젊은 여성만 그런 것은 아니다. 보부아르도 간신히 강간을 모면했던 경우를 이야기한다. 하지만 그녀의 기본적인 태도는 어떤 나쁜 일들(질병, 성폭행, 다리 골절, 개에게 물리는 사건)도 자신에게는 일어날 리 없다는 것이었다. (FA 110) 그러던 어느 날 (콜리지가 겪었던 일과 매우 비슷한) 한 사건이 발생한다.

> 어느 날 오후, 나는 그곳에 도달하면 고원이 펼쳐질 것으로 기대한 가파른 협곡을 힘들게 오르고 있었다. 점점 더 힘들었지만 한번 올라온 길을 다시 내려갈 수 없다는 생각에 계속 올라갔다. 절벽이 나를 완전히 가로막았고 나는 이쪽 우묵한 공간에서 저쪽 우묵한 공간으로 발길을 되돌려야 했다. 감히 뛰어넘을 수 없는 크레바스crevasse와 맞닥뜨렸다. 뱀들이 메마른 바위 위를 미끄러지듯 지나가는 소리 외에는 아무 소리도 들리지 않았다. 이 좁은 통로를 지나갈 사람은 아무도 없을 텐데 만약 발목을 삐거나 다리가 부러지면 나는 어떻게 될까? 나는 소리쳤지만, 아무 대답도 없었다. 15분 동안 나는 계속 소리쳤다. 이 얼마나 완벽한 침묵인가! 나는 용기를 내어 도약했고 무사히 크레바스를 뛰어넘었다.
>
> (FA 109-10)

이 경우 보부아르는 다음 장에서 살펴볼 콜리지처럼 혼자 하이킹하는 무모함을 극복하고 문제에서 벗어날 수 있었다. 그녀는 대체로 운이 좋았다. 3주 동안 혼자 오트루아르를 걸어서 탐험했을 때는 모든 소지품(옷, 알람 시계, 가이드 블뢰)을 배낭에 넣고 독립과 자유의 기운을 만끽하면서 별빛 아래나 헛간에서 잠을 자며 자신의 의지, 욕망, 몸의 경험으로 자연을 변화시키는 신과 같은 행복을 누린 적도 있었다. 보부아르는 혼자 걷는 자신의 탐험을 "조현병 같은 꿈"을 향한 "광적인" 추구라고 회고했다. (FA 563) 행운이 따르지 않았다면 그녀는 혼자 걸으며 자연을 소유하겠다는 무모한 집착이 불러올 부정적 결과의 피해자가 되었을지도 모른다.

하지만 보부아르가 항상 운이 좋았던 것은 아니다. 심지어 사람들과 함께 있을 때도 그랬다. 한동안 보부아르의 연인이자 사르트르와 친한 사람들의 모임("la famille")의 일원이었던 클로드 란츠만은 1950년대 초반 보부아르와 함께했던, 체르맛Zermatt에서 (마터호른Matterhorn의 스위스 쪽과 이탈리아 쪽 경계인) 테오둘 고갯길Theodul Pass까지의, 거의 재앙에 가까웠던 하이킹에 관해 이야기한다.[30] 두 사람은 눈이 부시도록 화창한 날씨에 운동화만 신고 모자, 선글라스, 선크림도 없이 해 뜰 무렵 출발했다. 란츠만은 가벼운 반바지를 입었고, 날씨가 더워지자 셔츠도 벗었다. 처음에는 모든 것이 순조로웠다고 란츠만은 이야기한다. 그는

캐스터Castor(친한 친구들이 보부아르를 부르는 애칭)의 우직한 용기, 그녀의 꾸준한 걸음걸이, 그 주위를 도는 태양이 바위 표면과 산봉우리에서 작열하며 다른 사람들을 그림자 속으로 던져버리는 마터호른의 무시무시한 위엄 앞에서, 사랑의 감정에 휩싸여 눈물을 흘렸다.[31]

간데크 산장Gandegghütte(3,029m)에서 점심을 먹는다는 계획이었지만, 급경사 지대를 오르느라 그들은 허기지고 지친 상태가 되어 뒤늦게야 도착했다. 그들은 배불리 먹고, 굉장한 경치를 즐기고, 화이트 와인을 마시고, "해발 3,000m가 넘는 테오둘 빙하를 가로지르는, 가장 어렵고 긴 하이킹을 시작했다는 사실을 잊은 채" 다시 갈 길을 재촉했다. 위로 올라갈수록 기온은 떨어졌고, 등산화는 축축해지고 미끄러워졌다. 이제 란츠

만이 앞서갔고, 보부아르는 점점 더 뒤쳐졌다. 마지막 케이블카가 오후 7시 정각에 테오둘 역을 이미 떠났지만, 테오둘 고갯길은 해발 3,301m이고 간데크 산장은 3,029m라 (불과 272m밖에 차이가 나지 않으므로) 금방 등반을 마무리할 수 있다고 그들은 계산했다. 힘겹게 빙하를 오르는 동안 (서로의 몸을 줄로 연결하고 아이젠까지 착용한) 한 경험 많은 등산가 팀이 내려오고 있었다. 그들은 두 사람이 케이블카를 놓치게 될 것이라고 했다.

그 사이 보부아르는 지쳤고 그녀의 심장 박동은 놀라울 정도로 빨라졌다. 절박해진 란츠만은 아직 따뜻한 바위 옆 눈 위에 보부아르를 눕히고는 도움을 청하기 위해 길을 나섰다. 그는 마지막 케이블카가 이미 떠난 후에야 역에 도착했다. 스위스 사람들에게 간청했으나 소용 없었다. 하지만 ('베르살리에르Bersaglieri'라고 불리우는) 세 명의 이탈리아 산악 대원들이 스키와 헬멧 램프를 착용한 채 담요와 이불을 실은 썰매를 타고 란츠만이 손으로 그린 지도를 보며 보부아르의 위치를 찾아 나섰다. 그들은 그녀를 발견하여 역으로 데리고 왔다. 보부아르는 "이탈리아 산악 대원들의 친절과 썰매의 따뜻함, 그리고 자기 심장이 다시 정상적으로 뛰기 시작했다는 사실 덕분에 어느 정도 회복되었다." 란츠만은 돈은 얼마든지 내겠다고 제안하며 남아 있는 베르살리에르에게 간청했고, 결국 다른 케이블카를 보내주도록 설득하는 데 성공했다. 두 사람은 산을 내려왔고, 심한 일광화상을 입은 란츠만은 보부아르의 간호를 받으며 3일간 병원에 입원했다.[32] 보부아르가 지나치게 무리한 일정을 선택했고 지도와 안내 책자로 무장한 탐험 대장으로서의 책임이 있었지만, 란츠만은 이 죽음에 가까운 경험에 대해 아무런 불만도 품지 않았다. 오히려 그는 높은 산에 대한 평생의 열정을 심어 준 그녀에게 감사를 표했다.[33]

6. 사르트르의 피로와 근본적 기투

사르트르는 그렇지 않았다. 지친 등산객을 묘사하는 《존재와 무》의 모든 페이지에는 산길에 대한 그의 짜증—도시가 아닌 자연에 있다는 것, 그에 수반되는 노력과 피로—이 잘 드러나 있다. 보부아르와 달리 사르트르는 자기 몸을 극한까지 밀어붙이는 것을 좋아하지도 않았고, 노력과 자기 극복에서 오는 피로를 즐기지도 않았다. 사르트르는 자기 몸과의 불편한 관계에 관해 보부아르에게 이렇게 말한다—"대체로 말해 내가 걸을 때 (예컨대 당신과 함께 걸을 때에도) 느낀 것은 피로예요. 처음에는 피로의 전조, 그러니까 무언가 내게 몰려올 것 같은 불쾌한 느낌이 들어요."[34]

사르트르가 가장 탐탁하지 않게 생각한 것은 피로를 구성하는 감각들과 관련된 '수동성'이었다. 사르트르는 어린 시절부터 몸을 행동의 중심이라고 생각했다. 그는 감각과 수동성에는 거의 또는 전혀 가치를 부여하지 않았다. 그가 보기에는 언제나 미래를 향하는 경향이 있는 행위만이 '인간이란 무엇인가'를 규정한다. 반면, "항복, 방종, 포기는 현재에 머물거나 과거를 향하는 경향이 있고"[35] 과거와 현재는 무생물의 존재 방식인 무기력한 "즉자적 존재"의 일시적인 국면이다. 자유를 중시하는 철학자에게 행위는 매우 중요한 것이었고, 수동성은 물질세계, 자연세계의 무기력에 인간 개인이 굴복하는 것이었다. 걷기로 인한 피로는 이중으로 불쾌했다. 관련된 감각의 수동성 때문에 한 번 불쾌했고, 피로에 굴복하는 것은 그가 자유의 반대라고 보았던 수동성에 굴복하는 것이라는 점에서 다시 한 번 불쾌했다.

피로의 불쾌에 대한 사르트르의 혐오는 《존재와 무》에 표현된 시골 산책 묘사에서도 생생하게 드러난다. 사르트르는 다소 중립적인 일인칭 시점의 걷기의 현상학을 논하며 시작한다.

시골을 걸으면, 내게 보이는 것은 환경이다. […] 내가 거리를 가늠하는 눈으로, 언덕을 올라 새로운 풍경이 나타나게 하고 또 사라지게 하는 다리로, 배낭을 짊어진 등으로 이 시골을 파악하는 한, 나는 피로라는 형식 안에 있는, (세계와 나의 관계를 조절하고 세계에 대한 나의 참여를 의미하는) 위치와 무관해진 내 신체를 의식하게 된다.

(BN 585/EN 498-99)

피로가 나와 세계의 관계를 결정하게 되면, 세계가 나에게 보이는 방식은 달라진다. "길은 끝이 보이지 않고, 경사는 더 '가파르고,' 태양은 더 뜨겁게 타오르고, 다른 것들도 그렇다" (BN 585/EN 499). 사르트르가 사용한 형용사들의 부정적인 의미는 너무도 확실하다. 가파른 언덕과 끝이 보이지 않는 길에 대한 불안을 품은 채 피로를 '견디다 보면', 어느 순간 모든 것이 '참을 수 없는' 것으로 보인다고 사르트르는 말한다. "더는 못 가."

하지만 누구에게 참을 수 없다는 말인가? 사르트르는 나의 피로를 "참을 수 없는" 것으로 파악하는 것은, 자신과 몸과의 관계에 대한 보다 근본적인 선택에서 비롯된다고 말한다. 내 친구도 객관적으로 보면 "나만큼 피로할 수 있지만" 그 친구는 자신의 피로를 다르게 '평가'한다.

그는 자신의 피로를 '사랑한다.' 그는 목욕을 즐기듯 자기를 피로에 '맡기고', "산악 지형"이라는 그 경사의 가치를 발견하기 위해 거친 바윗길에 자기를 적응시키는 것처럼 피로를 주변세계를 발견하는 특별한 도구로 삼는다. 게다가 피로는 그가 태양과 직접적으로 접촉할 수 있게 해주는, 목뒤를 비추는 살짝 따가운 햇살과 귀에서 나는 웅웅거리는 작은 소리다. 요컨대 그에게 노력의 느낌이란 피로를 이겨내고 […] 피로의 한

계까지 견뎌 피로의 정복자가 되는 느낌이다.

(BN 586-87/EN 499-500)

남성 대명사를 사용한다고 해서 속을 사람은 없을 것이다. 사르트르가 말하는 그는 바로 보부아르다. 보부아르는 르 브르통이 말하는 다음과 같은 보행자들 중 한 명인 듯하다.

> 근육의 움직임을 느끼고 땀을 느끼는 것은 살아 있음을 느끼는 방법이기도 하다. [⋯]육체적 소모는 환희다. 그 소모는 강요된 것이 아니라 무언가를 발견하고, 눈부신 추억이 되는 어떤 아름다운 날의 암시이기 때문이다. 그래서 사람은 몸과 시골에 경의를 표하는 피로에 기꺼이 자신을 맡긴다.[36]

사르트르는 겁쟁이이고 보부아르는 강인하다고 두 사람의 차이를 규정하는 것은 무의미하다. 사르트르에게 "겁쟁이"나 "강인함"은 자신의 몸과 사물에 대한 보다 근본적인 선택에서 비롯된 태도와 선호의 조합 또는 총체라는 의미일 뿐이다. 이 경우 겁쟁이가 된다는 것은 친구는 계속 나아갈 때 나는 포기하도록 '만드는' 것이 아니다. 자신의 피로에 굴복하는 것이 겁쟁이가 되는 것의 '일부'다. 사르트르의 표현대로 (보부아르라고 지칭하지는 않았지만) 보부아르에게 "피로는 자연을 믿고 거기에 자신을 맡긴다는 더 큰 기투 안에서 경험된다." 그것은 "길에 있는 흙먼지, 작열하는 태양, 거친 길들이 최대치로 존재하도록 그가 견뎌내는 수난"이자 산을 전유專有하고 압도하는 하나의 방식이다. (BN 587/EN 500)

"나를 맡기는 것"을 압도의 한 방식으로 생각하는 것이 이상하게 보일지도 모르겠다. 하지만 때로 나를 어딘가에 맡기는 태도는 (맹목적이고 선택되지 않은 존재의 기정 사실인) 사실성과 수동성에 대한 충실한 굴복이 될 수 있다. "피로, 더위, 배고픔, 갈증, 의자나 침대에 누워 편하게 휴식을 취하는 것에 자기 자신을 맡기는 행위"는 그것을 즐김으로써 육체적 사실성을 유지하는 방법으로서 일종의 자기 자신에 대한 만족 또는 자아도취가 된다. (BN 588/EN 500-01) 그러나 나를 맡기는 행위는 "몸과 몸에 대한 방종을 통해 의식이 없는 것들의 총체성, 다시 말해 물질적인 '사물들'의 조합인 우주 전체를 회복"하려는 보다 적극적인 형태를 취할 수도 있다. 이는 사르트르가 "범신론자"(BN 588/EN 501)라고 규정한 태도인데, 범신론자라는 표현은 보부아르의 경우에 적합한 것으로 보인다. 몸은 "즉자적 존재가 온전한 힘으로 존재하도록" 피로 속에서 "자기를 상실한다." 등산은 "일종의 사명이 될 수 있고, (등산객은) 자신이 오를 산과 횡단할 숲이 '존재하기' 때문에" 그리고 그러한 현상에 처음으로 의미를 부여하는 사람이 되고 싶기 때문에 등산을 멈추지 않는다. (BN 588/EN 501) 요컨대 보부아르와 같은 하이커는 자연을 모호함에서 끌어내 자연에 의미와 가치를 부여한다. 그녀는 공장 노동자처럼 물리적으로 자연을 변화시키는 것이 아니라 자연을 상징적으로 전유함으로써 자연을 변화시킨다. 그녀가 창조하고 존재하게 하는 것은 어느 인간 존재가 경험하기 이전의 "날 것 그대로의" 자연이 아니라 인간화된 자연, 즉, 이제 '우리에게', 특히 '그녀에게' 더 의미 있는 자연이다.

따라서 어떤 의미에서는, 보부아르는 조지 말로리처럼 "산이 거기 있기 때문에" 산을 오른다. 그러나 사르트르는 그렇지 않다고 말하며, 하이킹이나 등산을 통해 자연세계를 존재하게 하는 기투는, 자신의 존재, 자신에게 주어진 것과 자신의 사실성(특히 자신의 몸)을 세우려는, 그리하여 자연세계의 즉자적 존재를 전유함으로써 자신의 즉자적 존재를 "회복"하려는 기투의 일부라고 말한다.

그러나 그것은 사르트르의 기투는 아니다. 그는 자기 몸을 '불신'하고 "몸으로는 아무것도 하지 않기"를 원하기에 피로를 불쾌하게 여긴다는 사실을 솔직하게 인정한다. 그리고 이를 즉자적 존재에 대한 불신과 연결한다─자기 실존, 자기 몸, 자연세계 존재의 맹목적인 우연성에 대한 불신 말이다. (BN 589/EN 501) 자기와 비슷한 사람은 가능한 한 자연 그대로의 상태에서 벗어나 인간 행동에 의해 변형된 세계, 즉 "내가 '타자들이라는 매개를 통해서' 무효화하는" 세계(BN 589/EN 502), 도시와 마을이라는 건설된 세계로 도피하고자 한다는 것이다. 우연성, 자연, 몸으로부터의 사르트르의 도피는 피로를 대하는 그의 태도에서 분명히 드러난다. 그는 피로를 "성가신" 것으로 경험하고, 즉자적 존재를 더욱 강하게 만드는 수단으로 삼기보다는 그저 없애고 싶어 한다. (BN 589/EN 502) 사르트르는 가능한 한 빨리 자연을 벗어나 도시, 행위, 문화라는 인간세계에 진입하기를 갈망했다. 보부아르는 전쟁 중 사르트르와 함께 프랑스 남부 "미점령 지역"을 자전거로 여행하며 밤에 텐트에서 야영했던 경험을 묘사하면서, 두 사람이 보통 "도시나 마을 근처에서 야영했는데, 그 이유는 사르트르가 황막한 시골에서 일정이 끝나면 작은 선술집의 연기 속으로 뛰어 들어가고 싶어 했기 때문"이라고 말한다. (FA 562)

이것이 세계 내 존재의 대조적인 근본적 기투를 반영하는, 두 가지 상반되는 근본적 태도다. 사르트르가 시골을 걸을 때 자신은 왜 피로에 굴복했고 보부아르는 왜 그렇지 않았는지 설명할 때 동원하는 근거도 이 상충하는 기투다. 그는 다른 방법을 택할 수도 있었지만, 그렇게 하려면 자신의 원래 선택을 근본적으로 바꿔야만 했다. "이처럼 피로에 굴복하고 길가에 주저앉는 방식은, 살아 있지 않은 즉자적 존재와 내 몸에 반하는 어떤 최초의 경직된 반응을 나타낸다"(BN 597/EN 509). 맹목적인 존재에 대한 이러한 반감의 관점에서 보면, 계속 걷는 일의 어려움은 더위, 도시라는 인간세계와 떨어져 있는 거리, 노력의 부질없음과 같은 "애쓸 가치가 없는 것"으로 드러나 왜 걷기를 멈추어야 하는지에 대한 이유가 된다. (BN 597/EN 509) 이러한 이유가 반드시 유효하거나 나를 멈추도록 강제하는 것은 아니다 하지만 "나는 세계 내 존재인 나의 급진적인 회심, 즉, 나의 최초의 기투의 돌연한 변형을 통해서만 멈추기를 거부할 수 있다. (BN 598/EN 509)

7. 현기증과 자아의 취약성

이상하게도 "급진적인 회심"의 가능성은 내가 걷기 시작했던 곳으로 나를 다시 돌아가게 한다. (우리의 자유라는 무 앞에 있는) 불안과 현기증으로 가득 찬 상태로 심연의 가장자리에서 걷기 시작했던 곳 말이다. '불안'은 나의 최초의 기투의 끊임없는 수정 가능성을 드러낸다. (BN 598/EN 509) 현재의 나의 선택과 행동에 의해 윤곽이 그려진 가능성은, 향후 도래할 나의 자유, 현재의 내가 아닌 '다른' 나를 선택함으로써 현재 내가 선택한 나 자신이 무화될 수 있다는 위협에 의해 잠식된다. (BN 598/EN 509) 다시 말해서 우리는 사르트르와 키르케고르 같은 철학자들이 '순간'이라고 부르는 것(BN 599/EN 510), 키르케고르가 불안과 연결한 그 순간이라는 것에 의해 끊임없이 위협받는다.[37]

배낭을 내려놓고 포기하는 사르트르처럼, 지금까지의 자신을 계속 유지하거나, 아니면 반대로 다른 사람이 되기로 결심하는 "순간"은 과거로 흘러가 그 사람을 변화시키지 않는 무심한 순간이 아니다. 그것은 자신의 자유 앞에 놓인 불안 속에서 자신이 세계 내 존재의 다른 기투를 선택할 수 있음을 깨닫는 순간이다. 이는 다른 연대年代에서 다른 자아와 다른 세계를 모두 선택하는 것으로서, 마치 프랑스 혁명가들이 "1792년"을

"혁명 원년"이라고 선언했을 때 시도했던 것처럼, 전환의 순간은 한 시대의 종말과는 다른 시대의 시작의 표식이 된다. 전환의 순간은 새로운 미래라는 이름으로 과거와 결정적으로 단절하며, 키르케고르에게 그렇듯, 사르트르에게 미래는 가능성의 일시적 국면이고 따라서 자유의 일시적 국면이다.

사르트르와 키르케고르가 순간이란 현재 '속의' 미래의 현존 또는 시간 속 영원의 현존이라고, (미래가 그 이전의 '모든' 시간의 의미를 결정하는 한) "영원의 익명 상태"인 미래라고 말할 때 생각한 것이 바로 이것이다.[38] 불안은 항상 미래, 특히 자신의 근본적 기투마저 포기할 수 있는, 미래의 급진적인 회심 가능성에 관한 것이다. 그 순간까지의 삶의 의미를 소급하여 뒤바꿀 결정, 즉 자신의 삶을 그 이전과 이후로 나눌 만한 "다마스커스로 가는 길"의 순간, 즉 자신과 자신의 삶의 의미와 관련된 완전히 '치명적인' 결정에 관한 것이다. 불안은 가능성으로서의 자유, 선택으로서의 자유 양쪽 모두에 관한 것이다.

사르트르는 우리가 항상 자유롭기 때문에, 불안의 순간이 '어느' 때이든 갑작스럽고 예측할 수 없이 찾아올 수 있다고 말한다. 자유에 기초하는 한 우리 자신에 대한 최초의 선택은 산길의 바스러지는 흙처럼 '연약하다.' 나에 대한 내 최초의 선택이 기존의 어떤 상태로부터 논리적으로 도출되지 않았기에 '근거가 없는' 것처럼, 내가 나 자신을 선택하는 바로 그 자유는 '아무 이유 없이' 갑자기 경로를 바꾸고 다른 것을 선택할 수 있다. (BN 598/EN 509) 사르트르는 "매 순간 나는 이 최초의 선택을 우연적이고 정당화할 수 없는 것으로 파악하고," 해방의 '순간'이 발생하도록 함으로써 그 선택을 초월할 가능성에 이르게 된다고 말한다. "따라서 나의 불안, 갑자기 쫓겨나 근본적으로 다른 사람이 되는 것에 대한 두려움은", 나의 근본적 기투를 총체적 변형으로 이끄는 "회심" 때문이다. (BN 611-

12/EN 520-21)

그렇다면 나는 나에 대한 과거의 선택과는 달리 나의 피로에 굴복하지 않을 수 있고, 이는 내 몸과의 관계에 대한 다른 선택과 관련되어 나의 피로에 다른 의미를 부여할 것이다. 나의 피로는 더 이상 단순히 불쾌하거나 없애고 싶은 것이 아니라, 반대로 몸의 노력을 통해 더 강하게 자연을 존재하게 하는 내 계획의 일부가 될 것이다. 하지만 마찬가지로 내 최초 선택의 부조리와 부당함 때문에 나는 삶의 계획 일체를 포기하고 절벽 아래로 나를 던질 수도 있다. (BN 616-19/EN 524-26) 불안은 '아무것도' 그것을 포기하라고 나를 강요하지 않듯, '아무것도' 나에 대한 나의 최초의 선택에 충실하라고 나를 강요하지는 않는 사태를 드러낸다. 나는 계속 걸을 수 있고, 멈출 수 있고, 뛰어오를 수 있고, 벼랑 끝에서 벗어날 수 있다. 내 자유라는 무 그 자체, 심연이라는 무 이외에 나를 멈추게 하는 것은 아무것도 없다.

8. 사르트르가 제시하는 걷기 사례

사르트르가 현기증으로서의 불안, 자기 자신에 대한 최초의 선택 또는 근본적 기투, 그 기투의 포기와 같은 의미인 "급진적인 회심"의 가능성을 설명하는 주요 지점마다 '걷기'가 등장한다는 사실을 살펴봤다. 여기서 '걷기'는 하나의 사례일 뿐이라고, 사르트르의 주요 논지와 존재론에 '부수적'이며 '외재적'인 것이라고 반박하기는 쉽다. 하지만 우리는 사례에 너무 얽매여서는 안 된다. 그것은 물에 비친 환영을 쫓느라 먹잇감을 물에 빠뜨리는 것과도 같다.

하지만 데리다에 따르면, 이 반론은 우리가 그의 사례와는 상관없이 사르트르의 사상을 확인할 수 있고, 그의 현상학적 존재론에 '내재적'

플라뇌르Flâneur, 산책자 철학자들을 매혹한 길과 풍경　　　118

인 것과 '외재적'인 것을 엄격히 구별할 수 있다고 가정한다.[39] 이 반론은 우리가 그 사례(웨이터, 요부, 인정받지 못하는 동성애자)[40]와는 별개로 무엇이 나쁜 신념인지, 로캉탱이 마주친 밤나무와는 별개로 무엇이 즉자적 존재인지(《구토》), 어머니와 함께 집에 남을지 저항군에 합류할지를 선택하려는 젊은이와는 별개로 무엇이 선택인지를 결정해야 한다고 가정한다.[41] 나는 그러한 작업이 가능한지 모르겠다. 그것이 바람직한지는 더더욱 확신하기 어렵다.

사르트르에 따르면, 모든 선택은—사례 선택을 포함하여—근본적 기투의 틀 안에서 설명될 수 있다. 사르트르의 이야기대로 "우리에게 '드러나지' 않는 취향, 독특한 버릇, 행위는 없다"(BN 726/EN 614).

> 취향은 환원 불가능한 기정 사실로 남아 있지 않다. 우리가 취향에 질문하는 방법을 안다면 취향은 그 사람의 근본적 기투를 우리에게 알려 준다. [⋯] 따라서 누군가 굴을 좋아하는지 조개를 좋아하는지, 달팽이를 좋아하는지 새우를 좋아하는지는, 우리가 이런 음식의 존재론적 의미를 해명할 수 있다면 결코 하찮은 것이 아니다.
>
> (BN 763-64/EN 661-62)

우리는 일반적으로 사르트르가 "단호하게 익힌 것을 선호하고 날것을 싫어했다"고 알고 있다.[42] 특히 그는 조개류에 대한 극도의 공포가 있었는데, 보부아르는 이를 자연과 시골에 대한 사르트르의 혐오와 연관짓는다.[43] 보부아르는 도시에서는 오직 집에만 있었지만, 다음 장에서 살펴볼 낭만주의자들처럼 시골에서 혼자 걸을 때는 천국에 있는 것 같았다. 우리가 아는 한 그녀는 날것과 익힌 것을 가리지 않고 모든 종류의 음식을 즐겼다. 사르트르와 믿기 힘들 정도로 가까운 사이였지만, 세계와 자연에 대한 그녀의 지향은 사르트르와는 거의 정반대였다. 보부아르가 시골길을 함께 걷자고 사르트르를 구슬릴 수 있었던 것은 그녀의 설득력과 사르트르가 그녀를 향해 가졌던 감정의 깊이에 관해 많은 것을 말해준다.

　우리가 체계적으로 질문하는 방법을 안다면, 자유 앞의 불안과 근본적 기투 같은 핵심 개념을 설명하기 위한 사르트르의 산길 걷기 선택은 "결코 무심결의 선택은 아니다." 사르트르의 관점에서, 그의 이 선택은 자기 몸과 자연에 대한 그의 근본적인 태도, 즉 수동성과 무기력에 대한 혐오, 인간과 그 작업의 산물에 대한 선호, 자기 몸에 대한 염려, 작가이자 사상가로서의 활동과 자신의 동일시라는 관점에서 해석되어야 한다. 게다가 현기증과 피로의 사례가 없었다면 자유와 근본적 기투에 관한 그의 이론은 그것들을 더욱 생생하고 설득력 있게 만드는 극적인 성격을 결여했을 것이다.

　파리(카페 드 플로르, 되 마고, 사르트르의 마지막 안식처인 몽파르나스 묘지)에서 사르트르의 영혼을 찾는 순례자들은 결코 틀리지 않았다. 하지만 카페 드 플로르에 여기가 보부아르가 가장 좋아한 테이블(실내, 위층)이라는 내용의 명판과 그녀가 사르트르와 같은 묘지에 합장되어 있다고 적힌 명판이 묘지에 있다고 해도, 이러한 장소들에서 보부아르를 찾는 사람들은 절반만 맞다. "신록과 하늘빛으로 충만한" 낭만주의자 보부아르는 프로방스의 언덕과 산에서 만날 수 있다. 그리고 사람들은 이제 그녀의 발자취를 따라 프로방스를 걷기 시작하고 있다.[44] 사르트르는 보부아르 덕에 하이커의 벼랑 끝 현기증과 장거리 보행자의 피로를 알게 되었다. 그 점에 관해서는 보행자의 한 사람으로서 나 역시 감사하게 생각한다.

5장

콜리지, 걸어가는 상상력

F

A

N

e

U

R

1. 들어가기—상상력, 시, 걷기

마이클 윈터보텀의 2010년 영화 〈더 트립〉[1]의 한 장면이다. 배우 스티브 쿠건과 롭 브라이든은 잉글랜드 레이크 디스트릭트 지방의 케스위크, 그레타 홀에 있는, 새뮤얼 테일러 콜리지의 서재였던 곳으로 들어간다. 쿠건은 1800년 7월 25일자로 된, 콜리지가 어느 친구에게 보낸 편지의 복사본을 꺼낸다. 그날은 콜리지가 아내 사라, 두 아이인 하틀리와 사라와 함께 그레타 홀로 이사하고 난 다음 날이었다. 쿠건이 말하는 대로, 콜리지의 편지는 창문 너머로 주변의 산과 호수들을 바라보는 "그의 시각 경험을 묘사하고 있다."

나는 스키도Skiddaw(이 지역의 산 이름-역자)를 등진 채 여기에 있다네. […] 그리고 내 바로 앞에는 거인의 텐트들이 펼쳐진 캠프 전체가 있어—아니면 이것은, 고요한 하늘에서조차 파도치며 천국까지 절반 정도 이르는, 돌진하는 바다일까?[2]

쿠건은 그 창문을 내다보면서 자기 손에 든 그 편지를 흘낏 보며 이렇게 말한다. "그러니까 그는 물결 같은 산들을 이야기하고 있군." 그러고는 외친다. "오, 저기 봐! 환상적이군, 저게 그가 말했던 거야, 저건 거대한 바다 같아!" 카메라는 창문 너머의 들녘에 초점을 맞추어, 관객들이 쿠건이 무엇을 보고 있고 콜리지가 전에 무엇을 봤는지를 보게 해준다.

"환상적이군, 저게 그가 말했던 거야"라는 쿠건의 반응은 관찰자 누구라도 보게 될 풍경을 드러낸다. 즉, 콜리지가 사용하는 은유는 관찰자가 보게 될 풍경을 완벽하게 붙잡고 있을 뿐만 아니라 사실상 관찰자가 그 장면의 본질적 진실 같은 뭔가를 응시하도록 해준다. 그건 단지 그 산들이 "돌진하는 바다"를 닮았다는 것이 아니다. 즉, 콜리지의 은유가 없었다면, 우리는 그 산들을 계속해서 밀려드는 파도로는 바라보지 않았을 것이다. 콜리지가 말한 것처럼, 산과 파도와의 시적 연결은 자연에서 먼저 이루어진 게 아니라 시인 자신의 발명물이다.[3]

감각 인상에 상상적 색채를 입히는 것이야말로 콜리지가 구사하는 시적 예술의 본질이다. 콜리지에 따르면, 시인의 언어와 은유는 단순히 감각 이미지를 재현하는 것이 아니다. 그것은 임마누엘 칸트가 말한 '규제적 이념regulative idea'(분명히 알려진 것보다 더 직관적으로 느껴지는 모종의 조직화 원리)[4]에 따라, 새로운 통일성과 새로운 감각을 부여한다. 다양한 감각 인상을 하나의 유기적인 '전체' 안으로 통합하기 위해 시인이 쓰는 힘은 상상력이다. 콜리지가 자신의 시 이론의 중핵에 놓는 능력 말이다.

콜리지의 상상력 이론을 설명하고 비판하는 데 숱한 잉크가 쏟아졌지만—대부분의 논평가들에게 그 출발점은 I. A. 리처즈의《상상력에 관한 콜리지》(1934)였다[5]—콜리지의 시와 그의 걷기의 연결고리에 관해 쓰인 건 거의 없다. 두 가지 주목할 만한 예외는 로빈 자비스의 매혹적 연구인《낭만적 글쓰기와 도보 여행》[6] 그리고 리처드 홈즈의 두 권짜리 콜리지 전기다.[7] 홈즈 자신이 주목할 만한 보행자이다—전기 작가로서의 자신의 연구에 관한 자서전적인 그의 이야기('발걸음Footsteps'이라는 매혹적인 제목으로 되어 있다.)는 로버트 루이스 스티븐슨, 퍼시 비시 셸리, 메리 울스톤크래프트 등의 발자취를 따라 걸었던 걷기 경험을 다룬다.[8] 홈즈와 자비스는 왜 콜리지의 시골 걷기가 그의 시를 해명하는 실마리가 되는가에 예민한 관심을 둔다.

걷는 시인을 다룬 대부분의 담론은 때로 콜리지의 동료이자 친구였던 윌리엄 워즈워스를 자랑스럽게 언급한다. 리베카 솔닛,[9] 조지프 아마토[10] 등은 실제로 낭만적 걷기를 발명한 것이 워즈워스의 공이라고 말한다. 문학평론가 앤 월리스는 워즈워스를 자신이 "소요학파적peripatetic"이라고 부른 시 장르의 창시자로 만들기도 했다.[11] 그러나 사는 동안 시적으로 가장 창조적이었던 시기(1797 – 1802)에 콜리지는 소요학파적인 시인으로서 타의 추종을 불허했다. 매일 콴톡스Quantocks(서머싯)와 레이크 디스트릭트의 그림 같은 들판을, 종종 엄청난 거리(64km 이상)를 걸으며 콜리지는 자신이 얻은 인상을 노트에 기록했고, 바로 이것이 그가 쓴 많은 시편의 기초가 되었다. 그의 걷기가 자연을 "클로즈업"해서 보게 해주었던 것만은 아니다. 걷기의 리듬이 그의 상상력을 촉발했고, 그의 시 쓰기에 형태를 입혔다.

내가 보기에, 콜리지가 쓴 최고의 시는, 시적 상상력이 어떤 신체 없는 또는 순수히 영적인 힘이 아니라 사고의 신체화된 형태임을 보여 준다. 걷기가 그렇듯, 시적 상상력은 신체의 움직임, 감각 기관의 수용, 능동적인 반성적 사고, 이것들의 반복적 종합을 필요로 한다.[12] 시적 몽상의 "자극제"로서 걷기 대신 점차 아편을 채택하자, 콜리지의 시적 역량은 기나긴 쇠퇴의 길로 접어들게 되고, 오직 이따금 다시 수면으로 올라와 전성기의 영광스러운 "햇볕이 드는 돔! 얼음의 동굴들!"을 떠올리게 했을 뿐이다.

그러나 자비스가 그의 초기작의 "운동 감각적" 특질이라고 했던 것을, 그는 완전히 되찾지는 못한다.[13]

이 모든 것은 사실 말할 필요조차도 없다. 콜리지의 걷기와 시적 창조성 간의 연결고리를 조사하기 위해 나는 2013년 7월, 친구이자 동료 걷기 중독자인 어니 크뢰거와 함께 '콜리지 길'로 떠났다. 이 길은 콜리지의 거주지였던 네더 스토위Nether Stowey에서 폴록Porlock까지 이어지는, 산비탈과 골짜기, 들판과 계류장을 따라 걷는 산책로다. 폴록은 어느 악명 높은 신사가 살던 곳으로, 이 사람은 비즈니스를 핑계 삼아 콜리지를 한 시간 넘게 억류하며 콜리지가 (그의 이야기에 따르면) "쿠블라 칸"을 쓰던 환상적인 몽상의 시간을 산산조각 낸 인물이다. 2018년 봄, 나는 '콜리지 길'에 없는 핵심 장소를 방문하려고 다시 이곳을 찾았다. 이를테면 콜리지가 윌리엄 워즈워스, 도로시 워즈워스와 함께 걸으며 시 "고대 선원[노수부]의 노래"(비전 171)의 첫 윤곽을 스케치했던 와체트Watchet 근처 해변 같은 곳 말이다.[14] 이 걷기 덕분에 나는 콴톡스를 걸었던 콜리지와, 그의 시의 이미지, 형태, 리듬 사이의 본질적 연관성을 알아챌 수 있었지만, 그것만은 아니다. 그 상상력이 어떤 이유로 신체화된 사고 형태로 여겨질 수 있는가 역시 나는 알아챌 수 있었다.

2. 상상력과 걷기

언뜻 보기에, 걷기와 시는 그다지 공통점이 없어 보인다. 하지만 몇 가지 유사점을 생각해보시길. 걷기는 연속적 운동 과정으로써 공간상 분리된 장소들을 연결하는 행동이다. 시는 언어로써 별개의 사건과 경험을 같은 자리에 모으기다. 둘 다 종합을, 다자를 일자로 모으기를 수반한다. 콜리지가 보기에는 종합이야말로 상상력의 정수다―"그 말의 엄격한, 최고의 의미에서" 상상력은 감각 인상을 일관되고 통일된 하나의 전체로 통합해 내는 능력이다. 이 통합해 내는 능력이 더 높은 수준에서 드러나는 건 "관찰상의 진실과, 관찰된 물체를 변형하는 과정상의 상상 능력, 이 둘의 절묘한 시적 균형" 그리고 "깊은 느낌과 심오한 사상의 통합" 속에서이다.[15] 시적 상상력이 단어와 이미지를 결합해서 하나의 시편을 만들어 내는 것처럼, 걷기는 일련의 변하는 시각 경험들에 형태를 입히고 그것들을 유기적인 하나의 전체로 융합해낸다.

걷기가 왜 신체화된 인식의 형태인지를 우리는 이미 살펴보았다. 로버트 맥팔레인은, 우리가 걸을 때 세계는 "여러 시선들에 자신을 내비침으로써 […] 분명히 드러난다"고 주장한다. "세계에 대한 우리의 지각은 우리의 몸과 감각-운동 기능에 의해 만들어진다"는 것이다.[16] 우리는 공간을 이동함으로써 "자연의 세부가 정신에 인상을 남기는 속도로" 나아가면서, 자비스가 말하는 "실재의 점진적 질서"를 얻는다. "바로 그런 속도가 궁금해하는 응시와 뒤돌아봄을 허용해주고, 나아가 마음 내킬 때 멈추고 쉴 수 있는 자유도 제공한다."[17] 걷기는 새가 위에서 보듯 한눈에 전체 풍경을 받아들이는 것이 아니라, 인류학자 팀 잉골드의 용어로 "주변을 맴도는 앎의 형식"이다. 이 형식 속에서 우리가 그 주변과 옆으로 움직일 때 사물은 다양한 감각적 성질을 드러낸다.[18] 걷기는 "한 발을 다른 발 앞에 놓는 것"처럼 구체적인 행동이지만, 자비스가 말할 것처럼 "관념, 사고의 형식(생각들을 연결하는 하나의 방법)이기도 하다."[19]

걷기를 신체화된 상상력의 형태로 만드는 것은, 바로 이러한 생각들의 연결이다. 걷기가, 걸어가게 될 길의 전망의 안내를 받은 발걸음의 연속 발생으로 지어지는 것처럼, 시의 경우도 전체 구성에 대한 상상적 예측이 시인의 개별 부분의 생산과 배열을 조절한다. 시인은 멜로디와 리듬을 만들기 위해 뒤에 올 것과 앞에 올 것을 염두에 둔 채 단어와 이미지를 선택한다. 이 과정에서 시인은 단어를 이미지와 느낌에 맞추고, 개별 단어를 행의 통일성과 리듬 안에, 행을 연 안에, 연을 시 전체의 통일성 안에 틀지어 넣는, 종합력으로서의 상상력에 의존한다. 시와 걷기 모두 본질적으로 운율과 리듬이라는 시간적 장치를 사용해서 이미지와 순간을 통합한다. 그리고 운율과 리듬 모두 정신으로 인지되는 만큼 신체로도 느껴진다. 시의 한 행이 운율 어린 '발 디딤feet'으로 구성되는 것은 결코 우연이 아니다. 각 발 디딤은 강하고 약한 음절의 개성적 리듬을 가지며, 이 음절은 발걸음처럼 (약에서 강으로) 상승하거나 (강에서 약으로) 하강한다.[20]

시, 걷기, 상상력 간의 연관성은 단순한 흡사함 이상이다. 자비스가 적었듯, "장거리 걷기에서 오른쪽 다리와 왼쪽 다리를 번갈아 걸을 때의 규칙적인 리듬은, 최면에 걸려 자아가 흡수된 듯한 방랑하는 몽상 상태를 유도"하고, 이 상태는 지각 환경에 대한 예민한 집중과 상상력의 자유가 결합해서 방랑할 수 있게 해준다.[21] 풍성한 심리학 문헌들이 그의 견해를 뒷받침한다. 2014년 논문에서 매릴리 오페조와 다니엘 슈워츠는 "자연 속 걷기가 '가벼운 매혹'을 불러낸다"고 주장한다. "이 매혹은 직접적 집중을 필요로 하지는 않지만, 집중력의 갱신을 가능하게 하고" 창의적이고 유추적인 사고를 증진한다는 것이다.[22] 은유의 시적 생산이 관련된 바로 그 사고 말이다. "자기만의 자연스러운 걸음걸이"로 걸을 때, 사람들은 걷기 자체에 집중할 필요가 없고 대신 변모하는 주변세계에 집중할 수 있다는 것, 그리고 그 결과 (새롭고 반대되는 생각과 비교를 만들어 내는, 자유롭게 흐르는 사고인) "확산적 창의 사고divergent thinking"에 필수적인, 생각과 지각의 유동 상태가 출현한다는 것이다.

이러한 발견은 다음과 같은 논점을 밝힌 선행 연구들에 이어져 있다. "적당히" 우리를 집중시키는 자연 속에서 걷는 행동은 자연에 집중하면서도 동시에 다른 것(연관된 생각, 기억 등)에 주의를 기울이는 우리의 능력을 향상한다.[23] 반면, 자극(교통, 광고)이 우리의 주의를 "극적으로" 사로 잡고 자극을 무시하려면 더 많은 인지적 노력을 요구하는 도시환경의 경우, 자유롭게 흐르는 확산적 사고는 억제된다.[24] 이 연구들에 따르면, 자연 속 걷기가 더 큰 "인지와 지각의 변화"를, "원기 회복의 느낌"을 야기한다. 또한 "직관적 사고, 창의성, 목적지 없이 흘러가는 환상" 역시 강화한다.[25]

종합적으로 볼 때 이 연구 결과들은, 자연 속 걷기가 자연에 집중하는 동시에 창의적이고 확산적으로 표류할 수 있는 정신을 촉진한다는 가설을 뒷받침한다. 정신이, 지각에 직접적으로 나타나는 것으로부터 관련된 생각과 기억으로 이동하도록, 자유로운 지각, 인지, 상상력 놀이를 하도록 촉진한다는 것이다.[26] 부분적으로는, 확산적이고 창의적인 사고를 촉진하는 걷기에는 순전히 생리적 근거가 있다―복잡한 관념, 기억에 바탕을 둔 연상 내용을 생각하는 능력은, 걷기의 신경세포 발달 자극 그리고 이에 수반되는, 뇌의 여러 부분들을 잇는 새로운 신경 경로들의 확립에 의해 촉진된다.[27] 그러나 걷기의 규칙적 리듬이 마음을 진정시키고, 상상력을 해방해 그것을 불규칙한 방향으로 나아가게 한다는 자비스의 주장도 타당해 보인다.[28] 특히 자연의 녹지에서 걷는 일은 기분을 더 좋게 하고, 자연과의 긍정적인 연결감을 촉진한다.[29] 그렇다면 자연 속 걷기가 콜리지의 시적 상상을 위해 그토록 필수적 자원이었던 것은 그리 놀라운 사실조차 아니다.

시인과 보행자는 둘 다 비슷하게 보유해야만 한다. 콜리지가 말하는

정신의 전망을, 즉 전체를 예상할 수 있게 하는, 초월적 시각을 […] 이를 통해 그것들의 상대적 중요도에 따라 각 부분들을 종속시키고 배열해서, 단번에 그리고 조직화된 것으로서 전체를 전달하도록.

(BL 201)

걷기와 상상력은 다양한 감각적 직관들과 다양한 시간적 순간들을 질서 정연한 하나의 전체, 즉 "앞서고 뒤따라오는 모든 것의 선율"(BL 183)로 통합한다.[30] 앞을 내다보며 우리는 전체를 가늠해보고, 뒤돌아보며 우리는 기억된 여정의 세부 사항으로써 전체를 풍요롭게 한다.

전체에 관한 계획에 따라 세부를 하나로 엮는 일은, 상상력의 작업, 즉 다자를 일자로 융합하는 "통합하는" 능력의 작업이라고 콜리지는 말한다. (BL 91)—"각각을 각각으로 융합하고 섞는 단일성의 기운과 톤을 발산하며, 다자를 효력 있는 일자로 만들어 내고, 하나의 지배적 생각이나 느낌으로써 연속되는 생각을 변형하는 종합적이며 마술적인 능력"(BL 174, 176). 콜리지는 기꺼이 이렇게 언급한다—"독일어 Einbildungskraft(아인빌둥스크라프트, 상상력)는 출중하고 최고인 이 능력, 합착하는 능력, 다자를 일자로 빚어내는 이 능력을 얼마나 탁월하게 표현하는가!"[31]

걷기와 상상력은 둘 다 다자의 세부를 하나의 통일된 전체로 구성해낸다. 그뿐만 아니라 유사한 방식으로 그렇게 한다. 걷기와 상상력이 가능하게 하는 이 종합은 수동성과 능동성을, 자발성과 비자발성을 통합한다. 콜리지가 상상력을 도약하기에 비유한 말은 유명하다. 그 비유는 걷기에도 똑같이 적용된다—"우리는 완전히 자발적인 행동을 함으로써 먼저 중력에 저항한다. 그러고는 부분적으로 자발적인 또 다른 행동을 함으로써 중력에 굴복한다. 우리가 이전에 우리 자신에게 제시했던 그 지점에 내려앉기 위해서"(BL 72). 마찬가지로, 정신은 "능동적 운동과 수동적 운동의 교차하는 고동"에 의해 움직이며, "더 많은 추진력을 위한 힘을 모으기 위해" 감각이 전달해주는 것에 복종한다. 보행자가 다음 단계로 나아가기 위한 "순간적인 지렛대"를 찾기 위해 중력에 우선 복종하는 것처럼. (BL 72) 양보함(감각적 수용성) 그리고 추락과 상승의 활동(사고의 자발성)

을 하나로 통일하는 활동에는 "능동적이면서도 수동적인" 조정 능력이 요구된다—이 조정 능력이 바로 상상력이다. (BL 72) 수동적으로 수용된 감각 인상들을 능동적으로 구성해 내는 능력 말이다.

　　뒤쪽에서 나는 콜리지의 상상력 이론이 칸트와 셸링의 철학에 어떻게 빚지고 있는지 살펴볼 것이다. 그러나 콜리지의 시 '이론'이 이 철학자들에게 빚진 것이 무엇이든, 그의 시적 '실천'의 기반은 그만의 감각이 개입된, 몸으로 하는 행동인 걷기였다. 어느 콜리지 연구자가 남긴 말은 적절하다—"순수한 상상력의 작품이란 무의 힘으로 빚어지는 무언가가 아니다. 그것은 환각적인 세계의 감 잡을 수 없는 에테르 속에 아무 닻도 내리지 않고 붕 떠 있는 것도 아니다."[32] 콜리지의 시적 상상력, 그 닻은 바로 그의 걷기였다.

3. 콜리지—보행자, 발언자, 선각자

콜리지의 편지를 읽다 보면, 그는 활달한 보행자라기보다는 앉아 있기를 즐기는 책벌레였다고 생각하기 쉬울 것이다. 어린 시절을 회상하며 그는 이렇게 쓰고 있다—"나는 몽상가가 되었다. 그리고 모든 신체 활동에 소질을 갖추게 되었다. 또한 나는 성마른 데다 지나치게 열정적이었고, 그 어떤 것과도 놀 줄 몰랐다. 그리고 게을러서 소년들은 나를 경멸했고 미워했다"(편지 I, 347-48). "일찍부터 동화들, 지니 등을 읽으면서" 그의 마음은 "광대한 것에 익숙해졌고, '위대한 것'과 '전체'에 대한 사랑"을 얻게 되었다. 어린 시절에도 "나는 나의 모든 신념을, 나의 시각이 아니라 나의 관념들로 통제했을"(편지 I, 354-55) 정도였다. 같은 시기에 쓴, 비슷한 자기 묘사 글에서도 그는 이렇게 썼다.

나는 거의 모든 것을 읽었다—도서관 욕심꾸러기—나는 모든 종류의 책에 '깊이' 빠져 있다. [⋯] 형이상학, 시, "정신에 관한 사실"—(즉, 이집트인 토스Thoth부터 영국의 비기독교도인 테일러까지, 철학 몽상가들을 한번이라도 사로잡았던 온갖 기괴한 환상에 관한 담론들)은 나의 친애하는 연구 주제들이다.

자신의 신체적 특징에 관해 콜리지는 이렇게 말하고 있다—"현장의 웅변을 듣고 움직이지 않는 한" 자신의 얼굴은 "커다란 게으름을 그리고 위대하고, 사실상 거의 이상적인ideotic[원문 그대로] 성품 좋음을 나타낸다." 이어서 그는 "그 '사람 전체'가 '원기 충만한 나태함'을 암시한다"고 쓰고 있다. (비전, 130; 편지 I, 330)

그렇다면 그는 게으른 몽상가일 것이다—콜리지의 편지는 그가 육체적 행동의 세계보다는 책과 상상 속에서 더 많이 살았다는 인상을 준다. 하지만 어린 시절에도 그는 마을 오터리 세인트 메리Ottery Saint Mary(데번 Devon) 주변 시골을 돌아다니며 많은 시간을 보냈다. (비전 12, 13, 16-18, 51, 편지 I, 352-54) 청소년기 후반에는, 케임브리지의 예수 대학에서 공부하며 "케임브리지 마을들을 장시간 걷는 8시간 마라톤"을 하기도 했다. (비전, 42) 3년 후, 그는 3명의 케임브리지 대학교 친구들과 웨일즈로 장기 도보 여행을 떠났는데, 2개월 남짓 960km 이상을 걸었다. (비전, 60-61, 편지 I, 88-94)

이 웨일즈 여행은 그 여행 구간의 길이 이상으로 놀라운 것이었다. 콜리지는 노트와 휴대용 잉크병, 그리고 많은 것을 가지고 다녔다. "작은 노트 한 권과 휴대용 잉크병을 사두었다. 앞으로 여행을 하면서 나는 언제나 그리고 곧 시의 야생화를 뽑아낼 것이다"(비전, 61; 편지 I, 84).[33] 이것은 그가 《문학 평전Biographia Literaria》에서 "내 감각 기관 바로 앞에 있는 사물과 이미지를 대상 삼아" 야외 사생파 화가들의 방식으로 "연구하기"
라고 묘사하고 있는 방법에 관한 최초의 기록이다. (BL 108) 웨일즈 여
행의 결과물은 다소 빈약했다. "고대 선원의 노래"에 포함된 일부 구절들
과 함께 몇 편의 소품이 탄생했을 뿐이다. (편지 I, 88-94; 비전, 67) 그렇
긴 해도, 홈즈에 따르면 웨일즈 여행의 결과 "콜리지는 훨씬 더 유려하게
시를 썼고, 처음으로 야생의 자연에 대한 자신의 열정을 내비쳤다"(비전,
66).

콜리지의 미래와 관련해 더 중요한 것은 1794년의 여행이었다. 이
여행을 하는 동안 그는 옥스퍼드에서 동료 시인이자 급진 민주주의자인
로버트 사우디를 만났다. 두 사람은 구성원들이 재산 일체를 공유하는 공
동체인 '판티소크라시Pantisocracy'를 만들자는 착상을 한다. 둘은 새로 독
립된 미국의 서스쿼해나Susquehanna 강 유역에 평등주의 이상향을 건설하
려고 한다(편지 I, 96-99, 103, 114-15, 119-20, 121-23, 150-53, 155,
158). 그러나 1794~95년 헤레포드Hereford와 스롭셔Shropshire를 오가며
재정적 지원을 받고자 했던 콜리지의 노력에도 불구하고(비전 65), 그 계
획은 무산된다.[34] 하지만 이것이 곧 끝은 아니었다. 계획이 무너진 직후 사
우디는 에디스 프리커와 결혼하고, 1795년 10월 콜리지는 에디스의 여동
생인 사라와 결혼하는데, 이로써 두 만민평등주의자와 그 가족 사이에는
평생의 유대가 확립된다.

사우디와 콜리지는 급속히 걷기 친구가 되었다. 1794년의 여행 직
후에 이들은 첫 걷기를 함께했는데, 이 걷기는 콜리지의 삶과 시에 더 큰
영향을 미쳤다. 서머싯을 걷다가 이들은 콴톡스 지역 네더 스토위 마을 소
재 제혁소 주인을 만나게 된다. 톰 풀이라는 이름의 이 사내는 진보적이
고 민주적인 견해의 보유자였다. 풀은 콜리지의 확고한 친구이자 후원자
가 되는데, 특히 콜리지가 사라 그리고 그들 사이의 갓난아기 하틀리와 함

께 1796년 12월 31일 네더 스토위로 이사한 이후 그랬다. 이 이사로써 콜리지의 삶에서 가장 행복하고 생산적이었던 2년이 시작된다. (비전, 124, 135-204)

콴톡스에서 콜리지는 소요하는 시인의 모습을 드러낸다. 그는 자주 걸었다. 때로는 홀로, 때로는 함께. 시를 위한 재료를 모으고, 시인으로서 성공하지 못하고 있음에 낙담이 될 때 기운을 북돋기 위해서였다. 단연코 가장 중요했던 걷기는 1797년 6월 4일 브리지워터Bridgwater에서 시작한 걷기였다. 레이스다운Racedown까지 윌리엄 워즈워스와 도로시 워즈워스를 방문하기 위한 걷기로, 이때 그는 하루 반나절 동안 약 64km을 걸었다. (비전, 148) 이리하여 문학사에서 가장 유명한 우정의 하나가 시작되었다.

1797년 7월, 콜리지의 부추김으로 워즈워스 가족은 인근의 알폭스덴Alfoxden(톰 풀이 콜리지의 요청으로 발견한 곳)으로 이사한다. 같은 달, 콜리지의 학교 친구이자 유명한 산문가인 찰스 램이 그리스도 병원(런던)에서 손님으로 도착했다. 곧 이어 프랑스 혁명을 지지했다는 이유로 투옥되었던 급진적 민주주의자 존 텔월(내무부에 따르면 "영국 제일의 위험 인물")이 합류한다. 텔월은 그 자신이 열렬한 보행자였고《소요하는 자; 또는 마음과 자연과 사회에 관한 스케치; 정치적-감정적 저널 시리즈의 하나》(1793)의 저자였다.[35] 이들은 함께 콴톡스의 숲과 산비탈을 거닐었다. 개울과 해변을 탐험하며, 밤낮으로 걷고 이야기했다. 홈즈에 따르면,

> 1797년 여름 친구들의 갑작스러운 유입, 산비탈을 걷고, 함께 먹고 밤늦게까지 시를 논하는 새로운 야외 활동이 콜리지의 상상하는 삶에 심대한 영향을 미쳤고, 그의 글에 새로운 기운을 불러일으켰다.
>
> (비전, 153)[36]

물론, 제13권의 1 '서곡'에는 자신의 "사랑하는 친구"에 관한 워즈워스의 유명한 언급도 있다.

그 여름, 콴톡스의 산비탈에 앉아
멀리 보이는 그곳 그리고 실반 쿰스sylvan Coombs에서,
말했더랬지, 그 고대인의 비전을
밝은 눈의 그 선원의, 그리고 애처로운 괴로움을
레이디 크리스타벨Lady Christabel을 언급했더랬지.[37]

도로시 워즈워스가 1797년에 친구(훗날 워즈워스의 아내)인 메리 허친슨에게 보낸 편지에는 콜리지에 대한 그녀의 첫인상이 생생히 묘사되어 있다.

[콜리지는] 멋진 사람이야. 그의 이야기는 영혼, 정신, 영적 기운으로 가득 차 있지. […] 처음에, 약 3분간은 매우 평범한 사람이라고 생각했어 —창백한 데다 말랐고, 큰 입에 두꺼운 입술, 그리 좋지 않은 치아와, 길고 느슨하게 자라는 반쯤 곱슬머리인 거친 검은 머리카락의 소유자였거든. 그러나 그가 말하는 모습을 5만분 듣는다면 더는 그런 것들을 생각하지 않게 되지. 그의 눈은 크고 꽉 찬 밝은 회색인데, 심각한 사람이 보면 정말 흐리멍덩하다고 할 법한 눈이야. 하지만 그 눈은 그의 활기찬 마음의 모든 기분을 말해주고, 내가 이제껏 봤던 그 어떤 눈보다 "순수한 열광이 일렁이는 시인의 눈"을 더 많이 담고 있어.

(비전, 149-50)[38]

이 기간에 콜리지와 도로시는 무척 가까워졌다. (비전, 185, 191-92) 얼마나 가까워졌는지는 영원히 알지 못할 것이겠지만. 콜리지가 죽고 나서 미망인이 된 사라는 콜리지의 편지들로 가득 찬 "자루들과 자루들"을 불태웠는데, 그 편지들에는 도로시와 나누었던 것도 포함되어 있었다. 그것만큼이나 실망스러운 일이지만, 도로시가 쓴 알폭스덴 일기 중 1797년 7월부터 12월까지 부분도 우리에게 전해지지 않고 있다.[39] 그녀의 일기 중 남아 있는 것들에서 콜리지는 낮 내내 그리고 밤에 했던 산책의 동반자로 자주 등장한다. 도로시의 일기는 분별력 있게, 예민한 감각으로 날씨와 꽃과 나무를, 바다와 하늘의 풍경을, 곤충과 새, 달과 별들의 변화상을, 오두막들과 지역 주민들을 기록하고 있다―하지만 콜리지와 나눈 대화는 전무하다. 이 점은 그 길을 걷는 내내 콜리지가 이야기를 했을 것이라는 점을 고려해보면, 꽤나 놀라운 것이다. 콜리지 가족과 워즈워스 남매는 늘 함께하며 서로에게 의존했고, 서로의 집에 머물고 먹었다. 홈즈가 말했듯 "누가 누구에게 영향을 끼쳤는지 말하기는 불가능하지만"(비전, 191) 이 당시 콜리지의 시와 도로시의 일기에는 그들이 즐겼던 자연 산보가 뚜렷한 발자국으로 남아 있다.[40]

콜리지의 활기와 생기 넘치는 걷기와 말하기 전체를 보여 주는 가장 큰 그림을 보려면, 콜리지를 한때 예찬했고 나중에 비판했던 윌리엄 해즐릿을 살펴봐야 한다. 얼핏 보면 해즐릿이 콜리지를 걷기 동반자로 예찬하는 모습은 놀랍게 보일 수도 있다. 해즐릿의 영향력 있는 에세이 〈여행을 한다는 것에 대하여〉(1821)―솔닛과 자비스는 이 산문을 소로와 R. L. 스티븐슨으로 이어지는 하나의 문학 장르의 기원으로 인정한다[41])―는 시골을 홀로 걷는 일을 자신이 왜 선호하는지 옹호하는 것으로 시작된다. "일단은, 내 마음대로 하는 것을 나는 좋아한다. 그리고 그것은, 홀로 있지 않는 한, 불가능하다." 그는 "나의 환상을 채워주는 구름의 어떤 색조, 대기의 느낌" 어느 것에도 완전히 열려 있기를 원하며, 자신의 즉흥적인 감정을 억누르거나 다른 사람 앞에서 설명할 필요가 없기를 원한다—"당신 앞에 제 모습을 드러내는 사물과 상황으로 인해⋯여러 가지 생각이, 다른 누군가와 소통하기에는 너무도 섬세하고 미묘한 연상이 발생할 수도 있다."[42]

하지만 해즐릿은 자신의 "오랜 친구 콜리지"에 대해서는 예외를 두었다. 콜리지는 다른 사람들과 함께 걸을 때조차 자연의 영감을 받은 자신 안의 감정과 생각을 자유롭게 통제할 수 있었다.

그는 어느 여름날, 산비탈과 골짜기 너머로 흔쾌히 걸어가서는 자연의 풍경을 교훈적 느낌의 시나 핀다로스Pindar 풍의 송가로 바꿀 수 있었다. "그의 말은 노래 이상이었다." [⋯] 만일 아직도 내가 알폭스덴의 숲에서 그의 메아리치는 목소리를 들을 수 있다면, 나는 더없이 만족스러웠을 것이다.[43]

해즐릿은 1798년 콜리지를 보기 위해 웨일즈의 란골렌Llangollen으로 걸어갔던 경험을 떠올린다.

원형극장처럼 열리는 골짜기 위를, 그리고 아래쪽 "무리의 박자에 응해 메아리치는 녹색 고지대의 물결"이 있는, 양쪽으로 장엄하게 솟구치는 넓고 메마른 산비탈들을 한꺼번에 걸었다. [⋯] 그때 그 골짜기는 "햇살의 소나기를 받아 초록으로 반짝였고" 막 피어나는 물푸레나무는 제 부드러운 나뭇가지를 잔소리하는 개울에 담갔다. 내가 방금 콜리지의 시에서 인용한 (시의) 행들을 반복해서 읊조리며 달콤한 전망을 지휘하는 고지대의 길을 따라 걷노라니 얼마나 뿌듯하고 기뻤던지.[44]

해즐릿은 스티브 쿠건의 말을 덧붙였을 수도 있을 것이다—"환상적이군, 저게 그가 말했던 거야!" 해즐릿은 "햇살의 소나기를 받아 초록으로 반짝이는"(《지는 해를 위한 송가》, 시 166) 영국의 계곡들이라고 따옴표 안에 시의 한 줄만 넣고 있지만, 개울 속에 제 가지를 담그는 물푸레나무의 이미지 그리고 계곡이 원형극장이라는 발상은 콜리지의 다른 시에서 가져온 것처럼 보인다. 이를테면 〈저자에게 길들여지겠다는 그의 제안에 대해 한 젊은 친구에게〉(시, 155-57), 〈이 라임 나무 그늘은 나의 감옥〉(시, 178-81), 그리고 "전망의 폭발"(시, 263) 속에서 나타나는 느릅나무 천지인 숲의 거대한 원형극장"을 연상시키는 〈고독 속의 두려움〉(시, 236-63) 같은 시들 말이다. 〈시인들과의 첫 만남〉(1822)이라는 글에서 해즐릿은 자신이 "자연 풍경의 신비에 흠뻑 빠져들기"라는 분명한 목적을 품고 란골렌 계곡으로 여행을 떠났다고 구체적으로 언급하고 있다. "나는 콜리지가 쓴 멋진 책 《지는 해를 위한 송가》 안의, 영국에 대한 훌륭한 묘사를 읽고 있었고, 그것을, 사랑과 열의를 품고con amore, 내 앞에 있는 사물들에 적용했다."[45] 콜리지는 자연 속을 걸으며 자연을 시로 말할 수 있었던 것만은 아니다. 그의 시 덕분에, 활기차고 생동감 넘치는 사람 콜리지가 부재하는 상황에서도 해즐릿은 자연을 어떻게 바라보면 좋을지 안내받을 수 있었다.

콜리지와 함께 약 10km 걷기를 한 지 얼마 지나지 않아 해즐릿은 콜리지에 의해 자극을 받아 고독한 걷기를 실행한다. 1798년 1월, 고향인 웸Wem에서 슈루즈버리Shrewsbury로 가는 길 중간 지점까지 이어지는 걷기였다. 유니테리언 목사였던 해즐릿의 아버지는 콜리지가 슈루즈버리에서 설교를 할 수 있게 콜리지를 초대해 웸에 머물게 했다. 이것은 유니테리언 목사의 자리를 얻기 위한 콜리지의 노력(톰 웨지우드와 조시아 웨지우드가 시를 쓸 수 있도록 연금을 지급하자 콜리지가 포기한 계획)의 일환이기도 했다. 저녁 식사 자리에서 콜리지의 이야기에 매료된 해즐릿은 다음 날 그와 함께한 산책에서 더욱 매혹되었는데, 만일 그에게 시적 재능이 있었다면 〈웸과 슈루즈버리 사이의 길 소네트〉라는 작품으로 불멸화했을 산책이었다.

> 한겨울의 화창한 아침이었고, 그는 걷는 내내 이야기했다. […] 궤도를 벗어나고, 팽창하고, 이 주제에서 저 주제로 휙 넘어갈 때 그는 허공에 떠 있는, 빙판 위를 미끄러지는 사람처럼 보였다. […] 맹세하건대, 길 안내 표지석은 귀를 열었고, 하머 힐Harmer-hill은 모든 소나무들과 함께 그곳을 지나가는 어느 시인의 말을 듣기 위해 몸을 구부렸다. […] 그의 이야기에서 나오는 힘에 대해 나는 일찍이 많은 이야기를 들었지만, 과연 실망스럽지 않았다. 사실, 나는 그 전에도 그 후에도 그런 힘 같은 것은 만난 적이 없었다. […] 돌아오는 길에 내 귀에는 어떤 소리가 들렸다. 그것은 환상의 목소리였다. 내 앞쪽으로는 빛이 있었다. 그것은 시의 얼굴이었다. 하나는 여전히 그곳에 남아 있고, 다른 하나는 내 곁을 떠난 적이 없다.[46]

콜리지와 함께했던 걷기에 관한 해즐릿의 회상은 1797~98년 당시 콜리지의 시 창작법을 생생하게 환기시킨다. 즉, 걷고, 말하고, 자연을 응시하고, 자연을 말로 만드는 것. 해즐릿의 언어로 하면, 그것을 재료로 "교훈적 느낌의 시, 핀다로스 풍의 송가"로 만드는 것. 콜리지 자신의 설명에 따르면,

> 나의 산책 코스는 […] 거의 매일 콴톡 정상과 그곳의 경사진 골짜기였

다. 연필과 노트를 손에 들고 나는 예술가들이 말하는 '연구'를 하고 있었다. 그리고 종종 내 감각 기관 바로 앞에 있던 사물과 이미지를 재료 삼아 내 생각을 운문으로 조형했다.

(BL 108)

그러나 야외 사생파 화가들과 달리, 콜리지는 고정된, 전망 좋은 지점에서가 아니라 걷는 동안 변하는 시점에서, 감각 이미지의 꼴과 배열을 제공한 그 걷기의 에너지와 리듬을 느끼며 자연을 연구했다. 해즐릿은 콜리지의 걷기 스타일, 즉 결코 일직선을 따라 걷지 않고, 선을 이탈하는 방식의 걷기를 그의 "드라마틱하며", "생동감 넘치고 다채로운" 말하기/글쓰기 스타일과 연관짓는다—"콜리지는 평탄하지 않은 땅을 걷거나 작은 나무숲의 흐트러진 나뭇가지를 헤쳐 나아가며 시 짓는 일을 좋아했다고 말했다."[47] 걷기, 말하기, 시는 서로 분리할 수 없는 것이었다.[48] 이것이 바로 보행자의 시적 상상력으로서 콜리지의 '방법Μεθοδος'이었다. 이 단어는 그리스어로 '방법'을 뜻하지만, 콜리지가 즐겁게 지적한 것처럼, "글자 그대로는 '환승의 길a way or path of Transit'을 뜻한다."[49]

콜리지의 방법을 이해한다는 것은 콜리지를 나만의 방법으로 채택한다는 것을 의미했다. 그리하여 나는 2013년에 어니와 함께 콜리지 길 걷기 시작했을 때, 콜리지에게 영감을 주었던 바로 그 콴톡스 힐을 걸었다.

4. 콜리지 길

어니와 나는 6월의 마지막 날, 네더 스토위에 도착했다. 콜리지 길로 향하기 전, 우리는 지금은 내셔널 트러스트 박물관이 된 콜리지의 집을 방문했다. 한때 쥐가 들끓고, 축축하고, 비좁고, 연기가 자욱했던 이 오두막집은 통풍이 잘 되고 말끔한 상태였다. 이곳은 콜리지가 시인이자 농부로서 목가적인 삶을 누리고 싶었던 곳이다. 그와 사라는 뒷마당에서 돼지, 오리, 거위를 길렀고, 연료용 장작을 쪼갰고, 감자를 캤으며, 곡물을 파종하는 등 농사를 지었다. 하지만 콜리지는 농부는 아니었다. 워즈워스, 찰스 램, 존 텔월, 그리고 청년 해즐릿 같은 손님들이 왔을 때 이 작은 오두막집이 얼마나 북적거렸을지는 상상하기 어렵다. 그러나 콜리지가 자신의 가장 유명한 시편들인 〈쿠블라 칸〉, 〈고대 선원의 노래〉, 〈이 라임 나무 그늘은 나의 감옥〉을 쓴 곳은 바로 이곳이었다. 《아름다운 노래 같은 발라드》(1798)의 초판본도 유리 아래 전시되어 있다. 게다가 이곳은 콜리지 스스로 "매우 행복했다"고 밝힌 곳이기도 하다. (편지 I, 308)

영국 국립지리원 지도(#140 콴톡스 힐스, #9 엑스무어)와 콜리지 길로 가는 길 안내서, 그리고 배낭을 챙겨 어니와 나는 알폭스덴에서 콜리지가 수없이 걸었던 길을 향해 출발했다. 화창하고, 기분 좋게 온화한 날씨였고, 공기도 맑았다. 우리는 네더 스토위에서 완만한 경사길을 걸어 올랐고, 구불구불한 숲길을 따라 산비탈 위쪽 공터로 올라갔다. 그곳에서 우리는 아래쪽으로 브리스톨 해협까지 펼쳐진 곳, 그리고 서쪽의 녹빛과 금빛 황무지와 산비탈까지 조망할 수 있었다. 들에는 양들이 풀을 뜯고 있었고, 네더 스토위의 지붕들과 굴뚝들도 눈에 잡혔다. 이 파노라마 풍경을 바라보며, 나는 바로 이 길을 걸으며 콜리지가 구상했던 (하지만 쓰지는 않았던) 서사시를 생각해냈다.

나는 인간, 자연, 사회에 관한 구체적이고 열정적인 성찰과 서술을 위한 자유와 가능성을 열어주면서도, 그 자체로 부분들과 자연스럽게 연결되고, 전체적인 통일성도 주는 어떤 주체를 찾았다. 그러한 프로젝트를 나는 산비탈에 있는, 황적색 이끼와 원뿔 유리 모양의 구부러진 덤불 속이 그 근원인 개울에서 찾았다고 생각했다. 떨어지는 물소리가 선명해지면서 물길을 만들기 시작하는 첫 번째 낙하지점으로, 어두운 사각형으로 지어진 이탄과 잔디로 된 헛간으로, 양떼를 가두는 우리로, 최초의 경작지로, 황무지에서 일군 황량한 텃밭이 있는 외로운 오두막으로, 촌락, 마을, 마켓-타운, 공장들, 그리고 항구로 향하는 그 개울에서.

(BL 108)

우리는 바로 이 개울을 따라 걸었는데, 그 길은 홀포드 콤Holford Combe 위쪽 산비탈에서 갈라졌다. 그 지점에서 길은 다른 숲을 지나 아래쪽의 홀포드 마을로 이어졌다.

마을을 벗어나 아름다운 참나무 숲으로 향하는 길을 걸었는데, 참나무 숲에서는 위쪽의 우거진 숲 지붕과 아래쪽에 깔린 양치식물들이 햇빛을 여과해 다채로운 음영의 "햇살 가득한 녹지"를 빚어내고 있었다. 우리는 곧 알폭스덴에 있는 워즈워스의 옛집에 도착했는데, 그 집은 길을 등지고 있었다. 뒤쪽에서만 봐도, 이 집이 스토위에 있는 콜리지의 작은 오두막보다 얼마나 더 큰지는 확연했다. (워즈워스가 임대하는 동안 알폭스덴 집의 임대료는 연간 23파운드였지만, 콜리지가 지불한 돈은 3파운드밖에 되지 않았다.) 거의 침묵이 이어지는 여행을 하며, 우리는 토끼, 푸른박새, 검은새, 개똥지빠귀를, 우리가 접근하자 솟아오른 꿩을 발견했다. 숲을 떠나면서 우리는 아래쪽으로 들녘을 바라보았는데, 거기에서는 붉은 사슴들이 소처럼 평온하게 풀을 뜯고 있었다. 우리가 그날 밤을 묵었던 웨스트 콴톡스헤드와 '더 B&B'까지 그리 멀지 않은 지점이었다.

바로 그 첫날, 가뿐한 다리로 우리는 자유로웠고 편안했으며, 스타일 넘치는 퀼 펜으로 장식한 나무 표지판이 있는 산책로를 힘주지 않고 따라가며 자연에 주의를 기울였다. 우리가 지나쳐간 시골 풍경은 〈이 라임 나무 그늘은 나의 감옥〉과 다른 시편들에 실린 콜리지의 서술에도 나오는 것들이다—숲, 골짜기, 대피소, 탁 트인 곳, 양떼가 있는 들판, 그리고 초록의 작은 골. 그 이후에 이어지는 날들이 이 "멋지고 불현듯 나타나는 첫 황홀경"(어느 동족 시인을 인용하자면)을 뛰어넘지 못할 것이라는 점은 전혀 놀랍지 않다. 콴톡스의 바로 이 지역이 콜리지가 가장 자주 걸었던 곳이고, 그가 자신의 시적 이미지 대부분을 뽑아 올린 곳이다.

서정적이라기보다는 코믹한 느낌으로, 콜리지는 우리의 둘째 날 걷기에 강렬하게 함께했다. 우리는 들떠 있었고, 우리의 길이 계속 이어지기를 고대하고 있었다. 빅놀러Bicknoller 마을로 들어가는 길이라는 표지판을 놓쳤지만, 그리 문제 될 건 없었다. 다른 길을 따라 우리는 (예쁘고 매력 넘치는, 멋진 정원들이 있는) 마을로 들어갔고, 그 일은 더는 생각하지 않았다. 마을을 떠나 나무들이 아치형의 일종의 둥근 천장을 만들고 있던 컴컴한 숲을 통과해 철도 건널목에 이르렀을 때, 우리는 깜짝 놀랐다. 거무튀튀한 증기기관 하나가 기적을 울리며 증기와 연기의 구름 속에서 쿵쾅대며 나타나서는 우리를 산업 시대로 밀어 넣었던 것이다. 하지만 우리는 그보다 더 오래된 시골 느낌인 콜리지 시대의 과거를 곧 되찾았다. 숲과 들판을 지나 나이 든 주목들에 둘러싸인 낡은 석조 교회 건물들이 있는 샘포드 브렛Sampford Brett 그리고 몽크실버Monksilver 마을로 들어갔던 것이다. 우리는 손에 동전을 쥐고 목재 인도교를 건넜는데, 풍습에 따라 행운을 빌며 동전을 다리 반대편으로 던졌다.

행운은 우리 곁에 있어서, 우리는 몽크실버를 벗어나 울창한 숲으로 이어지는 오르막길을 쉽게 찾아냈다. 구름 덮개는 점점 더 무겁고 어두워지고 있었지만, 우리는 대화에 몰두한 나머지 날씨 생각은 미처 하지 못했다. 우리는 퀼 휘장이 달린 표지석을 찾고 있었다.

그런 표지석은 찾을 수 없었다. 우리는 숲을 빠져나와 도로로 나왔다. 안내인은 "거의 1.6km를 더 가면 T 교차점이 나옵니다. 거기서 약간 오른쪽으로 길을 잡으세요"라고 말했다. 우리는 오른쪽으로 이어지는 길을 찾으며 1.6km로 추정되는 거리를 걸었다. 비가 내리기 시작하자 안개가 끼기 시작했고, 우리는 재킷의 레인후드를 꺼냈다. 마침내 도로 오른쪽에서 우리는 퀼 휘장이 있는 표지석을 발견했다. 그러나 오른쪽으로 난 "길"은 농로에 가까웠다. 그 길은 들판으로 이어졌다. 우리는 길을 끝까지 따라갔고, 금속으로 된 한 농장 게이트에 있던 또 다른 퀼 휘장을("이 길은 틀림없는 길이다") 지났지만, 더는 갈 수 없는 농장 울타리에 막혀 멈춰 서야 했다. 사슴 하나가 우리 바로 앞의 덤불로 뛰어들었다. 출구를 찾지 못한 우리는 철조망을 기어올라 넘고 제방을 따라 포장된 도로로 내려갔다. 직감적으로 우리는 왼쪽으로 난 길을 따라가기로 정했다. 갈림길을 찾을 수 있으리라는 희망으로. 그렇게 하면 적어도 우리가 어디에 있는지는 알아낼 수 있을 것이다.

다행히 도로의 굽은 쪽 너머에 갈림길이 하나 눈에 들어왔다. 길 반대편에는 롤리 크로스 호텔이 서 있었다. 어쩌면 호텔에 있는 누군가가 우리의 길 찾기를 도와줄 수 있을 터였다. 우리는 이 작은 호텔로 들어갔다. 로비에는 여자 둘이 앉아 있었다. 깔끔한 백발에 둥근 얼굴을 한 나이 든 여자가 리셉션 데스크에 있었고, 긴 검은 머리에 인정 있어 보이는 여자가 그 옆 의자에 앉아 있었다. 우리는 우리의 국립지리원 지도를 꺼내서는 우리의 곤경을 설명했다. 우리가 가려 하는 곳은 로드워터Roadwater라고 말이다. "로드워터!" 나이 든 여자가 말했다.

글쎄, 당신네가 노력을 기울였다면 길을 잃을 수는 없었을 테지! 지금 걷는 속도로 계속 가면, 영국의 끝에서 곧장 추락할 때까지 계속 걸을 수는 있을 거야. 글쎄, 콜리지도 길을 잃었다니까. 어쩌면 당신들은 아편을 조금은 피웠어야 좋았을 텐데. '그 즉시' 당신네들은 콜리지 길 따위는 잊을 수 있고 말이야.

기타 등등. 다행히도, 젊은 쪽이 더 도움이 됐다. 리셉션 데스크로 온 그녀는 지도를 가리키며 지금 우리가 어디에 있는지, 로드워터가 어디에 있는지, 콜리지 길 위에는 없는 오솔길을 따라 어떻게 그곳에 갈 수 있는지 알려 주었다. 하지만 그녀가 제안한 길은 절망적일 정도로 복잡해 보였고, 그 무렵 우리는 지쳐 있었으며, 우리의 숙소에 도달할 수 있을지 약간 불안했다. 그래서 우리는 치들리 힐 팜Chidgley Hill Farm으로 이어졌으면 싶었던 도로(B3190)를 따라 걷기로 했다. 그 도로는 좁고 구불구불했고 사이드에는 보행자 길도 없어서, 커브를 돌거나 산비탈을 올라가는 차량들을 불안한 마음으로 계속 주시했다. 조용한 이면도로에서 잠시 쉬는 동안, OS 지도를 사용해서 방향을 잡았고, 길에 오를 수 있는 곳인 스티클패스Sticklepath가 코앞에 있다는 것을 알아냈다. 얼마 지나지 않아 우리는 우리를 치들리 힐 팜으로 안내할 콜리지 길 표지석을 발견하고는 '기뻐서 미소 지었다.' 거기서 우리는 목적지인 우드 애드벤트 팜Wood Advent Farm으로 가는 길을 찾았고, 초가지붕을 한 농가 오두막과 너도밤나무 숲을 지나갔다. 마침내 우리는 우리의 숙소에 도착했다. 진흙을 잔뜩 묻힌 채, 감사하며. 배낭들을 방에 부린 후, 우리는 아주 큰 거실 안으로 안내되었는데, 그곳에서 우리는 내가 그때껏 먹어본 것 중 최고였던 초콜릿 케이크와 차를 제공받았다. 디저트의 매혹에 취약했던 콜리지도 이 케이크를 상찬했을 것이다. 길 잃기라는 사소한 스트레스를 겪은 후라 우리는 그곳에 있는 것만으로도 행복했다.

콜리지 길의 주목할 만한 특징의 하나는, 지도나 안내서에서 그곳이 정확히 어디에 있는지가 늘 분명한 게 아니라는 점이다. "다음 들판으로 가는 입구"가 어디인지, 그것이 여러 개일 때는, 늘 자명한 것이 아니다. 우리는 운과 약간의 영감을 믿어야 한다. 또한 예리한 눈을 유지해야 하는데, 대화에 너무 몰두한 나머지 어니와 나는 이것을 하지 못했고, 결국 몽크실버에서 빠져나오는 길 표지판을 알아채지 못했다.

돌이켜 보면, 궤도를 이탈해서 잠시간 방향을 잃는 것은 콜리지스러운 행동이지만, 동시에 이 책에 기록된 수많은 '길 걷기'의 상징과도 같은 역할을 했다. 몇 번이나 나는 문자 그대로 또는 은유적으로 길을 잃었고, 내가 찾고 있던 것을—내가 따라 걸었던 그 사람에 관한 어떤 통찰을, 내 걷기를 그들의 사상에 연결하는 방법을—찾는 데 실패하곤 했다. 하지만 길을 잃고, 뒤로 되돌아가고, 길을 되찾고, 때로는 내가 찾던 시야를 얻고 때로는 그렇지 못하는 이 과정이야말로, 철학자들의 길에 오른다는 것의 정확한 의미였던 것으로 보였다. 끝이 열려 있고, 탐험적이고, 어떤 결론에 도달하지는 않더라도 생각이 이끄는 곳을 따라가는 길. 그러나 그 당시 나는 표지판을 놓친 것을 두고 나 자신에게 짜증을 냈을 뿐이었다.

셋째 날의 걷기에도 들판과 숲에서 되감아 가기, 궤도 벗어나기, 길 되찾기는 상당히 포함되었다. 전날 모험으로 인해 우리 자신에 대한 우리의 신뢰는 얼마간 무너진 상태였다. 다행히도, 해와 구름의 이상적인 혼합이 다채로운 빛과 그림자를 주었고, 힘차고 기운 좋은 산들바람이 마음을 상쾌하게 해주었다. 넓고 고른 숲길을 따라 로드워터로 걸어가서, 농지들이 이어진 곳을(그 길이 잘 식별 안 되는 곳, 다시 "옆 밭으로" 이어지는 입구들을) 지난 후, 우리는 급격히 좌회전을 해서 산비탈을 올라갔는데, 그 바람에 놀란 자고새 한 무리가 어깨 높이에서 날아갔다. 7월 치고는 놀라울 정도로 찬 바람이 불어오는 라잎 힐Lype Hill 정상에서 우리는 주변 산비탈들의 파노라마를 음미했다. 그날 저녁, 웨든 크로스Whedon Cross에서 얼음처럼 차가운 바람을 맞으며 우리는 무어랜드 커뮤니티 홀Moorland Community Hall을 방문했다. 홀에는 〈한밤 중의 서리〉에 영감을 준 스테인드 글라스 창이 달려 있었다. 만일 그 서리가 오늘 밤 "비밀의 사역"을 한다면 (시와는 정반대로) 그 차가운 바람으로부터 상당한 도움을 받을 것이었다. 예전의 감리교 교회였던 이곳에 살던 한 여성은 웨든 크로스에는 겨울에 눈이 많이 쌓인다고 했다. 7월에도 얼마나 추운지를 감안해보면, 그녀의 말에 믿음이 쉽게 갔다.

콜리지 길에서의 마지막 날은 아마도 첫째 날만큼이나 괜찮았다. 마을을 벗어나자마자 우리는 거대한 진달래들과 참나무들이 있는 숲으로 들어섰다. 가슴 부위가 녹빛인 지빠귀 하나가 곁에서 날아갔다. 숲을 떠나자, 길은 또 하나의 양떼 들판으로 이어졌다. 그곳에서 우리는 암양과 새끼 양을 따라 산비탈을 올라서는 고사리와 가시금작화를 만났다. 곧이어 우리는 안개에 휩싸였는데, 공터에서 다시 길을 잃어서 던커 비콘 힐Dunker Beacon Hill 꼭대기까지 멀리 가고 말았다. 그러나 OS 지도와 나침반을 사용해서, 또 안개가 사라지면서 다시 본 궤도로 돌아왔다. 숲으로 천천히 내려가는 길은 사거리 교차점으로 이어져 있었다. 그곳에는 거대한 나무들이 둘러 모여 있었고, 그 뿌리들은 이끼 덮인 둑의 땅 위로 드러나 있었다. 이 수풀의 바깥쪽은 두 "홀로웨이holloways", 즉 "발, 바퀴 또는 물의 침식력으로 주위 자연 쪽으로 움푹 팬"[50] 침강한 길들이 합류하는 지점이었다. 이 길의 경사진 둑은 자연스러운 등받이, 즉 휴식을 위한 완벽한 장소를 만들어 냈다.

숲에서 나온 우리는 1.6km 이상 산등성이를 올라가 산비탈 꼭대기의 전망대에 도달했다. 폴록 베일Porlock Vale과 그 너머의 풍경은 첫날 홀포드 콤 위에서 바라본 풍경을 떠올리게 했는데, 이곳이 한결 더 압도적이고 광대했다. 우리가 다가가자 야생 조랑말들이, 다 큰 녀석 둘과 망아지 둘이 두꺼운 덤불 속으로 사라졌다. 또 다른 전망대인 웨버스 포스트Webber's Post부터는 걷기 쉬운 내리막길이 이어졌다. 그늘진 숲을 지나 그림 같은 호너Horner 마을 그리고 (잘 표시된 길을 따라) 그 아래쪽의 폴록과 방문자 센터로 이어지는 길이다. 이 센터에서 우리는 콜리지 길 완주 증명서를 받았다. 우리가 (캐나다) 브리티시 컬럼비아에서 왔음을 알아챈 여직원은, 발급비는 무료라고 말했다. 그녀는 브리티시 콜롬비아, 정확히는 벤쿠버의 한 동네인 메이플 리지에 사는 딸을 한 번 방문한 적이 있지만, 곰이 두려워 그곳 시골로는 걷지는 않았다.

매우 유감스러운 일이었지만 당시 나는 폴록에서 콜리지가 〈쿠블라 칸〉을 썼던 애쉬 팜까지 계속 걷거나, 아니면 콜리지와 도로시와 윌리엄이 〈고대 선원의 노래〉를 처음 몽상했던 곳인 와체트 근처의 해변까지 걸을 생각을 하지 못했었다. 그리하여 첫 여행 때 놓쳤던 곳들을 방문하기 위해 나는 2018년 5월에 이곳에 돌아왔다.

이번에는 콜리지 길 경계에 있는 홀포드 마을이 시작지점이었다. 마을 위쪽의 개울이, 그러니까 콜리지가 〈나이팅게일〉(1798)과 〈이 라임나무 그늘은 나의 감옥〉(1797)에서 언급한 것이 거의 확실한 그 개울이 양치식물과 야생 마늘이 무성히 자라는 작은 골의 바닥을 따라 흐르고 있다. 보행자용 다리 하나가 폐허로 변한 방앗간 바로 아래쪽의 개울을 가로지르고 있다. '도로시의 폭포'라고 불리는 작은 폭포가 바로 이 다리 밑을 흐르고 있다. 아침녘, 오후, 그리고 늦은 저녁에 난 이 계곡을 어슬렁댔지만, 콜리지의 시에 영감을 주었던 나이팅게일은 듣지도 보지도 못했다. 꼬박 하루 반나절에 걸쳐 나는 이 지역을, 알폭스덴과 네더 스토위까지를 거닐었다. 이곳은 콜리지의 뒷동산이었다. 그의 시에 등장하는 이미지들을 마음속에 받아들이며 나는 다시 한번 콜리지가 자주 다녔을 길들을 걷는다는 느낌에 젖었다. 하지만 이번에는 그 이미지들을 더 깊이 음미했다.

따뜻한 햇살을 받으며 스토위에서 홀포드까지 걸어갔고, 마지막 블루벨들이 아직 있는 그늘진 숲을 통과했다. 키 큰 물푸레나무들이 비치는 고요한 연못들을 지났고, 이후 산등성이로 뻗어 있는 탁 트인 황무지로 올라갔다. 거기서 나는 늦은 하오의 기울어진 햇빛을 받아 황금 갈색으로 타들어가는 산비탈의 양치식물과 고사리를 배경으로 두고 하늘빛과 은빛으로 반짝이는 브리스톨 해협을 응시했다. 그 지역의 펍인 플로우 인Plough Inn—버지니아 울프와 레너드 울프가 신혼여행 때 머물렀던 곳—에 도달했을 무렵, 나는 자연과 완전히 동조되는 느낌에 젖었다. 콜리지가 "만물에 흩어져 있는…만물을 하나의 전체로 만드는 하나의 정신, 어디에나 있는 하나의 정신, 만물을 창조하는 정신"(〈종교적 명상〉, 시, 113-14)을 알아봤던 바로 그 자연과.

다음 날 아침 와체트로 가는 도중, 다시 알폭스덴을 지날 때 붉은 사슴들이 여전히 근처 들녘에서 풀을 뜯고 있었다. 콜리지는 그늘이 잘 지고 나무가 늘어선 이 길을 자주 걸었다. 지금도 이곳은 목가적인 분위기를 그대로 간직하고 있어서 그가 윌리엄, 도로시와 함께 이곳을 거니는 모습을 상상하기란 그리 어렵지 않다. 산비탈과 골을 오르락내리락한 뒤, 두 개의 작은 다리, 즉 넓찍한 널빤지들일 뿐인 그 다리가 어떤 개울을 가로지르는 곳인, 특별히 마음에 흡족한 한 장소에 나는 당도했다. 이때까지 걷기는 줄곧 기쁨이었다.

불행히도 나는 콴톡스헤드에서는 콜리지 길에서 벗어나야 했다. 콜리지 길은 와체트로는 연결되지 않는다. 도니포드Doniford로 이어지는 B-로드를 따라갔는데, 자동차가 접근할 때마다 돌 많은 관목 쪽으로 몸을 납작하게 붙이거나 도랑 쪽으로 뛰어들어야 했다. 그 후 와체트로 가는 해안길을 알려 주는 표지판을 발견하고서야 안도했다. 썰물 때라 갯벌이 깔린 평지를 건너기는 쉬웠다. 모든 연령대의 사람들이 나와 개를 산책시키거나 화석을 찾고 있었다. 해안에서 와체트로 이어지는 길고 가파른 계단을 오른 후, 나는 콜리지가 〈고대 선원의 노래〉 일부를 쓰는 동안 머물렀던 곳인 벨 인Bell Inn에 당도했다. 검은 목재가 밖으로 노출되어 있는 낮은 천장 덕에 펍은 18세기 말 바Bar의 흥미로운 분위기를 자아내고 있었다. 콜리지의 영혼이 그곳을 맴도는 것만 같았다.

와체트는 콜리지를 기억하고 있다. 이 항구에는 죽은 앨버트로스 하나와 석궁 하나를 들고 있는 다소 유령 같은 고대 선원 동상이 있지만, 피터 반다이크Pieter Vandyke가 23세의 콜리지를 그린 유명한 초상화가 포함된 근사한 벽화도 있다. 브리스톨 해협에는 석양에 돛대가 아른거리는 항해선은 없었다. 그런 항해선의 모습은 도로시와 콜리지의 눈길을 끌었고, 이내 〈고대 선원〉의 씨앗을 빚어냈다. 하지만 내가 콜리지와 워즈워스 남매가 걸었던 곳을 그대로 걸었을 때조차도 내게 콜리지는 가까우면서도 동시에 멀었다.

그러나 다음 날은 그 어느 때보다 콜리지에게 가까이 다가간, 그러니까 절정의 날이었다. 마침내 나는 콜리지가 〈쿠블라 칸〉을 쓴 곳인 애쉬 팜에 도착했다. 한 차례 설사를 하는 바람에 콜리지는 폴록에서 린튼Linton 해안까지 24km를 걷는 도중 휴식을 취해야 했고, 증상 완화를 위해 "아편 두 알"을 복용했다. 이윽고 그는 몽상에 빠져들었는데, 몽상 중에 "그 어떤 노력이 들어간 의식이나 감각도 없이, ['쿠블라 칸'의] 모든 이미지가 '사물들'로서, 그에 상응하는 표현들과 더불어, 그의 앞에 떠올랐다"(〈쿠블라 칸〉 서문, 시 296). 폴록 위어Porlock Weir에서 시작되는, 고작 2.4km에 불과한 가파른 경사로는 놀랍도록 따뜻했던 날이어서인지 더욱 길게만 느껴졌다. 개울 하나가 그림 같은 숲속 골짜기에 난 길을 따라 흘렀는데, 때로는 시야에서 사라졌다가 때로는 바위 너머로 굴러떨어졌다─분명 〈쿠블라 칸〉에 나오는 "알프Alph, 성스러운 강"이었다. 비록 시에서보다는 훨씬 더 작고 기세가 약했지만. (드 퀸시의 말을 믿어야 한다면, 아편의 효력 중 하나는 크기와 거리를 확대하는 것이다.)[51] 이 개울은 때로 급류로 흘러서, 콜리지의 상상력은 이것을 시에 나오는 힘센 폭포로, 때로는 "구불구불한 세류"로 변형했다. 나는 "삼목杉木으로 된 덮개" 같은 것은 보지 못했지만, 가파르게 경사진 둑에는 양치식물들이 수북하게 돋아 있었다.

홈즈가 보기에 〈쿠블라 칸〉의 이미지는, 아편만큼이나 콜리지 자신이 이곳을 걸으며 보고 들은 것들에 기대고 있다. (비전 164-68) 마찬가지로 자비스는, 콜리지가 자신의 감각 지각을 상상적으로 생동하게 할 수 있었던 건 "그곳을 걷는 행위로써만 솟아날 수 있는, 그 자연에의 신체적인 몰입 때문"이라고 주장한다.[52] 그의 시 안으로 들어간 것은 그저 풍광만은 아니다. 그것은 또한, 해즐릿이 많이 묘사한 것처럼, 갑작스러운 속도 변화와 돌연한 방향 전환이 있는, 콜리지의 에너지 넘치는 걷기 스타일이기도 하다. 이곳에서 마침내 나는, 내가 콜리지의 걷기와 그의 시적 상상력 간의 필연적 연관을 이해하게 된 것 같다는 생각이 들었다.

애쉬 팜 가까이에는 "영국에서 가장 작은 교구 교회"로 추정되는 컬본 교회Culbone Church와 매력적인 오래된 석조 조형물이 하나 서 있다. 거기서 나는 양 우리를 지나 오르막길, 그리고 숲 밖으로 난 길을 따라갔고, 해안 산책로가 콜리지 길과 합류하는 지점까지 나아갔다. 그 정상에서 나는 다시금 브리스톨 해협에 잇닿아 있는 여러 색채의 들녘과 숲의 조각들을 응시했다. 웨일즈는 희미하게만 보였다. 가까이에서는 양들이 풀을 뜯었고, 꿩들은 초록 들판을 거닐었다. 잉글리쉬 로빈[꼬까울새]들이 산책로나 옆쪽의 울타리 기둥에 앉아 있었다. 모든 것들에 깊은 평정감이 감돌았다.

애쉬 팜 B&B 주인인 제니 리처드 씨의 주선으로 그녀의 남편 토니가 나를 폴록 위어에 있는 펍까지 차로 데려다주었다. 토니의 가족은 이 지역에서 몇 세대에 걸쳐 양치기 농장을 운영해왔는데, 그의 고조 할아버지는 컬본 교회 마당에 묻혀 있다. 나는 토니에게 맥주 1파인트를 사주었고, 우리는 이야기를 나누었다—2차 세계대전, 브렉시트, 윈스턴 처칠과 보리스 존슨, 양 농장 운영의 어려움, 그리고 콜리지에 관해. 토니는 워즈워스가 콜리지의 아이디어를 훔쳤다고 생각했고, 나는 부드럽게 이의를 제기했다. 토니는 또한 콜리지가 이른바 '콜리지 길'을 따라 고지대를 걷지 않았을 것이라고, 대신 네더 스토위에서 와체트, 폴록, 린튼까지 이어지는 해안도로와 해안길을 따라 걸었을 것이라고 생각했다. 나는 동의해야 했다.

다음 날 콜리지의 시골을 떠나면서, 나는 나의 걷기가 콜리지의 시 창작법, 그가 걸은 길과 방법을 이해하는 데 정말로 도움이 되었는지 묻지 않을 수 없었다. 지금도 나는 콴톡스 힐과 골짜기를 생생히 떠올릴 수 있다. 비록 콜리지가 수도 없이 되돌아가 걸었던 길을 나는 고작 두세 차례 걸었을 뿐이지만. 콜리지가 〈이 라임 나무 그늘은 나의 감옥〉에서 그랬던 것처럼, 나는 다른 보행자들이 네더 스토위에서 오르는 산을 넘어가며, 그 다음에는 알폭스덴으로 이어지는 양치식물 숲속으로 내려가고, 어쩌면 그 숲에서 다시 콴톡스헤드의 들판과 농지로 올라가서는, 한 오래된 교회 마당의 주목 옆에 앉아서 "우리 안과 그 바깥의 하나의 생명"이 배어 있는 이 "살아 있는 것", 이 "하나의 자연"을 관조하며 (〈아이올로스의 하프[바람이 연주하는 하프]〉, 시 101) 무엇을 보고, 듣고, 느낄지 상상할 수 있다. "초록의 양지바른 곳을 감싸고 있는/산비탈만큼이나 오래된 숲"을 걸을 때, 〈이 라임 나무 그늘은 나의 감옥〉, 〈한밤 중의 서리〉의 이미지와 단어들이 자발적으로 내 의식 속으로 떠올랐다. 첫 여행에서 찾았던 곳을 재방문한 것, 그때 놓쳤던 다른 곳들(와체트, 애쉬 팜, 홀포드 콤)을 찾았던 것은 과연 흡족스러웠다. 좀 더 여유롭게 그곳을 탐색하고 나니, 그곳을 훨씬 더 잘 알게 되었다.

하지만 내가 그토록 많이 걸었건만, 정작 콜리지가 걸었던 길은 (내가) 걷지 않았다는 사실은, 이해하기 어려웠다. 이 지역 여행 협회는 여행 활성화를 위한 한 방법으로 기존의 길 가운데 '콜리지 길'을 자갈로 깔았다. 토니 리처드가 지적한 것처럼, 그런 길을 콜리지가 걷지는 않았을 것이다. 애초에 콴톡스는 그의 동네였다. 즉, 그는 그곳을 자주, 먼 곳까지 걸었고, 모든 도로와 길을 자기 손바닥처럼 알고 있었다. 그는 어느 길로 가야 할지 결정할 필요가 없었을 것이고, 경로는 완벽하게 확연했을 것이다. 호텔 주인이 롤리스 크로스 호텔에서 어니와 나에게 한 말과는 달리, 콜리지는 콴톡스에서 길을 잃은 적이 없다. 내가 많은 시간에 그렇게 해야 했던 것처럼 그는 길을 찾아내는 데 신경을 쏟지 않았을 것이다. 대신 여러 감각 인상을 받아들이면서, 동료와 까치처럼 수다 떨면서 자신의 정신이 자유롭게 떠다니게 했을 것이다. 그의 정신과 발은 자유롭게 방랑했다. 그는 발이라는 매개체로 떠다녔고, 시적 상상으로 가득 찬 능동적인 사고와 감각의 수용 사이 어딘가에서 균형을 잡았다. 반면, 나의 정신은 다른 누군가가 만든 길을 따라가는 일과 관련된 실행 목표와 인지 작업에 크게 잠식되어 있었다. 이 모든 것은 사기였을까? 콜리지 길은 진정성 없는, 작위적 관광 홍보 수단에 불과한 것은 아닐까?

이것은 슬픈, 그러나 섣부른 결론일 것이다. 온전한 대답을 얻기 위해서는 콜리지의 상상력 이론과 그의 시로 돌아갈 필요가 있다. 20년 후, 콜리지가 《문학 평전》(1817)에서 발전시켰던 상상력 이론을 멋지게 보여주는, 그의 탁월한 걷기 시 〈이 라임 나무 그늘은 나의 감옥〉에서 시작해 보자.

5. 기억, 상상, 시—〈이 라임 나무 그늘은 나의 감옥〉

콴톡스 걷기에 관한 시인 〈이 라임 나무 그늘은 나의 감옥〉이, 콜리지 자신이 그 걷기를 할 수 없었던 어느 순간에 쓰였다는 점은 특기할 만하다. 이 이야기는 잘 알려져 있다. 사라 콜리지가 콜리지의 발 위에 델 정도로 뜨거운 우유를 떨어뜨렸고, 그는 잠시 못 걷는 상태가 되고 만다. (비전, 153) 사라, 윌리엄/도로시 워즈워스, 찰스 램은 콜리지를 뒤에 남긴 채 길에 나섰다. 톰 풀의 정원에서 휴식을 취하고 기력 회복을 하기 위함이었다. 이 시편은 이 보행자들의 여정을 따라간다. 산비탈에 있는 "봄날의 진달래"부터 홀포드 쿰의 "양치식물이 있는 어둠"과 폭포까지, 그 후에는 다시 스토위로 돌아와서 정오에서 황혼으로 시간에 따라 변하게 될 보행자들의 지각 경험을 화자는 상상한다. 그 길을 따라가는 동안, 시에 깃든 콜리지의 기분은 보행자들에 대한 질투에서 관용과 사랑의 정신으로 바뀐다. 마지막에 이르면, 시인은 산비탈과 골짜기에 그러한 것만큼이나 그 작은 정원에도 아름다움을 선사하는 "하나의 자연"을 통해 그 보행자들과 깊이 교감한다. 상상력 넘치는 동일시("나 자신이 그곳에 있어서 나는 기쁘다")를 실행하며 콜리지는 자신이 걷지 않은 길을 걸었다고, 어찌할 바를 모르고 포기했던 "아름다움들과 느낌들"을 느꼈다고 주장한다.

> 그래, 그들은 사라졌고, 여기에 난 남아 있어야 해,
>
> 이 라임 나무 그늘은 나의 감옥! 나는 잃었지
>
> 아름다움들과 느낌들을,
>
> 내 기억에 가장 달콤했을, 심지어는 세월이
>
> 내 눈을 어둡게 해 눈이 멀었을 때조차도! 그들은, 그간,
>
> 친구들은, 내가 영영 만날 수 없을지도 모르는

산꼭대기 주변을 따라 난, 봄날의 진달래 위를

기쁘게 거닐고, 바람이 잦아들 때, 어쩌면

아직도 으르렁거릴 그 골짜기 쪽으로 말야, 내가 말한 적 있는;

으르렁거리는 골짜기, 나무 우거진, 좁고, 깊고,

그리고 정오의 태양에 의해서만 얼룩이 지는 곳;

그 늘씬한 물푸레나무 줄기가, 바위에서 바위로

하나의 다리처럼 활 모양으로 날갯짓하는 곳;―그 가지 없는 물푸레,

눅눅하고 축축한, 몇 점 없는 가엾은 노란 잎

질풍에 절대 떨지 않는, 아니 고요히 떠는

폭포에서 오는 바람을 맞으며! 그리고 그곳의 내 친구들은

길고 가느다란 잡초의 진녹빛을 응시하고 있지,

한꺼번에 그것들 전부를 (가장 환상적인 풍광을!)

고요한 끄덕임과 듣기,

푸른 진흙-돌이 떨어지는 가장자리 아래에서

이제, 내 친구들은 자리에서 일어나지

아래에는 넓고, 넓은 천국―그리고 다시 본다네

탑처럼 솟은 곳이 많은 웅장한 길을

비탈진 들판의 길을, 초원과 바다를

괜찮은 나무껍질, 어쩌면, 그것으로 된 돛이

보랏빛 그림자를 거느린 두 섬 사이의

매끄럽고 맑은 푸른 것을 밝히는 곳을

그래! 그들은 계속 거닌다네

모두가 기쁨 속에서; 하지만 당신이, 가장 기쁜 것 같군,

마음씨 고운 나의 찰스! 당신은 몹시도 그리워했고

자연에 굶주렸고, 1년에 걸쳐,

감금된 대도시에서, 길을 찾아냈지

슬프지만 인내심 있는 영혼으로, 악과 고통을 지나

그리고 기이한 재앙! 아! 느린 침강

서쪽 산등성이 뒤쪽으로, 그대 황홀한 태양은!

가라앉는 구球의 비스듬한 광선으로 빛을 발한다,

자줏빛 진달래 꽃이여! 한층 더 융성한 타오름인 구름이여!

노란 불빛 속에서 사는구나, 먼 곳의 낮은 숲이여!

불을 붙여라, 그대 푸른 바다여! 그러면 내 친구는

깊은 기쁨에 겨워 내가 서 있듯, 서 있겠지,

헤엄치는 느낌으로 고요히; 그래, 주위를 둘러보며

전체적으로 넓은 풍경을, 응시하라 모든 것이

몸보다 덜 큰 것처럼 보일 때까지; 살아 있는 어떤 것

마음에 작용하는 것, 그리고

전능한 영혼의 옷 색조를 띤 것, 그가 만들어낼 때

영혼들은 그의 존재를 알아차리지

　　하나의 기쁨이

돌연 내 심부에 다가오고, 나는 기쁘다

나 자신이 거기에 있었으니까! 이 그늘이 아니라,

이 작은 라임 나무 그늘에서는, 나는 찾아내지 않았지

나를 진정시켰던 많은 것들을. 투명한 잎을

매달고 있는 불꽃 아래 연한 것들을; 그리고 나는 봤지

몇 개의 널찍하고 햇살을 받은 잎을, 또 보고 싶어

빛을 쬐고 있는! 잎 그림자와

위쪽의 줄기를 그리고 그 호두나무는

흠씬 물들었고, 깊은 광채가

태고의 담쟁이에 가득 차 쌓여 있네, 그 담쟁이는

앞에 있는 느릅나무들을 침범하고 지금은 검은 덩어리로

자기들의 어두운 가지를 더 밝은 색조로 빛나게 하지

최후의 황혼까지 ; 비록 지금은 박쥐가

소리 없이 선회하고, 제비 한 마리도 재잘대지 않네

하지만 여전히 혼자인 보잘것없는 벌은

콩꽃 속에서 노래하지! 이제부터 나는 알게 되겠지

자연은 지혜롭고 순수한 것을 결코 버리지 않음을

너무 좁은 땅이란 없고, 그저 자연이 거기 있음을

너무 텅 빈 황무지란 없고, 그저 잘 사용될 것임을

각 감각의 능력, 그리고 마음을 지키기를

사랑과 아름다움에 눈을 뜨기를! 그리고 때로

"희망을 잃어버리는 것은 좋은 일"

우리가 영혼을 고양하고, 관조할 수 있다는 것은

살아 있는 기쁨, 누군가와 나눌 수는 없는 기쁨을 안고

마음씨 고운 나의 찰스! 마지막 떼까마귀가

탁한 공기를 따라 곧게 뻗은 길을 날아가

집을 향할 때, 난 녀석을 축복했어! 녀석의 검은 날개가

(지금은 희미한 반점, 지금은 빛 속에서 사라지는)

그 강인한 구의 부푼 찬란함을 가로질렀기를

당신이 서서 바라보는 동안, 또는 모든 것이 고요할 때,

당신의 머리 위를 삑 소리를 내며 날았기를,

당신, 마음씨 고운 찰스에게는 매력적이었기를,

생명을 말하는 어떤 소리도 부조화스럽지 않은 당신에게는.

(시, 178-81)

콜리지는 자기 친구들이 무엇을 인지했을지를 정확한 디테일로 묘사하기 위해서 기억과 상상력을 활용해 지난날의 걷기에서 길어 올렸던 지각 내용을 소환한다. 동시에 그 디테일을, 시에 전체를 아우르는 느낌을 부여하는, 전체에 관한 계획(분노에서 관용으로의, 상실감에서 감사의 마음으로의 이동)에 종속시킨다. 〈이 라임 나무그늘〉을 짓는 동안, 콜리지가 자신의 걷기 노트를 손에 들고 있었는지는 의심스럽다. 아마 그는 그것들이 필요하지 않았을 것이다. "빛이 자연 풍경에 미치는 다양한 효과, 식물과 물, 바람과 구름, 별에 관한 세세한 기록"(비전, 160)을 그는 자주 받아 적었는데, 이런 행동이 그의 기억 속에 그 디테일을 고정시켰을 것이다. 기억된 감각 인상을 회상하고 상상적으로 변형하는 과정에서 콜리지는 그것들을 사고로 탈바꿈시켰다—즉, 감각 인상을 수동적으로 수용한 것이 아니라 그것을 기억하고, 상상하고, 그리하여 영적인 것으로 만들었고, 어떤 것이 어떻게 보이거나 어떤 맛이 나는지와 같은 사실과 디테일을 그저 기억한 것이 아니라 그 이상의 시적 의미를 기억했다. 이처럼 기억된 지각 내용들—콜리지가 "깊으면서도 관찰하는 명상의 창조적 힘을 통해 시 속에 이상화된 자연"이라고 부른 것[53]—은 디테일을 갖추게 되고, 그 디테일은 시의 부분들 사이의 관계를 결정하는, 전체에 대한 시인의 관념에 의해 배열된다. "생명을 말하는 어떤 소리도 부조화스럽지 않다"—전체에 대한 이 통찰은, 시인의 정신 여행의 여정을 특징짓는 이미지들과 느낌들로부터 어렵게 나온 결과물이다. 하지만 디테일과 분리되면, 이 감정은 진부한 수준으로 떨어지고 만다.

오직 시적 서술이 감각 대상을, 그것에 영적 중요성을 부여함으로써, 상상적으로 탈바꿈시킬 때만, 정신은 콜리지의 "어디에나 있는 하나의 정신"과의 합일이라는 이상을 성취한다. 이 정신은 자연 풍경의 형태로, "정신에 작용하면서도/그가 영혼들이 자기 존재를 보도록 만들 때/전능한 영혼의 옷/색조를 띤/살아 있는 어떤 것"의 형태로 자기를 표현한다. (시, 〈아이올로스의 하프〉, 102, 〈종교적 명상〉, 113 – 14, 〈이 라임 나무 그늘은 나의 감옥〉, 179, 〈한밤 중의 서리〉, 242) 초기 노트에서 콜리지는 이렇게 썼다.

> 저 너머의 달이 이슬에 젖은 창유리를 희미하게 비추고 있을 때처럼, 내가 생각을 하면서 어떤 자연의 물체를 응시할 때, 나는 내 안에 이미 영원히 존재하고 있는 뭔가를 위한 상징 언어를, 그것이 요구하는 대로, 찾고 있는 것만 같다. [⋯] 마치 그 새로운 현상이 내 안의 자연의, 잊히거나 숨어 있던 진리의 희미한 깨어남인 것만 같다.[54]

시적 상상력은 감각 지각을 사고와 상징으로 변형하고, 그리하여 정신은 시인의 영혼에 휴면 중이던 진리를 "회상"할 수 있다. 그러나 상상력은 경험적 현실과 독립적이기는커녕, 그 현실에 근거를 두고, 그것을 변형시키며, 그것을 한 차원 높은 차원으로 끌어올린다. 모든 것으로 하여금 시인의 기억과 감성에서 끌어낸 "형상과 사고 일체"를 통과하게 하고, 풍경과 시인의 정신 둘 다에 공통된 내적 자기조직 원리를 찾아내면서 상상력은 그렇게 한다.[55] 시인이 이 원리를 찾아냈을 때, 그의 정신은 자기가 자연에 반영되어 있음을 알아차리고, 집에 온 것처럼 편안해진다.

그렇긴 하지만, 이것은 어떻게 가능한 걸까? 이 질문에 답하기 위해서는 콜리지의 상상력 이론 그리고 그것의 근거가 되는 칸트와 셸링의 생각을 좀 더 소상히 살펴볼 필요가 있다.

잘 알려져 있듯, 콜리지는 세 가지 능력을 구별한다—일차적 상상력, 이차적 상상력, 그리고 공상fancy. 워즈워스(BL 160) 같은 과거의 영국 작가들은 "상상력"과 "공상"이라는 용어를 혼용했고, 두 용어 모두 현실에 존재하지 않는 사물과 사건을 의식에 불러내는 정신의 능력을 주로 의미했다. 그러나 콜리지는 칸트의 《순수이성비판》을 따라[56] 상상력을 완전히 다른 것으로, 즉 생각과 감각 인상을 융합해서 단일한 무언가로 만들어 내는 정신의 능력으로 만든다.

콜리지는 이렇게 쓴다―"내가 생각하는 일차적 상상력은 인간 지각 전체의 원초적 작용이자 생생한 힘이다. 또한 그것은 무한한 '나는 존재한다' 안의 영원한 창조 행위가 유한한 정신 안에서 표현된 것이다."(BL 167). 즉, 일차적 상상력은 여러 성질을 지닌 단일 물체에 대한 모든 인지적 앎에 개입되는 종합적 초월력이다. 예컨대, 일차적 상상력은 사과의 단맛, 붉음, 둥금, 향, 아삭아삭함을 사과 하나에 대한 지각 속에 결합한다.[57] 통일하고 결합하는 어떤 능력인, 인지와 관련된 이 상상력은 또한 "나는 생각한다, 그러므로 존재한다"에서 "나는 생각한다"와 "나는 존재한다" 간 통일성의 밑바탕이 된다. 셸링에게 "나는 생각한다, 그러므로 존재한다"는 내가 나 자신을 의식하는 행위로써 나 자신을 정립하는 "나" 또는 자아에 해당한다. 칸트의 말로 표현하면, 각각의 생각이나 경험을 하나의 의식으로 연결해내고, 그것들을 '내 것'으로 만드는 "통각統覺apperception의 초월적 통일성"(CPR § 16, § 17; 77‒81)은 초월적 상상력의 "선험적 종합 능력"에 기초해 있다. 그리고 이 종합 능력은 "그것 없이는 어떤 사물 개념도 하나의 경험 속으로 들어올 수 없게 되는 […] 현상의 다양성 일체를 종합하는 데 필수적인 통일성"을 빚어낸다. (CPR A: 123; 113)

콜리지는 상상력을, 감각 수용과 지적 활동을 결합하는 필수적인 매개력으로 이론화하는 과정에서 칸트의 이론을 따른다. 칸트에 따르면, 감각 그 자체는 우리에게 통일성 없는 다중성을 제공한다. 그리고 이해 그 자체는 우리에게 "나는 생각한다"라는, 순수하지만 텅 빈 통일성을 제공한다. 감각들은 오직 수동적으로만 인상들을 수용할 수 있다. 즉, 그것들은 능동적으로 인상들을 "종합"하거나 그것들을 결합해서 한 물체에 대한 이미지나 "재현물"로 바꿀 수는 없다.(CPR A: 121; 112n) 한편, 경험을 이해하고 조직해 내는 규칙을 제공하는 지성은, 그 자체로는, 감각 인상을 생산하는 데 무능력하다. 칸트가 보기에, 만일 우리가 물체에 대한 일관성 있는 경험을 하고자 한다면 "이 두 극단은 [⋯] 상상력의 초월적 작용을 통해서 서로 접촉해야 한다"(CPR A: 124; 114). 초월적 상상력은 감각이 수동적으로 수용하는 것을 취하고, 이러한 "직관들"을 능동적으로 결합한다. 그런 이유로 이것은 수동적이면서도 능동적이고, 수용적이면서도 자발적이다. 하이데거가 설명하듯, "만일 수용성이 감각성과 동일한 것을 뜻하고, 자발성이 이해(앎)와 동일한 것을 뜻한다면, 상상의 힘은 독특한 방식으로 그 둘 사이에 있다"(KPM 88-89). 이로 인해 상상력은 "독창적인 방식으로" 감각과 이해 사이를 중재할 수 있다. (KPM 112) 여기서 하이데거가 말하는 "독창적인 방식"이라는 말은, 다른 정신적 능력으로부터는 파생될 수 없는 방식이라는 뜻이다.

그의 이론이 칸트에게 빚지고 있긴 하지만, 콜리지의 시적 상상력은 칸트의 초월적 상상력과 동일한 것은 아니다. 초월적 상상력은, 칸트의 언어로는, "영혼의 눈먼 그러나 필수적인 작용으로 [⋯] 그것을 우리는 거의 의식하지 못한다"(CPR A: 77/B: 104; 61). 반면, 콜리지의 이차적 상상력인 시적 상상력은 시인의 의식적 의지의 통제하에 있다. (BL 167) 콜리지의 시적 상상력은 "이상화된" 전체의 개념에 맞게 사물들의 꼴을 재구성하고, "재창조하기 위해 [⋯] (사물들을) 녹이고 퍼뜨리고 흩뜨린다"(BL 73, 172). 시인의 임무는 "감각들의 유입"을 체계적으로 질서 있고 의미 충만한 "기품 있고 지성적인 하나의 전체" 안에 배열하는 것이다. (Kant, CPR A: 567f/B: 595f; A: 832/B: 860 참조) 결과적으로 나타나는 "조화로운 전체"(BL 173)는 어떤 내적인 자기 결정 원리를 드러내는데,

이 원리 덕분에 시적 이미지는 자율적이고 자기 결정적인 이성이라는 관념을 '상징'할 수 있게 된다. (Kant, CJ § 49, § 59; BL 85)[58]

이처럼 콜리지가 '시적 상상력'이라고 부르는 것은 의식적인 목적성과 무의식적이고 초월적인 상상력 사이에 있다—그것은 (둘이 공유하는) 종합의 생산력 덕분에 초월적 상상력과 동일한 것이지만, 초월적 상상력과는 달리 시인의 의식적인 의지에 종속된다. (BL 167) 그런 점에서 시적 상상력은 칸트가 《순수이성 비판》에서 생산적이고 초월적 상상력에 관해 말하는 것보다는, 《판단력 비판》에서 미적 관념을 생산하는 데 상상력이 수행하는 역할에 관해 말하는 것(CJ 182)에 더 가깝다. 콜리지와 칸트 모두에게, 시의 생산 과정에서 상상력은 창작물을 빚어내는, "자유로운" 종합하는 힘이며, 이 힘은 인지라는 이해의 목표에 종속되는 것이 아니라 시적인 느낌과 감성에 의해 인도된다. (BL 25, 253)

콜리지가 '공상the Fancy'이라고 부른 것은 이와는 완전히 다른 것이다. 콜리지에게 '공상'은 칸트가 말한 "재생산적 상상력"(CPR B: 152; A: 100-101, 120-23)에 해당하는, 상상력의 "경험적" 기능일 뿐이다. 그것은 상상력처럼 "빚는" 능력이 아니라 그저 "집합시키는" 능력이다—즉, 그것은 고정된, 확실한 이미지들을 가져와서 그것들을 "관념의 연상"(BL 159-60, 167)이라는 심리적 법칙에 따라 서로 연결한다. 칸트가 이야기하듯

> 그 법칙에 따라, 서로를 자주 따랐거나 서로 함께했던 표현들은 결국에는 결합되고 너무도 밀접히 묶인 나머지, 심지어는 대상물이 없는 상황에서도 그 표현들 가운데 하나는, 어떤 불변의 법칙에 따라 정신이 다른 표현으로 이동하게 만든다.
>
> (CPR A: 101)

예컨대, 우리는 눈을 희고 차가운 것으로 경험한다. 따라서 흰 눈에 관한 생각은 그것의 차가움을 떠올리게 할 수 있다. 이런 식으로 정신이 하나의 관념에서 다른 관념으로 옮겨갈 때, 그 관념들은 변하지 않는다— 하얀 것은 하얀 것으로, 차가운 것은 차가운 것으로 남아 있다. 이처럼 공상은 초월적 상상력처럼 현상이나 지각 내용의 관계를 "결정하는", 현상들의 "필요한 종합적 통일"을 생산하지는 않는다. 대신 그것은 경험 속에서 이미 성립되고 기억 속에서 굳어진 관계들에 맞게 지각 내용을 결합할 뿐이다. 시적 상상력은 경험에 창조적으로 새로운 색을 입힌다. 반면, 공상은 경험을 재현할 뿐이다.

시적 상상력은 관념의 연상에 의존하는 것이 아니라 연상하는 습성에서 정신을 '해방'한다. 동시에 그것은 어린이가 느끼는 경이감을 다시금 깨워내고자 "익숙함이라는 막"을 벗겨낸다. (BL 168–69) 시적 상상력은 관념을 불변 상태로 남겨 두는 대신 "각 요소를 각 요소에 뒤섞고 융합하는 통합의 정신과 분위기를 퍼뜨리고", "관념과 이미지를, 개별자와 대표자를, 새로움/신선함의 감각과 오래된/친숙한 사물들을" 서로 화해시킨다. (BL 174) 시인이 그런 식으로 부분들을 배열해서 그것들이 "서로를 지탱해주고 설명해줄" 때, "모든 것이 각자의 분수에 맞게 서로 조화롭고, 운율 배치의 목적과 영향을 지탱시킬"(BL 172) 때, "시적 천재성은 시인 자신의 정신의 이미지, 생각, 감정을 유지 및 변형하고, 인간 영혼 전체를 생동하게 한다"(BL 174).

칸트의 초월적 상상력을 콜리지의 시적 상상력으로 연결해 주는 가교는 셸링의 초월적 관념론이다. 이 관념론이 생산적 상상력의 "무한한 나는 존재한다"를 시적 천재성으로 이어준다. 셸링에게 상상력은, 칸트에게 그러하듯, '능동적' 이해를 '수동적' 감성에 연결해 주는 매개의 힘이고, 그런 점에서 "모순적인 것까지도 함께 결합하는" 힘이다.[59] 상반되는 것을 결합하는 이 힘을 가장 잘 표현하는 것이 바로 시적 천재성으로, 이 천재성은 주체(능동적 사고)와 객체(물질적 자연)를 결합해서 "이상, 예술작품"을 창조해낸다. (STI 230 - 31) 예술작품은 예술가의 생각과 의지의, 객관적이고 물질적인 표현물이다—셸링에 따르면, 예술작품을 통해 비로소 우리는 "본래적 정체성"을, 자아의 근본에 있는 것들인 정신과 물질, 능동성과 수동성, "주체적인 것과 객체적인 것의 조화"를 인식할 수 있다. 이러한 이유로 예술작품은 감각적이고 "심미적"인 것으로 변화된 "가장 높은 수준의 자기 직관 능력"이 된다. 즉, 감각적으로 지각 가능하고 자유롭게 생산된 작품의 조직물 안에서, 우리는 우리 자신의 정신적 삶을 직조해 내는 창조적 상상력이라는 자유로운 힘을 직관한다. (STI 229, 232, 236)

콜리지(BL 218)가 그러하듯, 셸링은 예술작품이 "외부로부터" 직조된 것이 아니라 "그것 자체가 자기를 직조한다"고 주장한다. 그리하여 그 직조의 원리가 "그 자체 안에, 원래 그리고 반드시 […] [그것에 대한] 우리의 생각이 아니라, 그 존재물 자체 안에 있다"는 것이다.[60] 내적이고 유기적인 직조화가, 모든 경험을 통합하는 초월적인 "나는 존재한다"(BL 140)처럼, 자아와 예술작품 모두를 "그 자체의 원인과 결과"(IPN 31)로 만든다. 셸링에 따르면, 자아 통일의 원천은 종합의 힘, 즉 초월적이고 창조적인 상상력이다. (IPN 35) 이 창조적 상상력은, 이성의 형태를 취하며, 우리가 경험하는 자연에 질서와 통일성을 부여한다. 이러한 이유로 창조적 상상력은 우리로 하여금 자연을 "신비롭고 경이로운 원고 속에 감금된 채 누워 있는 시"(STI 232)로, "가시화된 정신"(IPN 42)으로 읽게 하는 종합하는 통일의 힘이다.

콜리지가 보기에도, 자아와 예술작품의 직조와 통일성을 좌우하는 것은 바로 시적 상상력이다. 시적 상상력이 만들어 낸 유기적 형태는 특정 생각과 경험을 변질시키고, 이 과정에서 그것들은 전체의 관념과의 관계를 통해 새로운 의미를 얻게 된다. 이러한 관점에서 콜리지는 "사실 전체야말로 모든 것이고, 부분은 아무것도 아니다"라고 말한다.[61] 자연은 신의 창조적 상상력의 산물, "가시화된 정신"으로서 파악될 수 있는데, 신성한 것의 유한한 표현인 인간 상상력은, 그것이 예술작품 안에서 자기를 인식하는 것과 동일한 방식으로, 자연 안에서 자신을 인식하기 때문이다.[62]

칸트와 셸링의 철학은 콜리지에게 이론적 정리를 위해 필요했던 자원을 제공했다. 그 이론적 정리의 한 대상은, 자연은 신성한 정신의 외면적 표현이라는 그의 범신론적 자연관이었고, 다른 하나는 어린 시절부터 그 자신의 것이었던 "상상력의 빚어내는 힘"이었다. 그러나 그의 시적 상상력의 '실천적인' 기반은 또 다른 수동성과 능동성의 종합, 즉 걷기였다.

6. 그곳을 다시 찾았다

콜리지의 시 이론과 시 쓰기를 움켜쥐었으니, 콜리지 길을 따라 걸었던 나의 행위가 콜리지의 시적 창조성에 대해 어떤 통찰을 제공했었는지를 판단할 수 있을 듯하다. 나는 콴톡스의 자연을 자기 정신의 상징적 표현으로 변형했던 콜리지를 재경험하고 싶었다. 그가 본 것을 문자 그대로 보리라고 희망할 수는 없었다. 하지만 적어도 그가 상상했던 것을 다시 상상해보고, 그가 걸어가는 상상으로 수행했던 생각과 감각의 연결을 다시 실행해보고, 전체에 관한 관념이나 '큰 시각survive'에 맞추어 감각 인상을 종합해보는 것은 내게도 가능했다. 콜리지의 이미지가 "햇빛 드는 쾌락의 돔을 얼음의 동굴과" 결합할 때처럼(〈쿠블라 칸〉, 시, 298) 상상력이 감각과 지성 사이를 "흔들어" 둘의 모순을 해결하듯(STI 228), 나의 걷기는 수동적으로 결정된 감각 지각들과 그것들의 상상적인 세공 사이에서 흔들려야 마땅했다―감각에서 상상력을 분리하지도 않고, 습관의 "익숙함이라는 막"의 먹잇감으로 전락하지도 않은 채.

나는 창조적 상상력으로써 감각 인상을 관념화하는 과정에 하나의 종합이 아니라 두 개의 종합이 필요함을 알게 되었다. 첫 번째의 지각 종합은 걷기 자체에서 이루어지고, 두 번째의 종합은 기억된 경험에 대한 시인의 후속 성찰의 산물이다.

나의 출발 지점은, 콜리지가 손에 노트를 든 채 "연구를 하면서" 콴톡스를 거닐었던 방법 같은 것에 근접하는 것이었다. 시각 경험에 연속적인 변화를 주면서, 날씨와 시간에 따라 변하는 빛의 놀이를 음미하는 최고의 방법은 시골 지역에서 물리적으로 이동하는 것이다. 이런 일은 오직 걷기로만 가능했을 뿐만 아니라(콜리지 길의 많은 부분은 자동차로는 접근할 수가 없다), 내 다리와 발은 자동차 창문을 통해 내가 얻을 수 있는 것보다 자연의 윤곽(오르막길, 내리막길, 고원)에 대한 인상을 훨씬 더 생생히 전해줄 수 있었다. 팀 잉골드는 이렇게 쓰고 있다. "산비탈을 넘고 계곡을 지나 제 길을 가며"

> 보행자는 땅 자체를 밟으며 지평선의 가까움과 멂의 교차 속으로 빠져들면서 땅의 상승과 하강을 경험한다. 중력이라는 힘에 처음에는 맞서다가 다음에는 굴복하는 과정에서 근육노동을 더 많이, 더 적게 하면서.[63]

잠시 멈추고 세상을 다르게 응시하는 시간을 허용함으로써, 걷기는 우리로 하여금 "습관적인 감각 지각"을 일소하고 "세계의 감각적 깊이"를 재발견하도록 도와준다고 르 브르통은 말한다.[64] 간단히 말해, 시적 천재성처럼, 걷기는 사물로부터 "익숙함이라는 막"을 걷어낼 수 있고, 그리하여 우리는 사물을 새로운 방식으로 지각할 수 있다. 맥팔레인에 따르면,

걸을 때 "물리적 세계는 인지를 넘어서는 종류의 앎을 우리 안에서 불러일으킬 수 있고, 생각의 질감과 경향을 바꾼다."[65] 자연 속을 걷기란 이미 상상적으로, 시적으로 생각하기다.

그 당시, 걷기 덕에 나는 (그 그늘과 비를 피할 곳이 보행자에게 그토록 다정했던) 그곳의 크고 작은 골짜기들에 가까이 다가갈 수 있었다. 걷기 덕에 나는 콜리지가 그랬던 것처럼 양과 소들 사이를 걸을 수 있었다. 나는 개울에 손을 담그고, 가시금작화와 양골담초를 쓰다듬고, 산비탈 꼭대기에서 찬바람을 느끼고, 초목과 동물의 냄새를 맡고, 문과 울타리가 있는 농부의 들녘을 걷는 일과 황무지의 탁 트인 시골을 걷는 일이 어떻게 다른지를 경험할 수 있었다. 이러한 구체적인 소소한 경험이 없었다면, 나의 자연 경험은 빈곤하고 추상적이었을 것이다. 이 낱낱의 경험을 하나의 전체로 통합하는 일은 걷기 자체를 통해서 이루어졌다—시간을 따라 펼쳐지고, 내가 나의 다리와 발만이 아니라 (길의 경사와 거침의 정도에 따라 달랐지만) 나의 폐와 심장으로도 느꼈던 적극적 노력들에 힘입어 한 장소를 다른 장소로, 하나의 풍광을 다른 것으로 하나하나 연결했던 바로 그 경험을 통해서. 때로 나는 상쾌한 시골 공기를 감읍하며 들이마셨고, 때로는 작열하는 태양 아래서 땀을 흘렸지만, 세계의 구체적인 꼴들이 자기를 드러내는 통로인 신체적 감각하기bodily sensations에는 언제라도 깨어 있었다.

세계의 경험적 종합에서 핵심인 요소는 경험을 하나의 전체로 통일하는 초월적 상상력이라는 힘이다. 초월적 상상력은 (한 인간의) 감수성과 지식을 하나의 통일된 주체성으로 통합한다. 이러한 통합을 수행하기 위해서 초월적 상상력은 "본질적으로 자발적인 수용성이자 동시에 수용적인 자발성"(Heidegger, KPM 134)이거나, 콜리지의 말로 한다면 "대항하는 힘들의 상호침투, 양자의 동시 참여"(BL 164), "능동적이면서 동시에 수동적인 중간의 능력"(BL 72)이어야만 한다.

　　능동적이면서 수동적이고, 자발적인 수용성이면서 수용적인 자발성이며, (경험적 시간을 구성하는) 경험들과 장소들을 통일하는 하나의 종합—걷기야말로 바로 이것이다. 보행자의 능동적 동작의 시작, 그 기초는 눈, 발, 폐, 팔다리로써 수동적으로 수용한 감각들이며, 그 감각들이 각 발걸음을 능동성과 수동성의 종합으로 만든다. 이러한 개별 발걸음들이 모여 도보 여행이 완성되는데, 그 여행 자체가 수동성과 능동성, 감각 수용과 능동적 형성의 순간적 종합들이 누적된 종합이다. 이때 눈은 발을 안 내하고, 발은 주고받기 과정 속에서 자기만의 지능을 눈에게 제공한다.

　　미천한 발의 지능을 과소평가해서는 안 된다—토머스 하디는 수년간의 산책으로 발의 촉각이 어떻게 발달할 수 있는지 이야기한다. "밟힌 적 없는 초지와 구부러진 길에 발을 얹을 때의 (발의) 느낌의 차이가 가장 두꺼운 부츠나 신발을 신고 조금만 걸어도 지각 가능할" 정도로 발달할 수 있다는 것이다.[66] 발의 움직임은 "앞에 펼쳐진 땅에 대한, 지각을 통한 지속적 모니터링에 부단히, 자연스럽게 반응"하므로, 걷기의 "지능"은 "머리에만 있는 것이 아니라 거주세계 속 인간의 현존에 의해 구성되는, 관계들의 마당 전체에 분산되어 있다"고 잉골드는 말한다.[67] 내 발이 풀밭, 자갈길, 흙길, 아스팔트 도로의 차이를, 넓고 고른 길과 뿌리가 얽힌 비틀린 길의 차이를 인지하게 되면서, 나는 내 발을 믿게 되었다. 그리고 이 믿음 덕에 내 시선과 생각은 길에서 벗어나 내 눈이나 귀를 사로잡았던 것들—이곳의 풍광, 저곳의 덤불 속 바스락대는 새, 얼룩진 숲 그늘의 다채로운 녹색 색조, 땅에서 솟아오르거나 산들바람을 타고 오는, 가시금작화나 잔디의 향기—을 따라갈 수 있었다.

　　'어떻게' 걷느냐—터벅터벅 걷느냐, 건너뛰며 다음 산봉우리로 달려가느냐, 아니면 비탈길을 뛰어 내려가느냐—에 따라 특정 지각을 하나의 통일된 경험으로 종합하는 방식도 결정된다. 시적 운율처럼, 걷기가 체화된 시간은 '강조되는데' 어떤 발걸음은 다른 발걸음보다 더 많이 강조된다. 음악처럼, 걷기에도 속도나 템포가 있다. 강조의 분산이나 걷기의 속도는 상황(날씨, 지형, 그 사람이 얼마나 에너지 넘치게 느끼는지 등)에 따라 지속적으로 변하고, 각 걷기에 고유의 리듬과 스타일을 부여한다. 리듬이 선율 안의 음표들을 연결하는 것과 같은 방식으로, 걷기의 매 순간은 그 자체만의 무게나 가치를 지닌다. 때로 그 순간은 반복적이고 습관적인 움직임의 규칙적인 비트를 따르고, 때로 그것의 특징은 급격한 도약이나 정지의 지속이다. 보행자가 처한 환경에 대한 신체의 인식에서 균형과 움직임에 관한 고유의 신체 감각으로 제 주의를 바꿈에 따라, 그 순간은 계속해서 달라진다. 자비스에 따르면, 몸과 그 환경의 리드미컬한 상호작용이 보행자를 움직임, 과정, 변화라는 시간적 요소들에 특히 민감하게 만든다. 바로 이 요소들 덕분에 경험을 상상적으로 뒤바꾸고, 결합하고, 변형해서 관조하기에 즐거운 하나의 전체로 만드는 일이 가능하다.[68] 왼발과 오른발의 규칙적인 교대, 약강 음보(약한 음 다음에 강한 음이 나오는 식의 운율 음보)의 리듬 속의 "밟았다가 올라가는 발의 비트"는 걷기의 약강 음보를, "무한한 나는 존재한다"[69]의 유한하고 신체화된 표현으로 만든다. 우리는 시적으로 걷는다.

그렇기는 하나, 걷기가 그 자체로 시는 아니다. 한 걸음 다음의 또 한 걸음의 단순한 연대기는, 심지어는 걷기의 약강 리듬에 의해 뒷받침되는 연대기초자, 그 순서가 왜 꼭 그래야 하는지 특별한 이유가 없는, 하나의 경험 다음에 다른 경험이 이어지는 순전한 우연성, 사실성에 철저히 발목잡혀 있다. (BL 172, 197, 201 211 – 12, 251 참조) 그 자체만 보면 걷기는 산문적이고 지루하다. 또한 경멸적인 의미에서 '단조롭다.' 시가 되려면, 걷기에서 발생하는 경험들과 사건들이 총괄적이고 규제적인 '관념'

에 의해 체계화됨으로써, 그 우연적 성격이 제거되어야 한다. 시에서 '우연한' 것은 없다―걷기와는 달리, 어떤 여행, 미끄러짐, 넘어짐, 또는 경로 이탈은 시인의 '의지'로 수행된 것이다. 시인의 형상화하는 상상력은 하나의 유기적 전체에 관한 관념을 찾아가고, 이 과정에서 특정 경험들을 변형시키고 이상화한다. 동시에 그것들에 새로운 의미를 부여하는, 경험들 간의 일련의 새로운 관계들을 정립한다―사실의 사항이 아니라 전체 구성의 통일에 '필요한' 세부 사항인 관계들을.[70] 〈이 라임 나무 그늘은 나의 감옥〉에 관한 논의에서 우리가 살펴보았듯, 시가 되기 위해서는, 어떤 걷기는 반드시 '회상되어야recollected' 하고―정신화되고 내면화되어, 성찰적 사고가 그러잡는 정수essences가 되어야 하고―단순히 경험적으로 '기억되어서는remembered' 안 된다.[71]

시적 이상화는 경험적-감각적 세계와 단절되기는커녕 강렬한 감각 집중, 즉 맥팔레인이 "강렬한 경험주의"라고 부르는 것, 콜리지가 "심오하면서도 관조적인 명상의 창조적 힘"이라고 부르는 것,[72] 예민한 감각적 앎과 반성적 사고의 융합물에 기초한다.[73] 시인의 섬세하고 생각 깊은 응시는 창조적 상상력과 연대해서, 하나의 유기적 전체 속에 개별자들을 통합하는 "각 존재자 속의 전체의 잠재"를 드러낸다. (BL 253) 동시에 사물들에 보다 내면적이고 정신적인 의미를 부여하는, 사물들 간의 새로운 관계를 빚어낸다. 오직 시인이 '자유롭게' 시를 지을 때만―실제적 경험의 순서를 노예처럼 따르는 것이 아니라 전체에 관한 시적인 관념으로써 사물을 연결할 때만―자연 풍경은 시인의 정신을 보여 주는 하나의 상징이 된다.

자신의 서재로 물러나, 감각이 아닌 기억과 상상을 활용해서 자신의 걷기를 회상했을 때, 오직 그때 콜리지는 자신의 걷기를 시로 변환할 수 있었다. 시는 "이차적" 상상력, 즉 시적 상상력으로부터 전개되는, 선택하기와 순서짓기 과정을 필요로 한다. 이것은 하나의 걷기가 한 편의 시가 되기 위해서 걷기라는 일차적인 종합에 첨가되어야 하는 두 번째 종합이다. 콜리지의 "집요하고 체계화하는" 기억은(Letter I, 63-64) 우선 외부에서 결정된 감각 경험을 내적으로 결정된 생각으로 변형했다. 그런 후, 그 자신의 시적 상상력, 즉 "요소들의 혼돈이나 부서진 기억의 조각들로부터 돌연 어떤 형태를 조립해 내는 진정한, 내면의 창조의 여신creatrix"[74]은 회상된 경험을, 전체에 관한 관념에 따라, 선택하고 구성했다.

최근 덴마크에서 나온 한 연구는, 경험의 창조적 선택과 배열이 경험이라는 사실 다음에 수행된다는 가설을 지지한다.[75] 이 연구에 따르면, 걷기는 우선 "관념의 발생을 자극한다"—이곳에서 저곳으로 이동할 때, 우리의 지각과 생각은 변한다. 동시에 걷기는 "새로운 시각, 생각, 목표를 창조해내고, 새로운 윤리적 · 미적 입장을 탐험한다"(259). 이러한 시각의 변화는 루틴의 상투성—콜리지가 "익숙함이라는 막"이라고 불렀던 것—으로부터 우리가 해방되도록 도와준다. 그리하여 우리는 "생각들의 새로운 연결들과 전에 없던 매력적인 패턴들"을 찾아내게 된다. (259-60) 동시에, 아름답고 매력적인 자연의 패턴들이 제공하는 자극은 우리의 기분을 끌어올리고 창의력을 향상한다. (259-60) 이 모든 신체적이고 정신적인 활동—시각의 전환, 무한한 차이를 의식함, 향상된 기분—은 저자들이 말하는 창의적 사고의 "준비 단계" 또는 "배양 단계"에 속한다. (261)

그러나 생각들을 새롭고 더 포괄적인 패턴들로 직조해 내려면 성찰적인 '선택 과정', 즉 다양한 부분들의 의미를, 그것들이 전체와 서로에게 가지는 의미를 만들어 내는 과정이 필요하다. (259) 그 과정은 경험이라는 사실 이후에, 서재나 작업실에서만 가능하다. 걷기 활동이 진행되는 동안 가능한 것보다 더욱더 지속적인 집중과 성찰을 필요로 하기 때문이다. (259-60)

마찬가지로 콜리지의 시적 창작 활동 역시 두 단계로 나뉘어졌다. 우선, 걷기는 그의 감각적 인식을 자극했고 자연의 특징과 패턴에 그의 이목을 끌었다. 그리고 이어지는 성찰과 회고 과정은, 자연의 패턴들을 창작 원리나 관념 아래에 있게 한다. 물론 이 과정은 걷기를 따라 경험되는 지각의 순서를 단순히 복제하는 것은 아니다. 걷기에 의해 구성되는 순간들의 시간적 종합이라는 첫 번째 종합에, 성찰적이고 회상적인 종합이 더해져야만 하고, 그 결과 걷기의 단순한 연대기는 한 편의 시로 변형된다. (BL 209 참조)

그렇다면 당시 콜리지 길을 따라 걸었던 나의 걷기는 어쩌면 헛수고는 아니었을 것이다. 나 역시 "연구를 하고" 있었고, 나 역시 걷기의 다양한 속도와 리듬에 의해 구조화되는 감각 경험들의 종합을 만들어 내고 있었다. 내 경험과 지각은 콜리지의 그것들의 모사나 복제는 아니었다 해도, 그럼에도 어떤 시적 '모방'이긴 했다. 즉, 새로운 형태와 배열을 활용해서 원래의 것을 왜곡 없이 리메이크했던(BL 253, 263) 어떤 상상적 재건축물이었다. (BL 189-90, 212) 그리고 해즐릿이 말했듯

> 돌아오는 길에 내 귀에는 어떤 소리가 들렸다. 그것은 환상의 목소리였다. 내 앞쪽으로는 빛이 있었다. 그것은 시의 얼굴이었다. 하나는 여전히 그곳에 남아 있고, 다른 하나는 내 곁을 떠난 적이 없다.[76]

그 길은 내게 남아서, 내가 기억력과 상상력을 활용해 디테일을 선택함으로써 내 감각 경험을 사고의 수준으로 끌어올리게 한다. 또한 단어들이 전체에 관한 비전에 기여하는 가운데, 자기를 표현하도록 한다. 아! 말은 쉽구나! 걷기는 창의적 사고를 촉진하지만, 모든 보행자가 시적 천재성을 지닌 것은 아니다.

7. 콜리지의 황혼―걷기에서 아편으로

콜리지에 따르면, "시적 신념", 즉 상상력의 산물에 대한 "불신을 의도적으로 중단함"(BL 169)은, "모든 곳에 있고 각자 속에 있으며, 모두를 하나의 품격 있고 지적인 전체로 빚어내는 영혼"에 상응하는, "'하나이고 나눌수 없는' 무언가"를 생산해 내는 "종합적이고 마법적인 힘"에 대한 믿음이다. (BL 174) 그가 새로운 지각과 영감의 원천으로서 걷기를 포기했을 때, 그리고 자신의 비전에 불을 붙이기 위해 점점 더 아편으로 눈을 돌렸을 때, "바깥의 형태들"은 그를 매혹하는 힘을 잃고 만다. (〈낙담: 하나의 송가〉, 시, 365 참조) 콜리지 자신이 그의 탁월한 작품 중 하나에 기록하고있듯, 그 결과는 낙담일 수밖에는 없다. 그러나 걷기를 지속하는 한, 콜리지는 자신의 상상력이 계속 나아가게는 했다.

홈즈는 가끔의 아편 사용에서 점점 심화되는 중독으로의 전환이 1801년에 일어났다고 보고 있다. (비전, 297-98, 337, 352; 성찰 11-12n) 장기간의 황야 걷기와 등산은, 콜리지가 처음 레이크 디스트릭트에 거주하는 동안(1800-04) 그의 시적 생산성을, 적어도 일부는 보존했다. 1804년 이후, 콜리지의 시는 자연 그 자체를 한편의 시로 만들었던, 자연과의 합일을 상실한다. 바깥의 자연 풍경은 그만의 창조적인 정신을 그에게 더는 되비춰주지 않았고, 그의 후기 시에서 볼 수 있듯, 그의 생각은 점점 더 내면으로 향했다.

자연에 대답하는 능력의 상실은 1802년 3월 콜리지가 호수에서 썼던 시인 〈낙담〉의 핵심 주제다. 황야 걷기에서 뽑아낸 자연 이미지들(낙엽송에 있는 개똥지빠귀의 "지저귐"/"녹색 안에서 그 묶인 전단지들을 밀쳐내는"; "들쭉날쭉한 바위, 산 연못, 또는 말라죽은 나무 또는 소나무 덤불" 위로 울부짖는 폭풍의 "고뇌의 비명"; "이 산들, 이 계곡들, 이 숲들, 이 호수들, 아름다움과 고귀함으로 가득 찬 풍경들")로 충만한 이 시는, 자연 현상이 더 이상 위로나 영감의 원천을 주지 않는다고 한탄한다—"나의 정다운 신령은 힘을 잃었네…. 바깥의 형태들로부터 (그 원천이 내부에 있는) 열정과 삶을 얻기를/소망해서는 안 될 것 같네." 슬픔은 "내가 태어났을 때 자연이 내게 준 것을/나의 빚어내는 상상력의 영혼을 정지시키고 있다네!"[77] 콜리지는 이렇게 결론내린다—"우리는 받는다, 하지만 우리가 준 것을/그리고 '우리의' 삶 안에서만 자연은 산다."; 자연을 변신하게 하는 상상력이 없다면, 자연은 그저 "수의"일 뿐; "운동과 활동"이 없다면, 그 상상력은 시인 자신의 사고 안에 갇히고 만다.

〈낙담〉은 시적 영감에 대한, 빛날 정도로 상상력 풍부한, 시적인 작별 인사다. 그러나 그것은 그의 최후의 위대한 걷기는 아니었다.

깊어지는 아편 중독과 씨름할 때조차도, 콜리지는 레이크 디스트릭트의 황야를 걷는데, 그 와중에 벼랑과 심연에서 거의 죽을 뻔하며 영감을 발견한다. 맥팔레인이 말했듯, 이 모험들은 "그의 지각하는 정신을 뻗어가게 했거나 높였고, 얼마간 그 면적을 넓히거나 그 끝을 날카롭게 했다."[78]

1802년 8월, 콜리지가 스카펠 파이크Scafell Pike에서 하산했을 때만큼 위험천만한 황야 등반의 자극 효과를 잘 보여 주는 것도 없다. "우선 내려가는 것이 가능한 곳"을 내려가는 자신의 "방법"을 써서, 그리고 "이 가능성이 얼마나 멀리 아래까지 이어질지 운에" 의탁하며,[79] 콜리지는 암반과 경사진 가장자리로 이루어진, 가파른 거인의 계단인 브로드 스탠드Broad Stand를 내려가기 시작했다.[80] 바위의 돌출부와 돌출부 사이의 간격은 점점 더 커져서, 그는 더는 내려갈 수도 올라갈 수도 없는 ("그 위에서 나를 떨어뜨린다면, 나는 당연히 거꾸로 떨어져 내려 사망했을 것이다") 어느 넓은 바위 난간까지 내려간다. 산악 폭풍이 밀려왔고, 그는 자기가 완전히 감금된 신세임을 알아차리게 된다.

사지가 다 떨렸다. 쉬기 위해 등을 대고 누웠고, 나만의 풍속에 따라 나는 나 자신을 미친놈이라며, 비웃기 시작하고 있었다. 내 위쪽으로 각면의 우뚝 솟은 바위들 그리고 그들 바로 위로, 북쪽으로 너무도 잽싸게, 너무도 화려하게 이동하던 맹렬한 구름들의 모습이 나를 압도하고 있었다. 나는 거의 예언적인 신들림의 상태에서 누워 있었다―나는 큰소리로 신을, 신의 이성과 의지의 힘을 축복했다. 남아 있는 어떤 위험도 우리에게 강제할 수 없을 그 힘을! 오 신이시여, 나는 커다란 소리로 외쳤다―지금 나는 얼마나 평온하고 얼마나 축복받은 자인가. 나는 어떻게 나아가야 할지, 어떻게 돌아가야 할지 알지 못하지만, 평온하고 두렵지 않고 자신 있다. 만일 이 현실이 꿈이었다면, 만일 내가 잠든 상태였다면, 나는 얼마나 고통에 겨워했을까! 그 끔찍한 비명이라니!―이성과 의지가 사라질 때, 우리에게 남는 건 오직 어둠과 어스름과 당혹스러운 수치심 그리고 우리의 궁극의 주님일 고통이다. 아니라면 수많은 모습으로 (심지어는 바람 속을 날아가는 찌르레기들의 모습으로) 공중을 유영하며 영혼을 유혹하는 판타지의 쾌락이다.

(비전 330; 노트북 I 948)[81]

경외스러운 등산가인 낸 셰퍼드에 의하면, 가파른 낭떠러지를 내려다보며 생기는 공포는 등산가를 충격해서 고양된 자각으로 이끈다. 이 자각 상태에서는 "공포조차 희귀한 마음의 활기가 되는데", 그 공포는 "너무도 비인격적이고 너무도 예민하게 수용된 나머지 영혼을 제약하기는커녕 오히려 확장한다"는 것이다.[82] 콜리지의 경우도 그랬다. 공포에 질린 정신 상태였지만, 그는 '굴뚝[침니]chimney'이라고 불리는, 암벽 사이의 좁은 수직 통로를 발견한다. 배낭을 풀고 나서 그는 "어떤 위험이나 어려움도 없이 두 벽 사이로 미끄러졌다." 가슴을 벽에 문질렀고, 암벽 사이에 압착되어 옷이 찢겼다. (비전, 330-31; 노트북 I, 949) 일단 안전하게 내려가서 그는 뇌우가 지나가는 동안 양 우리를 피난처로 삼았다.

맥팔레인은 콜리지의 모험을 "최초의 암벽 등반"이라고 말한다.[83] 홈즈는 콜리지가 "새로운 종류의 낭만적인 여행"(비전, 328)과 새로운 종류의 아웃도어 문학(비전, 363)을 발명하고 있었다고 말한다—극적이고, 참여적이며, 새로운 의미에서 숭고한, 멀리서 장엄하고 생명 위협적인 자연의 힘을 관망하는 것이 아니라, 자신의 시각 경험의 강도를 높이기 위해 위험의 한가운데로 자신을 던지는 여행과 문학을. 그러나 자신의 시적 능력에 대한 의심에 사로잡혀 있던 콜리지는 당시의 시각 경험을 시로 바꿀 수 없었고, 그것을 편지와 산문에만 국한해 넣었다.

1816년 3월 런던으로 이사했을 무렵, 콜리지의 훌륭한 시골 걷기는 그의 뒤편에 오래 남게 된다. 콜리지는 1834년에 사망할 때까지 그의 중독을 치료하려고 애썼던 의사 제임스 길먼과 함께 하이게이트Highgate에 거주했다. 콜리지는 이제 존 스튜어트 밀, 랠프 월도 에머슨, 토머스 칼라일 같은 이들이 소망했던 (성찰, 423-88) "하이게이트의 현자", 유명한 입담가가 되었다. 이 시절의 콜리지를 버지니아 울프는 "이쪽저쪽으로 날렵하게 움직이고, 무리 짓고, 떨고, 매달린, 인간은 아닌, 그저 무리, 구름, 윙윙대는 말들"이라고 요약하고 있다.[84]

그의 걷기와 말하기가 어떠했는지는 존 키츠의 편지에서 찾아볼 수 있다. 키츠는 당시 젊은 의대생이자 시인 지망생이었는데, 1819년 4월 15일 콜리지를 우연히 만난다.

지난 일요일 나는 [햄프스테드 히스에서] 하이게이트 쪽으로 걸어갔고, 로드 맨스필드 파크 옆을 지나는 길에서 가이스 병원의 조교인 그린 씨를 만났다. 그는 콜리지와 대화하고 있었다—그렇게 해도 되는지 몸짓으로 물은 뒤, 나는 그들의 대화에 합류했다. 나는 생각건대 거의 3.2km를, 그의 특유의 느린 속도에 맞추어, 그와 함께 걸었다. 이 3.2km를 걷는 동안 무수한 이야기를 꺼냈다―내가 그 목록을 당신에게 제공할 수 있는지 한번 볼까. 나이팅게일, 시, 시적 감수성, 형이상학, 꿈의 여러 속과 종, 악몽, 촉각을 동반하는 꿈, 하나의 촉각과 두 개의 촉각, 말해진 꿈, 첫 번째 의식과 두 번째 의식, 의지와 결단의 차이 설명, 담배 피우고 싶음에서 나온 숱한 형이상학자들, 괴물들, 크라켄, 인어들, 그들을 믿었던 로버트 사우디, 사우디의 믿음은 너무도 엷음, 귀신 이야기, 좋은 아침, 그가 내게 다가왔을 때 난 그의 목소리를 들었음, 그가 멀어졌을 때 그 소리를 나는 들었음, 나는 그 소리를 그 중간에, 그렇게 말할 수 있다면, 들었음. 그는 하이게이트로 자기를 방문해 달라고 요청할 정도로 정중한 사람이었다. 굿 나잇!

(성찰 496-97)[85]

키츠는 콜리지의 끊임없는 입담에 매료되어 어리벙벙해진 것처럼 보인다. 이는 1789년 콜리지의 목소리를 들으며 마치 "천체들의 음악을 듣는" 듯했고 "시와 철학이 함께 만났다"며 기쁨을 느꼈던 해즐릿의, 기쁨에 겨운 반응과는 꽤 다른 것이다.[86] 젊은 콜리지에 대한 해즐릿의 애정 어린 회고를, "하이게이트의 현자"에 대한 그의 환멸과 대조해보라.

만일 당대에 가장 인상적인 입담가가 아니었다면, 콜리지 씨는 당대 최고의 작가였을 것이다. 그러나 그는 듣는 이를 안심시키려고 자신의 펜을 내려놓았고, 빈둥빈둥 노는 어떤 이를 쳐다 보느라 후세의 찬사를 희생하고야 만다. […] 아, 슬프다! "연약한 자여, 그대의 이름은 '천재'로다!"―이 강력한 희망의 덩어리, 사색, 배움, 그리고 인간다움의 덩어리

는 이제 무엇이 되는가? 그것의 끝은 망각의 약을 삼키는 것, 신문에 촌평이나 쓰는 것이로구나.[87]

그렇긴 해도 콜리지를 향한 해즐릿의 첫 열광 가운데 일부는 지속되었다. 해즐릿의 〈여행을 가다〉(1821)와 〈시인들과 나의 첫 만남〉(1822)은, 콜리지가 공화주의에서 원칙주의적 토리즘Toryism(전통적 보수당인 토리당을 지지하는 이데올로기-역자)으로 변절한 일로 인해 그와 해즐릿이 결별한 이후 꽤 오랜 시간이 지나 집필된 것들이다. 1817년 런던 블랙프라이어스 소재 서리 연구소에서 했던 해즐릿의 강의 〈살아 있는 시인들에 관하여〉에서는 콜리지를 향한 해즐릿의 예찬이 아직 뜨겁게 타오른다.

하지만 나는 그에 관해서, 천재가 정말로 있다는 생각에 응답한, 내가 아는 유일한 사람이라고 말할 수 있습니다. […] 당시 그의 천재성은 천사 같은 날개를 달고 있었고, 신이 준 양식을 먹고 있었어요. 그는 끝없이 이야기를 이어갔고, 그가 끝없이 이야기를 이어가기를 누구나 원했죠. 그의 생각은 힘씀과 애씀에서 나오는 것 같지 않았어요. 마치 천재의 돌풍에서 탄생한 것 같았고, 그의 상상의 날개는 그를 그의 발에서 들어올리는 것 같았죠. 그의 목소리는 우렁찬 오르간처럼 귓속을 굴러갔고, 그 소리 자체가 사유의 음악이었어요. 그의 정신은 날개를 달고 있었죠. 그 날개 위에 올라, 그는 철학을 하늘로 들어 올렸어요. 그가 하는 이야기 안에서 모두가 밝고 끝모르게 이어지는, 인간의 행복과 자유의 진보를 목격했죠. 공기의 꼴로 오르내리는 야곱의 사다리 계단 같은 것, 그 꼭대기에는 신의 목소리가 있는 사다리 계단 같은 것을요. […] 그 목소리는 그 이상도 이하도 아니에요. 그러나 여전히 그 기억은 오랜 옛 시절 생각과 더불어 밀려들고, 죽지 않는 소리를 내며 내 귀를 울립니다.

(성찰, 471)[88]

한 우렁찬 오르간 소리가 콜리지와 나의 마지막 만남을 장식했다. 2013년의 여행 중에 있던 일이다. 런던으로 돌아와 있던 나와 다이앤은 콜리지가 생애 마지막 18년을 지냈던 두 집을 찾기 위해 하이게이트로 향했다. 콜리지가 가장 좋아하던 펍인 플라스크the Flask에서 점심을 먹은 후, 우리는 근처의 성 미카엘 교회St. Michael's Church로 향했다. 콜리지가 묻혀 있는 교회였다. 교회는 잠겨 있었지만, 안에서 오르간 음악 소리가 들리길래 벨을 눌렀다. 50대 중반의 한 여성이 나타났다—"콜리지 때문에 오신 건가요?" 콜리지에 관심이 있는 철학 교수라고 나를 소개하자 그녀는 우리를 실내로 안내했다. 그곳의 중앙부 바닥에 콜리지의 묘비가 있었다. 콜리지 자신이 쓴 짤막한 비문과 함께.

> 발걸음을 멈추시길, 기독교 신자인 행인이여! 신의 아이여.
> 이제 부드러운 마음으로 읽어보시길. 이 잔디 아래에는
> 어떤 시인 또는 한때 그처럼 보였던 자가 누워 있느니
> 오! S. T. C.를 위해 기도하며 하나의 생각을 불러내시길

6장

키르케고르, 코펜하겐의 산책자

1. 산책자the flâneur의 익명성

19세기 초, 새로운 종류의 보행자가 등장한다. 이 보행자는 콜리지처럼 시적 창작물을 위한 "연구를 하며" 자연으로 들어갔던 보행자나, 워즈워스나 루소처럼 자연과의 융합으로써 위로를 얻었던 보행자는 아니다. 또한 그는 베르사유 궁전이나 런던의 복스홀Vauxhall 가든(이곳에서 걷기는 매우 의례화된 사회적 자기 전시 양식이었다)처럼 예술적으로 건축된 정원을 산책했던 귀족도, 계급 상승을 도모하던 부르주아도 아니었다.[1] 런던과 파리 같은 도시에서 사람들은 부상하던 근대 대도시의 모습과 그 소리를 음미하고 타인들을 관찰하기 위해 걷기 시작했다. 동시에 그들은 다른 사람들의 눈에 띄지 않도록 조심했다. 이 도심의 스파이들, 그들 자신에게 고용된 이 비밀 요원들은 충분히 부유해서 종일토록 거리를 산책할 여유가 있었다. 그들 중 일부는 자신들이 취합한 인상들을 소설 (발자크, 디킨스)이나 시(보들레르)에 담았다. 하지만 많은 이들은 어떤 정해진 목적지나 수행해야 할 과업 없이 거닐기의 순수한 즐거움을 위해 돌아다녔다. 이 새로운 종류의 보행자가 바로 '산책자the flâneur'다.

원래 산책자는 그저 빈둥거리는 자, 아무 일도 하지 않는 자였다. 1840년대가 되면, 이 용어는 타인, 새로운 패션, 그리고 길거리 상점들의 새롭고 큰 창문들이나 (19세기 중반에 생겨난) 갤러리 또는 "아케이드" 안에 전시된 상품들을 관찰하려고 목적 없이 거리 걷기를 즐기는 이를 뜻하게 된다.[2]

'산책하며 사색함flânerie'이라는 상태는 점차 세계에 출현하게 되는 기반시설 전체를 필요로 했다. 인도는 보행자들을 말과 마차로부터 분리시켰고, 그 덕에 보행자들은 하수구로 흘러 들어가는 오염수, 그리고 (말 발굽과 마차 바퀴가 포장도로의 돌 위에서 내는 소음을 지우던) 말똥을 피할 수 있었다. 파리의 첫 번째 인도는 1781년, 루데옹 로rue de l'Odéon에 설치되었다.[3] 비슷한 시기에 몇몇 파리의 선택된 거리는 가로수가 늘어선 그랑 블루바르grand boulevards로 탈바꿈하고 있었다. 이 대로는 걷거나 말이나 마차를 타고 하는 "산책"을 위한 정원 같은 환경으로서, 보행자들을 위한 그늘진 모래길도 갖추고 있었다.[4] 철과 유리를 사용한 새로운 건축 기술이 쇼핑 아케이드를 가능하게 하자, 도시 보행자들은 마침내 카트와 마차가 없는 길을 평화로이 거닐 수 있게 되었다.[5]

이 산책자들은 초기 근대 도시에서 곧장 출현했던 것은 아니다. 루이스-세바스티앙 메르시에는 1781년에 쓴 《파리의 풍경》에서 대로boule-vards의 등장과 함께 출현한 새로운 두 유형의 도시 보행자들을 언급한다 —거리를 거니는 여인들에게 추파를 던지는 '엿보는 자lorgneurs' 그리고 극장 출구 주변과 대로 위에서 서성이며 다른 이들이 떨어뜨린 물건을 회수하는 '찾는 자trouburs'가 그들이다.[6] 1840년대에 이르면 산책자는 사물이 아니라 외모와 걸음걸이를, (1872년의 라루스Larousse 보편 대사전을 인용하자면) "발명될 수 없고, 삶에서 직접 나와야만 하는 성격적 특징의 일부를 그에게 드러낼, 우연히 떨어진 어떤 단어를" 수집하고 있었다.[7] 발터 벤야민의 기억할 만한 구절은 이렇다. "산책자는 채집하기 위해 아스팔트로 갔다."[8] 콴톡스의 콜리지처럼, 산책자는 "연구를 했다." 그러나 자연이 아니라 근대 도시의 새로운 거주자들의 특성에 관한 연구였다. 발자크는 그랑 블루바르를 행인을 관찰하는 일종의 실험실로 여겼다. 어떻게 그들이 걷는지—"사람들이 다양한 만큼이나 걷는 방법도 다양하다."—그리고 어떻게 그들이 서로 대화하고 행동하는지를 응시하는 곳으로. 그에게는 이 모두가 행인들의 숨은 특성을 파악하는 방법이었다.[9]

언뜻 보기에도 덴마크 철학자 쇠렌 키르케고르는 산책자 개념에 완벽하게 들어맞는다. 그는 1840년대에 코펜하겐 거리를 거침없이 거닐며 온갖 부류와 계층의 사람들과 이야기를 나누었는데, 《이것이냐 저것이냐》(1843)부터 《죽음에 이르는 병》(1849)까지 자신의 유명한 "실존적인" 작품들의 기초가 된 심리학적인 관찰을 수집하기 위해서였다. 그러나 키르케고르는 비록 이런 의미에서는 산책자였지만, 뭔가 산책자와는 다른 사람, 산책자 이상이었다—그는 동료 시민들이 그들 자신의 무지를 알아차리도록 그들을 철학적인 토론에 참여시킨 코펜하겐의 소크라테스였다.

키르케고르는 관찰자 이상의 존재였다. 그는 선생이었고, 생각의 산파였다. 자신의 노력이 정당히 평가되든 말든, 그는 (그 이전에 소크라테스가 그랬던 것처럼) 자신이 동료 시민들에게 긴요한 서비스를 제공하고 있다고 생각했다.[10] 그러나 소크라테스처럼 그 역시 오해받을 운명이었다. 아마도 그것은 "간접적인 의사소통"이라는 키르케고르의 "산파술" 법이 초래한 필연의 결과일 것이다. 하나의 주장을 제기하는 대신, 키르케고르는 독자들이 그들만의 진리를 찾기 위해 그들의 내면을 성찰하도록 이끌었다. 이 방법은 키르케고르로 하여금 가면을 쓰도록 요구했다. 그 가면이 그의 많은 필명들 중 어떤 것이든, 그가 거리에서 취했던 가상의 페르

소나이든. 키르케고르에게 진리는 주체성 또는 내면성이었다—진리는 개인의 내면에 있고, 개인의 영혼 안에서 일어나는 일은 그 사람의 겉모습이나 행동을 통해서는 식별될 수 없다. 만일 당신이 키르케고르가 말하는 "신앙의 기사"가 길을 걷는 모습을 발견하게 된다면, 당신은 그를 징세원으로부터 구별할 수 없을 것이라고 키르케고르는 말한다.

사후 출간된 자서전《저자로서 나의 작품에 대한 관점》에서 키르케고르는 자신을 이렇게 묘사하고 있다.

> 코펜하겐이 누군가에 관해 어떤 의견을 한번이라도 가진 적이 있다면, 그것은 나에 관한 의견이라고 나는 감히 말하겠다: 나는 길거리 구석의 부랑자, 빈둥거리는 자, 산책자, 보잘것없는 새였다. […] 만일 평소에 아무도 없다면, 코펜하겐에는 한 사람이 있었다는 것, 가난한 사람이라면 누구나 거리에서 형식의 구애 없이 말하고 교제할 수 있는 한 사람이 분명 있었다는 것, 만일 평소에 아무도 없었다면, 한 사람만은 있었다는 것, 어떤 사회집단을 만나든, 슬그머니 지나가는 것이 아니라 자신이 알고 지내는 모든 여자 하인, 남자 하인, 일용 노동자들을 인정하는 사람 하나가 있었다는 것은, 나로서는 순전히 기독교적인 만족이었다. […] 이러한 양식의 삶은 인간의 삶에 대한 관찰과 더불어, 나를 엄청나게 풍요롭게 했다.[11]

그의 동시대인들은 동의할 것이다—키르케고르가 살았던 곳은 길거리였다. 스웨덴 작가 프리에데리케 브리에메는 1849년의 저서《스칸디나비아의 삶》에서 이렇게 쓰고 있다—"낮 동안에는 [키르케고르가] 군중 속을 거니는 모습을, 코펜하겐에서 가장 번화한 거리를 오르락내리락하며 한 번에 몇 시간씩 거니는 모습을 볼 수 있다."[12] 동시대에 글을 쓴 스코틀랜드인 앤드류 해밀턴도 비슷한 관찰을 제시한다.

> [비록 키르케고르는] 회사에는 다니지 않고, 자기 집에 아무도 들이지 않지만 […] 그의 한가지 위대한 공부는 인간의 본성에 관한 것이다: 아무도 그보다 인간을 더 잘 알지는 못한다. 사실은, 그가 '종일 시내를 돌아다닌다'는 것, 보통 누군가와 함께 다닌다는 것이다: 그는 저녁에만 글을 쓰고 읽는다. 걸을 때, 그는 소통을 매우 많이 하는데, 동시에 자기에게 이익이 될 만한 것 일체를 제 동료로부터 끌어낼 줄 안다.[13]

코펜하겐의 한 동료에 의하면, 키르케고르의 "모두와 함께하는 습관" 자체가 그의 걷기 동료와의 동행을 만들어 냈고,[14] 이 동행은 더 솔직한 자기 표현을 끌어내는 데 도움이 되었다.

키르케고르를 알던 이들은 "모든 연령대와 각계각층의 보통 사람들과 대화할 줄 아는 그의 능력"을 언급한다.[15] 한 신학자는 "정치인, 배우, 철학자, 시인, 청년과 노인, 한마디로 말해 생각할 수 있는 가장 다양한 종류의 사람들"이 키르케고르와 팔짱을 끼고 걸었다고 전한다.[16] 동료 철학자인 한스 브로히너는, 키르케고르가 여느 행인과 즉각 친밀감을 형성해 내는 시선을 어떤 식으로 보내 인사하고, 그와 쉽게 말문을 틀 수 있었는지를 서술한다.[17] 키르케고르 자신의 계산에 의하면, 그는 "모든 연령대의 사람 약 50명과 매일" 이야기를 나누었다.[18] 그의 조카 헨리에트 룬드에 따르면, "그에게 코펜하겐 시가는 언제나 돌아다니며 자신이 원한 이들 모두와 이야기를 나누는 하나의 커다란 응접실이었다."[19] 여기서 그 '모두'는 오래된 바닷마을의 새우 파는 상인, 시크한 카페와 티 룸을 틈만 나면 다니는 문인과 학자들을 망라했다. 그가 직접 한 말을 인용하자면, 그의 목표는 "말 그대로 평범한 삶을 하나의 무대로 만들어 내는 것, 나가서 거리에서 가르치는 것"이었다—키르케고르가 "즉흥적 만남의 대가"라고 불렀고, 자신의 롤 모델이라고 주장했던 소크라테스처럼.[20] 그리고 자신에 대한 더 깊은 통찰을 얻기 위해 타인들과의 대화에 참여하며 코펜하겐 시가에서 자기 철학을 했던, 그의 선생이자 멘토인 폴 마틴 뮐러처럼.[21] 키르케고르 자신은 "거리를 활보하며 아무것도 아닌 자가 되는 것, [⋯] 그러면서도 사고와 관념이 [자기] 안에서 활동하는 것"에서 기쁨을 찾았다. 또한 다른 동시대 작가 누구보다 더 열심히, 은밀한 방식으로 일하면서도 빈둥거리는 자, 산책자처럼 보이는 것에서.[22]

벤야민은 산책자의 위치가 모호하다고 쓰고 있다—한편으로는 의심, 심지어는 경멸의 대상이지만, 다른 한편으로는 군중 속에 섞여 들어 완전히 찾아낼 수 없게 되는 사람이라는 것이다.[23] 키르케고르는 처음부터 모든 사람에게 알려져 있었고, 따라서 그가 자신을 숨길 수 있는 유일한 방법은 순전히 친숙함을 통해서였다.

> 나는 절대적인 고립 속에서 존재해야 했고 나를 지켜야 했지만, 동시에 하루의 모든 시간에 누군가의 시선을 받아야만 했다. 말하자면 거리에서 살며, 가장 무계획적인 상황에서 모든 톰, 딕, 해리와 어울리며. [⋯] 날이면 날마다 누군가로부터, 우연히 만난 이들 속에서 시선을 받는 상황은, 군중이 [⋯] 머지않아 (시선을 받는) 사람에게 싫증을 내기에 충분하다. 시간을 독창적으로 (즉, 인간적으로 말해 광적으로) 적절히 사용한다면, 즉 도시 안에서 사람들이 가장 많이 찾는 장소를 이리저리 오가며 걷는다면, 매일 시선을 받는 일에 그리 많은 시간이 드는 것조차 아니다.[24]

코펜하겐에서 "사람들이 가장 많이 찾는 장소"는 콩엔스 뉘토르브

Kongens Nytorv의 왕립 극장이었다. 이곳에서 키르케고르는 시가를 피면서 위로, 아래로 걸으며 코펜하겐 '전체'가 자신을 응시하게 했다.[25] 키르케고르와 코펜하겐 대중은 그토록 친숙한 관계여서 마치 그들은 비공식적인 '뭔가'를 서로 주고받을 수 있을 것만 같았다.[26]

친숙함이야말로 키르케고르의 가면, 그의 익명성일 것이다—"만일 당신이 지금 누구와 이야기하고 있는지를 알기만 한다면, 이 산책자는 대체 누구란 말인가!"[27] 키르케고르의 첫 전기 작가인 게오르그 브란데스는 그를 "모두가 아는, 자기를 봉쇄한 사람"이라고 불렀다. 매일 모두에게서 시선을 받았지만, 그의 진짜 생각과 의도, 그의 실제 활동은 모두에게 수수께끼로 남아 있었다.[28] 키르케고르는 자기가 산책자의 가면을 썼던 것은, 기독교 국가에 태어나 살아가는 덕에 자기들 모두가 기독교인이라고 생각하는 지배적인 환상에서 동료 덴마크인들을 (소크라테스식 역설을 활용해서) 해방하기 위해서였다고 주장했다. 생애의 막바지로 향해 가면서 점점 더 강렬한 열정으로 그는, 기독교인이 된다는 것은 모두에게 무한히 어려운 일이라고 주장했다. 이 주장은 "기독교 국가"라는 관념 자체를 완전히 난센스로 만들었다.[29] 클레어 칼라일은 좀 더 재미없는 표현을 썼는데, 그가 "자신의 집필 책상에서 보낸 긴 시간을 감추기 위해 코펜하겐의 거리와 카페에서 자신을 눈에 띄게 했다"는 것이다.[30] 어느 쪽이든, 그의 전략은 감추기 위해 드러내는 것이었다. 일부러 잘못 쓴 에드거 앨런 포의 편지처럼, 그는 잘 띄는 곳에 숨어 있었다.[31]

이 변증법적인 조작법은 보들레르와 발터 벤야민이 정의했던 산책자의 전략과는 약간 다른 전략을 뜻한다. 보들레르는 1863년에 쓴 에세이 〈근대[현대] 생활의 화가〉에서 산책자에 관한 정전 격의 설명을 제공하고 있다.

군중이 그의 영토다. 공기가 새들에게, 물이 물살이들(Fish의 번역어-역자)에게 그렇듯. 그의 열정, 그의 직무는 군중과 일체되는 것이다. 완벽한 수준의 빈둥거리는 자[플라뇌르], 열정적인 관찰자에게는 군중 속에서, 썰물과 밀물 속에서, 북적댐과 부유함, 무한함 속에서 자신의 거주지를 마련하는 것이 즐거움의 거대한 원천이 된다. 집을 떠나 있는 것, 어디에서든 집에 있는 것처럼 마음 편한 것, 세계를 응시하는 것, 세계의 가장 중심에 있는 것, 하지만 그 세계에서는 은폐되어 있는 것—이런 것이야말로 [산책자]가 누리는 가장 흔한 즐거움이다. 관찰자는 어디를 가든 자신의 익명성을 즐기는 일종의 '왕자'다. [...] 또한 그는 군중만큼이나 거대한 거울에 비유될 수도 있을 것이다. 또는 만인의 움직임 하나하나가 다면성을 전부 갖춘 삶과, 삶의 모든 요소의 흐르는 기품을 보여주는, 의식이 있는 만화경에도. "군중 한가운데에서 권태를 느끼는 [...] 사람은 바보다!"[32]

1869년 그의 사후 출간된 《파리의 우울》에 실린 보들레르의 산문시 〈군중〉은, 물 만난 물살이처럼 군중 속에서 사는 것이 선택받은 소수만이 완전히 습득할 수 있는 기예art임을 분명히 한다.

모든 사람이 다중 속에서 목욕할 수 있는 것은 아니다—군중을 즐긴다는 것은, 자신의 거주 장소에 대한 증오 그리고 여행하기에 대한 열정을 [요구하는] 하나의 기예다. [...] 다중, 고독: 활동적이고 생산성 높은 시인을 위한, 동격의 상호교환 가능한 용어. 자신의 고독 속에 거주할 수 없는 이는 북적대는 군중 속에서 홀로 있을 수 없다! [...] 고독하고 성찰적인 산책자는 이 보편적인 친교communion에서 일종의 도취를 경험한다. [...] 영혼을 파는 이 신성한 매춘은, 지나가는 이방인에게, 나타나는

낯선 이에게, 자기 전부를, 시와 자선을 준다.[33]

    프레데릭 그로는 산책자의 전략을 이렇게 요약한다—"아무도 그가 응시하고 있다는 것을 알 수 없다." 벤야민에 따르면, 산책자는 낭만주의자들처럼 숲과 산비탈에서 고독을 추구하는 대신, 차이를 식별할 수 없는 수많은 도시 군중 속에 숨은, 관찰되지 않는 관찰자로서 고독을 찾는다.[34]

    군중 속 거주자는 의심의 여지가 있는 사람이다. 군중의 익명성이 범죄에 유리한 환경을 만든다고 주장하는 1798년의 파리 경찰 보고서를 인용하면서,[35] 벤야민은 "개인의 모든 흔적"을 지워버리는 군중이 단서를 남기지 않으려는 범죄자와 얼마나 유사한지를 지적한다.[36] 벤야민에 따르면, 군중의 익명성과 범죄 사이의 연관성을 포의 1840년 단편 〈군중 속의 남자〉보다 훌륭하게 서술하는 작품도 없다—한 남자가 런던의 한 카페에 앉아 창밖을 내다보며 거리를 지나는 군중의 특성에 주목하고 있는데, (어떤 이들은 "만족한 장사꾼 같은 거동이었고, 군중 속을 어떻게 헤쳐나갈지에만 골몰하는 것처럼 보였고" 다른 이들은 "쉼 없이 움직이며 […] 자기들끼리 이야기하고 손짓했는데, 마치 주위에 꽉 찬 무리를 생각하며 고독을 느끼는 것 같았다.") 그때 어느 "병약한 노인"의 모습에 그의 주의가 "사로잡히고 흡수되기에 이른다." 주인공-화자는 그 노인을 쫓아 거리를, 골목을, 코벤트 가든 주변의 시장을 해질녘부터 새벽까지 걷는데, 새벽에 그는 그 노인이 "흉악 범죄 유형이자 천재"라고 결론 내린다. 그 노인은 혼자 있기를 거부한다. 그는 '군중 속의 남자'다.[37]

    보들레르는 이 이야기를 〈L'homme des foules(군중 속의 남자)〉라는 제목으로 번역했는데, 1857년 그가 번역한 포의 단편 선집《새로운 비범한 이야기들》에 실려 있다. 바로 그 전 해에 그는 포의 탐정 소설 〈모르그 가의 살인〉(1841)과 〈도둑맞은 편지〉(1845)도 번역했다. 이것들은 근대적인 탐정(C. 오귀스트 뒤팽 씨)이 영웅으로 등장하는 최초의 서양 문학작품들이었다. 벤야민의 지적대로, 산책자는 모호하게도 단서를 찾는 탐정인 동시에 군중 속으로 들어가 발견을 피하는 범인이기도 하다.

보들레르의 산책자가 어떤 모호하고 변증법적인 입장의 인물이라면, 키르케고르는 (심지어 그의 적들조차도 그를 완전히 변증법적인 인물로 여겼다) 이 변증법적 모호성을 한층 더 밀어붙인다. 그는 군중 속으로 사라지지 않는다. 대신 그는 다중 속에서 손실을 감수한다. 또는 이른바 "사람 목욕people bath"[38]을 한다─'응시되기 위해' 그리고 그럼으로써 숨기 위해.

단순히 군중 속으로 사라지는 것은 키르케고르로서는 가능하지 않았다. 한가지만 이야기한다면, 1840년대의 코펜하겐은 1840년대의 파리가 아니었다─키르케고르가 걷기 좋아했던, 중세 성벽으로 둘러싸여 있던 작고 조밀한 이 도시의 1845년 인구는 고작 127,000명이었다.[39] 비록 필명 ("빅터 에레미타Victor Eremita")으로 출간되었지만 모두가 키르케고르의 작품임을 알고 있었던 《이것이냐 저것이냐》(1843)의 대 히트는[40] 키르케고르를 유명인사로 만들었다─모두가 모두를 알고 있던 어느 타운에서, 군중 속에 숨기란 불가능했다. 키르케고르와 함께 매일 산책을 했던 철학자 프레데릭 닐슨에 따르면, "모든 이들이 (진짜) 작가가 누구인지 알고 있었다. 어느 순간 외스터포트Østerport에서 만날 수 있지만 다음 순간엔 타운의 완전히 반대편에서 만날 수 있는 이 마르고 자그마한 남자, 한눈에 보기에도 태평스러운 이 소요인은 모두가 알아봤다."[41] 핵심을 말하자면, 키르케고르는 자신이 코펜하겐 주변에서 '이것이냐 저것이냐'라는 이름으로 통했다고 말한다.[42]

하지만 키르케고르로서는 자기 방에 숨는 것 역시 하나의 선택지일 수 없었다. 그는 쇼펜하우어처럼, "단순한 사람들부터 귀족들까지 군중 전체에 의해" 조롱당하는 사태를 두려워하는 이들을 경멸할 뿐이었다. "나는 위험과 반론이 있는 곳인, 사람들 사이에, 길거리 위에 똑바로 서 있고 싶다"며 그는 "귀족적인 이동"[43] 같은 퇴각은 하지 않겠다고 선언한다. 군중 속에 숨는 것도, 공적인 삶에서 물러나는 것도 모두 배제하면서, 그는 눈에 띄는 곳에 숨기라는 제3의 길을 찾았다. 키르케고르는 "공개적으로, 모든 사람의 눈앞에서" 돌아다녔다. 하지만 어느 종교적 인간의 정신 안에 무엇이 있는지를 알아채기엔 수도이자 상업 도시의 시끌벅적함에 지나치게 매혹되어 있던 "그 많은 사람들 한가운데서, 비밀리에, 낯선 자로서" 그랬다.[44] 비밀리에 돌아다니는 데 열쇠가 된 것은, 키르케고르가 "내면성"이라고 부른 것, 즉 겉모습을 통해서는 감지될 수 없는 내면 심리의 움직임이었다.

2. 내면성과 재현

내면성이라는 주제는 키르케고르의 작품 전체를 관통하는 붉은 실이다. 하지만 이를 보여 주는 최고의 사례는 그의 작품 가운데 가장 위대한 《두려움과 떨림》(1843)이다.[45] 이 책의 주제는 신앙으로, 키르케고르는 신앙을 이중적인 움직임으로 묘사한다—우선, 자신의 신체적, 감각적 실존의 유한하고 물질적인 세계를 포기하는 것, 그리고 영원하고 이상적이며 영적인 세계("무한한 것")에서 피난처를 찾고서는 "신앙의 도약을 통해", "부조리의 결과물인" 유한하고 신체적인 실존 전체를 되찾는 것이다. 첫 번째 움직임을 수행하는 이를 키르케고르는 "무한한 체념의 기사"라고 말한다. 그 사람은 세계에 이방인이고, 세계에 "이질적"이며, 몽상적 눈을 지닌 시인의 일종이다. 두 번째 움직임을 만들고 세계로 돌아오는 사람을 키르케고르는 "신앙의 기사"라고 부른다. 키르케고르가 이러한 유형들을 설명할 때 '걷기'를 활용한 것은 우연이 아니다.

무한한 체념의 기사들은 쉽게 알아볼 수 있다. 그들의 걸음걸이는 가볍고 대담하다. 하지만 신앙의 보물을 짊어진 그들은 실망을 주기 쉽다. 왜냐하면 그들은 겉보기에는 부르주아적인 속물과 현저히 닮았기 때문이다. 신앙처럼, 무한한 체념은 그런 속물을 몹시 경멸한다. […] 만일 내가 신앙의 기사가 어디에 살고 있는지 안다면, 나는 걸어서 그에게 찾아갈 것이다. 왜냐하면 그 경이로움이 나를 완전히 사로잡을 것이기 때문이다. […] 저기 그가 있다. 그를 알게 된다. 그에게 내가 소개된다. 그를 처음 본 순간, 나는 즉각 그와 거리를 둔다. 뒤로 물러나 손뼉을 치며 절반 정도 크게 말한다. "하늘이시여, 이 사람인가요, 이 사람이 정말, 정말 그인가요? 그는 그저 징세원 같아 보이는데요!" 하지만 이 사람은 정말로 그다. 나는 그에게 조금 더 다가가서, 그의 움직임 하나하나를 살펴본다. 그것이 무한으로부터 나온 약간 이질적인 시각적 전신optical telegraphy을 보여 주는지를, (유한과는 이질적인) 무한을 배반하는 미소, 슬픔, 몸짓, 표정, 생김새를 드러내는지를 알아본다. 아닌데! 나는 그의 모습을 머리부터 발끝까지 살펴본다. 무한이 엿보이는 틈이 있는지를 알아본다. 아닌데! 그에게는 틈이 전혀 없다. 그의 태도는? 활달하고, 전적으로 유한에 속해 있다. 일요일 오후에 프레즈버그Fresberg[코펜하겐 외곽에 있는 공원 프레데릭스베르그Frederiksberg]로 산책하러 나가는 멋진 차림새의 중산층 가운데 그보다 땅을 견고히 밟는 이도 없다. 그는 전적으로 이 세속 세계에 속해 있다. 어떤 부르주아 속물도 그보다 더 속물일 수는 없다. […] 저녁이 되자 그는 귀가한다. 그의 걸음걸이는 우체부처럼 안정되어 있다. […] 그는 무모할 정도로 쓸데없는 것들에는 일절 신경을 끄고, 사물들을 그저 내버려 둔다. 하지만 삶의 순간마다 그는 최고의 가격으로 최적의 시간을 구매한다. 왜냐하면 그는 부조리한 것을 위하는 것 말고는 그 어떤 것도 하지 않기 때문이다.[46]

걸으로 보기에는 신앙의 기사와 부르주아 속물과 징세원과 사업가의 차이를 구별할 길이 없다. 그들의 걸음걸이, 수법은 서로 구별이 안 된다. 내면의 "신앙의 도약"은 은폐되어 있다. 그것은 겉보기, 행태, 심지어 말로도 측정이 불가능하다. 신앙의 기사가 숨기거나 속이려고 해서가 아니라, 그러한 개별적이고 비이성적인 영적 상태를 적절히 겉으로 표현하는 것 자체가 불가능하기 때문이다. 언어와 관행적인 몸짓은 모든 이에게 공통적인 경험, 즉 "보편적인 것"만을 표현한다. 반면, 신앙의 도약은, 신앙의 기사가 그것에 관해 말을 해도 아무도 그것을 이해하지 못할 정도로 독특하고 개별적인 경험이다.[47] 말과 행동을 통해 우리의 생각을 표현하는 보통 경험과 달리, "외면성으로는 측정이 불가능한 내면성이라는 게 있다"는 것이 바로 "신앙의 역설"이라고, 키르케고르는 말한다.[48]

다음의 인용문에서 키르케고르는 신앙의 기사에 관한 설명을 좀 더 밀고 나간다.

> 무한한 체념의 기사들은 발레리나/노들인데, 그들에게는 높이가 있다. 그들은 상승 운동을 하다가 다시금 내려온다. [⋯] 하지만 내려올 때마다 그들은 곧바로 [최종적인] 자세를 취할 수는 없다. 그들은 잠시 흔들린다. 그리고 이 흔들림은 그들이 세계의 이방인임을 보여 준다. [⋯] 그러나 순간적으로 서서 걸을 수 있는 것처럼 보이는 식으로 내려올 수 있고, 삶으로의 도약을 걷기로 바꿀 수 있으며, 보행자 내면의 숭고함을 절대적으로 표현할 수 있다—오직 [신앙의 기사]만이 이것을 할 수 있고, 이것은 단 하나뿐인 경이로움이다.[49]

"삶으로의 도약을 걷기로 바꾸는 것, 보행자 내면의 숭고함을 절대적으로 표현한다는 것"—이것이 바로 내면적 영성이 외면적 모습으로 측정할 수 없음이다. 이것은 발자크나 보들레르의 주장, 즉 겉으로 보이는 옷과 행동을 통해 인간의 가장 깊은 곳의 영혼을 파악할 수 있다는 주장에 의문을 던진다. 키르케고르에게, 한 개인의 내면은 그를 어떤 유형으로 만들어주는 또는 공적인 인격으로 인정받게 해주는 특성과는 완전히 다른 것이다.[50] "세속에서의 지위와 인정"은 키르케고르가 원하지 않던 것들이었다.[51] 그의 공적 페르소나는 위장이었다. 모든 이들에게 알려졌고, 축복의 날들이면 언제나 거리에서 보였던 산책자의 면모는 그의 익명성, 진정한 자기의 자아를 숨기는 그의 방식이었다.

그러나 이 점은 나에게는, 실천적인 측면에서, 진짜 문제로 다가왔다. 만일 내가 키르케고르가 한때 자주 다녔던 같은 거리를 그냥 걷는다면, 나는 그의 걷기가 그의 사상과 글을 어떻게 빚어냈는지 어떤 식으로든 파악하지 못한 채, 그의 표면적 움직임을 모방할 뿐이게 된다. 코펜하겐을 거닐며 키르케고르의 흔적이 있는 명소를 보는 것도 흥미로울 것이다. 그런데 만일 그의 동시대인들조차 그가 코펜하겐에서 매일 걷는 모습을 볼 수 있었음에도, 그가 그들과 함께 걷고 이야기하던 바로 그 순간에 그의 정신에서 무엇이 펼쳐지고 있었는지 이해하지 못했다면, 내게 어떤 기회라는 게 있기는 했을까?

나는 이 질문에 대한 답을 《두려움과 떨림》과 쌍둥이 작품의 제목이기도 한 '재현repetition'이라는 키르케고르의 말에서 찾았다. 덴마크어 'Gjentagelse'는 문자 그대로는 "재소유하다retaking" 또는 "다시 차지하다 taking up again",[52] 존재 가능성의 재호출 또는 회복을 뜻한다[53]—이것은 겉으로 보이는 행동의 단순한 "되풀이"라기보다는 영적 움직임의 "재개reprise"다. 키르케고르가 《불안의 개념》에서 언급하듯, 영적 재현은 "재현을 뭔가 내적인 것으로, 자유 자체의 과업으로, 그것의 최고 관심사로" 탈바꿈시켜서 "[외적인] 모든 것이 변하는 동안에도 [정신]은 실제로 재현을 실현할 수 있다."—외적으로나 담론적으로 실현하는 것이 아니라, 새롭고도 독창적인 방식으로 특정한 가능성을 실현하는 자유로운 영적 움직임으로서.[54] 문자 그대로 반복하는 것, 과거 행동의 겉모양을 그대로 모방하려고 노력하는 것은 부질없고, 우스꽝스러운 일이기조차 하다—그건 마치 키르케고르가 소크라테스를 "되풀이"하며 동시대 덴마크인들의 의복 대신 그리스 튜닉Greek tunic을 입기로 한 것과도 같고, 이는 소크라테스의 방법에 대한 완전한 오해일 것이다. 소크라테스의 방법은 자기 동시대인들을, 옛날 의상을 입은 역사 드라마의 등장인물이 아니라, 동시대인들'로' 대하는 것, 바로 그것이었다.

키르케고르 자신의 견해로 본다면, 그를 진정으로 이해하기 위해서는 그의 내적 변증법적 움직임을 재생산해야만 한다.[55] 나는 그의 걷기의 무대 일체를, 즉 코펜하겐의 거리, 교회, 공원, 기념물을 나 자신의 존재 가능성과 연결해야 할 것이다. 프록코트와 모자를 걸치고 끝이 은색인 스틱을 손에 들고 돌아다닐 것이 아니라, 2018년에 어울리는 방식으로 나를 타인과 코펜하겐에 연결해야 할 것이다. 키르케고르의 이론에 따르면, 그런 식으로만 나는 그의 동시대인이 될 것이다—예수 시대에 살았든 2000년 후에 살았든, 겉모습과는 정반대로 예수가 정말 신이라고 믿을 때 그리스도의 동시대인이 된다는 키르케고르의 주장처럼.[56] "글쎄, 내가 실제로 예수를 봤다면, 믿었겠지"라고 주장한 이들을 향한 키르케고르의 조롱성 회의주의는, 코펜하겐 시민들에게 늘 노출되었음에도 자신이 정말로 누구인지는 그들로부터 결코 인식되지 못했던 그의 개인적 경험에 근거를 두고 있었다. 외적인, 신체의 움직임에서 인간의 내면적 진실로 이동하는 것이야말로 "진정한 재현", 즉 현상적인 모습 뒤에 숨겨진 내면의 변증법적인 움직임을 파악하는 "정신의 재현"일 것이다.

내면성이 관련되긴 했지만, 이 "재현"은 단순히 생각을 통해서가 아니라 실제의 신체 움직임을 통해서 수행되어야 한다.[57] 키르케고르에게는 이론과 실천은 분리될 수 없다—'이야기하기를 걷기to walk the talk'야말로 절대적 필요물이다.《재현[반복]》의 첫 문장들이 걷기를 단순한 관념에 대한 실천적 반박으로 취급하는 것은 결코 우연이 아니다. "모두가 알다시피, 엘레아 학파가 운동을 부정했을 때 디오게네스가 맞수로서 앞으로 나섰다. 그는 실제로 '앞으로 내딛였다.' 왜냐하면 그는 한마디도 하지 않고 그저 몇 차례 앞뒤로 걷기만 했기 때문이다."[58] 나도 앞으로 나서야 하겠지만, 동시에 나는 바깥을 향한 신체의 그 나섬을 바깥 관찰자에게는 보이지 않는 내면의 영적 움직임으로 바꿔야만 할 것이다.

　　이는 키르케고르가 필명으로 쓴 작품들을 읽는 것과 유사한 작업이 될 것이다. 그 텍스트들의 독자는, 자기 내면으로 들어가 자기만의 결론까지는 아니더라도 최소한 자기만의 생각에 도달하도록 강요하는 일련의 역설과 지적·도덕적 과제를 만나게 된다. 그의 어떤 책에 의해 독자가 깊고 실존적인 자기 질문으로 이끌려 들어갈 때, 독자의 내면은 키르케고르의 생각에 대한 이해로 진입하게 된다. 그러나 그 이해의 기초는 객관적으로 진술 가능한 특정 명제에 대한 동의가 아니다. 그것은 내면의 진실, 즉 독자 자신의 진실에 대한 동의다.[59]

　　그렇다면 은유적으로 말해, 나는 키르케고르가 걸었던 거리를, 걸어서 읽을 수 있는 일종의 텍스트로 여길 수도 있을 것이다. 키르케고르의 독자가 텍스트가 말하는 것을 넘어 그것이 촉발하는 내적 자기 질문으로 나아가야만 하는 것처럼, 나 역시 보행자로서 내가 듣고, 보고, 만지고, 냄새 맡고, 맛보는 모든 것을 나 자신의 실존적 질문을 촉발하는 텍스트로 간주해야 한다. 키르케고르의 상태와 같아짐으로써 발생하는 생각의 내용이라면, 나의 생각이 그의 생각과 같을 리 만무할 것이다. 하지만 내가 생각을 전개하는 특정 '양식'—나 자신과 세계에 관한 나의 질문 활동, 사고 활동의 열정과 내면성의 방식—은 아마 키르케고르 자신의 내면적 존재 양식과 유사할 것이다.[60] 이것이야말로 키르케고르의 코펜하겐 걷기를 진정으로, 비문자적으로 재현함일 것이다.

3. 키르케고르, 소요학파

키르케고르는 코펜하겐 "최고의 소요학파"로 인정돼왔다.[61] 그의 전기를 쓴 요아킴 가프는 그의 인생 이야기가 어느 정도로 전설에 덮여 있든 "거리의 철학자 키르케고르는 역사적인 실재"라고 주장한다.[62] 고대 아테네의 소크라테스처럼, 키르케고르는 코펜하겐의 거리, 공원, 시장을 거닐며 동료 시민들을 대화와 철학적 탐구에 참여하게 했다. 때로는 홀로 때로는 일행과 함께, 그는 거의 매일, 코펜하겐 전역을, "도시 곳곳을, 호수를 따라서, 성벽 위로 향하며, 또는 프레데릭스베르그 쪽으로"[63] 걸었다. 사람들에게 질문하고, 생각하고, 인상을 취합하면서.[64]

　　우리는 그가 보행 장비에 들인 경비로써 그가 얼마나 걸었는지를 가늠할 수 있다. 그는 값비싼 수제 부츠를 신고 다녔는데, 안쪽의 코르크 밑창은 그의 발걸음에 쿠션감을 주었고, 그 덕에 그는 스파이처럼 조용히 이동할 수 있었다. 1849년 단 1개월 안에 그는 부츠 밑창을 바꿨고 최소 5회 굽을 바꿨다.[65] 그의 개인 비서 이스라엘 레빈은 키르케고르가 "놀랄 만큼 많은 보행용 스틱"을 소유하고 있었다고 보고한다.[66] 이것들은 훗날 실크 우산들(둘은 검고, 하나는 초록)로 대체되는데, 키르케고르 자신의 증언에 의하면, 그는 산책하러 갈 때마다, "비가 올 때도 맑을 때도" 그것을 가지고 다녔다.[67] 좋은 부츠와 보행용 스틱은 걷는 심리 관찰자인 키르케고르의 직업에서 필수적인 도구였다.

　　베를린으로 네 번, 스웨덴과 유틀란트Jutland로 각각 한 번 등 몇 차례의 단기 여행을 제외하면, 키르케고르가 정기적으로 찾았던 노스 질랜드(덴마크 내 북부 일부를 부르는 용어-역자)는 그의 영토의 최대치였다. 즉, 코펜하겐이 그의 세계였다.[68] 가프에 의하면 "키르케고르는 코펜하게너였고, 그는 그 도시를 제 손바닥처럼 또는 어쩌면 그보다 더 잘 알고 있었다." 그의 글에는 아마보부터 외스터포트에 이르는, 그 도시의 모든 거리와 골목 이름이 등장한다.[69] 《인생길의 여러 단계》는 몇몇 거리들(에스플라나데, 하우저 스퀘어, 크론프린드세스, 쿨토르베, 외스터게흐, 스트뢰흐, 숨스, 쪼아네부스케)과 장소들(디어 파크, 성 삼위일체 교회, 콩세이브, 외어순)을 명시한다.[70] 여기에다 《이것이냐 저것이냐》에서 명시되는 거리와 장소(브레드게흐, 햄토프, 회어보어플래스, 크니플스보(크니플스브릿지), 콩스 뉴토브, 랑이리이느, 뇌어포트, 뉴보어러, 외스터포트, 헤겐슨(대학생 기숙사), 라운드 타워, 스톰게흐, 스트란, 스트란데하인, 스토어 콩스게흐, 스토어 큐브매어게흐, 베스터게흐)를 더하면,[71] 우리는 사실상의 코펜하겐 지도책을 가지게 된다.

키르케고르가 코펜하겐의 공원과 항구의 아름다움에 무관심했던 것은 결코 아니다. 하지만 우리의 '훗날 소크라테스'의 관심을 가장 끌었던 것은 자신의 동료 시민들이었다. 《인생길의 여러 단계》에서 그는 산책자가 됨으로써 얻는 보상에 관한 매력적인 설명을 제시하고 있다.

아무것도 하고 싶지 않은 사람도, 눈만 뜨고 있으면, 그저 타인에게 관심을 기울이는 것만으로 퍽 즐거운 삶을 살아갈 수 있다. […] 그러나 돈이 전혀 안 드는 일을, 입장료도 연회비도 사교비도 없고, 문제나 걱정도 없는 일을, 부유하든 가난하든 똑같이 드는 비용이 거의 없지만 즐거움만은 가장 풍성한 일을, 특정한 교사가 아니라 어떤 행인으로부터도, 대화를 나누는 낯선 사람으로부터, 어떤 만남으로부터도 얻게 되는 배움을 놓치는 이가 많다면, 얼마나 안타까운 일인가. 어떤 이가 헛되이 책에서 (깨달음을 얻고자) 찾았던 무언가가 어떤 하인 소녀와 이야기하는 하인 소녀의 말을 들을 때 불현듯 찾아온다—어떤 이가 헛되이 자기의 머리에서 쥐어짜려 했고, 사전들에서, 심지어 과학 문학 아카데미 사전에서 찾았던 어떤 구절이, 지나가는 길에서 들리는 것이다. 어떤 군인이 그런 경험을 고백하지만, 그는 자기가 얼마나 부유한 이인지는 꿈에도 생각하지 못한다. 엄청난 숲에 들어 경이로움에 빠져서는, 때로는 나뭇가지를 때로는 잎을 살펴보고, 어떤 꽃을 보려고 몸을 굽혔다가 이내 지저귀는 새 소리를 듣는 사람처럼, 그는 사람들 사이에서 걷고, 언어의 경이로운 능력에 놀라고, 이 표현과 (지나가는) 저 표현을 채집하며 기쁨에 젖게 된다. […] 그렇게 그는 숱한 사람들 사이를 걸으며 어떤 심리 상태의 한 표현을 알아채고, 그 다음엔 다른 표현을 알아채며 배우고, 배우며, 오직 배움만을 한층 더 열망하게 될 뿐이다.[72]

인간 본성 연구를 위한 장소는 길에 있다. 때로는 경청하고 관찰하며, 때로는 타인과의 대화에 직접 참여하며—특정 부류가 아니라 개인으로서. 키르케고르는 이렇게 말한다—비록 거리에서 숱한 사람들과 이야기를 나누었지만,

그럼에도 나는 내가 함께 이야기한 각 개인이 지난 번에 그리고 그 지난 번에 했던 말을 즉각 기억할 수 있어야 한다고 느꼈다. 마찬가지로, 내 관심 대상인 모든 개인, 그의 말, 그의 사고 경향은, 그를 보자 마자 내게 곧바로 생생히 나타난다. 심지어 내가 그를 마지막으로 본 지 오래되었다고 해도 그렇다.[73]

늘 성공했든 그렇지 않았든, 키르케고르는 언제나 그처럼 독특한 자기만의 "범주", 즉 한 명의 개인이라는 범주의 규칙과 함께 타인을 만나려고 노력했다.[74]

　　누군가와 이야기를 나눈 후, 키르케고르는 받은 인상을 기록하기 위해 집으로 달려갔고, 그 앞에서 선 자세로 글을 썼던 자신의 높은 책상으로 곧장 향했다.[75] 모든 방에는 종이, 펜, 잉크가 준비되어 있는 책상이 하나씩 있었다. 그는 서둘러 종이 위에 자기 생각을 정리하느라 외투나 모자조차 벗지 않았다.[76] 그에 따르면, 훌륭한 심리학자라면 "관찰한 내용을 물 밖으로 꺼낼 수 있어야 한다. 즉, 완전히 싱싱하고, 여전히 꿈틀대고, 자신의 다채로운 색채를 보여 주는 것을."[77] 가프는, 키르케고르가 음조와 리듬에 주의를 기울이며 "말의 운율, 정지, 숨결을 문장으로 옮길 줄 아는" 드문 재능을 지녔다고 말한다.[78] 가끔 그는 스타일 넘치는 형식을 갖춘 완결된 작품을 가지고 집에 도착하기도 했다.[79]

　　살아 있고 꿈틀대는 관찰 결과와 생각을 집으로 가져오기는 까다로운 작업이다. 그는 거리를 거닐며 보낸 몇 시간 동안 "'나는 나의 최고의 생각들 속으로 걸어 들어갔다'"고 말한다.[80] 하지만 때로 그는 귓갓길에서 만난 이의 방해를 받아 그 생각을 놓치기도 했는데, 그 경우, 그에 따르면, 유일한 해법은 '다시 걷기'였다.[81] 어떤 경우엔 집으로 돌아가는 길에 "모든 단어를 적을 준비가 되어 있었고, 생각이 가득 차 있었고," 책상에 어서 도달하고 싶어 안달이 난 나머지 자기와 이야기하고 싶어 한 불쌍한 사람을 거절할 정도였지만, 막상 집에 도착했을 땐 "모든 것이 사라진 것만" 같았다. 하지만 만일 멈춰서 그 사람과 이야기했다면, 그는 자기 생각과 단어를 고스란히 지닌 채 집에 도착했을 것이다.[82] 걷는 심리학자는 어떻게 행동해야 하는 걸까?

물리적으로 보면, 키르케고르와 함께 걷는 일은 간단한 문제가 아니었다. 그가 말한 신앙의 기사와는 달리, 키르케고르의 걸음걸이는 "우편 배달원의 것만큼 안정적이지는" 않았다. 핸스 브뢰흐너는, 그의 "비스듬한 비대칭"이 게와 유사한 보행 스타일을 만들었다고 말한다.

> 그와 함께 걸으며 직선을 유지하기란 결코 가능하지 않았다. 누구나 항상 집과 지하실 계단 쪽으로 아니면 시궁창 쪽으로 밀쳐지곤 했다. […] 이따금 충분한 공간을 얻기 위해 그의 반대편으로 빙 돌아가 설 기회를 잡을 필요가 있었다.[83]

친구들을 화나게 했거나 아니면 그들로부터 사랑을 받았던 그의 지그재그 걸음걸이 역시 조롱을 당했다. 풍자 주간지 〈코르세어[코르사르] The Corsair〉의 필자 피더 루드비히 뮐러는 막 출간된 키르케고르의 《비학문적인 해설문》에 대한 리뷰에서 이런 조롱을 쏟아냈다—"'dialectical' 과 'dialectic'이라는 단어를 이해하지 못하는 사람에게 그 의미는, 변증법적이지 않은 이들이 직선을 따라 도달할, 목적지를 향한 지그재그 운동(선원들이 말하는, 지그재그로 바람 안고 가기)으로 정의될 수도 있겠다."[84]

철학자 F. C. 시번은 키르케고르의 "독특하고 개성적인 방식의 행진하기, 걷기, 수그리기"를 이야기했는데,[85] 그것은 척추 기형의 결과였을지도 모른다. 동시대인들은 그를 "어깨가 높은", "어깨가 둥근", "등이 굽은", "약간 굽은 등을 지닌" 등의 언어로 언급했는데, 그만큼 그는 "약간 구부정하게, 쉼 없는, 다소 뛰는 식의 걸음걸이로" 걸었다.[86] 다소 호의적인 발언도 있었다. 키르케고르의 한때 약혼자였던 레기네 슐리힐Regine Schlegel(옛이름 올슨Olsen)이 어느 역사학자에게 한 말에 따르면, "그의 어깨가 얼마간 높고 그의 머리가 약간 앞으로 기울어진 것은 어쩌면 책상 앞에서의 그 모든 읽기와 쓰기 때문일 것이다."[87] 그것의 원인이 무엇이든, 그의 자세는 〈코르세어〉가 그린 그의 캐리커처에서 무자비하게 포착한 특징, 즉 바짓단 길이가 고르지 못한 것에도 원인을 제공했을 것이다.

　　1846년의 "코르세어 사건"은, 알려진 것처럼, 산책자로서 키르케고르의 이력에서 하나의 전환점이었다. 그 뒤로, 정육점 소년부터 대학교수까지 모든 계급의 사람들로부터 외모와 걸음걸이 문제로 조롱을 받은 키르케고르는[88] 더 이상 "군중 속에 홀로 있음"으로써 격렬한 지적 노동으로부터 벗어나 휴식을 취하지도 기분 전환을 하지도 못하게 되었다.[89] 보들레르가 예찬한, 군중 속의 고독이 불가능해졌다.

　　이야기는 다소 순진하게 시작되었다. 키르케고르는 프라터 태시투르누스라는 필명을 사용해《인생길의 여러 단계》에 대한 P. L. 뮐러의 부정적인 리뷰에 대응한 적이 있었다. 그는 〈필러랜흐[파더랜드]Fædrelandet〉에 실은 한 글에서 "여행하는 어떤 미학자가 어떻게 우연히 저녁값을 지불했는지"를 언급하며, 불명예스러운 (그러나 널리 읽히는) 풍자 주간지 〈코르세어〉의 편집자들 중 한 사람으로 뮐러를 "콕 집어 언급"했다. ("성령이 있는 곳에 교회가 있다; P. L. 뮐러가 있는 곳에 코르세어가 있다.") 이때 그는 코펜하겐 대학교의 미학 교수가 되려던 뮐러의 희망에 무심결에 찬물을 끼얹는 동시에 〈코르세어〉의 실질적 책임자 마이어 골드슈미트를 모욕하게 된다.[90] 〈코르세어〉의 보복은 무자비했다.

　　키르케고르는 도발을 당했다. 뮐러의 리뷰 〈소뢰Sorø 방문〉은 키르케고르의 왕성한 저술 생산력을 일반인의 성행위의 일탈로 봤다—"일반인은 1년에 태아 하나를 만들어 자신을 재생산하는데, 그는 물살이 본성을 지녀 산란하는 것만 같다."[91] 1841년 키르케고르가 레기네 올슨과의 (13개월간 이어진) 약혼을 파기한 사실을 코펜하겐 '전체'가 알았다는 사실을 감안하면, 뮐러의 풍자는 빗나간 것이었고, 이에 대응한 키르케고르를 비난하기는 어렵다. 하지만 〈코르세어〉로부터 학대당하지 않은 유일한 덴마크 작가가 바로 자기라고 뻔뻔스럽게 불평했을 때,[92] 키르케고르는 앞으로 자기에게 어떤 일이 닥칠지 알았어야 했다. 〈코르세어〉의 대응은 인격 살인(키르케고르를 구두쇠이자 위선자라고 비난했다)과 외모 조롱이었다. 키르케고르에게 지속적인 해를 끼친 것은 후자였다.

"걷는 철학자는 어떻게 걷는 코르세어 편집자를 찾았는가"라는 글(The Corsair, No. 276, 1846. 1. 2)에서 골드슈미트는 코펜하겐 대학교의 실제 천문학과 교수인 C. F. R. 올룹슨과 키르케고르 사이에 오간 상상의 대화를 보여 준다.

올룹슨: 당신은 혜성이군요. […] 그렇다면, 혜성은 무엇일까요?

키르케고르: 그것은 필멸인 우리에게 불규칙한 시간대에 나타나는, 궤도를 벗어난 찬란한 빛이죠. […]

올룹슨: 당신이 궤도를 벗어난 인물이라는 걸 부인할 수는 없을 겁니다. 당신이 찾는 재단 업체는 어디죠?

키르케고르: 파흐너랍니다.

올룹슨: 그곳은 더 이상 파흐너 소유가 아니에요. 입센이 그 시설을 인수했어요. 입센이 당신 바지를 바느질하면서 자기 멋대로 했다는 말을 내게 하려는 건가요?

키르케고르: 아뇨, 그는 내 다리를 잘 쟀어요.

올룹슨: […] 나 역시 입센에서 만든 바지를 가지고 있지만, 바짓단 각각은 언제나 양쪽이 같은 길이랍니다. 일부러 천재처럼 보이기 위해 내가 특별히 주문하지 않는 한 말이죠.[93]

〈코르세어〉는 이후 키르케고르의 캐리커처를 여러 차례 선보였지만,[94] 그것은 바짓가랑이가 있는 (말장난을 용서하시라) 바지에 대한 농담이었다. 예컨대, 2월 27일 〈코르세어〉는 다음의 발표문을 실었다.

《이것이냐 저것이냐》의 저자 빅터 에레미타[이 책에서 쓴 키르케고르의 필명]가 의류 제조에 관한 논문으로 […] 수상했다. 이 논문의 논지는 다음과 같다—경험상, 덴마크 내 바지의 길이는 같거나 한쪽이 다른 쪽보다 더 길다. "Tertium non datur [세 번째 것은 없다]."[95]

이 험담은 아픈 곳을 찔렀다. 1847년의 한 일기에서 키르케고르는 이렇게 썼다.

어떤 특정 남자의 바지가, 매우 엄격히 볼 때, 그것이 1인치 정도로 너무 짧은 것은 아닌가에 관한 토론이 1년 이상 지면에서 계속되었다. 이 사건은 지루하게 지속되었는데, 왜냐하면 대중의 마음이 그가 그 상태의 바지를 계속 입고 걸어 다니도록 허락할지, 아니면 과감한 조치를 취해야 할지가 불분명했기 때문이다.[96]

반면, 1849년의 일기에서 그는 언론이 "내 바지가 이제 너무 길어졌다고 썼다"고 말한다.[97] 너무 길거나 너무 짧거나. 그의 바지는 결코 알맞은 길이는 아니었다. 친구들과 그는 자신의 얇은 다리를 두고 농담을 터뜨릴 수 있었지만, "폭도, 잔인무도한 인간, 무뢰한, 어리석은 여자들, 아이들과 견습생들"과는 그럴 수 없었다.[98] 그는 1848년에 쓴 일기에서 속내를 털어놓았다—"만일 사후에 조롱거리를 생각할 시간이 내게 있다면, 내 얇은 다리와 내 조롱당한 바지를 떠올리는 일이 유익한 즐거움의 원천이 될

것이라고 나는 확신한다."⁹⁹

하지만 당시 키르케고르가 웃었던 것은 아니다. 거리에서 그는 "소년들, 뻔뻔한 학생들, 상점 점원들, 그리고 황색 저널리즘이 선동한 인간쓰레기들"로부터 모욕당했다. 심지어 교회에서도 시골뜨기들이 그의 바지를 빤히 바라보거나 모든 사람들이 들을 정도로 큰 소리로 그를 모욕하려고 그의 근처에 앉아 있었다.¹⁰⁰ 키르케고르를 특히 괴롭힌 것은 "더 나은 사람들", 즉 문인, 교수, 고위층 부르주아, 오피니언 리더들조차 조롱에 동참했거나 암묵적으로 조롱과 결탁했다는 것이다.¹⁰¹ 그와 함께 비웃음거리가 되는 것이 두려워 그 누구도 자기와는 길거리를 걷지 않을 것이라고 걱정할 정도였다.¹⁰² 심지어는 시골 숲을 홀로 거닐다 생각에 잠겨 있을 때조차 그는 깡패 무리에 의해 모욕을 당했다.¹⁰³ 그의 유일한 피난처는 오직 "저 내부의 장소"였다. 그곳에서라면 그는 신과 교감commune할 수 있었다.¹⁰⁴

가프는 코르세어 사건을 이렇게 요약한다. "전에는 도시 풍경의 자연스러운 일부였던 키르케고르가 순식간에 걸어 다니는 캐리커처가 되고 말았다." 즉, 대중은 그를 "사상의 대가에서 마을의 바보로" 강등했다.¹⁰⁵ 그러나 이 길고 지루하게 이어진 "조롱에 의한 죽음"(이것을 키르케고르는 "거위들에게 짓밟혀 죽는 것"에 비유했다¹⁰⁶)에도 아랑곳없이, 그리고 그가 "모든 이들의 대화와 관심의 대상"이 되어,¹⁰⁷ 타인을 관찰하고 묵상하며 거리를 어슬렁댈 수 있게 해준 "군중 속의 고독"의 호기심을 박탈당했을 때조차¹⁰⁸ 그는 시골로 은둔하는 선택지를 거부했다. 그는 코펜하겐 내의 자기 자리를 지키기로 결심한다.¹⁰⁹

1849년 키르케고르의 제화공이 그에게 보낸 청구서도 충분한 증거이지만,《두 시대: 혁명의 시대와 현 시대》(1846),¹¹⁰《죽음에 이르는 병》(1849),¹¹¹ 그리고《관점》(1848년 집필)에 등장하는, 근대의 도시적 삶의 익명성과 대중에 대한 그의 예리한 성찰은, 그가 1846년 이후에도 오래도록 산책자와 심리 관찰자로서의 일을 잘해 나갔음을 보여 준다.[112] 코르세어와 함께 들어간 진흙탕의 경험 이후, 그는 코펜하겐의 카페들, 왕립 극장을 오가며 재치 넘치고 신랄한 발언으로 동료 미학자들로부터 환영을 받던 미학자가 더는 아니었다. 그러나 그는 자신의 마지막 날까지 한 명의 산책자, 한 명의 코펜하게너로서 남아 있었다.

4. 키르케고르 따라 걷기

나는 코펜하겐에 있는 키르케고르의 피난처로 직행하지는 않았다. 대신, 코펜하겐 북쪽으로 차로 약 1시간 거리에 있는, 노스 질랜드의 해안가 어촌인 길렐라이에Gilleleje에서 여정을 시작했다. 1834년부터 1851년까지 키르케고르는 휴식과 느긋한 시간을 위해, 홀로 명상하며 숲과 해안가 길을 걷기 위해 이곳을 찾았다.[113] 1835년의 두 번째 여행에서 그는 시끌벅적한 코펜하겐을 탈출했는데, 그곳에서 인문학 석사 학위(오늘날의 박사 학위에 상당한다) 논문 집필에 전념하기 위함이었다. 그 지역 주민들은 그를 "미친 학생"이라고 불렀다.[114] 마음을 차분하게 하기 위해, 키르케고르는 해안가를 따라 긴 산책을 하곤 했다. 목적지는 나무 아래에 앉아 외어순 Øresund 해협 건너 스웨덴을 바라볼 수 있는 길뱌흐 호을Gilbjerg Hoved의 언덕이었다. 비록 언제나 코펜하겐의 산책자였지만, 그는 간혹 도시의 사회적 삶의 긴장을 풀기 위해 절벽 꼭대기 길을 걷곤 했다. 길뱌흐 호을의 고요 속에 잠겨, 그는 자아 역시 온전히 자신인 상태가 되는, 현재에 온전히 존재하는 순간을 누렸다.[115]

　　다이앤과 나는 5월 말의 어느 화창하고 온화한 날 그곳을 찾았다. 산들바람과 다채로운 하늘빛이 걷기에 최적인 날을 빚어내고 있었다. 나무들이 우거진 길을 따라 조금 걷던 우리는 무성하게 자란 덤불을 밀치고는 키르케고르 비석을 찾아냈다. 키르케고르가 앉아 명상하던 자리에 세워진 2m 높이의 거친 돌로 된 기념물이었다. 그 비석에는 키르케고르의 1835년 8월 1일 자 일기에서 발췌한 내용이 새겨져 있었는데, "내가 그것을 위해 살고 죽을 생각을 찾는 일"의 필요성에 관한 것이었다—"생각을 위해 사는 것 말고 대체 진리란 무엇인가?[Hvad er sandhed andet end leven for en idée?]" 전체 문단은 키르케고르의 삶에서의 전환점을 보여준다.

> 내게 정말로 필요한 것은, 지식이 모든 행동에 선행되어야 한다는 점을 제외하면, 내가 무엇을 알아야 하는지가 아니라 '내가 무엇을 해야 하는지'를 분명히 하는 것이다. 그것은 내 운명을 이해하는 일에 관한 문제이고, 신이 진정으로 '내게서' 원하는 것을 인식하는 일에 관한 문제다. 그것은 '내게' 진리인 어떤 진리를 찾는 일에 관한 문제이고, 내가 그것을 위해 살고 죽을 '생각'을 찾는 일에 관한 문제다. 사람들에게 영향력이 있는 '지식의 책무'를 내가 아직도 신뢰한다는 점을 부정하지는 않겠다. '하지만 그럼에도 그 지식은 내 안에서 살아 있는 부분이 되어야만 하고', '이것'이야말로 핵심이라고 내가 이해하고 있는 것이다.[116]

키르케고르는 사회적 세계가 제시하는 수많은 인간의 가능성 속에서 자기를 상실했었음을 깨달았다고, 자신이 "내 삶의 대리인"인 다른 이들의 역할을 맡았다고 말한다. 10년 후에 《죽음에 이르는 병》에서 그가 절망과 동일시하는 자아의 상실 말이다.

세상의 여러 방식들에 대해 시끄럽게 불평을 늘어놓는, 온갖 세속적 문제에 빠져 있는 무리에 둘러싸여 있는, "타인들" 때문에 자아를 착각하는 사람—이런 사람은 자기를 잊고, 신성하게 이해되는 자기 이름을 잊고, 자기를 믿지 못하며, 자기 자신으로 사는 것은 너무 위험하다고 생각하고, 남들처럼 사는 것, 복제인간, 숫자, 대중적 인간으로 사는 것이 훨씬 더 쉽고 안전하다고 생각한다. […] 가장 큰 위험인, 자기를 상실하는 일은, 마치 아무 일도 아니라는 듯 아주 조용히 세상에서 일어날 수 있다. 다른 어떤 손실도 그처럼 조용히 일어날 수는 없다. 팔, 다리, 5달러, 아내 등 다른 손실은 분명히 눈에 띄게 되어 있다.[117]

카페에서 시간을 죽이고 왕립 극장에서 상연된 모차르트의 〈돈 조반니〉 공연을 가능한 한 많이 (1829~39년에 28회) 관람하던 그 학생은, 노스 질랜드에서 6주를 보낸 후에는[118] 진지해질 준비가 되어 있었다. 코펜하겐으로 돌아와 산책자의 길을 재개했을 때, 그는 더 이상 사회적 장소에서 코믹하고 아이러니한 역할을 할 뿐인 사람이 아니었다. 비록 그의 동시대인들은 여전히 그를 그렇게 인식했지만 말이다. 그는 타인의 내면 깊은 곳에서 생각을 끄집어내고 인간 심리의 깊은 곳을 꿰뚫는 대화에 자신의 사회적 페르소나를 참여시키며, 신의 스파이가 되었다. 그의 작품 안에서 개인적 인간 실존의, 실타래처럼 꼬인 문제들을 그려내기에는 훨씬 더 좋은 방식이었다.

길렐라이에의 절벽 꼭대기 길을 걸으며 키르케고르는 진정한 개성을 향해 나아가게 해준 통찰력을 얻었다. 하지만 이 사안의 중심, 그리고 그 자신의 삶의 중심은 코펜하겐 시내에 있었다.

다이앤과 나는 19세기식 [코펜하겐] 중앙역에 도착했다. 역 반대편에는 티볼리 가든 놀이공원이 있었다. 1843년 개장 당시 이 놀이공원에서는 '동양' 시장, 파노라마, 디오라마diorama, 증기 동력 회전목마, 식당, 극장, 콘서트장, 다게레오타입daguerreotype(대중화된 최초의 사진기술-역자), (사진) 스튜디오가 제공되었다. 키르케고르에게 흥미로웠던 것은, 예수가 산 삶의 장면을 보여 주는, 기계적으로 움직이는 밀랍 인형이었다.[119] 만일 신이 "다른 인간들과 똑같은 인간의 모습을 취한다면, 그때 신은, 신을 보는 것은 티볼리에 가는 것과도 같다고 여기는 사람들만을 속이는 것"이라고 말할 때,[120] 키르케고르는 이 밀랍 인형을 떠올리고 있었던 것 같다. 겉모습은 내적 진실을 은폐한다—예수의 경우만이 아니라 키르케고르 자신의 경우에도.

우리의 첫 행선지는 키르케고르를 가장 확실히 찾을 수 있는 곳이었다. 쇠렌 키르케고르 광장에 있는 왕립 도서관. 항구 옆에 있고 지금은 아이콘이 된 블랙 다이아몬드 건물이 바로 그곳이다. 그곳의 에스프레소 바의 이름은 '순간'이라는 뜻의 오이블리그øieblikket인데, 1855년에 키르케고르가 출간한, 찬반론이 분분했던 반反교회 팜플렛의 제목이기도 하다. 온화한 날씨에 야외 테이블에 앉아서 항구 너머 크레스티안셰운Christianshaven을 바라보며, 이리저리 오가는 보행자와 자전거들을 가만히 응시하며 우리는 키르케고르의 코펜하겐을, 한없이 매혹적인 거리 생활이 펼쳐지는 바로 그 장소를 감지하기 시작했다. 잠시 걸으니 왕립 도서관 정원, 일종의 고요한 사각형이 나왔다. 그곳에서 우리는 1918년에 세워진 유명한 키르케고르 청동상 주위를 서성였다. 그토록 많은 책을 쓰고 많은 책을 소유했던 키르케고르의 기념상이, 어느 한 도서관의 정원에 있다는 것은 얼마나 적실한가.

도서관에서 멀지 않은 곳에 오래된 증권거래소가 서 있는데, 일각고래 상아처럼 생긴 독특한 첨탑이 있는 17세기 건물이다. 책《서문》에서 키르케고르는 "그는 정말이지 하찮은 쓸모없는 자, 부도덕한 사람"이라고 선언한다. "돈을 벌려고 증권거래소에 가지 않고 그저 건물 사이를 거닐 뿐이기 때문이다."[121] 그가 이 지역을 산책한 것에는 다른 이유가 있었다. 증권거래소 옆에는 한때 "식스 시스터즈"라고 불린 이중 팔작지붕 건물 세 채가 서 있었는데, 그중 한 채, 뵈르스게호 66번지에는 키르케고르의 삶과 작품에 매우 중요했던 젊은 여인이 살고 있었다. 바로 레기네 올슨이다.[122] 오래전에 파괴된 이 건물들에는 레기네가 18~19세였고, 키르케고르가 27~28세였던 당시 둘의 약혼 기간에 일어났던 극적인 장면들의 흔적이 전혀 남아 있지 않았다. 키르케고르가 1841년 10월 11일 파혼했을 때의 사건은 말할 것도 없다.[123] 그러나 이 러브 스토리는, 그것이 시작된 지 14년 후에 키르케고르가 사망할 때까지 실제로는 끝나지 않는다. 우리는 코펜하겐 곳곳에서 이 사실을 상기시키는 것들과 조우했다.

일단 여정을 시작했기에 나는 나를 키르케고르의 삶과 정신에 가장 잘 연결해줄 방식으로 코펜하겐을 탐험할 방법을 찾아내야 했다. 정해진 목적지는 여럿 있었다—성모 마리아 교회Frue Kirke, 키르케고르가 묻힌 아시스텐스 묘지Assistense Cemetery, 키르케고르가 사망한 로얄 프레데릭스 병원Royal Frederik's Hospital(지금의 덴마크 디자인 박물관). 그러나 정해진 일정을 따르는 것은 산책자의 정신과는 어긋나는 것처럼 보였다. 나는 이 주요 장소들을 나의 목적지로 삼되, 1960년대 상황주의자들이 만든 심리지리학적 용어 "일탈dérive"과 같은 "표류"를 할 생각이었다. 맥켄지 워크가 언급한 "주체 간 공간의 선"[124]을 따라 여러 거리와 동네의 분위기에 그저 이끌리면서. 이러한 주관적이고 즉흥적인 접근법이, 시민들에게는 친숙한, 좀 더 세세하고 미묘한 도시에 가까운 코펜하겐을 만나게 해줄지도 몰랐다.

심리지리학적 표류는 기분과 기운을 강조하는데, 그 점을 생각해볼 때 이 방법은 "진리는 주관성이다"라는 유명한 말을 선포한 철학자의 도시의 심리적 지형을 탐구하는 데는 그다지 나쁘지 않은 방법일지도 모르겠다.[125] 아이반 체체글로브의 1953년 에세이 〈새로운 도시주의를 위한 규칙〉에 따르면, 심리지리학은 도시 걷기를 활용해서 도시 및 건축의 공간이 어떻게 "환기하는 힘으로 충전되는지"를 조사한다. 또는 그 공간이 어떻게, 기운 별로 규정된 구역(행복한 구역, 고귀한 구역, 비극적인 구역 등)을 "항해해보라는 초대", "표류해보라는 자극"인 모종의 분위기로 충전되는지를.[126] 여기서 "항해해보라는 초대"는 같은 제목의 보들레르의 시[127]나 선구적 심리지리학자인 산책자에게는 일종의 인사이자 찬사다.

기 드보르는 체체글로브의 '심리 게임'을 본격적인 연구 프로그램으로 진화시켰다—"심리지리학은 (의식적으로 계획된 것이든 아니든) 개인의 감정과 행동에 끼치는 지리환경의 구체적인 영향과 그 환경의 정확한 법칙에 관해 연구한다."[128] 심리지리학은 연구한다.

> 수 미터의 공간 내의 어떤 거리의 갑작스러운 분위기 변화를, 뚜렷한 심리적 분위기를 띤 구역들로 어느 한 도시가 구획되는 현실을, 목적 없는 산보 속에서 자동적으로 따라오는 (그리고 지형의 물리적 윤곽과는 아무런 관련이 없는) 거의 저항하지 않는 길을, 특정한 장소들의 (그것들의 풍요나 가난이 결정하는 것은 아닌) 매혹하는 또는 거부하는 면모를.[129]

심리지리학적인 '일탈'은 통통 튀는 창조성을 찾아 "신속하게 변하는 분위기들의 장소를" 열정적으로 여행하라고 보행자를 부추긴다. 그리하여 둔감을 조장하는 습관의 효력에 도전한다.[130]

이러한 접근법은 통통 튀는 수많은 필명의 페르소나를 창조한 어떤 사람에게는 적합할 것이다—빅터 에레미타(승리의 은둔자), 요하네스 데 사일렌티오(침묵의 요한), 콘스탄틴 콘스탄티우스, 비길리우스 하우프니

엔시스(코펜하겐의 경비원), 니콜라스 노타베네, 프라터 타시터누스(침묵의 형제), 요하네스 클라이마쿠스(사다리의 요한,《천국의 사다리Scala paradisi》를 쓴 7세기 수도사의 이름).[131] 심리지리학자들처럼 키르케고르도 기분/분위기mood에 매우 민감했다.《서문》(1844)은 하나의 서문이 왜 "하나의 분위기"인지를, 왜 글쓰기가 "기타 조율" 또는 "스틱으로 허공 치기와 같은지"를 탐구하는 데 전념하고 있다.[132]《불안의 개념》(1844)은 자유가 자기를 드러내는 실존적 분위기에 관한 연구인데, 이 책에서 그는 각 주제마다 그에 상응하는 분위기가 있다고, 그 분위기를 통해서만 그 주제가 제대로 파악 가능하다고 말한다.[133] 심리지리학 덕택에 보행자는 가이드북 대신 자기의 기분을 따라가며 거리들과 건물들의 기운을 자기만의 방식으로 탐구할 수 있다─이것은 보행자의 몸에 구현된 주체성과, 장소들의 주체성과의 만남이다. 개별성, 주체성, 감정(두려움, 불안, 절망, 기쁨, 사랑)은 키르케고르의 명함이었고, 따라서 심리지리학의 독특한 "방법"은 그를 이해하는 데 완벽에 가깝게 적합했다. 나는 가이드북에 따른 일정의 구속에서 벗어나 키르케고르식 '일탈'을 자유롭게 따라갔다. 기분, 즉흥, 내면의 안내에 이끌려, 그의 삶을 알려 주는 주요 랜드마크 쪽으로 방향만 정한 채.

키르케고르는 삶은 뒤에서 이해되어야 하지만, 앞을 향해서 살아야 한다고 말한다.[134] 이 잠언을 무시하며, 다이앤과 나는 끝에서 시작했다. 즉, 아시스텐스 묘지에 있는 그의 무덤이 우리의 첫 방문지였다. 키르케고르는 종종 아버지의 무덤을 방문하기 위해 이곳을 방문했고, 인간 야망의 허망함을 "오지만디아스"(퍼시 비시 셸리의 시 〈오지만디아스〉의 주인공-역자) 식으로 표현한 듯한 이 묘지를 즐겼다─부서진 기둥들, 풀이 무성한 묘지 터들, 낡은 비문이 있는 묘석들.[135] 키르케고르의 무덤에는 무덤 주인인 아버지 미켈 필러슨 키르케고르, 여동생 마혼 크리스티느, 그리고 키르케고르 자신(Søren Aabye Kierkegaard)의 이름이 적힌 검은색 글씨의 석판이 있다. 그 옆에는 그의 아버지와 어머니 안네의 이름이 적힌 비슷한 석판이 있다. 두 석판이 모두 키르케고르 아버지의 첫 번째 부인인 키어스티느 닐스대더 키르케고르를 추모하는 더 큰 기둥에 기대어 있다. 쇠렌 키르케고르라는 이름 아래쪽에는 소년 시절 그가 애송했던 18세기 찬송가의 한 구절이 적혀 있다.

조금만 더 있으면
그럼 내가 이겼을 거야
그러면 그 모든 다툼이
단번에 끝날 텐데.
그럼 난 쉴 수 있을 거야
장미 나무 그늘 아래에서
나의 예수님과
쉬지 않고 이야기하며.[136]

묘지의 고요 속에는, 덴마크 교회를 비난하며 마지막 나날을 보냈던 삼촌이 끝내 교회 안에 공식 매장되는 사태에 격하게 항의했던 그의 조카 헨레크 룬드가 촉발한 소동의 반향은 남아 있지 않았다.[137] 평화와 고적의 분위기, 그리고 관목들과 교목들의 풍요가 아시스텐스를 코펜하겐에서 가장 매력적인 녹지의 하나로 만들어 줄 뿐이었다.

하지만 아시스텐스만큼이나 매력적이었던 것은 스스로 심리지리학을 펼쳐낸 키르케고르의 힘이었다. 그것이 타운 중심에 있는 그의 주요 보행처로 우리를 이끌었다. 버스 한 대가 우리를 코펜하겐 대학교 근처에 내려주었다. 키르케고르는 1830년부터 1841년까지 이곳의 재학생이었는데, 그가 모든 늦깎이 학생들에게 희망의 등불이 되었던 긴 세월이었다.[138] 그의 논문 〈소크라테스에게 끊임없이 나타난 아이러니 개념〉은 그가 자신의 실명을 붙인 유일한 철학 작품이다.[139] 포흐 플래즈Frue Plads를 온통 차지하는 우아하고 오래된 대학교 본관 건물은 1836년까지는 완성되지 않았다. 따라서 키르케고르가 본관의 홀을 걸었는지는 알기 어렵다. 본관에는 덴마크에서 가장 위대한 철학자를 기리는 기념물이 없다. 하지만 그의 스승들, 헨레크 N. 칼라우슨과 핸스 래슨 마튼슨의 흉상들은 있다. 후자는 키르케고르의 튜터였고 훗날 그의 적수가 된 헤겔주의자인데, 덴마크 성직자들의 주름진 레이스 칼라를 하고 있는 그의 흉상은 약간 바보 같아 보인다. 야콥 피터 뮌스터 주교의 흉상도 여기에 있는데, 키르케고르는 그의 존경과 승인을 구했고, 연애 시절 레기네와 함께 그의 설교를 들었다. 바로 이곳, 키르케고르의 학문적, 지적 삶의 중심에, 그 가르침이 그를 빚어냈고 그가 자기만의 철학을 발전시키며 저항했던 학자들 사이에, 우리는 서 있었다.

그러나 키르케고르는 내면과 열정의 철학자이며, 우리는 곧바로 이 사안의 진정한 중심지로 이끌렸다. 키르케고르의 교구 교회인 성모 마리아 교회가 바로 그곳이다. 이곳에서 그는 성찬을 받았고, 뮌스터 주교의 설교를 들으러 이곳을 오갔다.[140] 이곳에서 키르케고르 자신도 많은 "강연"을 했다. 설교와도 같았지만, 그가 덴마크 루터 교회의 목사로 임명된 적은 없었으므로 "권위는 없었다."[141] 1851~52년 외스터보 교외에서 18개월간 체류한 것을 제외하면, 그는 언제나 걸어서 지척인 곳에서 살았다.[142] 심리지리학적으로 말해 성모 마리아 교회는 그의 중심지였다. 그곳을 중심으로 그의 삶은 돌고 돌았다, 신체적으로도 정신적으로도.

도리스 양식의 기둥과 높은 층의 첨탑이 있는 신고전주의 양식의 교회 건물의 정면은 키르케고르 시대와 완전히 똑같은 모습이고, 내부의 흰 아치형 입구와 기둥이 있는 복도 역시 옛 모습 그대로이다. 중심부 측면에는 덴마크에서 가장 유명한 조각가 베어틀 토어밸슨이 만든 사도들의 대리석 조각상이 있다. 제단에는 토어밸슨의, 놀라울 정도로 생명력 넘치는 그리스도상이 서 있는데, 십자가에 매달려 있는 형상도, 죽어 그의 어머니에 안겨 있는 피에타Pietà식 형상도 아니다. 걷고 있는 듯, 한쪽 발을 다른 쪽 발 앞에 놓고 팔을 벌린 채 앞을 향한 모습이다. 초석에는 "내게로 오라KOMMER TIL MIG"(마태 11:28)라는 문구가 새겨져 있다.[143] 키르케고르는 토어밸슨의 그리스도를 그의 두 강연("기독교인의 담론", "기독교 정신의 실천")의 주제로 삼았는데, 신을 찾는 모든 이에게 그리스도가 어떻게 "자신의 팔을 여는지"를 강조했다.[144] 제단 위 돔 쪽에서 빛이 내려와 그 조각상을 비추고 있었다.

　키르케고르의 삶에서 그곳이 차지한 중요한 역할을 감안할 때, 나는 성모 마리아 교회로 "표류"한 것은 아니었다. 자석에 끌려가는 철가루처럼 끌렸을 뿐. 이 교회는 키르케고르에게는 종교적 고향 그 이상이었다. 이곳은 그의 삶의 중심적이고 결정적인 드라마에서, 평생 그의 사랑이었던 레기네 올슨(1847년 존경할 만하지만 따분한 프리츠 슐리힐과 결혼한 후에는 레기네 슐리힐[145])과의 관계에서 핵심 역할을 했다. 유명하게는, 1843년 부활절 일요일, 키르케고르가 레기네와 파혼한 후였지만 그녀와 슐리힐과의 약혼이 공식화되기는 이전에, 레기네가 키르케고르에게 "간곡히 또는 용서하며, 어느 경우든 다정하게" 고개를 끄덕였다. 무슨 의미였을까? 키르케고르는 《이것이냐 저것이냐》 안의 "유혹자의 일기", 심리 수단을 통한 한 젊은 여성에 대한 유혹, 그리고 그에 따른 그녀의 승낙에 관한 이야기[146]로 인해 레기네가 자신을 불한당으로 생각한 것 같지는 않다고 털어놓았다. 이 끄덕임의 인사는 일종의 화해를 의미하는 듯했다. 키르케고르는 그녀에 대한 자신의 계속되는 사랑을 전달할 의도로 끄덕임으로 화답했다. 그러나 실제로는 (레기네의 생각으론) 레기네와 슐리힐과의 약혼을 그가 수긍한다는 신호를 보내고 있었음은 깨닫지 못했다. (그 약혼에 대해서 그는 완전히 무지했다.) 그들의 약혼 전체가 그랬던 것처럼, 끄덕이는 인사의 교환도 상호 오해에 기반해 있었다.[147]

아마도 그 오해는 다른 쪽보다 한쪽이 더 컸을 것이다. 레기네의 끄덕임에 대한 키르케고르의 자기 과시적 해석은, 인간의 자기 기만 능력에 관한 통찰에 그 자신이 동원했던 개인적 경험과 같은 종류의 것이었다. 1843년 그는 일기에 "자기를 속이는 것이 가장 나쁘다. 속이는 자가 단 한 순간도 사라지지 않는 상황이 어떻게 끔찍하지 않을 수 있을까"라고 썼다.[148] 이는 '다른' 사람들에 대한 관찰에 기반한 심리적 '통찰'이 아니라 스스로 혹독한 대가를 치르고 얻은 삶의 교훈이었다.

성모 마리아 교회에서 레기네를 만났던 다른 사건에 관한 그의 "변증법적인" (복잡한 것은 말할 것도 없고) 해석을 살펴보자. 때는 레기네와 슐리힐이 결혼한 지 5년 후였던 1852년 크리스마스였다. 키르케고르가 교회에 들어섰을 때

그녀는 거기 서 있었다. 그녀는 걷고 있지 않았고, 누군가를 기다리며 분명 거기에 서 있었다. […] 나는 그녀를 바라봤다. 그 후 그녀는 내가 막 들어가려고 한 옆문으로 향했다. 이 만남에는 뭔가 이상한 점이 있었다. 너무도 경솔했다. 그녀가 내 옆을 지나 문을 통과하기 위해 몸을 돌렸을 때, 나는 공간을 마련하기 위해 몸을 옆으로 비켜주는 것이 될 동작으로 몸을 움직였다. 하지만 그 동작은 반쯤은 인사인 동작일 수도 있었다. 그녀는 재빨리 몸을 돌려 움직였다. 하지만 이제는, 만일 그녀가 말하고 싶었다면, 더 이상의 기회는 없었는데, 왜냐하면 나는 이미 교회 안에 있었기 때문이다. 그렇게 나는 평소의 내 자리로 향했다. 하지만 그

녀가 멀리 떨어져 앉아 있었음에도 끊임없이 나를 바라보고 있다는 생각에서 나는 빠져나올 수 없었다. 어쩌면 그녀는 복도에서 다른 사람을 기다리고 있었을지도 모른다. 어쩌면 나를. […] 어쩌면 그녀는 내가 그녀에게 말을 걸기를 원했을 것이다, 어쩌면, 어쩌면.[149]

어쩌면, 어쩌면—이것은 그저 자신의 사랑이 이제는 다른 사람을 사랑한다는 사실을 받아들일 수 없었던, 불행한 어떤 연인의 희망 어린 생각이다. 어찌 되었든, 이러한 모호한 끄덕임과 인사는 키르케고르에게 큰 의미가 있었다. 《이것이냐 저것이냐》의 '유혹자'는 "예를 들어, 완전히 일방적인 인사를" 욕망했고, "어떤 경우에도 그 이상을 수용하지는 않을 터였다. 왜냐하면 그것이야말로 타인을 대하는 가장 아름다운 행동일 것이므로."[150]

성모 마리아 교회는 키르케고르의 죽음이라는 드라마에서도 그의 삶에서 그랬던 것만큼이나 거대한 모습으로 나타났다. 1855년 11월 18일 일요일, 그의 장례식장에는 수많은 이들이 교회를 가득 메웠다.[151] 그는 코르세어 사건에서의 대중의 조롱에서 그저 살아남기만 한 것이 아니었다. 삶의 막바지에 그가 쏟아낸, 교단을 향한 반론은 그를 다시 한번 유명인사로 만들었다. 어떤 이들에게는 혐오스러운 '까만 짐승'이었고, 다른 이들에게는 영적 헤라클레스였다. 대학생들은 그의 시신을 운구하는 이가 되려고 서로를 밀쳤다. 《순간》에서 키르케고르의 공격 대상이었던 H. L. 마튼슨 주교는 키르케고르의 장례식이 일요일, 덴마크의 교회 안에서 두 예배 사이에 열린다는 사실에 발끈했다.[152] 죽어서도 키르케고르는 드라마를 만들었고, 이번에도 무대는 성모 마리아 교회였다.

철학자 뱅자맹 퐁다느Benjamin Fondane는 키르케고르의 삶은 거리에서 상연된 연극이었고, 그 연극과 마주했을 때 우리는 중립적인 관중으로 남아선 안 된다고 말한다. 즉, 우리는 우리의 생각과 열정을 극중 인물들에게 빌려줌으로써 우리 자신을 그 연극에 참여시키고, 극에 활기를 불어넣어야 한다는 것이다.[153] 레기네에 대한 키르케고르의 사랑이 줄거리를 지어냈고, 성모 마리아 교회는 그 이야기의 주 무대였다. 성모 마리아 교회 내부 신도석 사이에 서서, 쇠렌과 레기네 사이에서 오가는 끄덕임과 미소를 상상하고 있던 나는 문득 행동에 끌렸다—티볼리에서 예수의 밀랍 인형을 바라보던 누군가처럼은 아니고, 내면이 움직였다. 퐁다느는 《두려움과 떨림》에 나오는, 아브라함과 이삭에 관한 유명한 이야기도 언급한다. 이 이야기에서 아브라함은 이삭을 신께 제물로 바칠 준비가 되어 있으면서도 "부조리의 결과로" 그를 되찾기를 소망한다—"우리 각자의 내부에는 자기만의 이삭이 있다."[154] 키르케고르에 따르면, 아브라함의 행동을 이해하는 유일한 법은, 그것을 격렬히 내면화하는 것이다. 즉, 열정은 오직 열정을 통해서만 이해할 수 있다.[155] 같은 논리가 키르케고르가 레기네와 관계를 "희생"한 사건을 이해하는 일에도 적용된다. 모든 논리와 인간의 경험에 반해 내가 희생했던 것이 결국 나에게 돌아올 것이라는 믿음, 그리고 희생의 경험만이 키르케고르 생애의 결정적 드라마를 이해하는 데 도움이 될 것이다. 성모 마리아 교회의 외관은 이 드라마를 한층 더 생생하게 해주었지만, 궁극적으로 그 부분을 되살리려면 나는 나의 내면을 들여다봐야만 했다.

나 자신의 내적 드라마의 세부 내용은 그다지 중요하지 않다. 당신에게도 당신만의 내적 드라마가 있을 테고, 실은 그것이 더 중요하다. 키르케고르처럼, 그리고 많은 이들처럼, 나도, 허망하게 사랑했다고 말하는 것으로 충분하다. 나는 오해했고, 오해받았다고. 나는 확실히 관계를 끝냈다고. 하지만 내가 잃어버린 것이 어떻게든 내게 회복될 것이라는, 스스로도 감히 인정하지 못했던, 은밀한 희망을 품은 채로 그랬다고. 그 희망에는, 이성 너머의 그 믿음에는, 자기 기만이라곤 티끌만큼도 없었다. 엘리자베스 여왕은 셰익스피어의 〈리처드 2세〉 공연을 관람했을 때, 겁에 질려 외쳤다고 전해진다—"리처드는 바로 나야!" 성모 마리아 교회 안에서 어떻게 내가 "키르케고르는 바로 나야"라고 소리치지 않을 수 있었을까? 키르케고르의 삶의 드라마는 우리에게 우리 자신을 조사하고, 우리 자신의 생각, 감정, 동기를 수색하라고 강요한다. 그리고 만일 우리가 이것을 제대로 한다면, 키르케고르의 말처럼, 그것은 자기 과시적인 방식으로는 이루어질 수는 없을 것이다.[156] 키르케고르의 광기 어린, 자기 기만적인 희망에서, 모호한 신호에 대한 제 속 편한 해석에서, 나는 나 자신을 보았다. 성모 마리아 교회에서 나는 그의 영혼의 움직임을 거의 손에 잡기라도 한 것처럼 느낄 수 있었다—《이것이냐 저것이냐》가 레기네로 하여금 자신을 미워하게 하는 데 실패했다는 판단에서 온 그의 괴로움부터, 그녀가 자신을 여전히 사랑하리라는 그의 희망, 자신이 희생한 그 사랑이 자신에게 돌아올 것이라는 믿음까지. 이 상황에서는, 그의 삶의 드라마가 촉발한, 나 자신에 대한 질문은 불가피해 보였다. 바깥의 상황에서 내면의 변증법적 움직임으로의 전환은 거의 거부할 수 없는 것처럼 보였다.

성모 마리아 교회야말로 절정의 장소였다. 그 어떤 것도 그 정도 높이의 열정에는 도달하지 못했을 것이다. 하지만 레기네를 향한 키르케고르의 열정의 드라마가 자꾸만 내 코펜하겐 걷기에 되돌아왔다.

키르케고르의 삶과 사유에서 가장 중요한 장소 몇을 이미 방문했던 터라 그 후 며칠간 나는 우연과 심리지리학적 힘에 나를 한결 더 내맡겼다. 그리하여 햇살이 눈부시게 쏟아지던 어느 날 아침, 다이앤과 나는 콩세이브Kongenshave 공원에서 클라어보어느Klareboderne로 이끌려 들어갔다. 아름답고 우아한 도자기들이 진열된 어느 상점의 창문을 본 우리는 안으로 미끄러져 들어갔다. 친절한 직원과 이야기를 나누게 되자 다이앤은 내가 키르케고르에게 관심이 있다고 말했다. "키르케고르!" 그녀가 말했다. "그는 이 도로 바로 건너편에 있는 학교에 다녔죠." 그곳은 내가 챙겨두었던 코펜하겐 내 키르케고르 관련 방문 희망 목록에는 없던 곳이었다. 그야말로 진정한 심리지리학적 발견, 욕망의 충족으로 이어지는 우연한 만남이었다.

그 거리에는 키르케고르나 지금은 사라진 "시민 덕성 학교Borg- erdydskolen"를 기념하는 명판은 없었다. 그 학교 건물은 1849년에 키르케고르의 책《두 편의 윤리적-종교적 에세이》를 출판한 쇠렌 귈른데일 출판사의 사무실 일부가 되어 있었다.[157] 접수처의 직원이 우리를 야외 통로로 안내했는데, 그곳에 있는 명판에는 키르케고르가 1821년부터 1830년까지 8세에서 17세 사이에 이 학교에 다녔다고 적혀 있다.[158] 그의 아버지는 양말 제조업 일로 돈을 벌었고, 그래서 그는 부츠 대신 무거운 양모 스타킹과 신발을 신고 학교에 갔다. 그 덕에 그는 "쇠렌 양말"이라는 별명을 얻었다.[159] 그러나 마르고 내성적인 이 친구는 체격 좋은 소년들로부터 자신을 보호하기 위해 위트를 사용했고, 외양상의 완력은 비대해진 내면에는 상대가 되지 않음을 일찍부터 보여 주었다.

어떤 짧은 여행이 우리를 쿨토을Kultorvet로 안내했다. 그곳에서 키르케고르는 1839~40년의 몇 달간을 132번지(현재 11번지)에서 살았다. 그 후 우리는 C. A. 라이츨Reitzel의 책방과 출판사가 있었던 쾨마거흐Køb- magergade로 내려갔다. 키르케고르는 그곳에서 숱한 시간을 보냈지만 책을 사는 데는 조금만 돈을 썼다. 라이츨 출판사는 그의 거의 모든 중요한 작품들을 출판했다.[160] 라이츨 출판사의 본래 건물은 오래전에 사라졌지만, 20세기 초에 지어진 또 다른 건물은 노아거흐Nörregade 33번지에 있다. 상점의 창문 위에는 "C. A. Reitzel MCCMXIX"라고 쓰인 표지판이 있다. 지금 이곳은 남성복 가게이지만, 가게 안쪽 중 2층 발코니에는 라이츨 표지판이 있는데, 이는 현 주인이 라이츨의 역사적 중요성을 인정한 것이다. 키르케고르는 책으로, 책을 위해 살았고, 라이츨은 그가 삶의 여정에서 만난 필수 무대였다.

쾨마거흐에서 조금 더 아래로 내려가면, 키르케고르가 1829년 자신의 루터교 신앙을 "확인"받은 성 삼위일체 교회가 나온다. 교회 바로 옆에는 35m 높이의, 전망대가 있는 라운드 타워가 있다. 교회의 평범한 벽돌 외관은, 둥근 아치형을 한 우아한 흰색과 금색의 바로크 양식 실내를 전혀 암시하지 않는다. 이 아치는 내부와 외부의 분리에 대한 일종의 건축적 표현인, 칠하지 않은 목재 의자들로 상쇄되고 있다. 나는 라운드 타워의 나선형 경사로를 따라 꼭대기의 전망대로 올라갔고, 그곳에서 코펜하겐 시내 전경全景을 내다봤다. 지평선에는 키르케고르의 신체적, 영적 거닐기를 위한 나침반 역할을 했던, 같은 꼴의 교회 첨탑들이 점점이 박혀 있었다. 도시보다 훨씬 위쪽에 서서 그 진체의 영역을 한눈에 굽어보자니 키르케고르의 코펜하겐, 그 범위, 경계, 모양에 관한 한층 드넓은 감각이 찾아왔다. 여러모로 이 도시는 키르케고르의 삶의 모양과 질감의 물체적 상관물이었고, 지금도 그렇다. 지금껏 나는 코펜하겐 시내를 걸으며 그의 삶을 한 줄 한 줄 읽어왔는데, 지금은 책 전체가 내 발 아래 펼쳐져 있었다. 하지만 그 지면들을 읽으려면 그가 걷고 생각했던 거리로 되돌아갈 필요가 있었다.

라운드 타워를 떠나 스키나거흐Skindergade(키르케고르가 1852년부터 1855년까지 살았던 클레어보어느Klaedboderne 5~6번지[현재 38번지]) 쪽으로 내려가는 길은 즐거웠다. 이어 우리는 키르케고르가 살던 시절 시끌벅적한 시장들의 본거지였고 지금도 번창한 지역인 개방되고 우아한 광장 가믈토흐Gammeltorv와 뉘토흐Nytorv로 향했다.[161] 키르케고르는 뉘토흐 2번지에서 스물 네 살까지 살았고, 1844년부터 1848년까지 그곳에 돌아와 살았다. 그의 집이었던 4층짜리 건물은 1908년에 철거되었지만, 현재 뉘토흐 2번지에는 두 개의 문패만은 남아 있다. 하나는 1층 위쪽에 금색 고딕체 문자로, 다른 하나는 1층 거리에 평범한 로마 문자로 되어 있다. 오랫동안 댄스크 은행이 있던 자리인 뉘토흐 2번지는 지금은 옷 가게로 변해서, 바닥부터 천장까지 나이키 신발 포스터들이 숍의 높은 실내를 가득 채우고 있다. 키르케고르의 집 바로 옆에 있던 신 고전풍의 시청과 법원 건물은 여전히 원래의 기능을 수행하고 있다.

비록 그의 집은 더 이상 같은 자리에 없지만, 이곳이야말로 그의 드라마가 시작된 곳이다—물질적으로 편안한 부르주아의 삶, 때로는 비극으로 귀결된 (키르케고르는 31세 이전에 다섯 형제자매를 잃었다) 억압적이었지만 격정적이었던 가족 생활, 아버지의 분노 폭발과 모든 것을 잠식한 멜랑콜리, 키르케고르와 그의 아버지, 형 피터 크리스티안 사이의 수많은 갈등과 화해라는 드라마가.[162] 키르케고르에게 정서적으로 중요한 장소로서 뉘토흐 2번지의 위치는 성모 마리아 교회에 버금간다. 이곳에서 누렸던 행복한 순간들도 있었겠지만, 키르케고르의 일기에서 느껴지는 압도적인 인상은 침울과 고통이다. 이런 식으로 삶을 시작했던 키르케고르에게 불안과 절망과 두려움과 떨림의 철학자 아닌 다른 사람이 되는 길이 과연 가능했을까?

뉘게흐Nygade와 비믈스카프트Vimmelskaftet를 따라 조금 역주행하니, 키르케고르에게는 더 행복한 장소였던 성령 교회Helligaandskirken(닐스 히밍슨스게흐 5번지 소재)가 나왔다. 이곳에서 그는 세례를 받았고,[163] 그의 친구인 피터 요하네스 스팡은 교구 목사가 되었다.[164] 1298년 건립된 수도원에서 살아 남은 것의 전부인, 낮은 천장의 로마네스크 양식의 '성령의 집Helligaandshuset'에는 현대 미술 전시회가 열리고 있었다. 아시스텐스처럼, 성령 교회는 고요함이 있는 오아시스였다.

아마아토Amagertov에는 그런 고요함은 없었다. 이곳은 학생들과 지식인들의 모임 장소였고 큰 창문이 있는 플라이쉬Pleisch 티 룸이 있던 곳이다. 키르케고르는 이 티 룸의 단골이었다.[165] 오늘날 아마아토는 "산책로" 또는 "루트"로 몰려드는 여행객들의 기호에 맞춘 H&M 아울렛 류의 숍들을 자랑한다. 키르케고르 시대에 사람들은 "보고, 보이기" 위해 이곳에 갔지만,[166] 스틱을 쥐고 모자를 쓴 그가 양쪽 길이가 다른 바지를 입고 산책했던 이 거리에는 그 어떤 우아함의 흔적도 남아 있지 않다.

우리는 휠보 플래즈Hølbro Plads의 분수, 아트 누보 카페 노언Norden을 지나 가믈 스트란Gammel Strand에 도착했다. 이곳은 키르케고르가 새우와 생선을 팔러 다니던 여인들의 외침을 즐겨 듣던 과거의 어시장이다. 가프는 키르케고르가 도시의 소음을 즐겼다고 말한다—가믈 스트란에 있는 생선 상인들의 외침, 휠보 플래즈에서 물냉이를 파는 여자들과 가믈토흐에서 계란과 가금류를 파는, 벨비Valby에서 온 여자들의 함성을.[167] 라루스 사전의 '플라뇌르flâneur' 항목에 따르면, "폭풍이 바다의 파도를 휘젓듯" 도시의 "외적 자극"은 플라뇌르, 즉 산책자의 생각을 휘젓는다.[168] 키르케고르의 생각을 휘저었던 소음은 여전히 존재하지만, 오늘날 그것은 대부분 오가는 자동차들에서 비롯된다. 내 생각들은 휘저어지지 않았고, 신선하고 꿈틀대는 관찰 결과도 나오지 않았다. 한때 그에게 제 심리지리학적 매력을 제공하던 바닷가의 분위기는 오래전에 떠난 생선 상인들과 함께 영영 사라지고 없었다.

다리와 발이 지친 우리는 지그재그 걸음으로 (당연히 변증법적으로) 콩스 뉘토어와 호텔 당레체어Hôtel d'Angleterre로 향했다. 이 호텔의 로비는 키르케고르가 종종 차를 즐겼던 곳이다. 이 호텔이 크니어쉬스 호텔Knirsch's Hotel이었을 때인 1830년대엔 키르케고르 같은 남자들이 저녁에 담배 피우고 당구 치러 가던 곳이었다. 지금은 카페 아 포타Café à Porta가 있는 호텔 인근에는, 한때 코펜하겐의 가장 훌륭한 커피하우스였던 미니스Mini's가 있었는데, 키르케고르가 자주 다니던 곳이다.[169]

　　호텔 당레체어 벨 에포크의 전면은 1875년에 개축한 것이지만, 그 실내는 깔끔하고 우아한 21세기식이다. 야자수가 있는 로비는 아직 있었지만, 티 룸은 없었고, 그래서 우리는 콩스 뉘토어가 보이는 현대식 바에서 차를 마셨다. 야자수들은 이제 더는 지금의 리셉션 룸 주변을 두르고 있지 않았고, 키르케고르 시절의 페르시아 카펫은 쪽모이 세공 나무 바닥이 되어 있었다. 투명한 스테인글라스의 사각형들로 된 아름다운 높은 천장은 아직 거기 있었다. 높은 아치형 창문과 대리석 기둥들 또한. 나는 키르케고르가 그곳 로비에 서서 역설적인 위트로 대화 상대들을 매료시키는 모습을 상상할 수 있었다. 그는 음식과 다과에 돈을 아낌없이 썼는데, 그라면 오늘날의 호텔 당레체어도 제 집처럼 편안해했을 것이다.

　　우리는 이 호화로운 호텔을 떠나 콩스 뉘토어를 따라 내려가서는 광장 남쪽 끝에 있는 왕립 극장으로 갔다. 이 건물은, 이곳이 코펜하겐 문화생활의 중심지였을 때 키르케고르가 자주 들락날락했던 그 건물은 아니다. 1870년 원래 건물이 철거된 후, 또 다른 벨 에포크 건축물이 들어섰다.[170] 거대하고 위풍당당한 건축물이지만, 오가는 자동차들의 소란 속에서, 산책자는 이곳에서 행인들의 큰 관심을 끌지 않은 채로 몇 시간이고 쉴 수 있다. 코펜하겐 문화생활의 중심은 다른 곳으로 옮겨갔다.

　　다음 날, 키르케고르의 삶의 종착지를 또 다시 출발지로 삼은 우리는, 과거의 왕립 프레데릭스 병원, 현 덴마크 디자인 박물관으로 곧장 향했다. 1752~57년, 프레데리크 5세의 통치하에서 병원으로 지어진 이 건물은 플라타너스들과 녹색 잔디들이 있는 정원을 안쪽에 둔 사각형 구조물이다. 한때 환자들이 공기를 쐬었던 곳에서 박물관 카페 고객들은 파라솔 테이블 앞에 앉아 휴식을 취한다. 박물관 안에 전시된 사물들은 가정용

품부터 섬유, 도자기, 유행을 탄 것들, 광고 · 정치 포스터, 책 표지, 그리고 당연하지만 덴마크의 수많은 근대식 탁자, 의자, 램프를 포함한 가구까지 실로 놀라운 범위에 걸쳐 있다.

1855년, 길에서 쓰러진 후 키르케고르는 41일을 이 병원에서 보냈다. 그의 신체는 천천히 나빠졌지만, 분명 그의 정신적 능력은 (그리고 그의 종교적인 신념은) 임종할 때까지 변함이 없었다. 2층에 있는 그의 방은 앞마당을 내다보는 높은 프랑스식 창문이 있어 밝았다. 부드러운 담요, 침대, 옷장, 화장대, 의자, 그리고 좋은 중국 차와 저녁 식사가 있는 구석 장식장(키르케고르가 추가로 지불해 구비했던 것)도 편안히 자리 잡고 있었다. 친구 이밀 보으슨이 그에게 정원을 산책해야 한다고 말했을 때, 그는 자기에게 그런 능력이 없음을 털어놓아야 했다. 걸을 수 있었던 그의 날들은 이미 끝났다.[171]

과거의 이 병원은 키르케고르의 인생 여정에서 가장 불행한 시간이 흐르던 곳이지만, 오늘의 디자인 박물관의 순수한 생기는 그 어떤 우울한 생각도 앞지르고 있었다. 시간은 순식간에 흘러갔다. 그리고 정신을 차려보니 어느새 늦은 오후였다. 다이앤과 나는 각자 걷다가 나중에 왕립 도서관에서 만나기로 했다. 우리로서는 아직 키르케고르와의 일이 끝나지 않았다. 아니면 어쩌면 그로서도 우리와의 일이 끝나지 않은 것일지도 몰랐다.

왕립 도서관으로 가는 길에 나는 우회로를 택해 크레스티안셰운으로 이어지는 다리인 크니블스보Knippelsbro를 건넜다. 키르케고르가 다리 저편에서 뵈스게흐Børsgade 쪽의 레기네의 집을 바라봤을 순간을 나는 상상했다. 알고 보니 이 우회는 또 하나의 행운의 심리지리학적 끌림이었다─다시 한번, 내 의식 너머의 뭔가가 나를 올바른 방향으로 이끌었던 것이다. 왕립 도서관에서는 마리나 아브라모비치가 기획한 "보물을 찾는 방법” 전에 왕립 도서관 소장 도서들과 문서들이 다량 전시되고 있었다. 여기에는 키르케고르가 레기네에게 보낸 편지 그리고 “유혹자의 일기” 원고 중 몇 페이지도 포함되어 있었다.[172] 나는 헤드폰으로 키르케고르가 레기네에게 보낸, 장난기 넘치고 재치 있고 달콤한 편지의 영어 번역문을 들었는데, 이 편지는 우리에게 익숙한 키르케고르와는 다른 그의 면모를 보여 준다. 이 홀로그램 편지에는 내가 서 있던 바로 그 자리, 즉 크니블스보 다리 앞쪽에 서 있는 (그 자신이 그린, 단 몇 줄로 능숙하게 그린) 키르케고르의 초상이 담겨 있다—레기네 쪽을 향해 거대한 망원경으로 바라보는 작은 남자의 이미지가. 1840년 9월 23일이라고 적혀 있는, 키르케고르와 레기네가 약혼한 직후에 쓰인 편지다. 그때는 둘의 사랑으로 그 자신이 하늘로 둥둥 떠올랐던 시절로, 이카루스처럼 다시 지상으로 떨어지기 전이었다.[173] 육체적 친밀감에 대한 예감이 키르케고르를 불안하게 했다는 주장이 있는데, 그 자신의 정의에 따르면 불안이란 ‘동감적 반감이자 반감적 동감’, 즉 자신이 두려워하는 것을 욕망하고, 자신이 욕망하는 것을 두려워하는 모호한 끌림-반감이다.[174] 레기네의 지나치게 노골적이고 강렬한 욕망이 그 자신의 육체적 충동을 알아채도록 강요했을 때, 그는 시적 상상의 꿈결 같은 하늘에서 추락하고 만다—그리고 그는 약혼을 깬다.

1847년 11월 3일, 레기네가 크레스티안세운에 있는 우리 구세주 교회에서 프레데릭(“프리츠”) 슐리힐과 결혼했을 때, 그는 더 깊이 추락한다. 이 성당의 첨탑은 마치 나사 모양으로 위로 올라가는 계단 꼴이다. 우리는 이곳을 다음 행선지로 정했다. 말할 것도 없이 키르케고르는 이곳에서 열린 예배에 참석하곤 했지만,[175] 레기네의 결혼식에는 참석하지 않았다. 우리는 거의 황혼 무렵에 도착했다. 어두컴컴하고 거의 텅 빈 교회 안에서 어느 테너 색소폰 연주자가 아름답게, 귀신같은 솜씨로 즉흥 연주를 하고 있었다. 내내 괴로워했던 키르케고르는 이곳에서 안도감을 찾지는 못했다—이곳은 레기네를, 그가 잃어버린 사랑을 그에게 상기시켜준 또 다른 장소일 뿐이었다.

코펜하겐에서의 마지막 날, 우리는 레기네에 대한 자신의 사랑을 그가 문학적으로 기념했던 첫 장소로 향했다. 코펜하겐 중심부에 있는 세 호수 중 가운데 호수인 페블링 호수Peblinge Lake가 그곳이다. 도시 쪽에 면해 있는 호변에는, 한때 쾨할리그히스티인Kærlighedsstien("사랑의 길")으로 알려졌던 거리, 현재 뇌어 수게호Nörre Søgade로 불리는 거리가 있다. 키르케고르 시절에는 연인들의 구애 장소로 인기 있던 곳이다. 가프는 이 거리를 "유혹자의 일기"의 시작 장면이 펼쳐지는 장소로 여겼다—이 거리에서 유혹자 요하네스는 젊은 여성 코델리아를 비밀리에 관찰하기 시작했다는 것이다. 키르케고르에 대한 뉴욕 타임즈 기사는 가프의 추론을 그대로 따르고 있는데, 나는 이 해석을 뒷받침하는 확실한 텍스트는 찾을 수 없다.[176]

초여름 햇살 속에서 많은 이들이 백조 모양의, 페달로 움직이는 배를 탄 채 호수 위를 달리고 있었다. 그보다 더 많은 이들은 유리 지붕이 있는 잔교에서 음료를 즐기고 있었다. 만일 유혹이 있었다면, 그것은 수많은 낯선 사람들의 시선 아래서 공개적으로 실행되었을 것이다. 물론 요하네스의 심리적 예민함을 지닌 누군가가 눈에 잘 띄지 않는 방식으로 유혹했을 가능성도 있지만. 호수 한쪽 끝에 있는, 두 개의 양파 모양 돔을 거느린 19세기풍의 흰 정자는 한동안 사용되지 않은 것처럼 보였다. 도시를 접하고 있는 호변에서 나는 야한 네온 장식을 한 지저분한 바 하나를 우연히 발견했다. 오늘날 코펜하겐은 이런 장소들로 유명하다. (또는 악명이 높다.) 그러니까 정말로 "사랑의 길"인 셈이다. 만일 키르케고르가 오늘날 "유혹자의 일기"를 쓴다면, 그는 이곳을 그 장소의 일부로 삼았을 것이다.

키르케고르 자신에 의한 레기네 "유혹"은 코펜하겐 전역에서 실행되었다. 이 유혹은 1855년, 레기네가 남편과 함께 덴마크 서인도 제도로 떠났을 때까지 지속되었다. 수년에 걸쳐 그들은 거리에서 또는 성 교회Castle Church 같은 여러 교회에서 서로를 보곤 했는데, 그곳에서 레기네는 키르케고르가 늘 앉던 좌석 근처에 앉았고 때로 그를 "열렬하게" 바라보기도 했다.[177] 1843년 몇 달 동안 그는 매주 월요일 아침 9시에서 10시 사이에 그녀와 "우연히" 마주쳤는데, 그들은 둘 다 산책 중이었다.[178] 그의 일기에 따르면, 1850년엔 "거의 모든 축복받은 날에" 그는 늘 하던 성벽 산책 도중에 그녀를 만났다.[179] 심지어는 1851년 그가 시 바깥 외스터보로 이사한 후에도, 그는 '매일' 귀갓길에서 레기네와 마주쳤다. 1852년 새해 첫날, 그가 마침내 경로를 바꾸기 전까지는 그랬다. 이 변경은 그들의 후속 만남을 막기에는 충분하지 않았다. 얼마 후, 레기네는 키르케고르가 귀갓길에 택한 "호수 옆길"에 나타났다. 그가 경로를 다시 바꿨을 때도, 그는 이른 아침 외스터포트(동문) 근처에서, 타운으로 들어가는 길에서 그녀와 마주쳤다. 이 "우연들"의 절정은 키르케고르가 1852년 자신의 생일(5월 5일)에 아파트를 나섰을 때, 레기네가 문밖 바로 앞에 서 있었을 때였다. 어떤 사건이, 여러 상황들에서, 거의 틀림없이 반복된다면, 그럼에도 항상 같은 결과를 야기한다면, 그것은 "우연"이라고 부르기 어렵다. 이것은 기적이라기보다는 자연 법칙에 가깝다.

이 모든 만남에서 그들 사이에는 단 한마디도 오가지 않았다. 1855년 3월 17일의 마지막 만남까지도.[180] 서인도 제도로 떠나기 직전, 레기네는 늘 하던 타운 산책 도중에 키르케고르와 마주쳤다. 그녀는 걸음을 멈추고는 그에게 말했다—"신의 축복이 당신에게 있기를. 당신의 모든 일이 잘 되기를."[181] 8개월이 채 지나지 않아 키르케고르는 사망한다.

5. 키르케고르의 화신

말할 것도 없지만, 며칠간 코펜하겐을 여행하는 것만으로는 산책자로서의 키르케고르의 활동을 제대로 이해하기에 결코 충분하지 않다. 키르케고르가 알았던 만큼 코펜하겐을 알기 위해서는, 그곳에 살면서 매일, 낮과 밤의 다른 시간에 그곳을 걸어야 할 터였다. 수년간 현지인들을 지켜보는 것뿐만 아니라 그들과 대화하며 그들의 생각과 감정에 대한 통찰을 얻어야 할 터였다. 말할 것도 없지만, 오늘날 도시는 현저히 달라져 있다—소, 돼지, 양, 닭은 더 이상 도시 안에서는 찾아볼 수 없고, 오수는 시궁창 안으로 더는 흐르지 않으며, 공기를 악취로 가득 채우던 가죽 공장들도 이제는 없다.[182] 이륜 마차와 수레가 자동차와 트럭으로 대체되었고, 가스 대신 전기가 조명을 밝힌다. 인종적으로 덴마크인들이 아니라 지구 곳곳에서 온 이들이 오늘날의 코펜하겐 거주민들이다.

당시와 지금의 코펜하겐엔 차이가 있지만, 키르케고르의 인생 여정의 랜드마크들과 거리들은 그대로 남아 있다. 오늘날 관광객들과 차량들의 북적거림은 그 거리들에, 키르케고르가 (누군가 자신을 알아채기를 바라며, 자기 마음 안에 진실로 일어나던 것을 대중으로부터 숨길 수 있기를 바라며) 왕립 극장 옆을 어슬렁거렸던 시절과는 다른 느낌을 입혀주고 있다. 하지만 코펜하겐의 기본적인 요소들은 그대로여서, 도보 여행자의 숭고함을 표현하는 내면의 변증법적인 움직임을 만들어 내며 그곳을 거니는 일은 여전히 가능해 보였다.[183]

겉으로 보기엔, 키르케고르의 발자취를 따라간 내 걷기는 단순히 외적인, "심미적인" 재현에 불과했다. 그가 산 삶의 환경 속에서 거주하는 것으로는 그의 내면 안으로 들어갈 수는 없을 터였다. 키르케고르의 "동시대인"이 되기 위해서는, 그의 삶의 외적인 측면들을 내면화하고, 그것들을 나의 실존적 잠재태들에 연결함으로써 그것들을 나 자신의 것으로 만들어야 했다. 이 일은 단번이 아니라, 순차적으로 일어났다.

코펜하겐의 거리를 돌아다니며 나는 키르케고르와 서로 반말을 할 정도로 가까워지고 있음을 점점 더 느꼈다. 하지만 그런 친근함은 기껏해야 (그의 내면에서 무슨 일이 일어나고 있는지는 전혀 짐작하지 못하면서도) 그를 거리에서 매일 보았기 때문에 그를 안다고 생각했던 사람들과 같은 수준에 올려놓을 뿐이었다. 그러나 그들은 적어도 키르케고르의 실물은 봤다. 과연 내가 그들 이상으로 더 잘할 수 있을까?

하지만 어쩌면 내게 장점이 있는지도 몰랐다. 키르케고르라는 물질적 인간, 그 구부정함, 양쪽 바짓단 길이가 다른 바지를 입고 지그재그로 걷는 괴짜는 일종의 함정이다. 키르케고르에 따르면, 예수의 실물을 본 거의 모든 사람은 그의 겉모습의 범상함 너머에 이르지 못했다. 키르케고르의 물질적 외모라는 방해물이 없는 내가 어쩌면 그의 동시대 코펜하겐인들보다 그의 실제 생각에 더 잘 접근할 수 있을 것이다.

하지만 대체 왜 키르케고르의 발자취를 따라간단 말인가? 키르케고르의 사유 안으로 들어가는 최선의 길은 그의 책을 읽는 것이리라. 토를 달 여지가 없다. 하지만 코펜하겐의 거리와 건물들은 키르케고르의 내적 삶의 외골격과도 같다. 그의 사유를 빚어낸 외적 환경들에서, 그 환경들의 다채로운 분위기들에서 키르케고르를 찾는 동안 내가 처음 찾아낸 것은 바로 나 자신이었다—그의 삶이 구현된 외적 형물을 되밟아갈수록, 나는 나 자신의 내면을 더 깊이 파고들 수밖에는 없었다.

우리는 모두 모순에 의해 찢겨 있다—우리의 의도와 행동 사이에서, 우리가 타인들에게 누구인지와 우리가 우리 자신에게 누구인지 사이에서, 실제로 우리가 누구인지(키르케고르에게는, 우리의 마음 깊은 곳까지 꿰뚫어 보는 신에게 우리가 누구인지[184])와 우리 자신이 상상하는 우리가 누구인지 (자기 기만, 자기 과시의 계략을 사용할 때의 우리) 사이에서. 키르케고르는 신에 대한 믿음이 없다면 진정한 자아는 없다고, 오직 절망만이, 자기 자신이 되기를 원하지 않는 다양한 양식들만이 있을 뿐이라고 말한다. 비종교적인 그의 독자들처럼 나 역시 그가 진단한 실존적 병폐 일체를 나 자신에게서 발견했지만, 그렇다고 그의 처방을 수용할 수는 없다. 내게 남겨진 것은 나 자신을 향한 의심과 질문이었다. 교회들, 호숫가 공원, 그가 어린 시절에 살던 집 등 키르케고르에게 정서적으로 중요했던 모든 장소에서 나는 그의 삶이 나를 재판정에 세우고 있다고 느꼈다. 신의 판결은 없었지만, 나는 (《인생길의 여러 단계》의 한 챕터에서처럼) 애매하게 "유죄"였던 걸까? 아니면 "무죄"였던 걸까?

코펜하겐 곳곳을 걸으며, 모든 곳에서 레기네나 그녀를 떠올리게 해주는 것들을 마주쳤을 때, 키르케고르는 사실(그녀는 다른 남자와 결혼해서 나로부터는 영원히 밀어짐)에 대한 명철한 인식과, 언젠가는 그녀가 어떻게든, '부조리의 결과로' 자신에게 돌아올 것이라는 광적이고 착각 어린 희망을 오갔다. 우리 가운데 이 드라마를 문자 그대로 똑같이 살아낸 이는 거의 없겠지만, 우리 가운데 많은 이들은 같은 드라마를 정신적으로는 살아냈다—우리가 잃어버린 "레기네"가 어떤 사람이든, 정치적 이념이든, 윤리적 이상이든, 또는 직업이든. 이 드라마를 내적으로, 열정적으로 붙잡고 이해한 사람이 있다면, 그는 키르케고르의 삶과 사상의 본질적 개념 일체를, 즉 신앙, 절망, 외면과 내면의 모순, (키르케고르가 그렇게 부르기 좋아했듯) 육체화된 영성의 모든 역설 역시 이해했으리라고 나는 확신한다.

키르케고르의 주요 역설—무한하고 영원한 신이 필멸의, 육체적인, 피를 가진 인간으로서 역사에 등장했다는 것[185]—은 어떤 의미에서 키르케고르 자신의 역설이다. 즉, 우리의 고뇌에 찬 내면의 거장이 등이 굽고, 게

같은 걸음걸이로 걷는, 다른 이들과 걷고 이야기하는 것을 즐긴 괴짜 남자로서 구현되었다는 역설 말이다. 더욱이 그는 자신이 그런 사람으로 비치는 것을 즐겼는데, 자신을 한량의 산책자라는 베일 뒤에 숨긴 채 자신과 신을 위한 삶을 은밀히 살기 위해서였다.[186] 키르케고르는 단순히 "길 위에서 채집하며" 다른 이들의 행태에서 그들의 성격을 추론한 것은 아니었다. 또한 동료 시민들이 자신들의 무지를 스스로 자각하도록 그들에게 질문을 던진 소크라테스만은 아니었다. 그는 코펜하겐을 거닐며, 각양각색의 사람들과 대화하며 은밀히 내적 신앙 운동을 일으켰던 성령의 화신, 즉 보행자 내면의 숭고함을 표현했던 신앙의 기사였다. 그 내면의 움직임을 따르면서, 그가 생각한 것처럼 생각하기 위해, 나는 그가 걸었던 것처럼 걸었고, 바깥의 장소들을 내면을 향한 도약의 발판으로 만들기를 소망했다. 내면과 외면의 교환 불가능성을 감안할 때, 이것은 신앙의 도약이 될 터였다. 나는 성공했던 걸까? 아니면 나는 그저 내가 성공했다고 나 자신을 속인 것일까?

키르케고르는 자신의 일기장에 그 자신에게 신앙이 있었다면 레기네를 절대 잃지는 않았을 것이라고 고백했다.[187] 내게 신앙이 있었다면 코펜하겐의 거리에서 키르케고르를 찾아냈을지도 모를 일이다. 하지만 그랬다면 아마도 (그가 레기네를 잃었듯) 그를 잃음으로써 그를 찾아냈을 것이다. 키르케고르가 그랬던 것처럼, "잃은 자가 이긴다."[188] 모든 성공은 역사의 변증법 속에 휩쓸려 들어가 객관적이고 보편적인 것이 된다. 반면, 개인의 생생한 경험의 강렬함을 지탱시키는 것은 실패다.

그렇다면 이것은 진정한 재현이었다―나 자신의 실패를 통해서 키르케고르의 실패를, 나 자신의 자기 기만을 통해 그의 자기 기만을, 나 자신의 열정을 통해 그의 열정을 찾아내는 것. 그리고 무엇보다도 코펜하겐의 거리와 교회들에 있는, 여전히 그곳에서 그를 곧바로 상기시키는 것들에서 그의 실패를 찾아내는 것. 그의 발걸음을 따라 걸으며 나는 그의 비통의 핵심 안으로 들어갈 수 있었고, 겉으로 보기에는 불가능해 보이는, 밖에서 안으로의, 화신에서 영혼으로의 여행을 했다. 그가 자신의 삶에서 육체화했던 것과 영혼 간의 모순을, 나는 그가 걸었던 곳을 걸으며, 그의 열정과 실패, 코펜하겐 사람들과의 만남의 성쇠, 그 현장 속으로 들어가며, 모방했다. 이렇듯 몸을 쓰는, 불완전한 방식으로 나는 자신을 한 명의 산책자로 위장했던 어느 영적 인간의 역설을 포착하려 했다.

7장

루소와 니체
고독과 거리의
파토스

1. 걷기와 생각하기

걷기가 절대적으로 필요했던 두 철학자가 있다. 장 자크 루소와 프리드리히 니체. 둘 다 오직 걸을 때만 생각할 수 있었다. 둘 다 오직 걸을 때만 썼다. 걷기와 철학에 관한 어떤 연구도 이 두 걷는 사상가를 넘어서지는 못한다.

걷기에 대한 그들의 필요, 그 이유는 무엇이었을까? 니체의 경우, 근본 원인은 부분적으로 생리학적이었다—폭력적이고, 눈이 뒤집히는 두통과 구토 증세(건조한 땅에서의 뱃멀미 같은 것)에서 벗어나게 했던 그의 유일한 위안거리는 탁 트인 곳에서, 이왕이면 스위스 산에서 걷기였다. 루소로 말하자면, 그의 "걷기에 대한 열광"은 안절부절못하고 열정적인 그의 기질 탓이라고 기록할 만하다.[1] 걷기 덕에 그는 분명하게 생각하는 데 필요했던 침착함을 얻을 수 있었다.

내 생각은 가장 어려운 문제를 다루면서도 스스로를 정리해 낸다. 그것
은 묵묵히 돌고, 발효하고, 나를 자극하고, 나를 과열시키고, 내 심장을
두근거리게 한다. 이 감정의 한복판에서 나는 아무것도 분명하게 보지
못한다. 나는 단어 하나조차 쓸 수 없다. 이 혼란이 진정될 때까지 나는
기다려야만 한다. […] 나는 책상과 용지를 앞에 두고, 펜을 손에 든 채
아무것도 할 수 없었다. 내가 머리 속으로 쓰는 건, 바위들과 숲들 한복
판을 걸을 때이거나 불면증에 시달리는 한밤중이다.

(C1 194-95/113)

루소는 불면의 밤에 자기 생각을 기록하는 일이 비실용적임을 알
아챘다. 그리하여 걷기가 그의 주된 글쓰기 방법이 된다. 주 저작들인《신
엘로이즈》(1761),《에밀》,《사회계약론》(둘 다 1762)을 집필했던 기간에,
그는 몽모랑시 숲 산책을 위해 오후를 따로 비워 두었고, 연필과 노트를
가지고 걸었다. "탁 트인 곳이 아니라면 결코 마음 놓고 글을 쓰거나 생각
할 수 없었기에 나는 […] 문 바로 앞에 있던 몽모랑시 숲을 향후 나의 서
재로 정했다"(C2 186-87/376-77). 숲과 산을 자신의 서재로 삼으면서
루소는 워즈워스와 니체, 다른 수많은 이들이 따를 원형을 창조해냈다.

걷기는 루소에게 단순히 글쓰기를 돕는 것 이상이었다. 루소의 행
복에 걷기는 필수불가결한 것이었다. 그는 10대와 20대 시절 했던 도보
여행들을 회고하며 이렇게 쓰고 있다.

홀로, 두 발로 여행할 때보다 내가 더 많이 생각해본 적은 없다. 그때보
다 더 많이 존재하고, 살고, 만일 이렇게 말해도 된다면, 나 자신이었던
적은 없다. 걷기에는 내 생각을 움직이게 하고, 살아 있게 하는 뭔가가
있다. 나는 한곳에 가만 머물러 있으면, 거의 생각할 수가 없다─내 정

신을 앞으로 나아가게 하려면, 내 몸은 움직이고 있어야만 한다. 시골의 풍경, 계속되는 즐거운 전망, 탁 트인 곳, 걷기로써 내가 얻는 적당한 식욕과 건강, 여관이라는 자유, 나의 의존 상태를 느끼게 하고, 나의 [사회적] 상황을 떠올리게 하는 모든 것으로부터 거리 두기—내 영혼을 해방하는 모든 것은 내게 더 큰 담대한 생각을 주고, 나를 존재의 방대함 속으로 던진다. 그리하여 나는 그것들을 결합하고, 선택하고, 내가 원하는 대로, 그 어떤 제약의 공포도 없이, 활용한다. 마침내 나는 모든 '자연'을 그것의 주인으로 여긴다. 한 사물에서 다른 사물로 방랑할 때, 내 마음은 그것을 흡족하게 하는 것들과 일체되고, 즐거운 상상 속에 스스로를 감싸고, 기쁨에 취한 채로 자라난다.

(C2 259-60/157-58)

루소만큼이나 니체에게도 행복의 비결은 자연이 주는 자극만은 아니었다. 그것은 걷기가 그들의 사색에 준 자율이었다.

고독한 보행자는 자족적이고, 자신이 선택한 속도로 자신이 좋아하는 곳으로 갈 수 있고, 자유롭게 시를 쓰고 상상하고 지각할 수 있다. 즉, 그는 자유롭게 '몽상reverie'에 참여할 수 있다. 《인간 불평등 기원론》(1755)[2]에서 "자연인natural human"의 마음을 밝힌 철학자가 자서전 《고독한 산책자의 몽상》(1778)[3]으로 자신의 삶을 마감했다는 것은 완벽하게 이치에 부합한다—루소의 추정에 따르면, 몽상의 걷기는 인간의 사회적 관습에 의해 아직 훼손되지 않은 자연에 관한 진리를 드러내는 하나의 방법이다.

이것은 새로운 생각이었다. 루소 평전을 쓴 레오 담로쉬에 따르면, "과거 용법에서 '몽상'은 기껏해야 나태한 공상daydreaming을, 최악의 경우 망상을", 즉 행위 주체를 현실에서 없애는, 건강하지 못한 꾸밈make-believe

을 "뜻했다".[4] 루소는 이 개념을 뒤집었다. 그에게 몽상은 자연세계를 향해 가장 살아 있는 사고의 형식이었고, 몽상자의 자아를 꿰뚫어 보는 최상의 통찰을 제공했다. 그의 입장은 과연 영향력이 있었다. 칸트의 친구인 철학자 칼 셸은 《걷기에 관한 논문》(1802)에서 이렇게 쓰고 있다―"개인의 실제 생각과 본성은 다른 사람의 정신으로부터 자유로운 상태에서" 자연 속을 홀로 걷는 동안 "개인이 자신에게 속삭이는 순간에만 성숙한다."[5] 《몽상》의 한 프랑스어판 편집자였던 미셸 크로지에는, 몽상이 고전 철학적 사고의 엄격한 논리 질서를 따르지는 않지만,[6] 실제로는 "다른 질감을 보유한 새로운 유형의 관찰과 […] 사고"이며, 그것은 자연이 주는 것에 대한 보행자의 수용성 덕분이라고 말한다.[7] 걸어가는 몽상의 자유롭고 조화로운 심신의 협력은 세계와 자기 자신에 대한 앎을 생생하게 한다.[8]

가장 영향력 있기로는, 루소의 자연-걷기가 새로운 감수성의 원천이었다는 것이다. "녹지, 꽃, 새들로 둘러싸인 채 감각 기관들이 실제로 지각하는 모든 사물들과 더불어 [상상력을] 풍부하게 하며" 루소는 "표현할 수 없는 황홀과 기쁨의 이동" 속에서 자신의 의식을 "자연 전체에" 융합했다(RSW 115, 139/90‒91, 111)―"이 거대함 속에서 나 자신을 잊은 채, 나는 생각하지 않았다. 사색하지 않았고, 철학하지 않았고, 그저 외치기만 했다. 오 위대한 존재여! 오 위대한 존재여!"[9] 자연과의 이러한 신비로운 합일이야말로 루소의 몽상하는 걷기의 위대한 발견이었다. 루소를 그린 많은 도상이 손에 지팡이를 든 그의 모습을 그리고 있는 것은 놀랍지 않다―그의 걷기는 자연과 하나되어 있는, 자연인에 관한 그의 낭만주의 철학과 분리할 수 없는 것이었다.

자연과의 합일에는 사회적 관습과 타인으로부터의 자율이 요구된다. 그리고 그것이 제공하는 그 자율 덕에, 걷기는 독자적인 사상가에게는 최고의 여행 방법이다.

나는 나만의 시간에 출발하고, 내가 원할 때 멈춘다. 나는 내가 선택한 만큼만 할 뿐이다. 시골을 바라보고, 오른쪽이나 왼쪽으로 돌아서고, 내 관심을 끄는 모든 것을 살펴보고, 걸음을 멈추고 모든 풍경에 감탄한다. 나는 개울을 응시하고, 개울 둑을 따라 거닌다. 잎이 무성한 나무를, 그늘을 찾는다. 어느 동굴을 찾고 그 안으로 들어간다. 발굴지를 찾고 그곳의 지질을 탐구한다. 만일 어떤 장소가 내 마음에 들면, 그곳에서 나는 곧장 발걸음을 멈춘다. 싫증이 나면, 곧장 떠난다. 나는 말과 기수들로부터 자유롭다. 나는 정해진 길이나 편안한 길에 집착할 필요가 없다. 인간이 갈 수 있는 곳이라면 어디든 나는 가고, 인간이 볼 수 있는 것이라면 무엇이든 나는 본다. 나는 모든 이들로부터 자유로워서, 인간이 누릴 수 있는 모든 자유를 즐긴다. 두 발로 여행한다는 것은 탈레스, 플라톤, 피타고라스 식으로 여행한다는 것이다. 철학자가 어떻게 이와는 다른 식으로 여행할 수 있는지, 어떻게 제 눈앞과 발밑에 있는 부wealth에 관한 연구로부터 자기를 분리할 수 있는지 나로서는 이해하기 어렵다.[10]

루소에 따르면, 걷는 동안 당신은 당신 자신의 주인이다. 그리고 결과적으로 당신의 생각은 당신 자신의 것이 될 것이다. 타인들(후원자든 독서 대중이든)을 위한 사색과 글쓰기는 피곤하고 기운 빼는 강요된 정신 노동의 한 형태에 불과하다. 반면, 홀로 걷는 자의 몽상은 제약 없는 정신이 "다른 쾌락 일체를 능가하는 황홀경 속에서, 상상의 날개를 펴고 우주를 거닐고 그 속을 날아오를 수 있게" 해준다. (RSW 133 – 34/107)

과거에 걷기는 가난한 이들의 이동 방법이었다──농부들과 떠돌이 행상들과 장인들은 다른 수단이 없었고, 오직 걸어서 여행했다. 루소는 걷기를, "혐오스러운 귀족들의 덜컹대는 바퀴"(콜리지의 표현이다)를 경멸하게 된 시인들과 사상가들이 선호하는 선택지로 만들었다.[11] 자유롭게 생각하려면 오직 걷기만이 가능하게 하는 자율이 필요한 법이고, 오직 자유로운 사고만이 진리에 도달하기를 희망할 수 있다. 루소는 최초의 걷는 철학자는 아니었을지 모른다. 하지만 루소는 철학적 방법으로서의 걷기를 예찬한 최초의 철학자였다.[12]

　한 세기 후, 니체 역시 걷기와 독자적인 사고 간의 비슷한 연관을 발견했다. 그의 다른 자아인 차라투스트라는 이렇게 선포한다—"그의 발걸음은 어떤 인간이 자기만의 길을 걷고 있는지 아닌지를 본의 아니게 보여 준다. 그러니 내가 걷는 모습을 지켜보라!"[13] 차라투스트라는 제자들에게, 자신이 "단 한 번도 밟힌 적이 없는 무수한 길"을 "홀로 걷는 이"라고 말한다. (TSZ 1부, "덕을 베풀기에 관하여", 섹션 1과 2; 99 - 100, 102, 수정됨) 이런 면에서, 많은 이들이 지적했듯, 니체는 루소의 후계자다.[14]

　사색을 위한 걷기의 핵심적 중요성에 관한 니체의 선언은 이미 잘 알려져 있다.

'앉아 있을 때만 생각하고 쓸 수 있다.'(G. 플로베르)—당신, 허무주의자는 지금 내 손 안에 있다. 부지런함["앉아 있는 살"]은 성령에 반하는 '죄악'이다. '걷기로써 얻어지는' 생각만이 가치를 지닌다.[15]

가능한 한 적게 '앉아' 있으라—자유롭게 돌아다니며 야외에서 탄생한 생각이 아닌 생각은 믿지 말라. 근육이 축제를 즐기지 않는 시간에 탄생한 것도. [⋯] 앉아서 하는 생활은 [⋯] 성령에 반하는 진정한 '죄악'이다.[16]

책에 자극받을 때만, 책 속에서만 생각을 얻는 이들의 무리에 우리는 속하지 않는다. 탁 트인 곳에서 생각하는 것이 우리의 습관이다—가급적이면 고독한 산에서 또는 배가 지나간 자리조차 심오한 바다 인근에서 걷고, 뛰고, 등반하고, 춤추기 말이다. 어떤 책, 인간, 또는 음악 작품의 가치에 관한 우리의 첫 번째 질문—그들이 걸을 수 있나? 심지어는, 그들은 춤출 수 있나?[17]

루소처럼, 니체는 탁 트인 곳에서, 그가 선호하기로는 산속에서 철학했다. 《에밀》에서 루소는 "[아이가] 타운의 불결한 공기보다는 시골의 청명한 공기를 마시도록 하는 게 낫겠다"고 선언한다.[18] 니체 역시 "새로운 생각, 새로운 감정, 더 강렬한 기분"을 "더 희박한 산 공기"와 연관짓는다. 그 공기는 그의 급작스러운 두통의 경감(소멸은 아니었다)을 돕기도 했다.[19] 니체는 어느 편지에서 이렇게 설명한다.

사람들은 활기를 샘솟게 하는 알프스의 공기를, 그것을 생각하지도 못한 채, 즐기지. 그들은 도시에서, 일상의 단조로움에서 탈출했어. 저 아래, 도시의 습한 여름 공기 속에서는 일어나지 않는 일들이 이곳에서는 내게 일어난다네.[20]

"우리의 대도시에 부족한 것은 조용하고 광활한, 성찰을 위한 장소"라고, "잠시 물러남, 명상의 장엄함을 위한 장소"라고 니체는 썼다.[21] 니체가 스위스 어퍼 엥가딘upper Engadine 지역의 실스 마리아Sils-Maria의 고산지대를 걸으며 쓴 《차라투스트라는 이렇게 말했다》의 한 부분에서, 차라투스트라는 이렇게 선포한다—"나는 방랑자이자 등산가다. […] 나는 평원을 좋아하지 않는다. 나는 오랫동안 가만히 앉아 있지 못한다"(TSZ, Part 3, "방랑자", 173). 루소 못지않게 니체에게도 (바람직하게는 홀로) 걸으며 즐기는 맑은 산 공기가 명철한 철학적 사색을 위한 필수물이었다.

친구들에게 보낸 편지에서 니체는 홀로 산속을 걷는 일의 필요성을 자주 성찰한다. "스위스에서 나는 더욱 '나 자신'이었다네. […] 알프스에서, 특히 홀로 있을 때, 나는 완벽한 존재였어. […] 내 건강은 좋아지고 있네. 보행자이자 고독한 사색가로서 나는 피로를 모르는 존재였어."[22] 생 모리츠St Moritz 인근 고지대 걷기는, 《인간적인, 너무도 인간적인》(1878~80)이 될 작품을 생각하고 쓸 만큼 충분히 오랫동안 "괴로운 고통의 공격"을 피할 수 있게 해주었다—"몇 줄을 제외하면, 모든 것이 걷는 도중 떠올랐고, 작은 노트에 연필로 스케치되었어. 정서正書 작업을 할 때마다 그 작업은 나를 괴롭혔지." 그는 "긴 생각의 흐름" 여럿을 생략해야만 했는데, 또 다른 고통이 찾아들기 전에 "내 끔찍한 연필 끄적임에서 그것을 추출해낼 시간이 없었기 때문"이었다—"나는 '뇌 상태가 좋은' 십여 분 동안 재빨리 작업을 마쳐야 했어."[23] 걷는 동안 니체가 썼던 짧은 아포리즘, 그가 자신의 "저주받은 전보 스타일"이라고 불렀던 것은 어떤 임의적 선호의 결과물이 아니었다. 그로서는 다른 식으로 쓰는 것이 물리적으로 불가능했다.[24]

루소도 니체도 진정한 등산가는 아니었다—밧줄, 아이젠, 다른 전문 장비들 일체를 사용해 등산해야 도달할 수 있는 정상보다는 낮은 고도의 걸을 만한 길을 이들은 선호했다.[25] 아무리 그의 산문이 은유적으로 그 높은 곳들에 올랐다 한들, 니체의 지독히 나쁜 시력은 알프스 정상 등반의 가능성을 처음부터 없앴다.[26] 루소로 말하자면, 비록 정상에 이른 적은 없었지만, 그는 알프스의 아름다움을 찬미한 최초의 유럽 작가였다. 버지니아 울프의 아버지인 레슬리 스티븐은 그를 "알프스의 콜럼버스, 산악 신앙이라는 신종교의 루터"라고까지 부를 정도였다.[27] 루소 이전까지, 알프스는 교육받은 계급들에 의해 거칠고 원시적인 장소, 바보들과 무위도식자들의 고향으로 간주되었다. 산봉우리 자체는 공포감과 혐오감을 불러일으켰고, 산의 고지대를 통과하는 마차를 탄 여행자들은 두려운 심연을 들여다 보지 않으려고 눈가리개를 했다.[28]

산의 숭고와 아름다움에 대한 낭만주의적 숭배는 루소의 서간 소설 《신 엘로이즈》[29]—18세기의 베스트셀러이자 1800년까지 최소 70쇄를 찍은 책[30]—에서 시작된다. 이야기의 영웅인 생 프뢰는 연인 줄리에게 쓴 편지에서 스위스 어퍼 발레Upper Valais 지역에서의 산행을 이야기한다.

> 천천히, 두 발로 나는 험준한 산길을 올라갔답니다. [⋯] 백일몽을 꾸고 싶었지만, 언제나 불쑥 나타나는 풍경에 정신이 팔리고 말았죠. 때로는 솟구친 거대한 바위가 내 머리 위쪽 폐허에 걸려 있었고, 때로는 포효하는 높은 폭포가 짙은 안개와 더불어 나를 덮쳤어요. 때로는 끊임없이 흐르는 급류가 내 앞에 심연을 열었고, 그 깊이에 대해 내 눈은 감히 단 한 마디도 내지 못했어요. 때로는 울창한 숲의 어둠 속에서 나는 나 자신을 잃고 말았죠. 때로는 어떤 협곡에서 보기 좋은 초원이 돌연 튀어나와 내 눈을 기쁘게 했답니다. 야생의 자연과 경작된 자연의 놀라운 혼합물은 모든 곳에서, 사람들이 발을 들여놓았을 것 같지 않을 장소에서 살아가는 인간의 손을 보여 주었죠. [⋯] 나는 처음에는 가장 낮은 산의 정상에 올랐고, 그 산들의 오르막과 내리막을 가로지른 후, 내가 닿을 수 있는 가장 높은 정상에 올랐어요. 구름 속을 거닌 후에는 한결 더 고요한 쉴 곳에 이르렀는데, 그곳에서는 적당한 계절에, 천둥과 폭풍이 형성되는 것을, 누구나 자기 발밑에서 볼 수 있었답니다. [⋯] 바로 그곳에서 나는 산 공기의 순수함 속에서 내 내적 자아로부터 괴로움이 떨어져 나가는 것을 느꼈고, 내 기분이 바뀐 진정한 이유, 오래전에 잃어버렸던 나의 내적 평화가 돌아온 이유를 발견했어요. 높은 산은 공기가 맑고 쾌적하죠. 숨쉬기가 훨씬 더 편안하고, 몸이 더 가벼워지고, 마음이 더 평온

하고, 쾌락이 덜 강렬하고, 열정이 덜 격정적이죠. 이곳에서의 명상은 우리의 감각에 닿는 사물들에 비례해 웅장하고 숭고한 특성을 띠게 된답니다. 예민하거나 관능적인 것은 전혀 없는, 일종의 풍요로운 평정이라는 특성 말이에요. 인간들의 거주지 위에 올라서면, 우리는 밑바닥의, 세속적인 감정 일체를 뒤에 남겨 두지요. 우리가 천상의 땅에 가까이 다가갈수록 우리의 영혼은 그곳의 불변의 순수 중 일부를 들이마시는 것 같습니다.[31]

생 프뢰의 감각과 상상력은 고지대 산의 순수한 공기 속에서 살아나서, 숭고한 영감의 정점에 이르는 깊은, 명상적 사색을 자아낸다.

이 구절을 읽으니, 산 공기가 자신의 가장 높고 숭고한 생각을 어떻게 자극했는지에 관한 니체의 예찬이 바로 떠올랐다. 가장 주목할 만한 것은, "동일자의 영원한 회귀[재발생]"에 관한 그의 비전—발생한 모든 사건은 무한히 무수히 재발생될 것이고, 이미 그래왔다는 생각—이 그가 실스마리아 근처를 걸어가는 동안 형성되었다는 사실이다.

[차라투스트라는 이렇게 말했다의] 근본 개념인 영원회귀 사상이라는 그 도달될 수 있는 최고의 긍정 문구는 1881년 8월의 것이다. 그것은 인간과 시간을 초월한 6,000피트"라고 서명된 채 종이 한 장에 적혀 있었다. 그날 나는 실바플라나Silvaplana 호수 옆 숲을 걷고 있었다. 수어레이Sur-lej에서 그리 멀지 않은 곳에 피라미드 모습으로 우뚝 솟은 바위에서 나는 멈췄다. 바로 그때였다. 이 생각이 내게 떠오른 것은.

(EH "차라투스트라는 이렇게 말했다", 섹션 1, 295)

그것은 그저 생각만은 아니었다. 그것은 계시였다.

계시라는 개념—누군가를 최후의 깊이까지 뒤흔들고 아래로 던지는 뭔가, 형언할 수 없는 명료함과 섬세함으로, 갑자기 '보이고' 들린다는 의미의 계시—은 그저 사실을 기술할 뿐이다. 우리는 듣고, 찾지는 않는다. 우리는 받고, 누가 주는지는 묻지 않는다. 번개처럼, 어떤 생각이 필요에 의해, 그 형식과는 무관하게 단호히 번쩍인다—내게는 선택의 여지가 없었다. [⋯] 모든 것이 극도의 무심결에 일어난다. 하지만 동시에 자유로움, 절대적임, 힘, 신성에 관한 느낌의 광풍 속에서 일어난다.

(EH "차라투스트라는 이렇게 말했다", 섹션 2, 300-01)[32]

황홀한 환상을 경험한 다음 날, 니체는 한 친구에게 자기 인생의 사명은 영원회귀에 관한 자신의 비전을 어떻게든 전달하는 것이라고 썼다.[33]

산행이야말로 니체의 철학적 사색의 본질적 선요건이었다.[34] 오직 고산지대 위에서만 미세한 차이가 선명히 드러날 정도로 공기가 맑고 밝아서 성질이 다른 사물들 사이의 "거리distance에 관한 느낌"을 가능하게 한다. 니체는 바로 이 느낌을 참된 철학자를 알려 주는 표지로 삼았다. (EH "나는 왜 이렇게 좋은 책을 쓰는지: 바그너의 경우", 4; 323) 니체는 높이와 깊이의 철학자이자, "거리의 파토스pathos", "자기 극복"의 철학자이며, 인생길을 따라 시절마다 위로 올라간 자칭 "타고난 등산가"다.[35] 그의 차라투스트라는 그의 가장 어렵고 외로운 길인 자기 극복의 길을 이렇게 묘사한다.

지금에 와서야 당신은 당신만의 위대함의 길을 걷는다! 정상과 심연—이것들은 이제 하나가 되었다! [⋯] 당신의 발 자체가 당신 뒤의 길을 소멸시켰다. [⋯] 그리고 모든 발자취가 사라지면, 당신은 머리 위쪽으로 어떻게 오를지를 스스로 알아야 한다. [···] 그렇게 당신은 당신 자신 위쪽으로 올라야 한다―위로 너머로, 심지어는 당신 아래에 당신의 별들이 있을 때까지! 그렇다! 나 자신과 심지어 나의 별들을 내려다보는 것, 그것만을 나는 내 '정상'이라고 부르겠다. 그것은 내 '궁극의' 정상을 내게 상기시켰다! [···] 우리는 우리 자신 위로 올라가는 법을 함께 배웠고 [···] 우리의 발 아래에서 강제와 목적과 죄책감이 마치 비처럼 흘러내리는 동안, 밝은 눈을 하고 먼 곳에서 아래를 내려다보며 미소짓는 법을 배웠다. [···] 하지만 이것이 나의 축복이다―일체의 사물 '위에서' 그 사물의 하늘로서, 둥근 지붕으로서, 푸른 종으로서, 영원한 확실성으로서 서 있는 것!

(TSZ, "방랑자", 173-74, "해뜨기 전에" 184-86)[36]

루소는 자기 아래에 구름이 있는 것으로 만족했지만, 니체는 별이 빛나는 하늘을 자기의 발판으로 삼고자 했다. 그러나 니체에게는 마지막 계단도, 휴식처도 있을 수 없었고, 각 계단은 끝없는 등정 속에서 계속 디디고 가야 하는 것이었다. (TI "잠언과 화살" #42; 37)

고양과 평정심―니체와 루소 모두에게, 생각의 자유와 영감은 산길을 걸어 올라가는 도중에 찾을 수 있는 것이었다. 걷기에 대한 그들의 필요는 그들의 "인간적인, 너무도 인간적인" 자아와 그 취약함(그 취약함에 관해선 두 사람 모두 비교할 수 없을 정도로 잘 알고 있었다)을 극복할 필요와 한 짝이었다. 둘 다 기질상 수줍음이 많았고, 사회적 교제 상황을 불편해했고, 진정으로 그들 자신이었고 편안함을 느꼈던 것은 오직 혼자 있을 때였다. 둘 다 자신을 참으로 이해해줄 참된 친구를 간절히 원했지만, 그 어떤 참된 친구도 찾지 못했다. 루소는 생을 마감할 즈음 이렇게 선언했다―"자, 이제 나는 이 지상에 혼자다. 형제도, 이웃도, 친구도 없고, 나 자신 말고는 어떤 동반자도 내게는 남아 있지 않다"(RSW 43/27). 1887년, 니체는 옛 친구에게 이렇게 썼다—"지금 내 뒤에는 43년이라는 세월이 있고, 나는 내가 어렸을 때처럼 지금 모든 면에서 혼자라네."³⁷ 그들은 가스통 바슐라르가 말한 '대단히 수줍음 많은 이들grand timides'이었고, "대단히 수줍은 많은 이들은 위대한 보행자들이었다—그들은 발을 내딜 때마다 상징적 승리를 거두었고, 스틱을 짚을 때마다 그들의 수줍음을 보상받았다."³⁸

그들 자신을 정복하고 그들 자신이 되기 위해, 그리하여 그들 자신을 편견으로부터 해방하고 이동과 사색의 자유와 자율을 성취하기 위해, 니체와 루소는 걸을 필요가 있었다. 이상적으로는 하나의 광경이, 끊임없이 변화하는 높이와 깊이의 파노라마 속에서 다른 광경으로 이어지는 곳인 산에서.

그들의 걷기와 그들의 삶·사색 방식이, 산의 풍경 변화와 사기 극복이 어떻게 연결되는지 감을 잡기 위해, 나는 그들이 간 길을 따라 걸었다. 루소의 경우, 이는 그의 인생 챕터들을 특징짓는 다양한 "산책로"를 따라가는 것을 의미했다. 그 길은 그의 걷기가 시작된 제네바에서 시작해서, 인생의 커다란 사랑이었던 바랑스 부인Mme de Warens을 만났던 안시Annecy로 이어졌다. 나는 루소가 자신의 《몽상》에서 예찬했던 장소들에 집중했다—1762년부터 1765년까지 그가 살았던 스위스의 생 피에르 섬Île de Saint-Pierre, 발 드 트라베Val-de-Travers의 모티에Môtiers 주변, 그리고 마지막으로 그가 삶의 마지막 날들에 걸었던, 파리에서 그리 멀지 않은 곳인 에르메농빌Ermenonville이 그곳들이다. 니체와는, 그가 영원회귀의 비전을 경험했던 곳인, 실스 마리아와 주변의 산들을 걸었다. 나는 니체가 자기 생애에서 가장 생산적이었던 시기에 매년 여름을 보냈던 집에 머물렀고 그가 가장 사랑했던 장소들을 답사했다. 그 덕분에 나는 그의 사색의 길을 좀 더 내밀히 이해할 수 있었다.

그들이 걸었던 길 '모두'를 똑같이 걷기란 처음부터 불가능했다―그러려면 수년이 걸렸을 터였다. 그러나 그들이 걸었던 길 중 최소한의 일부를 따라 걷는 것만으로도 고산지대 걷기, 시각의 반전, 행복이 어떻게 연결되는지에 관한 부분적인 통찰을 얻기에는 충분했다.

2. 루소, 걷는 기계

젊은 시절 내내, 장거리 걷기는 루소의 자유와 행복 사상과 불가분의 관계였다.

> 내게 필요한 것은 걷는 삶이다. 좋은 날씨에 아름다운 시골에서, 여유롭게 여행의 끝자락에 있을 유쾌한 무언가를 기대하며 걷는 일이야말로 여러 삶의 방식 중에서 내게 최적의 것이다. 내가 말하는 아름다운 시골의 의미는 처음부터 분명했다. 평평한 들녘은 아무리 아름다워도 내 눈에는 아름다워 보이지 않았다. 내게는 급류, 바위, 전나무, 울창한 숲, 산, 오르내려야 할 험한 길, 바로 옆에서 나를 정말로 겁먹게 만드는 절벽이 있어야 한다.
>
> (C1 273-74/167)

숲과 산 걷기를 선호하는 취향은 점점 확고해졌고, 후대의 작가들에게 큰 영향력을 끼쳤다. 제네바는 그의 걷기 인생이 시작된 곳이자 2019년 6월 나의 걷기 여행이 시작된 곳이다.

나는 1712년 6월 28일 루소가 태어난 곳에서 그리 멀지 않은, 그림 같은 제네바 구시가지의 한쪽 끝, 지금은 루소 박물관이 있는 그랑Grand

로 40번지에 있는 호텔에 방을 잡았다. 루소가 세례를 받은 장엄한 고딕 양식의 생 피에르 대성당과 칼뱅파 개신교의 본부가 바로 근처에 있다. 구시가지 전체는 식당과 상점이 늘어선, 구불구불한 자갈길이 있는 크고 쾌적한 공원 같다. 루소가 살던 시대에는 제네바의 인구가 2만 명에 불과했지만, 지금은 시내 거주 인구만 20만 명이 넘고 주변 지역까지 포함하면 50만 명에 육박한다. 그래도 도심은 차분한 분위기를 잃지 않고 있다. 이 평온한 도시가 유럽에서 가장 혁명적인 사상가 중 한 명의 삶이 시작된 곳이라고 생각하니 신기할 따름이다.

루소의 삶을 되짚어보면서 나는 루소가 어렸을 때 자주 다녔던 옛 성벽 바로 바깥쪽에 있는 바스티옹 공원Promenade des Bastions 같은 곳을 돌아보며 일정을 시작했다. 광장 건너편에는 호지몽 극장Théâtre de Rosimond (1766~88)을 1879년에 개조한 대극장Grand Théâtre이 서 있다. 호지몽 극장은, 루소가《공연에 관하여 달랑베르 씨에게 전하는 편지》(1758)에서 극장이 제네바의 도덕에 해로운 영향을 끼칠 것이라고 주장하며 그 설립을 반대했던 곳이다. 루소는 그를 낳다가 돌아가신 어머니 쉬잔을 대신하여 양어머니가 된 고모 쉬종과 함께 바스티옹 공원의 나무 그늘이 드리워진 오솔길을 걸었다. 나는 쉬종 고모와 루소를 따라 성문 바로 안쪽 제방 위에 있어 그 아래로 멋진 도시의 풍경을 볼 수 있는, 잎이 무성한 나무들로 가득한 또 다른 공원인 트레유 산책로Promenade de la Treille로 향했다. 이 녹색의 고지대는 일찍부터 루소의 정서적 나침반이 되었다.

구시가지에서 내리막길을 따라 내려가다 보니 루소가 열네 살 때 아스파라거스를 팔았던, 지금은 식당이 즐비한 몰라르 광장Place du Molard 에 도착했다. 쾌적하고 아담한 뇌브 뒤 몰라르Neuve-du-Molard 로를 따라 소금 더 가면 22번지에 근사한 녹색 철제 현관문이 있는 저택이 나타난다. 이 저택은 루소가 열네 살부터 열다섯 살까지 살며 판화가 아벨 뒤코뫵의 수습생으로 일했던 곳이다. 우리가 곧 알게 되겠지만, 이 시기의 경험은 변덕스럽고 반항적인 어린 루소에게는 그리 좋지 않은 것이었다.

루소가 다섯 살 때 아버지는 그랑 로에 있는 집을 팔았고, 가족들은 론Rhône 강 반대편에 있는 좀 더 가난한 동네인 생 제르베Saint-Gervais 기능공 구역으로 이사했다.[39] 나는 베르그 다리Pont des Bergues를 건너 그곳으로 걸어가다가, 한때 요새와 조선소가 있었지만 지금은 강이 내려다보이는 정자 카페와 1838년에 건립된 루소의 동상에다 풍부한 나무 그늘까지 갖춘 공원이 있는 루소 섬Île de Rousseau에 들렀다. 그러고는 론 강을 건너 넓고 번잡한 베르그 부두를 따라 루소가 살았던 시대에도 있던 (유명한 노천 시장) 생 제르베 광장Place de St.-Gervais으로 직진했다. 이어 루소가 다섯 살부터 열 살까지(1718~22년) 살았고 지금은 마노Manor 백화점이 있는 쿠탕스Coutance 로 28번지로 이동했다. 백화점 건물 정면에는, 쿠탕스 광장에서 (제네바 시민들로 구성된) 민병대가 춤추는 모습을 그와 함께 보던 아버지가 루소에게 했던 말이 새겨져 있다—"장 자크, 조국을 사랑해라!" 조용한 에튀브Étuves 로를 따라 모퉁이를 돌면, 1725년 5월부터 1726년 11월까지 루소가 수습생 생활을 했던 곳(주소)이 새겨진 문패가 있다. ("장 자크 루소, 1712-1778, 제네바의 철학자이자 작가") 그 길은 루소 로에서 끝난다. 수년간 루소는 자신의 저작에 "제네바 시민 장 자크 루소"라고 자랑스럽게 서명했지만, 1762년 제네바시가 루소를 이단 혐의로 추방하고 그의 책을 불태우자 루소는 제네바 시민권을 포기하고 다시는 이 고향 도시에 발을 들이지 않았다. (C2 459/563)[40]

루소는 열다섯 살에 제네바를 떠난다. 갑작스럽고 극적인 사건이었다. 루소는 수습생 시절에 동료들과 함께 제네바 성벽 밖 산책을 즐겼다고한다. 성문이 닫혀 시내로 들어오지 못한 적이 두 번 있었고, 다음 날 아침 스승의 집으로 돌아왔을 때 그는 스승한테 매를 맞았다. 세 번째 사건은 성문이 30분 일찍 닫혔을 때 발생했다.

> 도시에서 반 리그league (1리그는 약 5km) 정도 떨어진 곳에서 경고음이
> 들리자 나는 발걸음을 재촉했고, 북소리를 들었고, 전속력으로 달렸다.
> 숨을 헐떡이며 땀에 흠뻑 젖어 도착했을 때, 내 심장은 두근거리고 있었
> 고 저 멀리 군인들이 초소에 있는 것이 보였다. 달려가 숨을 헐떡이며 소
> 리쳤지만 이미 너무 늦었다.
>
> (C1 97-98/49)

그때 그 자리에서 다시는 매를 맞지 않겠다고 결심한 루소는 1728
년 3월 15일 월요일에 제네바를 떠난다.

루소는 자신의 가난과 불행에 절망하기보다는 새롭게 찾은 독립에
기뻐했다. "이제 나는 자유롭고 나 자신의 주인이 되었으니 무엇이든 할
수 있다고 생각했다. […] 나는 세계의 광대함 속으로 자신 있게 들어갔
다"(C1 101/52). 그는 (당시 사르데냐 왕이 통치하던 가톨릭 공국 사부
아Savoy에 있는) 콩피뇽Confignon 마을로 걸어가 로마 교회로 개종하겠다는
약속을 내걸고 가톨릭 사제에게 도움을 청했다. 이 도보 여행은 루소의 인
생에서 전환점이 되었다. 처음으로 그는 전적으로 자신이 선택한 길을 걸
었다. 나는 그의 위대한 첫 번째 모험을 따라가고 싶은 마음이 간절했다.

루소의 설명을 찾아봐도 그가 들어가지 못한 성문이 정확히 어디인
지 확실하지 않지만, 바스티옹 공원과 인접한 뇌브 광장Place de Neuve이 유
력한 후보라고 생각하고, 그곳에서 일정을 시작했다. 구글에 따르면 콩피
뇽까지의 거리는 약 7km이지만, 루소에 따르면 "2리그", 약 10km였다. 나
는 오래 걸릴 것이라고 예상했다. 화창한 날씨였지만 이미 늦은 아침이었
고 햇볕이 강하게 내리쬐어 꽤 덥게 느껴지기 시작했다. 나는 최대한 그늘

을 찾아다녔다.

바스티옹 공원에서 생 리지Saint Léger 로를 따라 철학자 광장Place des Philosophes까지 걸어간 다음, 법률 사무소와 기타 전문 서비스가 모여 있는 플랑팔레Plainpalais 지구의 거리를 계속 걸었다. 곧 산업단지, 자동차 차고, 주유소가 나타났다. 대로가 넓어지고 교통량이 많아지면서 그늘은 점점 더 희박해졌다. 나는 결국 나무와 관목이 울창해지기 시작하는 교외로 접어들면서 점점 좁아지는 그랑 랑시Grand Lancy 도로에 도착했다. 곧바로 공기가 시원하고 상쾌해졌고 그늘에서 걸을 수 있게 되었다. 생시Chancy 도로를 찾고 있었지만, 그 도로는 나타나지 않았다.

나는 길이 맞는지 확신하지 못한 채 오른쪽에서 언덕 위로 이어지는 공원 같은 장소를 발견하고, 나중에 학교 운동장이라는 것을 알게 된 곳으로 들어갔다. 운동장 관리인은 언덕을 더 올라가면 사람들이 많이 이용하는 다차선 고속도로인 생시 도로가 나온다고 일러 주었다. 나는 오넥스Onex 교외에 있었다. 콩피뇽으로 가는 길임을 안내하는 도로 표지판도 나타났다. 나는 다시 길을 제대로 가고 있다.

오늘날 콩피뇽은 제네바의 한 교외 지역이다. 그럼에도 나는 콩피뇽에 무언가 그 지역의 마을 분위기가 남아 있기를 바랐다. 왼쪽으로 보이는 작은 길 옆으로 포도밭이 보였다. 얼마 안 되어 키 큰 나무와 돌담을 오르는 장미들이 나왔다. 왼쪽으로 루돌프 슈타이너 학교가 나타났다. 오스트리아의 신비주의 철학자 슈타이너(1861~1925)는 1920년대에 루소의 《에밀》에서 그 뿌리를 찾을 수 있는 아동 중심 교육 방식인 발도르프 학교를 세운 사람이다. 곧 내 오른쪽으로 나무로 된 쉼터 아래로 오래된 마을 약수터가 나타났다. 계단을 올라 마을 광장에 도착했다. 광장 아래쪽으로 가톨릭 성당이 있었고, 저 멀리 어린 플라타너스 아래에 한 카페의 차양과 파라솔이 보였다. 자, 가장 먼저 해야 할 일부터 해보자. 루소는 지역 사제인 퐁베르의 집에 도착해 프랑지Frangy 와인을 마셨고(C1 103/53), 나는 카페에서 시원한 맥주를 마셨다.

기분이 상쾌해진 나는 광장을 가로질러 하얀색 교회 건물로 향했다. 명판에는 루소의《고백록》에서 인용한 구절이 새겨져 있었다—"나는 세계를 여행하고 주유한 끝에, 제네바에서 2리그 떨어진 사부아 영토의 콩피뇽으로 갔다"(C1 102/52-53). 루소의 콩피뇽 체류에 관한 더 많은 정보를 찾던 나는 언덕 아래에 있는 마을 회관을 발견했다. 문을 열고 아름다운 19세기 건물에 입장했다. 한적한 리셉션 공간 안쪽에 있는 사무실 문이 열려 있어서 들어가 봤더니, 책상에 앉아있던 여성이 나를 보고 깜짝 놀랐다. 루소가 콩피뇽에 머물렀던 시기에 관한 정보를 찾고 있다고 말하자 그녀의 표정이 금방 밝아졌지만, 그녀에게는 내게 줄 만한 소책자나 다른 자료들은 없었다.

전차를 타고 제네바로 되돌아가기로 결심했다. 그 길은 두 번 걸을 만큼 매력적이지는 않았다. 콩피뇽에 갔을 때 루소는 그곳으로 바로 가지 않고 먼저 제네바 주변을 돌아다니며 지역 농민들의 환대를 받았다. (C1 102/52) 그 농민들은 대부분의 시골 지역과 함께 오래전에 사라졌다. 루소가 살던 시절에는 넓게 포장된 도로, 산업단지나 차고, 교외 주택개발이나 공립학교는 없었다. 걸으면서 루소에 대해 알게 된 점은 그가 젊은 다리로 얼마나 쉽게 걸었을지에 관한 것뿐만이 아니라 그가 제네바를 뒤로 하고 떠났을 때 느꼈을 들뜬 기분이었다. 내가 만났던 아스팔트의 사막에서 자연과의 신비한 합일을 이루기는 어려웠지만, 걷기라는 순수한 육체적 노력은 나름의 황홀경을 선사해 주었다.

콩피뇽의 사제는 곧 루소를 다음 목적지로 인도했다. 지금은 프랑스의 일부이지만 당시에는 사부아의 영지에 속해 있던 안시였다. 그곳에서 루소는 바랑스 부인으로부터 개신교에서 가톨릭으로 개종하는 교육을 받게 된다. 1728년 3월 21일(종려 주일)에 그는 자신의 평생의 위대한 사랑인 그녀를 처음 만난다. 마지막 저작인 《몽상》의 열 번째 "산책"[41]에서, 그는 50년 전의 첫 만남, 즉, 이 "매력적이고 지적이며 우아한 여성"이 어떻게 자신의 남은 삶을 결정하는 사랑을 불러일으켰는지를 애틋하게 회고했다. 루소와 바랑스 부인은 결국 1731년에 다시 만나 샹베리Chambéry 인근의 르 샤멧Les Charmettes의 시골집에서 연인으로 함께 살았다. 루소는 4~5년 동안 "순수하고 완전한 행복"을 누렸다.

> 되돌아보니 이물질도 장애물도 없이 온전히 나 자신이었고, 내가 나로 살았다고 진정으로 말할 수 있는, 내 인생의 이 특별하고 짧은 시간을 기쁨과 애정으로 회상하지 않는 날은 단 하루도 없었다.

루소는 오직 자신의 마음만 따르는 자유, 고독과 사색의 자유, 자신이 하고 싶은 일만 해도 되는 자유의 경험이 없었다면 지금의 자신이 될 수 없었을 것이라고 말한다. (RSW 181-83/153-55)

루소는 바랑스 부인을 처음 만난 장소에 낮은 난간balustrade을 설치하고 싶었고(C1 106/55), 이 만남의 200주년이 되는 1928년에 그의 소망은 이루어졌다. 장 자크 루소 로 10번지, 안시 경찰서에 인접한 집의 마당에는 앞쪽에 루소의 흉상이 있는 분수 주위로 금으로 도금된 난간이 있다. 두 사람이 처음 만났을 때 루소의 나이는 열여섯이 채 되지 않았고, 루소가 "엄마"라는 애칭으로 불렀던 바랑스 부인은 스물여덟이었다. 루소는 바랑스 부인에게 반했다. "나는 우아함으로 빛나는 얼굴, 달콤함으로 가득한 파란 눈, 눈부신 얼굴빛, 매혹적인 가슴 곡선을 보았다"(C1 106/55). 바랑스 부인의 진품 초상화는 남아 있지 않지만, 루소는 "그녀보다 더 아름다운 머리, 더 아름다운 가슴, 더 아름다운 손, 더 아름다운 팔을 보는 것

은 불가능할 것"이라고 썼다. (C1 108/56)[42]

  루소는 자신을 기다리고 있는 기쁨을 알지 못한 채 안시로 가는 길을 서두르지 않았다. 보통 약 37km를 걷는 데 8시간 정도 걸리지만, 루소는 사흘이 넘게 걸었다. (C1 105/54) 나는 기차를 타고 엑스레뱅Aix-les-Bains을 경유해, 나중에 발 드 트라베에서도 만나게 될 바위 절벽과 혼효림의 산비탈 같은 험한 시골길을 지나갔다. 정오쯤 안시에 도착해 루소를 찾아 나섰다.

  루소를 찾는 데는 오랜 시간이 걸리지 않았다. 바랑스 부인의 집이 있던, 현재의 장 자크 루소 로 10번지에는 루소 탄생 200주년(1912년)을 기념하는 낡은 석제 명판이 있다. 길 바로 아래에 루소가 다녔던 생 피에르 대성당이 있는데, 외부 장식이 거의 없는 무척 범박한 르네상스 양식의 흰색 석조 건물이어서 개신교 교회로 착각할 정도였다. 길 건너 13번지에는 한때 음악학교였던 곳의 출입구 위쪽 좁은 틈에 성 베드로 동상이 서 있다. 작가보다 음악가로 먼저 유명해진 루소는 이곳에서 음악의 기초를 처음 배웠는데, 그가 1752년에 작곡한 오페라 〈마을의 점쟁이Village Soothsayer〉가 인기를 얻으면서 루이 15세의 초청을 받기도 했다. (왕에게 굽신거리기 싫었던 루소는 이 초청을 거절했다.)

  루소가 안시에 머물렀던 기간은 불과 몇 달이었다. 나는 약 210km에 이르는 그의 토리노 도보 여행은 따라가지 않았다. 바랑스 부인이 거처를 마련하고 그를 토리노로 보내 가톨릭 신앙으로 개종하는 교육을 받게 했다. 루소는 자신의 복지와 재정을 관리하는 중년의 사브항Sabran 부부와 함께 (C1 113-20/55-64) 양쪽에 가파른 절벽이 있는 모리엔 계곡Maurienne Valley을 천천히 올랐고, 1876년 니체가 소렌토로 가는 기차 여행에서 터널을 통과해 넘었던 7,000피트(약 2,100m) 고도의 몽 스니Mount Cenis의 눈 덮인 고개도 넘었다.[43] 루소의 전체 일정은 그가 주장하는 1주가 아니라

3주(3월 24일부터 4월 12일)였는데(C1 120/64),[44] 니체는 터널을 통과했기 때문에 이 일정을 단 몇 시간 만에 끝냈다.[45]

토리노 여행은 루소의 "걷기에 대한 열광"의 진정한 시작점이었다. (C1 114/60)—"이 걷기의 기억은 그것과 관련된 모든 것, 특히 산과 도보 여행에 대한 가장 강렬한 심미적 취향을 내게 남겼다. 내 인생의 한창 때에 내가 기쁜 마음으로 한 일은 오직 걷기였다"(C1 119-20/63-64). 토리노의 여러 귀족 가문에서 일한 후, 루소는 제네바에서 수습생으로 일하던 시기의 동료와 함께 다시 여행을 떠날 수 있도록 해고당할 궁리를 했다.

> 나는 그런 여행을 하는 것 말고는 다른 즐거움, 다른 운명, 다른 행복을 생각할 수 없었고, 여행에서는 형언할 수 없는 환희나 여행 그 자체만 보일 뿐이었다. […] 자율적인 상태라는 매력과, 아무런 강제나 의무나 통제 없이 나이와 취향이 나와 비슷하고 유머러스한 동료와 함께하는 여행의 매력을, 우리를 즐겁게 하는 것이 아니라면 그 어떤 곳에도 가거나 머물 의무가 없는 상태와 결합한다면 어떻게 될까? .
>
> (C1 174-75/100)

다른 사람의 하인으로 살아야 하는 속박을 절대 받아들일 수 없었던 루소는 열아홉 살에 앞으로 얻게 될 모든 경력을 뒤로 밀쳐두고 "마음대로 돌아다닐 수 있는 기쁨"을 위해 "진정한 방랑자의 삶"을 찾아 떠났다. (C1 177/102)

루소는 안시로 되돌아가는 길에 바랑스 부인이 파리로 떠났다는 사실을 알고 실망하며 로잔으로 향했다. 바로 그 로잔에서 나는 다시 그의 발자취를 찾았다. 루소는 로잔에서 자신이 전혀 자격이 되지 않는 음악과 작곡 교습으로 생계를 유지하려 했다. (C1 235-43/141-46) 주변 시골을 돌아다니던 루소는 제네바 호수 북쪽 기슭에 자리한 보Vaud 주의 브베 Vevey에 있는 바랑스 부인의 생가까지 20km를 걸어 이삼일간 여행했다. 제네바 호수 주변의 자연은 "한평생 나를 피해 가기만 했던, 그것을 위해 내가 태어났던 행복하고 달콤한 삶에 대한 열망"이 그를 들뜨게 했을 때 그가 상상 속에서 방문하던 곳이었다. (C1 245-46/148)

　　로잔은 중세 시대의 광장과 나무가 잘 심어진 공원이 있는 매력적인 도시다. 이 공원은 제네바 호수까지 가파른 내리막길로 이어진다. 나는 루소가 작곡하고 지휘했지만 재앙에 가까웠던 음악 〈보소르Vaussore〉가 연주된 장소에서도, 프랑소와 프레데릭 트레토랑스 변호사의 집을 거쳐 (C1 240-43/144-46) 지금은 모차르트 협회와 프로 뮤지카Pro Musica 관현악단이 입주한, 구시가지의 장엄한 고딕 양식의 대성당 바로 옆에 있는 피에르 비레Pierre-Viret 로 5번지 건물에서도 그가 걸었던 흔적은 찾을 수 없었다. 나는 바로 옆에 있는 주교 궁의 종탑에 올라갔고, 훗날 루소가 《신 엘로이즈》에서 회고했던, 호수 건너 에비앙Evian까지 시원하게 펼쳐진 풍경을 바라봤다.[46] 로잔은 루소가 고통스럽고 혼란스러운 경험을 한 곳이었겠지만, 돌이켜 보면 결국엔 (그의 여신 줄리가 살았던) 스위스의 목가적 시골의 모델이 된 곳이다. (C1 245-46/148-49)[47]

　　1762년 파리 '의회' 또는 법원이 루소의 "매우 종교적이지 못한" 《에밀》을 (신의 선과 지혜의 진정한 계시는 교회가 아니라 자연이라는 내용) 불태우라고 명령하자, 루소는 스위스 산에 대한 사랑을 생각하며 (발드 트라베에 있는) 모티에로 향했다. (C2 453 3번/523-42, 559) 그는 30km 정도 떨어진 이베르동Yverdon에서 출발해서 가파르고 구불구불한 산길을 걸어 그곳에 도착했다. (C2 434-35/547)[48] 나는 걷는 대신 기차와 버스를 갈아타며 모티에로 이동했다.

　　1764년 12월, 모티에로 루소를 찾아갔던 (사무엘 존슨의 전기 작

가) 제임스 보스웰은 발 드 트라베를 "일부는 험악한 바위로, 일부는 소나무 군락으로, 일부는 반짝이는 눈으로 덮여 있는, 거대한 산에 둘러싸인 아름다운 야생 골짜기"라고 묘사했다.[49] 내가 갔던 6월 말에는 눈만 없었을 뿐, 보스웰이 묘사한 풍경과 크게 다르지 않았다.

현재는 루소 박물관이 된 (모티에의) 루소의 옛집은 (마을의 중심 도로인 그랑데Grande 로의) 마을 광장 바로 옆에 있어서 못 찾으면 이상한 곳이었다. 그 집은 루소가 1762년 7월부터 1765년 9월까지 그의 반려 테레즈 르바서Thérèse Levasseur와 함께 살았던 당시의 모습 거의 그대로이고, (그곳에서) 그가 산을 바라보기를 좋아했던 바깥쪽의 베란다도 그대로 남아 있었다. 집 2층에 있는 박물관에는 루소가 그곳에서 쓴 《음악 사전》(1767) 같은 작품들의 전체 또는 일부의 초판본과 그의 논쟁적 저작—《에밀》의 종교 교리를 옹호하는 내용인—《보몽에게 보내는 편지》(1763), 제네바의 과두 정당을 공격한 《산에서 쓴 편지》(1764)가 전시되어 있다. 이 마지막 작품은 너무도 급진적인 민주주의 교리를 설파한 나머지, 귀족 후견인들은 (그 지역 개신교 목사에 의해 격앙된) 폭도들로부터 루소를 보호하겠다는 의지나 그럴 능력을 상실하게 된다. (C2 476-77/575)[50] 그 외에도 1762년 6월 9일 파리 '의회'의 루소 체포 명령서, 산책하면서 작품의 초고를 적었던 게임용 카드 일부, 각종 18세기 기념품도 전시되어 있었다. 루소를 주제로 한 게임 카드, 판화, 인쇄물, 소형 조각상, 도자기 접시 등은 루소가 최초의 유명 문인 중의 하나였다는 사실을 상기시켜준다. 모티에(당시 충분히 외딴 곳이었지만)에서 그는 자신의 사상보다 유명세에 더 매료된 추종자들로 인해 괴로워했다. (C2 460-61/564)[51]

루소는 당시는 수입이 없었던 데다 고물가였지만, 모티에 시절이 좋았다고 말한다. (C2 454-57, 475-76/560-62, 574) 하지만 루소의 재정 문제는 그에게 걱정거리는 아니었다. 지역 주민들은 그의 "아르메니아식 복장"—기장이 긴 아랍식 드레스, 턱끈이 달린 모피 모자, 신사들이 보통 입는 반바지와 외투 대신 착용한 넓은 허리띠—, 사실혼 관계의 아내, 작가라는 직업으로 인해 루소를 매우 기괴한 사람으로 여겼다. (C2 446, 482-83/554, 579-80)[52] 루소와 지역 주민들은 서로 미워했다. 루소가 1758년 《달랑베르에게 보내는 편지》와 《신 엘로이즈》에서 자부심과 독립심을 갖춘 이들로 예찬했던 스위스 농민들은 이제 그에게 무식하고 편협한 존재가 되었다.[53] 개신교 목사가 지역 주민들을 선동해 루소를 비난했을 때, 그는 자신을 변호해 주려는 "존경할 만한 사람들honnêtes gens"이 거의 없다는 사실을 알게 된다. (C2 483/580)

하지만 루소가 모티에에서 보낸 시간은 그의 편지가 암시하는 것보다 훨씬 더 즐거운 시간이었다. 모티에가 있는 뇌샤텔Neuchâtel 지역은 프로이센이 통치하던 곳으로, 이 지역의 수장 조지 키스(스코틀랜드 문장원 총재Earl Marischal of Scotland)는 루소의 절친한 친구가 되어 루소에게 12 루이louis에 이르는 수당을 지급한다. 이로써 그의 재정적 고충은 해소된다. (C2 442/550-51)[54] 더욱 의미 있는 것은, 루소가 식물학에 처음으로 관심을 갖게 된 것이 이 분야에서 책 두 권을 출간한 뇌샤텔의 의사 장 앙투안느 이베누아의 지도를 받으면서였고, 그의 조카 이사벨 이베누아와는 함께 식물 탐험을 떠났다는 것이다.[55] 위Hue가 말한 것처럼, 식물학은 루소의 "차분하고 정중한 일탈"에 리듬과 방향을 제공했고, 루소가 자기 고민을 잊어버릴 만큼 그의 마음을 충분히 사로잡았다.[56] 그가 루소 전집을 출간한 부유한 뇌샤텔 사람인 피에르 알렉상드르 뒤페루와 친구가 된 것도, 자주 걸어서 그의 산장을 찾았던 아브헴 퓨리 대령과 친구가 된 것도 역시 모티에 시절이었다. (C2 449, 475-76/556, 574) 때로는 혼자, 때로는 친구들과 함께 샤스홍Chasseron과 크뢰뒤방Creux-du-Van 같은 산 정상으로 가는 긴 도보 여행과 모티에 주변을 둘러보는 짧은 도보 여행을 번갈아 떠나며 그는 군중의 소란스러움에서 벗어나 자신이 원했던 평온한 삶의 실현에 근접했다. (C2 447, 487/555, 582)

　　루소가 가장 좋아했던 산책 코스 중의 하나는 모티에 외곽에 있는 폭포로 가는 길이었다. 이 길에는 금색 청동 '포장용 돌'이 깔려 있는데, 모티에에서 루소가 보냈던 한 편지의 구절이 그 돌에 새겨져 있다.[57] 빠르게 흐르는 개울 옆의 혼효림을 지나 나뭇잎이 흩뿌려진 흙길을 따라 폭포까지 올라가면, 높은 절벽 위 좁은 틈에서 물줄기가 나타나서 아래로 떨어지며 퍼지는 장관을 볼 수 있다. 폭포 옆 바위에 루소에게 헌정된 금속 명판이 박혀 있다. 나는 루소를 매료시켰던 광경을 넋을 잃고 바라보며 몇 분을 보냈다. 하지만 곧 어둠이 내리고 있었고, 자리에서 일어나야 했다.

　　루소가 모티에를 떠난 것은 강압에 의해서였다. 초반에는 루소가 모티에 교회에서 성찬식을 할 수 있도록 허락한 지역 목사 프레데릭 기욤 드 몽몰랑과 좋은 관계가 유지되었다. (C2 452/558) 하지만 1765년 3월이 되자 비니하블르 클라스Vénérable Classe(스위스 개신교회의 성직자 모임)는 루소에게 모티에의 교회 장로와 성직자로 구성된 특별 위원회에 출석해 인간의 죄를 사하신 구세주 예수 그리스도에 대한 신앙을 공식 선언하라고 요구했다. (C2 479-80/577) 원죄는 루소가 부정하는 교리 중 하나였기에 이것은 그에게 상당한 도전이었으나, 결국 루소는 상황에 잘 대처한다. 그는 직접 출석하는 대신 편지를 제출할 수 있었고, 위원회의 과반수가 (몽몰랑의 희망과는 반대로) 그의 파문에 반대한다. (C2 481-82/577-59)

　　그러나 몽몰랑은 순순히 물러서지 않았다. 1765년 9월, 그는 "악인의 제사"를 비난하는 설교를 했는데, 이 악인의 제사는 루소가 모티에에서 성찬식을 거행한 것을 에둘러 지칭한 것이다. (C2 482-83/579-80)[58] 얼마 후, 루소의 집은 한밤중에 공격을 받는다. 돌이 날아들었고, 바닥에서 떨어져 나간 벤치가 현관문 앞에 쌓였다. (C2 492-93/580-81) 9월 6일에 폭도들이 다시 루소의 집에 돌을 던져 문과 창문을 부쉈고, 유별나게 큰 돌 하나는 주방 창문을 뚫고 날아가 침실 문을 강타하기도 했다. 모티에의 루소 박물관을 방문한 사람이라면 누구나 루소와 테레즈가 날아오는 큰 돌을 피해 창문에서 최대한 멀리 떨어졌을 때 느꼈을 공포를 상상할 수 있을 것이다. 지역 당국은 이들을 보호하기 위해 개입하지 않았다. 다음 날 아침, 지역 영주이자 행정관인 자크 프레데릭 마티네는 루소의 집 베란다에 널려 있는 돌들을 보고 경악을 금치 못했다. (C2 493/586) 다음 날 루소와 테레즈는 우선 뇌샤텔로 떠났고, 이후 비엔느Bienne 호수에 있는 생 피에르 섬으로 이동했다. 나는 곧바로 그들의 경로를 따라갔다.

루소의 1765년 뇌샤텔 체류는 두 번째였다. 그는 1730년에 로잔을 출발해서 약 68km 떨어진 이곳으로 왔다. 첫 번째 뇌샤텔 체류에서 루소는 로잔에서보다 음악적으로 더 크게 성공했고, "음악을 가르치면서 음악을 배웠다"고 한다. 그는 도시 주변의 숲과 시골을 거니는 것을 즐기며 "항상 정처 없이 돌아다녔고, 꿈꾸고 그리워하면서, 한번 도시 밖으로 나가면 저녁까지 돌아오지 않았다"(C1 248/149). 미래가 불확실했고 생활은 불안하기만 했던 당시, 그에게 긴요했던 평정심을 제공했던 것은 시골길 걷기였던 것으로 보인다.

나는 뇌샤텔에서 기차를 타고 로잔을 향했다. 가는 도중 루소가 1762년 프랑스에서 쫓겨난 후 처음으로 모색했던 피난처 중 하나인 이베르동레뱅Yverdon-les-Bains에 들렀다. 그는 그곳에서 자신을 편안히 돌봐준 오랜 벗 다니엘 호귀앙과 함께 지냈다. 지역 주민들 사이에서 감돌았던 "[그를 겨눈] 폭동의 조짐"이 없었다면 그곳에 더 오래 머물렀을 것이라고 그는 말한다. (C2 429, 434-35/542, 546-47) 나는 루소의 흔적을 찾아 이베르동의 아름다운 구시가지를 둘러보러 갔다. "진지한" 책들이 가득한 멋진 책방을 발견했고, 그곳에서 루소가 《신 엘로이즈》를 집필할 당시 사랑에 빠졌던 유부녀 두드투 부인Mme d'Houdetot에게 보낸 짧막한 서간집인 《도덕에 관한 편지》를 샀다. 나는 "완벽에 이르는 길이 당신에게 열려 있다Le chemin de la perfection vous est ouvert"는 뜻의 제목에 매료되었다.[59] 하지만 그곳이나 관광 안내소에 있는 누구도 루소가 이베르동에서 보낸 시절에 관해 내게 말해주는 이는 없었다. 그러던 중 오래된 흰색 건물에 눈에 잘 띄지 않는 명판이 걸려 있는 것을 발견했다—"호귀앙의 집, 1762년에 장 자크 루소가 머물렀던 곳." 나는 작은 성취의 떨림을 느꼈다. 호귀앙의 옛집은 구시가지의 중심가인 플렌Plaine 로 14번지에 있었지만, 사람들의 시선을 끌 만한 특징은 없었다.

    루소가 뇌샤텔에 머물던 1730년부터 1731년까지의 첫 2년은 그리스 정교회의 대표자를 사칭한 어느 사기꾼이 루소를 솔러Soleure 또는 솔루치온Solothurn으로 데려가 사기를 친 사건으로 인해 돌연 끝났다. 그곳에 근무하던 프랑스 대사가 루소를 따로 빼냈고, 재능이 있는 젊은이는 파리로 가야 한다며 그에게 여행 경비로 100프랑을 주었다. (C1 254/153-54) 루소는 그 후의 2주간의 500km 여정을 "내 인생에서 가장 행복했던 날들의 하나"로 회고한다.

> 나는 젊었고, 건강했고, 돈도 충분했고, 희망도 컸고, 걸어서 여행했고, 혼자 있었다. […] 달콤한 환상이 나의 동반자였으며, 이보다 더 멋진 상상력의 열정이 솟았던 적은 없었다. 누군가 마차의 빈자리에 탈 것을 제안하거나 나에게 다가와 말을 걸었을 때, 나는 걸으며 쌓아왔던 행운이 무너질 것 같아 주저했다.
>
> (C1 254/154)

그의 마음이 환상의 땅을 진심으로 방랑할 만큼 자유로웠을 때 루소가 몽상적 걷기에서 느꼈던 즐거움은 (C1 261/158-59) "꽉 닫힌 우리 안에 음울하게 갇힌 것만 같은" 마차를 탈 때의 안락에 비할 바가 아니었다.[60] 하지만 나는 오늘날의 포장도로와 고속도로를 걸으면서 파리로 향했던 루소의 당시 여정을 복제할 생각은 없었다.

그 대신 나는 루소가 1762년부터 1765년까지의 스위스 망명 기간에 걸었던 비엔느 호수의 생 피에르 섬, 쥐라Jura 지역의 샤스홍과 크뤼듀방 같은 고지대를 탐험하기 위해 뇌샤텔을 거점으로 삼았다. 구시가지 중심부에 있는 나의 호텔은 도시에서 흔히 볼 수 있는 분수가 있는 광장을 마주하고 있었다. 뇌샤텔 사람들은 모든 분수대의 물이 마실 수 있는 물이며 맛도 좋다고 자랑스러워했다. 니체는 식수대가 많은 도시를 좋아해서 항상 작은 잔을 들고 다니며 물을 받아마셨다고 한다. (EH, "나는 왜 이렇게 영리한지", 섹션 1, 239) 그러니 그도 틀림없이 뇌샤텔을 좋아했을 것이다. 호텔 옆 샤토Château 로를 올라가면 노트르담 성당이 나온다. 1190년에서 1280년 사이에 지어진, 고딕 장식이 화려한 로마네스크 양식의 사암砂巖 교회다. 중간쯤 올라간 23번지에는, 18세기 루소와 프랑스 혁명가인 미라보 백작이 각각 다른 시기에 머물렀던 쿠호니Couronne 호텔 자리를 표시한 명판이 세워져 있다.

뇌샤텔에는 루소 추종자들을 위한 주요 명소 두 곳이 있다. 가장 중요한 곳은 뉴마-드하즈 광장Place Numa-Droz 3번지의 공공 도서관에 있는 루소 기념관Espace Rousseau이다. 이곳에는 《고독한 산책자의 몽상》의 원본 원고(게임용 카드에 작성된 부분 포함)가 보관되어 있다. 전시 책임자 마르틴 누와장 드슈낙은 동영상 설명 자료에서 루소가 걸으면서 종이나 게임용 카드에 연필로 아이디어를 적고, 그 위에 잉크로 덧쓰고, 이 내용을 거의 읽을 수 없는 필체로 노트에 옮겨 적고, 편집하고 다듬으면서 복사본을 만들고, 마지막으로 다른 노트에 좀 더 읽기 쉬운 필체로 정성스럽게 수정하고 복사해 이를 인쇄본의 기초로 삼았다고 설명한다. 이 도서관은 루소의 식물 수집품도 소장하고 있다—400점이 넘는 전체 식물 표본들이 누르스름하고 큼직한 페이지에 꼼꼼하게 부착되어 있고, 각 페이지에는 루소가 세심하게 쓴 주석과 꼬리표도 보인다.《에밀》같은 루소의 작품 중 일부 초판본도 여기에 있다. 관리위원과 교수들이 루소의 정치 철학, 식물학, 사생활, 작곡가로서의 경력을 설명해 주는 유익한 동영상 해설도 만날 수 있다.

또 다른 루소 관련 명소는 듀페루 저택Palais Du Peyrou이다. 루소와 함께 모티에에서 식물을 채집하고 하이킹했던 피에르 알렉상드르 듀페루는 부자였다.[61] 그는 루소가 돈을 벌고 명성을 지키도록 루소의 작품 전집 출간을 돕겠다고 제안했다. (C2 475-76/574-75) 이 전집은 루소가 사망한 지 10년 후인 1788년이 되어서야 출간되었지만, 그래도 루소는 생전에 저술 전체를 듀페루에게 남겼다. (C2 515/602) 듀페루는 이 자료들을 도서관에 보내려 했었고, 1794년 듀페루가 사망한 직후에 이 자료들을 모아 개관한 것이 바로 뇌샤텔 도서관이다. 듀페루는 1765년에 루소가 뇌샤텔에 정착하도록 루소와 테레즈의 전용 공간이 구비된 대형 개인 저택을 짓기 시작했다. 하지만 안타깝게도 루소는 그 해 뇌샤텔을 떠나야만 했다.

1771년에 완공된 이 저택은 현재 고급 회의 시설로 활용되고 있다. 로코코 양식의 아름답고 인상적인 건물로 3개 층 전체에 창문이 많고, 듀페루가 살던 시기의 훨씬 더 넓은 정원, 과수원, 포도밭에 비하면 일부만 남아 있지만 잘 가꾸어진 정원에 둘러싸여 있다. 2층 연회실에는 그 당시 사용하던 가구와 도자기 난로 등 18세기 양식의 느낌이 확연히 남아 있다. 하지만 1층 바와 식당에서는 이 건물의 과거를 엿볼 수 있는 흔적은 찾아볼 수 없다.

그러니 보행자 루소를 찾으려면 뇌샤텔을 지나 쥐라 지역의 숲과 산, 생 피에르 섬까지 가야 한다. 모티에를 떠난 후 루소는 생 피에르 섬이 여생의 안식처가 되기를 소망했다. (C2 495-97, 506/588-89, 595-97) 1765년 9월 9일부터 10월 26일까지 두 달도 채 머무르지 않았지만, 루소는 "다섯 번째 산책"에서 이렇게 쓴다.

> 내가 살았던 모든 곳 중에서 [⋯] 생 피에르 섬만큼 나를 진정으로 행복하게 만들거나 내게 아련한 아쉬움을 남긴 곳은 없었다. [⋯] 나는 그곳에서 한순간도 지루하지 않게 2년이든 200년이든 영원이든 보낼 수 있었을 것이다. [⋯] 나는 그 두 달을 내 인생에서 가장 행복한 시간으로 꼽는다.
>
> (RSW 101-06/81-83)

생 피에르 섬은 폭이 0.8km, 둘레가 2km에 불과한 작은 섬이다. 하지만 루소는 "그 작은 공산에서 모든 주요 생필품을 얻을 수 있다. 들판, 초원, 과수원, 숲, 포도밭이 있고", 실제보다 더 크게 보이게 하는 "가장 유쾌한 자연의 다채로운 모습"이 있다고 말한다. (C2 496/588; RSW 105/82) 루소가 보기에 "비엔느 호숫가는 바위와 숲이 물에 더 가까워 제네바 호수보다 훨씬 더 야성적이고 낭만적이며 생기발랄하기까지 하다." 마차가 다니는 길이 없는 이 섬은

> 독수리의 울음소리, 이따금 들려오는 새들의 노랫소리, 산에서 흘러내리는 급류의 굉음을 제외하고는 어떤 소음에도 방해받지 않는 고요함 속에서 생각을 가다듬고, 자연의 매력을 마음껏 깊이 음미하는 일을 사랑하는 고독한 사색가들에게 이상적인 곳이다.
>
> (RSW 103-04/81-82)

루소는 이 섬이 자신의 평화에 대한 열망과 "고독하고 게으른 기질"

에 완벽하게 어울린다고 열광했다. (C2 496-97/589)

나는 아침 기차를 타고 뇌샤텔에서 레게르츠Legerz로 이동한 후 섬으로 들어가는 배를 탔다. 섬에 도착하자마자 루소와 테레즈가 머물렀던 '클로스터Chloster'(옛 병원이자 수도원)로 향했다. 해가 비치며 날이 더워졌고, 바람이 불지 않아 흔들리는 것이 없었고, 숲속의 새들도 울지 않았다. 숲으로 조금 들어가 전류가 흐르는 펜스 뒤에서 블랙 앵거스 종의 소떼가 풀을 뜯는 넓은 들판을 지나자, 벽이 노랑색 돌과 흰색 석고로 된 건물이 나타났다. 루소 생전에 베른 병원이 소유했던 건물이 지금은 고급 호텔로 변했다. 단순함의 사도가 살았던 옛집의 역설적인 운명일 것이다. 루소의 1층 원룸 아파트는 현재 박물관으로 사용 중이어서, 18세기 판본의 루소의 저작들, 벽에 걸린 루소 사진 몇 점, 루소가 채집한 식물 표본, 루소의 책에서 발췌한 문구, 섬에 관해 이야기하는 편지 등이 전시되어 있다. 1778년 루소가 사망한 직후부터 이곳은 루소를 기리는 성지가 되었다.

한 안내 책자는 루소가 원치 않는 방문객을 만나지 않으려고 바닥의 비밀 문을 사용하는 모습을 설명한다. 비밀 문은 도자기 난로 옆 구석에 지금도 남아 있다. 바닥과 천장은 넓은 나무판자로 되어 있고, 벽은 흰색 회반죽으로 칠해져 있다. 벽에 설치된 석제 싱크대, 난로, 넓은 굴뚝이 연결되어 있는 화덕도 있다. 방은 가능한 한 최대한 범박하고 단순하게 꾸며져 있다. 관리위원들은 1760년대 스타일의 나무 옷장, 덮개를 드리운 침대, 화장대, 작은 소파, (등나무 줄기로 앉는 부위를 만든) 목재 의자 두 개로 방을 꾸몄다. 루소가 왜 이 방을 좋아했는지 알 수 있을 듯했다.

하지만 루소에게는 이 섬이 선사한 고독한 산책이 가장 큰 매력이었다. 1762년 친구 맬르제브에게 보낸 편지에서 루소는 자기 인생의 황금기가 몽모랑시 주변 숲을 오후에 홀로 산책할 때였다고 썼다.

나는 숲속의 야생적인 곳, 그곳에 들어간 것은 내가 처음일 것이라고 생각한 은신처를 찾아 차분하게 걸었고, 자연과 나 사이에 어떤 불순한 제3자도 끼어들 수 없었다네. 그때 완전히 새로운 장엄함이 내 눈앞에 펼쳐지는 것 같았고 […] 내가 눈으로 본 것과 그에 대한 경탄이 끊임없이 번갈아 가며 내 마음을 사로잡았어. […] 짧은 산책 후 머릿속은 조금 복잡했지만, 마음은 흡족했지. 돌아오는 길에는 사물의 인상을 깊이 생각하되 아무것도 놓치지 않고, 아무것도 상상하지 않고, 내가 처한 상황의 평온과 행복을 느끼는 것 외에는 아무것도 하지 않은 채 흡족한 마음으로 쉬곤 했다네.[62]

생 피에르 섬은 루소의 목적에 완벽하게 부합했다. 그는 누군가 자신과 자연과의 고독한 교감을 방해할지도 모른다는 불안감 없이 그곳에서 숲과 들판을 자유롭게 거닐 수 있었다.

루소가 살았던 시대와 비슷하게 이 섬에는 지금도 주민이 거의 없고 집도 거의 없다. (RSW 104/82) 수도원-호텔에서 시작된 길은 붉은 양귀비가 흩뿌려진 포도밭과 밀밭을 지나 그늘진 숲의 입구까지 이어진다. 언덕 위 아주 크고 오래된 참나무 그늘에서 염소들이 풀을 뜯고 있었다. 일부 길에는 햇빛이 바로 들지만, 대부분의 길은 무성한 양치식물, 덤불, 빽빽한 숲 지붕이 있는 숲을 굽이쳐 흐르며 다채로운 녹색 그늘 층을 선사한다. 언덕 꼭대기에는 루소가 살았던 시절부터 있던 팔각형 정자가 있는데, 포도 수확기에 농부들과 그 이웃들이 모였던 곳이다. (C2 496/589) 한 남자가 밖에 있는 의자에 앉아 책을 읽고 있었다. 나는 그 책이 혹시 루소의 책이 아닐지 궁금했지만, 그의 사생활을 침해하지 않기로 했다.

루소는 이 섬에서 식물 채집도 많이 했다. 그는 《식물 도감》이라는 책에 수록된 식물 가운데 "이 섬에서 자라는 모든 식물을 설명하겠다"는 생각으로, 매일 아침 식사 후 돋보기와 스웨덴 식물학자 린네의 저작 《자연의 체계》를 들고 출발하여 식물을 관찰하고 채집하며 식물 구조와 조직 연구에 몰두했다. (RSW 107-08/84) 과학자보다는 아마추어에 가까웠지만, 루소는 자신이 "자연을 사랑할 새로운 이유를 찾기 위해 자연을 연구하고자 하는 사람이라면 누구라도 될 수 있는 식물학자"였다고 말한다. (RSW 138-39/111) 루소는 식물학을 "상상의 착란이나 무활동의 지루함의 여지가 전무한" 이상적인 소일거리로 생각했다. 식물의 "한결같음과 […] 경이로운 다양성"은 그를 완전히 사로잡았다. (C2 500-01/592)

비엔느 호수의 "일정하지만 끊임없는 물의 운동"을 바라보는 순간의 몽상은 그를 더욱 기쁘게 했다. 물 위에서 펼쳐지는 빛의 유희는 시간의 흐름을 없앴고, 지금 온전히 자기 자신에 집중하게 하는 "완전하고 완벽한 행복"으로 그를 채웠다. (RSW 110-13/85-89) 루소는 이미 《에밀》에서 이렇게 온전히 현재에 "존재하는 느낌"을 이상적인 것으로 제시했다. 그는 "삶으로 충만한, 격렬한 근심과 고통스런 예감으로부터 자유로운, 현재 상태에 깊이 몰두하는, 자기 자신을 넘어선 것처럼 보이는 인생의 완전성에서 기뻐하는" 자신의 피후견인 에밀을 상상한다.[63] 생 피에르 섬은 루소의 지상 낙원, 그가 "이 세상에서 가장 행복한 사람"으로 살았던 곳이다. (RSW 162/133)

단 하루지만 그곳을 걸으며 나는 루소의 행복을 공유했다. 숲과 들판을 거닐며 고독과 고요에 잠긴 채 엘라크Erlach의 중심지로 이어지는 넓은 길을 걸으며 리듬에 내 몸을 맡겼다. 노래가 마음속에서 저절로 흘러나왔고, 주변에 아무도 없기도 해서 걸으면서 노래를 흥얼거렸다. 자유롭다는 느낌에 젖었다. 나는 현재에 완전히 살아 있음에, 내게 허용된 만큼은, 가까이 다가갔다. 루소를 생각하고 있지는 않았지만 그가 걸었을 때 느꼈던 것처럼은 느꼈다. 즉, 내 다리와 팔의 자유로운 흔들림, 내 걸음의 리듬, 내 머릿속을 맴도는 음악은 나 자신을 잊어버리게 해주었고, 내가 햇살의 따스함, 길가를 따라 펼쳐진 들판, 습지와 하나되게 해주었다. 루소와 마찬가지로 숲과 호수는 "일련의 모호하지만 유쾌한 몽상 속으로" 나를 이끌었다.

하지만 이 느긋한 섬 산책은 루소가 《신 엘로이즈》에서 묘사한 산의 황홀경을 결코 내게 전할 수 없었다. 이제 본격적으로 걸어볼 시간이었다.

나는 해발 1,400m 높이 말굽 모양의 석회암 협곡인 크뤼뒤방까지 산길을 타고 올라가 정상에 도착해 넓게 펼쳐진 전망을 감상했다. 이곳은 예전부터 거센 바람과 아찔한 절벽으로 유명한 곳이다. 많은 이들이 여기서 추락해 사망했고, 절벽 주변 곳곳에 설치된 표지판은 등산객들에게 절벽에 너무 가까이 가지 말라고 경고한다.[64] 이곳은 루소가 모티에에 살면서 가장 좋아했던 하이킹 코스 중 하나였다.

나는 2019년 여름의 기록적인 더위를 이겨내고 싶다고 간절히 바라며 아침 일찍 기차를 타고 느와헤그Noiraigue역으로 향했다. 유난히 눈에 잘 띄는 산길이 도시 바로 외곽에서 시작된다. 이 산길을 따라 약 30분을 쉬지 않고 오르면 고맙게도 깊은 그늘을 제공하는 숲에 도착한다. 길이 잠시 평평해지는 지점에는 돌로 만든 대야로 찬물이 줄기차게 흘러나오는 약수터가 있다. 더위와 땀에 절어 그곳에 도착한 나는 얼굴과 목뒤, 손목과 팔에 열심히 물을 끼얹었고 가슴이 시원해지도록 찬물을 마셨다. 이 지점까지는 두근거리는 심장을 부여잡고 내가 과연 정상에 오를 수 있을까 하는 완전히 원론적인 생각뿐이었다.

20분 정도 더 가니 레 제용Les Oeuillons이라는 농가가 나왔다. 한 여자가 허리를 숙이고 특수한 톱으로 말발굽을 다듬고 있었다. 한 남자가 집에서 나와 작은 별채 안에 '뷔베트buvette', 즉, 마실 것을 파는 바를 열었다. 아직은 상쾌한 아침 공기를 마시면서, 나는 얼음처럼 차가운 생수를 마시며 휴식했다. 이 지점을 지나자 길이 좁아지고 진흙탕이 되었다. 나는 튀어나온 바위와 나무뿌리를 조심해야 했다. 이 구간에는 14개의 지그재그식 도로가 있다. 나무에 칠해진, 안에 숫자가 적힌 노란색 마름모 형상이 각 도로를 구분한다. 이 구간은 시작 지점처럼 가파르거나 어렵지는 않아서, 나는 정상 등반은 신경도 쓰지 않고 마음껏 몽상에 잠겼다. 열세 번째 지그재그식 도로를 지날 때 길을 내려오던 프랑스계 스위스인 두 남자가 나를 격려했다. "거의 다 왔어요! 조금만 더 힘내요! 그만한 가치가 있습니다!" 그들의 말이 맞았다. 1분 정도 후, 정상에 오른 나는 협곡과 멀리 보이는 시골의 환상적인 전경全景을 즐기고 있었다.

    해발 1,200m 이상에서는 덥지 않다고 했는데, 해발 780m에 도달해도 기온은 크게 떨어지지 않았다. 꼭대기에는 그늘조차 없었다. 하지만 정상은 매력 만점이다. 산길은 협곡의 말굽(원형계곡cirque)의 한쪽 끝에서 다른 쪽 끝까지 깎아지른 석회암 절벽의 가장자리를 따라 이어진다. 나는 곧 사람들이 피크닉 담요와 테이블보를 깔고 누워 있는 평평한 그늘에 도착했고, 그곳에서 점심을 먹으며 쉬어 가기로 했다. 생 프뢰가《신 엘로이즈》에서 그랬던 것처럼 맑은 산 공기를 마시며 눈앞에 펼쳐진 눈부신 경관에 감탄하고 있자니, 몇 시간이고 그곳에 머물 수 있을 것 같았다. 감각 지각의 달콤함 —경치, 소나무 향기가 나는 신선한 공기, 힘겨운 오르막길에서의 긴장이 모두 풀리자 내 다리와 폐가 느꼈던 감사의 마음—에 너무도 몰입한 나머지 나는 그 밖의 다른 심각하고 추상적인 생각은 전혀 할 수 없었다. 하지만 이것이 핵심이 아니었을까? 몽상은 어떤 계획에도 얽매이지 않고 제 길을 마음대로 거닐었고, 나는 현 순간의 충만 속에 머물기(루소의 행복 개념)에 만족했다. 쾌활함과 만족스러움이 동시에 느껴졌다. 그것은 고지대의 청쾌한 공기, 아름다운 풍광, 정상에 오르는 육체의 노력 때문이었을까? 내 행복감의 이유가 무엇이든, 나는 스위스의 루소처럼 "숲과 산속을 무심히 걷는 동안 내 감각을 사소하지만 유쾌한 주변 사물의 인상에 [순종]하도록 했고," 또한 "눈의 즐거움이 […] 마음을 진정시키고 즐겁게 하고 전환시켜 모든 슬픈 감정을 중지시킨다"는 것을 알게 되었다. (RSW 135/108-09)

이제는 내리막길이라는 편안한 기분으로 나는 다른 경로로 하산했다. 올라갈 때만큼 아름다운 (그러나 깊게 그늘지지는 않은) 숲과 어느 농장(르 그랑뷔le Grand Vy)을 지나, 노란색, 흰색, 파란색 야생화가 만발한 초원과 여러 숲을 따라 걸으니, 나도 모르는 사이에 느와헤그역에 도착했다.

12km를 걷는 데 안내 책자가 알려준 4시간보다 1시간이 더 걸렸다.[65] 전혀 서두르지 않았으니 시간이 더 걸린 것은 당연지사. 플랫폼에 드리운 그늘 밑 테이블에 앉아 시원한 갈색의 맥주를 마시며, 나는 몽모랑시에서 산책을 마치고 돌아왔을 때의 루소처럼 피곤했지만 만족스러웠다. 솔직히 흠뻑 젖은 면이나 나일론 덩어리 같은 몰골이었지만, 그것은 대수롭지 않았다. 뇌샤텔의 호텔로 돌아와 찬물로 샤워하고 옷을 갈아입고는 카페 뒤 세흐Café du Cerf에서 호가든을 마시며 휴식을 취했다. 고독한 하이커에서 도시의 '산책자'로 마음가짐을 바꿨고, 오가는 행인들을 바라보았고, 그들의 사회적 교류가 만들어 내는 춤사위를 즐겼다.

나의 다음 행로는 샤스홍 정상으로 향하는 하이킹이었다. 루소와 그의 친구들은 노새 하나에 구운 닭, 파스타, 침구, 커피 만드는 장비(커피는 루소가 매우 좋아하는 것 중 하나였다), 어두워진 후에 불을 피울 연료를 실어 날랐다.[66] 티모시 르쇼는 루소가 단독 보행을 즐기지 않았고, 식물학뿐만 아니라 함께 즐기는 식사, 카드놀이, 그 외 다른 오락을 즐기며 종종 며칠간의 단체 탐험을 떠났다고 썼다.[67] 그들은 정상에 올라 치즈 만드는 샬레chalet(스위스의 전통 가옥-역자)를 발견하고 건초 더미에서 잠을 자며 헛간에서 밤을 보냈다. 스위스 관광 사이트에 따르면, 내가 생각한 하이킹 코스는 오르막길 990m가 포함된 17km 코스였고, 예상 소요시간은 5시간 20분이었다.[68] 루소처럼 나도 모티에에서 출발할 예정이었다.

나는 모티에에서 루소의 집을 한번 더 지나쳤다. 길 끝에서 폭포가 있는 왼쪽으로 가지 않고 샛강 옆으로 비교적 평탄한 길이 이어지는 오른쪽 숲을 향했다. 처음에는 강바닥이 말라 있었지만, 점점 물이 깊어지면서 물소리가 내 바로 앞에서 걷던 두 하이커의 목소리보다도 커졌다. 표지판에는 하이킹 도중 일어나는 일은 모두 자신의 책임이라는 내용의 경고문이 적혀 있었다. 아침 9시 30분, 공기는 아직 청명하고 쾌적했다.

길이 한결 더 가팔라지기 시작했다. 폭포가 떨어져 내려 급류의 강물에 합류하는 프이타 헤스Poëta Raisse 협곡에 가까워지자 바위를 깎아 만든 계단이 가파르게 좁아졌고, 계곡 쪽인 계단 왼쪽으로는 보호용 철책과 쇠사슬, 계단 오른쪽으로는 난간이 설치되어 있었다. 아래쪽 벼랑이 가팔랐지만, 어지러울 정도는 아니었다. 하지만 오르막길은 꽤 힘들었다. 숲의 짙은 그늘, 폭포에서 피어오르던 차고 상쾌한 물보라가 얼마나 고맙던지! 산길 굽이굽이마다 숲의 녹색 빛을 머금고 더욱더 세차게 흐르는 계곡수의 색다른 풍경들이 펼쳐졌다. 이곳은 몽상과 숭고한 생각을 위한 장소였다. 나는 잠시 멈춰 심호흡을 하며 주변의 아름다움에 심취했다. 그 정도에서 멈춰도 충분히 만족했겠지만, 나는 루소를 따라 정상에 오르고 싶었다.

협곡을 지나면, 산길은 탁 트인 들판으로 이어진다. 노란색 화살표는 예상 소요 시간을 포함하여 여러 목적지를 가리킨다. 이 고도(약 1,150m)에서 사는 양귀비는 노랗다. 생 피에르 섬의 밀밭과 포도밭에서 자라는 양귀비처럼 붉지 않다. 그 일대가 더 탁 트이고 그늘이 줄어들면서, 작열하는 태양과 구름 한 점 없는 하늘 아래에서 공기는 더 뜨거워졌다.

산길은 표지판이 잘 설치되어 있기는 하지만, 종종 언뜻 보기에 맞는 길인 것처럼 보이는 것이 실은 그렇지 않은 경우도 있었다. 탁 트인 벌판의 어떤 지점에서, 나는 소들이 풀을 뜯고 있는 들판 끝, 내 왼쪽으로 약 100m 떨어진 곳에 있는 안내 표지판을 볼 수 있었지만, 또한 내 오른쪽으로도 보행자를 위한 철제 출입문이 있었다. 어느 쪽이 맞지? 어디에도 없었던 것 같은 한 중년 여성이 돌연 내 오른쪽으로 약 100m 떨어진 다른 오솔길에서 나타났다. 그녀는 내가 어디로 가는지 물었다. 그녀는 고함과 몸짓을 섞어가며 샤스홍은 오른쪽으로 가도 되고 왼쪽으로 가도 된다고 설명해주었다. 나는 왼쪽을 선택했고, 잎이 넓은 떡갈나무 그늘에서 소들이 평온하게 쉬고 있는 들판으로 들어갔다. 곧 내가 1,427m에 도달했으며 샤스홍까지는 40분이 남았다고 알려 주는 표지판을 발견했다. 초원에서 자라는 꽃들과 들장미들이 만발해 있었다. 나는 다시 천국에 왔지만, 물이 부족했다. 음수대나 정상에 있는 식당에서 점점 더 심해지는 갈증을 해소하고 싶었다.

이어지는 몇 개의 봉우리들을 오르다가 마침내 정상을 표시하는, 거꾸로 뒤집힌 것 같은 검은색 삼각대를 발견했다. 그늘도 없는 벌판인데 물까지 바닥났다. 올라가는 도중에 갑자기 자전거 탄 사람이 내 앞을 지나쳤다. 그는 얼마나 좋을까! 정상에 가까워지자 절벽 끝에 자리 잡은 2층 목조 주택이 보였다. 분명 사람들로 북적였을 식당이었다. 갈증이 더욱 간절해지던 나는 식당이 문을 닫았다는 사실에 실망을 금치 못했다. 정상에 도달해 보니 방금 전에 마주쳤던 자전거 탄 사람이 이미 도착해 있었다. 그는 나의 다음 목적지인 르 아베뜨les Avettes로 가는 길을 알려주며 그곳에는 틀림없이 영업 중인 식당이 있을 거라고 말했다.

여정을 다시 시작하기 전, 나는 루소가 그랬던 것처럼 잠시 멈춰 서서 눈앞에 펼쳐진 풍경을 조용히 응시했다. 루소는 7개의 호수, 그 아래에 있는 계곡, 사방으로 이어지는 알프스 산맥을 볼 수 있었을 것이다.[69] 루소가 정상에서 발견한 치즈 만드는 샬레는 남아 있지 않았고, 나는 위Hue가 현지 생산자들이 하이커들 마시라고 개울에 남겨 두었다고 한 압생트는 단 한 병도 찾을 수 없었다.[70] 폭염으로 정신이 몽롱했지만, 전경은 광고에서 봤던 모습 그대로였다. 루소는 《신 엘로이즈》에서 상상만 했던 것을 샤스홍에서 실제로 경험했다. 그는 이렇게 썼다.

> 멀리 보이는 산봉우리들은 감탄을 멈출 수 없는, 실제 극장에 앉아있는 내게 제공된 듯한 장면들을 만들어 냈다. 수직으로 서 있는 산의 원경이, 기울어져 보이기만 하며 뒷 사물이 앞 사물에 가려 보이지 않는 평지보다 더 강렬하게, 단번에 내 눈을 강타했기 때문이다.[71]

루소와 니체에게는 이러한 높이와 깊이의 수직적 원경이 가장 중요했다.

양옆으로 전경이 펼쳐지는 산등성이를 따라 40분 정도 더 걸었고, 숲으로 이어지는 길을 따라 내려가 스키 리프트 꼭대기 근처의 작은 샬레와 그곳의 식당, 르 아베뜨까지 갔다. 식당은 과연 문을 열었고, 숨 막히는 경치를 마주 보며 나무 데크에 앉아 얼음 같은 찬물 한 잔을 즐기며 흐뭇해했다. 이처럼 물이 맛있었던 적이 있었던가! 상트 크루와Ste. Croix로 내려가는 길과 뇌샤텔로 돌아가는 기차를 대비해 생수 한 병을 샀다. 혼효림 그늘이 많은 데다가 잘 표시된 넓은 산책로를 따라가기만 하면 되어서 하산길은 쉬웠다.

하루 종일 기분이 고양된 느낌이었다. 정상까지 오르는 일은 육체적으로 고되었고 어느 방향으로 가야 할지 확실하지 않아 불안했던 순간도 있었지만, 그늘진 숲과 시원한 계곡, 장엄한 산의 위용 등 자연 전체와 함께한다는 느낌 그리고 피로와 불확실성을 극복한 느낌은, 루소처럼 "마치 내가 지상의 천국에 있기라도 한 듯, 내가 가장 행복한 사람이라도 된 듯 강렬한 내면의 기쁨"을 내게 주었다. (RWS 162/133) 격렬한 산행으로써 자연과 교감하는 이 황홀경 속에서 나는 자연만이 아니라 루소와도 교감하고 있다고 느꼈다. 나는 루소처럼, 매 순간에 온전히 존재했고, 충일감과 행복감에 젖었다.

에르메농빌은 루소가 1778년, 생애 마지막 몇 주간 걸었던 곳으로, 늙고 허약해진 그는 알프스의 가파른 비탈보다는 완만한 경사의 피카르디 Picardie 평원을 더 좋아했다. 루소의 동료 시민이었던 귀스타브 후 같은 사람은 그 평원의 신봉자였는데, 그에게는 올라가서 "5분 정도 전경을 감상"하다가 다시 내려오는 것이 전부인 등산은 평원의 탁 트인 지평선에서 보행자가 마주하는 경이로움에 비하면 너무 지루하고 뻔한 것이었다.[72] 하지만 루소에게는 "수직으로 서 있는 산의 원경이, 기울어져 보이기만 하며 뒷 사물이 앞 사물에 가려 보이지 않는 평지보다 더 강렬하게, 단번에 눈을 강타했다."[73] 산의 수직적 원경은, 니체가 스위스 알프스에서 발견했던 희열과 평온의 분위기로 루소를 이끌었다. 과연 에르메농빌은 느긋하게 머물 만한 곳이었다.

3. 니체와 시각

니체도 루소처럼 주변 봉우리들을 둘러보고 아래 계곡을 내려다보는, 산 정상에서 바라보는 풍경을 더 좋아했다. 높이와 고도, 깊이와 심연에 대한 은유가 저작들의 주를 이루는 니체는 어느 하이커가 산길을 따라 그렇게 하듯 한 시각에서 다른 시각으로의 전환 가능성을 중시했다. 니체는 시각들이 서로 전환될 때, 우리가 특정 시각이 진실이라는 착각에서 벗어날 수 있다고 말한다.

니체에게는 익숙한 편견을 그대로 방치하는 시각보다는 한 시각의 지배에서 벗어나는 데 도움을 주는 시각이 훨씬 더 가치 있다. 산길을 오르내릴 때 경험하는 것과 같은 시각의 전복만이 우리 자신을 극복할 수 있게 해준다. 니체에게 자기 극복은 "인간적인, 너무도 인간적인 인간"이 (실스 마리아 인근을 하이킹하다가 환상 속에서 처음 파악한 개념인) 만물의 "영원회귀"를 의지할 수 있는 초인Übermensch으로 나아가는 길이다.

그에게는 시각의 전복이 자기 극복의 필수 요소였지만, 그럼에도 니체는 거의 대부분 높은 곳에서 바라보는 시각을 특권화했다. 특히 《선과 악을 넘어서》(1886)의 유명한 구절에서처럼 자신의 핵심 개념인 "거리의 파토스"를 논할 때는 그랬다.

> 지금까지 "인간"이라는 유형을 향상시켰던 모든 일은 귀족 사회의 작품이었고, 앞으로도 계속 그럴 것이다. 귀족 사회는 긴 세월을 이어져 내려온 위계질서와 인간과 인간 사이의 가치의 차이를 믿었고, 어떤 의미에서는 노예제를 필요로 했다. 몸으로 구현된 계급의 차이, 피지배층과 도구에 대한 지배층의 변함없는 감시와 멸시, 그와 똑같이 변함없는 복종과 명령, 억압과 거리의 유지에서 발생한 '거리의 파토스'가 없었다면 다른, 더 불가사의한 파토스는 발생하지 않았을 것이다. 영혼 안에 있는 거리를 점점 더 넓히려고, 즉 더 높고 희귀하고 동떨어지고 강렬하고 더 포괄적인 상태를 빚어내려고 열망하는, 요컨대 "인간"이라는 유형의 향상, 지속적인 "인간의 자기 극복"을 열망하는 파토스는 발생하지 않았을 것이다.[74]

니체가《도덕의 계보학》(1887)에서 분명하게 밝혔듯, 거리의 파토스는 니체가 인간의 상위 유형과 하위 유형이라고 간주한 것 사이의 차이, 고귀한 것과 천한 것의 차이를 우선적으로 구별한다.

> 고귀한 사람, 힘 있는 사람, 우월한 사람, 높은 이상을 가진 사람들은 자기 자신과 자신의 행동이 선하다고 생각하는 사람들, 다시 말해 최상위층 사람들로서, 모든 낮고, 천하고, 평범하고, 평민적인 것들에 대비해 자신들을 자리매김했다. 이 '거리의 파토스'를 기반으로 먼저 그들은 가치를 창조하고 그것에 이름을 붙일 권리를 [자기들에게] 부당하게 부여했다. [⋯] 고귀와 거리의 파토스, 더 낮은 부류와 "아랫것"에 관련되는 더 높은, 지배하는 부류라는, 지속적이고 지배적이고 근본적인 느낌─바로 '이것'이 "선"과 "악"의 대립의 기원이다.[75]

니체는《우상의 황혼》(1888)에서 진정한 개인은 "자기 자신이 되고자 하는 의지, 내가 '거리의 파토스'라고 부른, 남들보다 뛰어난 사람이 되고자 하는 의지, 분리하고, 차이를 확대하고, 위와 아래의 서열을 매기는 힘"을 보유한다고 썼다. (TI, "어느 반시대적 인간의 편력", 섹션 37, 102-03) 니체는 그의 마지막 자전적 걸작인《이 사람을 보라》(1888)에서 평원 위에 홀로 솟은 산봉우리처럼 뛰어난 용기를 지닌 사람만이 (위에서 내려다보는) 올바른 시각에서 사물을 평가할 수 있고, "자기 안에 거리에 대한 감각"을 지니고 있기에 정확하고 통찰력 있는 구별을 할 수 있다고 재차 강조한다. (EH, "바그너의 경우", 섹션 4, 323)

하지만 니체의 거리의 파토스는 한 사람과 다른 사람의 구별만큼이나 자아 '내부'의 간극과 관련 있음이 분명하다.[76] 니체는《도덕의 계보학》에서 "자기 자신에 대해 분열하는 것, [⋯] 더 낮은, 동물적인 본성과 명령하고 완수하려는 더 높은 의지가 서로 대립하는 전장戰場 상태에 머무는 것보다 '더 고귀한 본성', 더 영적인 본성의 결정적인 표식은 없다"고 말한다. (OMG 1, 섹션 16, 35) 인간이 동물적 본성을 제어하려고 노력할 때,

> 이 은밀한 자기 위반, 이 예술적인 잔인함, 자기 자신의 완고하고 저항하고, 괴로워하는 물질에 어떤 형상을 부여하려는 이 욕망, 의지와 비판과 모순과 멸시와 부정으로 자기 자신을 낙인 찍으려고 하는 이 욕망, 자발적으로 분열된 영혼의 무섭기도 하고 즐겁기도 한 이 해로운 노동은 "무섭고 숭고한 정점"인, 끔찍한 새로운 아름다움을 창조한다.
>
> (OGM 2, 섹션 16-19, 65-66, 68)

자기 극복의 "이 은밀한 자기 위반"은 니체가 경험으로 알게 된 것이었다. 사랑의 슬픔(자신을 거절한 루 살로메Lou Salomé를 향한 구애가 무산된 후)과 배신(살로메를 차지하고 싶어 했던 친구 폴 레가 저지른)을 겪은 후 니체는 1882년 12월 친구 하인리히 폰 슈타인에게 이렇게 썼다— "내가 가장 원하는 것은 내 '아래에' 놓여 있는 비극적인 문제를 볼 수 있는 높은 곳이라네. 난 상처 주는, 잔인한 성격을 인간 존재로부터 '없애고' 싶어."[77] 요컨대 니체는 '자기 자신'과 관련된 "거리의 파토스"를 성취하고 싶었다. 자신의 고통을 내려다보기 위해서, 과거의 고통을 더 높은 지적, 감정적 높이로 올라가기 위한 발판으로 삼기 위해서. (EH, "반시대적 인간", 섹션 3, 281 참조)

누군가를 내려다보는 것, 저열한 것을 고귀한 것에 종속시키는 것, 저열한 것을 발판 삼아 자아가 자기 위로 올라가도록 하는 것—이 모든 것은 자신에 대한 엄격함을 필요로 한다. (TSZ 3, "방랑자", 174) 결국 고귀한 유형의 인간과 저열한 유형의 인간 간 거리의 파토스는, 자기 극복

을 위해 노력한 결과 자신과 타인에게 엄격한 고독한 개인들과, 자신과 타인에게 "안이하고" 느슨한 사람들 간의 차이로 귀결된다. (AC, 섹션 57, 190) 자기를 극복한 사람은 인간성의 위대한 산봉우리를 대표하며, 나머지는 그 산봉우리가 장엄한 차이로 도드라져 보이게 하는 평원을 이룬다.[78]

니체는 자기를 극복한 사람으로서 2천 년의 지배적인 기독교 정신을 뒤집는 "모든 가치의 재평가"라는 과업에 자신이야말로 최적의 인간이라고 생각했다.

> '모든 가치의 재평가'라는 과업에는 한 개인이 보유한 것보다 더 많은 역량이 필요했을 것이다. 무엇보다도, 상반되지만 서로 방해하거나 상대를 파괴하지 않아야 하는 역량들이다. 이러한 역량들 사이의 위계 질서, 거리, 서로 대립시키는 분리의 기술, 아무것도 섞지 않기, 아무것도 "화해시키지" 않기, 그럼에도 혼돈의 정반대인 엄청난 '다양성'.
>
> (EH, "나는 왜 이렇게 영리한지", 섹션 9, 254)

상반된 역량들은 한 시각을 다른 시각과 대결할 수 있게 해준다. "일반적인 시각과 평가"를 단호히 뒤집는 행위는 "모든 찬성과 반대의 논쟁을 누군가의 판단에 따라 '처리하고' 그 논쟁을 그 사람의 의지에 따라 중단하거나 실행시키는 역량"을 마련해 준다. "그리하여 우리는 우리의 앎을 위해서 다양한 시각들과 정서적인 해석을 활용할 수 있게 된다." (OGM 3, 섹션 12, 98)

니체는 "시각에 근거해서 보는 것이 본다는 것의 '유일한' 방법"이라는 입장을 견지한다. (OGM 3, 섹션 12, 98) 또한 각 시각은 행동하고 지각하는 우리의 중요한 능력에 뿌리를 둔 "정서적인 해석"과 관련이 있다. (BGE, "서문", 14; "자유로운 영혼", 섹션 34, 47. TI, "본성에 반하는 도덕", 섹션 5, 55) 따라서 "우리가 접근할 수 있게 된 문제를 '더 많이' 느낄수록, 그 문제를 바라볼 수 있는 다른 눈이 '더 많을수록', 그것에 관한 우리의 '개념', 즉 우리의 '객관성'은 더 완성될 것이다"(OGM 3, 섹션 12, 98). 니체에게는 이렇게 서로 다르고 대비되는 시각들이 바로 세계'이며', 그 "배후에" 변하지 않는 실체란 없다. (TI, "어떻게 '진짜' 세계는 결국 신화가 되었나: 오류의 역사", 50-51) 상반된 역량과 정서를 지닌 사람, 자아 속에 거리의 파토스를 지닌 사람만이 전경, 즉, 다양한 빛깔, 음영, 색조로 이루어진 진실을 조망할 수 있다.

니체가 종종 말한 것처럼, 얼핏 보기에 전경을 가장 잘 볼 수 있는 곳은 정상이나 산봉우리일 것이다. 니체의 차라투스트라는 점점 더 소수만이 (가장 희귀하고 가장 고귀한 이들만이) 오를 수 있는 산이 많아진다고 이야기한다. 이 숭고한 봉우리들에서 그들은 그 말의 모든 의미에서 '우월한' 조망하기 좋은 지점을 즐길 터이다. (TSZ 3, "낡은 서판과 새 서판에 관하여", 225) 심지어 니체는 가장 높고 숭고한 장소라면 오직 새의 시선, 신의 시선만이 의미 있다고 말할 정도다. (HAH 2, 2부, 섹션 138, 343) 이 경우, 비행에 비하면 등산은 빈약한 대안일 뿐이다. (TSZ 3, "해 뜨기 전에", 185)

하지만 니체는 판단력이 더 나아진 순간에는, 땅 위로 날아오르고자 하는 욕망은 오류로 이어질 수밖에 없음을 깨달았다. '어떤' 하나의 시각, 어떤 특정한 확신이나 관점, 심지어 "가장 높은" 시각에 얽매이는 것은 일종의 노예 상태에 빠지는 것이다. 우리는 시각을 늘리고 뒤집을 수 있어야 하고, 시각 간의 차이를 더 강하게 만들어서 어떤 한 시각에 의해 지배되지 않도록 해야 한다. (AC, 섹션 54, 184 참조) 세계는 무한히 많은 시각으로 해석될 수 있으므로 단 하나의 (자기 자신의) 시각만이 옳다고 말하는 것은 어리석은 일이다. (GS 5, 섹션 374, 336) 어떤 시각도 잠정적이고 실험적일 뿐이며, '여기서 보는' 세계는 어떤 모습인지를 살펴보는 시도일 뿐이다.[79]

그렇다면 니체는, 누군가의 "더 기본적"이고 더 "평범한" 역량과 관련되는 "더 낮은" 시각이 더 높은 시각만큼 가치가 있으며, "거리의 파토스"는 (높은 곳에서 낮은 곳으로만이 아니라) 낮은 곳에서 우뚝한 높이로도 이동한다는 사실을 받아들여야 한다. 높은 곳에서 고정된 시각에 머물러 있기보다는 계곡과 산 정상을 오르내릴 때 더 많은 시각의 확장과 전환이 발생한다. 지식은 전체를 한꺼번에 파악하는 신의 눈으로 단번에 파악되는 것이 아니라, 서로 영향을 주고받을 수 있는 지속적으로 이동하는 시각의 누적을 통해서 점진적으로 형성된다. 넓고 바르게 보려면 두 발을 땅에 딛고 있어야 한다. 우리는 걸어야 한다.[80]

니체 자신의 설명에 따르면, 그의 시각론은 자신의 생생한 경험에서 비롯된 것이다.[81] 산악 등반이 중요한 역할을 했고, 질병과 회복의 고통스러운 경험도 그에 못지않았다.

> 아픈 사람의 시각에서 '더 건강한' 생각과 가치를 바라보는 것, 반대로 '풍요로운' 삶의 충만함과 자신감에서 퇴폐 본능의 은밀한 작용을 다시 들여다보는 것. […] 나는 '이런 일'의 달인이었다. 이제 나는 […] '시각을 뒤집는' 방법을 안다.
>
> (EH, "나는 왜 이렇게 영리한지", 섹션 1, 223)

그는 계속 말한다. "이 '이중적인' 일련의 경험, 명백하게 분리된 세계들에 대한 이 접근은 모든 점에서 나의 내면에서 반복된다. 나는 일종의 '도플갱어'다"(EH, "나는 왜 이렇게 영리한지", 섹션 3, 225). 차라투스트라는 "가장 높은 것은 가장 깊은 곳에서 그 높이까지 올라와야 한다"고 선언한다. (TSZ 3, "방랑자", 175) 니체에게는 아래에서—깊은 곳에서, 질병과 절망의 심연에서—위를 바라보는 것과 정상에서 아래를 내려다보는 것두 가지가 똑같이 필요하다. 상반된 관점과 위와 아래를 향하는 상반된 움직임은 각각 고유한 방식으로 빛을 발하며, 이들 각각은 회화적인 의미의색깔, 색조, 음영이 각기 다른 '색 값valeurs'을 유발한다. (BGE, "자유로운영혼", 섹션 34, 47)

우리는 니체가 "몸의 사고방식"[82]이라고 불렀던 것이 몸—그 힘의다양성으로부터 스스로 정신을 만드는 "창조적인 몸"—의 위대한 지성을최대한 활용하는 실제 몸의 행위(TSZ 1부, "몸을 경멸하는 사람들에 관하여", 61-63), 즉 "기쁨으로 정신을 사로잡음으로써 창조자와 평가자가 될수도 있는 고상한" 몸의 행위라는 점을 이해할 필요가 있다. (TSZ 1, "베푸는 덕에 관하여", 섹션 1, 101) 발끝부터 머리끝까지 "온몸"이 생각한다. 특히 걸을 때는 더욱 그렇다.

> 내 근육이 가장 유연했을 때는 나의 창조적인 에너지가 가장 풍부하게
> 흘러나왔을 때였다. '몸'은 영감을 받는 존재이기 때문에 영혼이 몸에 영
> 향을 끼치지 않도록 해야 한다. [차라투스트라를 집필할 때] 나는 지친 기
> 색 하나 없이 7~8시간 동안 산속을 걸을 수 있었다.
>
> (EH, "차라투스트라는 이렇게 말했다", 섹션 4, 302-03)

몇 시간 동안 산과 계곡을 단번에 걸을 때, 니체의 몸은 그 자신의가장 숭고한 사상에 영감을 불어넣었다. 실스 마리아 인근을 걸었던 때보다 더 그랬던 적은 없었다.

4. 실스 마리아와 영원회귀

1881년, 스위스와 이탈리아를 떠돌던 니체는 마침내 고향이라고 생각하며 살겠다고 결정한 실스 마리아에 정착한다. 이후 그는 정신이 온전했던 마지막 해인 1888년까지 매년 여름을 실스에서 보냈다. (1882년 제외) 실스에서 보낸 첫 여름, 니체는 여동생 엘리자베스에게 이렇게 썼다.

> 지구상의 그 어떤 곳보다 이곳 엥가딘에서 나는 최고의 기분 상태가 돼. […] 이곳에서는 줄곧 마음이 평온하구나. 다른 곳에서 느꼈던 압박감이 느껴지지 않아. […] 내가 이토록 평온했던 적은 없었어. 길, 숲, 호수, 초원이 마치 나를 위해 만들어진 것처럼 느껴진단다.[83]

그 2주 전에는 친구 하인리히 쾨젤리츠에게 이렇게 썼다.

> 음, 난 아직도 엥가딘에 있다네. 스위스의 여러 후보지(아마도 20~30곳의 다른 장소) 가운데 엥가딘이 간신히 나의 합격선을 통과했기 때문이지. 내 성격상 높이와 깊이가 내게 꼭 맞는 곳을 찾기는 '어렵거든.'[84]

니체는 자서전에서 실스 마리아에 불멸의 이름을 부여하고 싶다고 공언했다. (EH, "우상의 황혼," 섹션 3, 315) 그는 성공했다.

니체는 실스 마리아 주변을 거닐며《즐거운 학문》의 주요 부분,《차라투스트라는 이렇게 말했다》의 대부분,《선과 악을 넘어서》,《도덕의 계보학》,《우상의 황혼》,《안티크리스트》의 거의 전편을 집필하는 등 자신의 성숙기의 핵심 대작들을 탄생시켰다. 니체가 "방랑자와 그의 그림자"(1879)에서 말했듯 어퍼 엥가딘은 그의 '도플갱어'인 것 같았다.

우리는 자연 곳곳에서 즐거운 떨림을 느끼며 우리 자신을 재발견한다. 그것은 가장 온당한 형태로서의 '도플갱어'라는 자연이다. […] 이렇게 말할 수 있는 사람은 얼마나 행복한가—"분명 더 위대하고 더 온당한 것들이 자연에 있지만, '이것'은 나의 것이자 내가 아는 것, 일종의 친족이고, 사실 그 이상이다."

(HAH 2, 2부, 섹션 338, 392)

어퍼 엥가딘의 산들을 향해 갔을 때 니체는, 어느 편지에 쓴 것처럼, "최고의 고독을 향해, […] '자기 자신'을 향해" 걷고 있었다.[85]

2014년 7월, 나는 놀랍게도 니체가 머물렀던 집인 니체의 집Ni-etzsche-Haus에 머물게 되었다. 내 방은 니체가 거주했던 방 바로 아래층에 있었는데 엽서처럼 아름다운 실스 마리아의 샬레, 호텔, 첨탑이 있는 교회가 내려다보였다. 실스 마리아 마을은 장엄한 산으로 둘러싸인 계곡에 자리 잡고 있고 실바플라나 호수와 실스 호수 옆에 있다. 니체는 노트를 손에 들고, 극심한 두통으로 잠시 걸음을 멈춘 동안 재빨리 생각을 떠올리곤 하면서 풀이 무성한 평원과 숲이 우거진 산비탈을 걸었다. 니체 철학의 정점—"거리의 파토스"가 가득한 비극적 자기 긍정, 심연과 정상에 관한 생각—을 이루는 책들이 서서히 모습을 드러냈다. 그야말로 산속의 디오니소스였다.

소나무 패널로 된 니체의 방은 소박했다. 문이 열려 있어 안을 들여다볼 수는 있지만, 출입구에 밧줄이 쳐 있어 들어갈 수는 없었다. 미완성의 소나무 패널 바닥에는 작은 깔개가 깔려 있었다. 맨 구석에는 이불이 덮인 침대가 있었고, 그 옆에는 협탁과 고리 모양 등받이가 있는 나무 의자가 있었다. 침대 발쪽 끝부분에는 기름천으로 덮인 탁자가 있었고, 고리 모양 등받이가 있는 또 다른 나무 의자가 숲 사이로 난 길이 보이는 작은 창문을 향해 놓여 있었다. 반대편에는 어두운 바탕의 꽃무늬 천으로 덮인 작은 안락의자가 탁자를 마주하고 있었다. 탁자 가운데는 석유램프가 있었다. 창문이 많은 벽을 따라 대야, 물병, 나무 수건걸이가 있는 세면대도 있었다. 침대와 작업대 사이의 벽에는 거울이 걸려 있었다. 확실히 니체가 이 방을 사용했을 때 꾸며진 모습 그대로이다. 지금 유일하게 없는 것은 니체가 어디든 끌고 다니던 책가방, 즉, 104kg에 달하는 그의 "기형의 발"이었다.[86] 숙련된 스위스 장인의 하루 수입이 2.45(스위스)프랑이던 시절에 그는 난방이 되지 않는 방을 하루 1(스위스)프랑에 빌렸다. 그는 집주인이자 식료품상이자 실스 마리아의 시장인 기안 두리쉬와 친하게 지냈고,[87] 두리쉬의 1층 상점에서 비스킷, 소금에 절인 소고기, 홍차, 비누 등 생필품을 즐겨 구입했다.[88] 천장이 낮아 답답한 것만 빼면 모든 것이 니체의 취향에 잘 맞는 방이었다.[89]

실스에 도착하사마자 니체는 쾨셀리츠에게 편지를 썼다—"나는 지구상에서 가장 사랑스러운 모퉁이에서 숙소를 찾았다네. 이렇게 평온한 삶을 살았던 적은 일찍이 없었고, 내 구차한 삶의 50가지 조건이 전부 이곳에서 충족된 것 같아."[90] 니체는 "50가지 조건" 중에는 "최고의 산책로와 가장 짙푸른 하늘", 다시 말해 맑고 햇볕이 좋은 하늘과 "유럽에서 가장 좋은 공기"가 있다고 썼다.[91] 그 전날 니체는 신실한 친구인 프란츠 오버베크에게 자신의 작업에 진전이 있으려면 "몇 달간 계속해서 맑은 하늘"이 필요하다고 썼다.[92] 안타깝게도 맑은 하늘은 현실보다는 소망에 가까웠지만—니체가 실스에 머물렀던 수년간 자주 흐리고 때로 계절에 맞지 않게 추웠지만—공기, 산, 산책로, 호수는 모두 최고의 작품을 만들도록 그에게 영감을 주었다.

니체의 엄격한 자기 규율 역시 그의 생산성에 기여했다. 그는 동이 트기 전에 일어나 방에 있는 물병과 대야를 활용해 찬물로 온몸을 씻었다.

그런 다음 따뜻한 우유를 마시고 오전 11시까지 방에서 일하다가 2시간 동안 호수 주변을 산책했다. 산책을 마친 후에는 알펜로제Alpenrose 호텔에서 혼자 점심(스테이크, 마카로니, 맥주나 와인 한 잔)을 먹고, 다른 호수 한 곳을 더 걷거나 빙하까지 이어지는 펙스 골짜기Fex Valley를 오르는 더 긴 산책을 하곤 했다. 보통은 혼자였지만 가끔은 동반자와 함께 걸을 때도 있었다. 그는 언제나 노트와 연필, 햇볕을 가리는 회녹색 양산을 가지고 다녔다. 오후 4시나 5시쯤 방으로 돌아오면 바로 일을 시작했다. 저녁에는 위층 작은 주방에서 직접 끓인 홍차를 마시며 비스킷, 시골 농부 빵, 꿀, 소시지, 햄, 과일을 먹었다. 밤 11시가 되면 침대에 누워 협탁에 노트와 연필을 올려놓고 밤에 떠오른 생각들을 기록했다.[93] 그는 1887년 알펜로제 호텔의 '정식 메뉴'에 100명이 몰리자 혼잡을 피하기 위해 한 시간 일찍 가기 시작했고, 점심 식사로는 스테이크와 시금치, 후식으로는 사과잼을 곁들인 커다란 오믈렛, 저녁 식사로는 햄 몇 조각과 계란 노른자와 둥근 빵 두 개처럼 항상 같은 메뉴를 먹었다. 이러한 습관은 니체가 실스 마리아에서 보낸 모든 여름 동안 군사 규율처럼 엄격하게 지켜진 것처럼 보인다.

나는 좀 더 속 편하게 여행했지만, 니체가 실스에서 경험했던 기쁨은 공유했다. 지금 이곳은 농업이 아니라 겨울에는 스키, 여름에는 하이킹, 자전거, 요트, 패러세일링 관광이 주 산업이다. 하지만 웅장한 풍경은 변하지 않았다. 코르바취 봉Piz Corvatsch의 장엄한 봉우리는 그 높이가 3,451m에 달하며, 산을 오르는 가장 가까운 산악철도 기점은 마을에서 도보로 단 10분 거리에 있다. 실스 마리아가 그 사이에 있는, 실바플라나 호수와 실스 호수는 걷기 쉬운 산길로 서로 이어져 있다. 초원, 숲, 산비탈은 야생화가 만발해 생기가 넘쳤다. 관광 성수기였지만 마을과 그 주변은 붐비지도 않았고 바쁘지도 않았다. 이슬비가 내리는 날을 제외하면 날씨가 아직 따뜻하고 쾌적해 재킷을 입지 않아도 괜찮았지만, 고지대에서는 하나 걸쳐야 할 만큼 쌀쌀했다. 마을이 해발 1,800m 고지대인 탓에 내가 걷기 시작한 지점은 쥐라에서 걸었던 가장 높은 지점보다 더 높았다. 더 중요한 것은 폭염이 없었다는 것이다. 걷기에 완벽한 날씨였다.

'니체의 집'에 도착했을 때 친절한 관리인인 페터 빌복 씨는 막 저녁 식사를 하려던 참이었는데, 감사하게도 아래층의 공용 주방, 멋진 도서관—니체 저작의 초판본을 포함하여 독일어 및 여러 다른 언어로 된 니체의 저작 또는 니체와 관련된 책들로 가득 찬—, 위층 공용 샤워실, 니체의 방, 내가 묵을 방까지 안내해 주었다. 게르하르트 리히터의 추상적 풍경화가 벽에 걸려 있었다. 내 방에는 창문이 두 개 있어서 창문을 열면 신선한 산 공기가 들어오고 계곡수 소리가 들렸다(그해에는 산에 유난히 봄비가 많이 와서 계곡수와 강이 거의 제방 끝까지 찼다). 니체의 방처럼 소나무 패널, 나무판 바닥, 창문 앞에 놓인 책상, 침대와 이불, 세면대, 추가적인 사치품인 푹신한 안락의자가 있었다. 내가 필요한 모든 것이 갖춰져 있는 셈이다.

첫날 저녁, 나는 니체가 자주 식사했던 인근의 에델바이스Edelweiss 호텔로 향했다. 그는 1883년 6월 칼 폰 게르스도르프에게 "나는 에델바이스 호텔에서 밥을 먹는다네. 혼자 묵기에 매우 훌륭한 호텔이지만 숙박비가 내 적은 수입에는 전혀 맞지 않지"라고 썼다.[94] 니체의 사진 초상과 그의 서명이 담긴 방명록 액자가 로비 벽면에 걸려 있었다. 당시 니체는 적지 않은 금액인 연간 3,000(스위스)프랑의 연금으로 생활하고 있었고, 오늘날의 에델바이스 호텔은 2014년 영화 〈실스 마리아의 구름〉에 나오는 화려한 '숲속의 집Waldhaus'에 비할 바는 아니지만 잘 꾸며져 있었고 우아했다. 식당은 벨 에포크 양식의 가느다란 흰색 기둥이 높은 천장을 받치고 있는 긴 홀이었다. 식탁에는 흰색 리넨 테이블보가 깔려 있었고 길고 좁은 창문 주변에는 장미 문양 커튼이 걸려 있었다. 바에 앉아 자리가 나기를 기다리는 동안, 바 옆의 살롱에서 현악 4중주단이 연주하는 멋진 실내악을 감상하는 행운을 누렸다. 식사를 거의 다 끝냈을 때, 나는 식후 커피를 마시던 4중주단을 발견하고 그들에게 다가가 칭찬의 인사를 건넸다. 그들은 마지막 곡도 들어보라고 권유했고 나는 기꺼이 응했다. 특별한 장소, 우아한 분위기에서 연주되는 아름다운 음악에 나는 감동받았다. 니체처럼 나도 그곳에서 운이 좋다고 느꼈다.

다음 날은 산에서 청쾌한 산들바람이 부는 온화하고 화창한 날이었다. 니체가 자주 그랬던 것처럼 나는 실바플라나 호수 남쪽 기슭을 따라 큰길 옆으로 난 좁은 흙길을 걸어 수어레이와 그 폭포까지 갔다.[95] 실스 마리아의 다채로운 색채에 관한 니체의 언급은 과연 과장이 아니었다. (EH "우상의 황혼", 섹션 3, 315) 들판과 초원, 숲과 산비탈 여기저기에 야생화가 피어 있었고, 여러 색조의 초록빛(소나무, 낙엽송, 전나무, 노간주나무, 활엽수와 관목, 양치식물, 들풀)과 호수와 하늘의 파란빛은 태양이 동쪽에서 서쪽으로 이동하고 흰 구름이 하늘을 가로지를 때 빛과 그림자의 움직임에 따라 변화하면서 야생 참제비고깔의 푸르스름한 자줏빛부터 흰색과 금색의 아르니카까지 눈부신 색조 배열을 빚어냈다.

나는 "강한 피라미드 형상의 바위"인 "차라투스트라의 돌"을 찾아 나섰다. 니체에 따르면, 그 돌은 그가 "도달될 수 있는 최고의 긍정 문구"라고 부른 "영원회귀ewige Wiederkunft[96]"의 깨달음을 경험했던 "해발 6,000m, 모든 인간적인 것들보다 훨씬 더 높은 곳"에 있다. (EH, "차라투스트라는 이렇게 말했다", 섹션 1, 295)[97] 그는 《즐거운 학문》(1882) 초판에서 처음으로 이 생각을 공표했다.

'최대의 중량'—어느 날 낮 또는 어느 날 밤에 악마가 당신의 가장 깊은 고독 속으로 살며시 들어와 이렇게 말한다면 어떨까? "네가 지금 살고 있고, 살아왔던 이 삶을 너는 무수히 다시 살아야 할 것이다. 거기에 새로운 것이란 없으며, 모든 고통, 모든 기쁨, 모든 사상과 탄식, 너의 삶에서 이루 말할 수 없이 크고 작은 모든 것들이 연이은 똑같은 순서로 너에게 돌아올 것이다—나무 사이에서 달빛을 받고 있는 이 거미도, 이 순간과 나 자신도. 존재의 영원한 모래시계는 계속해서 뒤집혀 세워진다. 티끌 중의 티끌인 너도 그렇게 될 것이다!"

당신은 엎드려 이를 갈며 이렇게 말한 악마를 저주할 것인가? 아니면 그에게 이렇게 대답하는 엄청난 순간을 경험한 적이 있는가? "그대는 신이고, 나는 그보다 더 신성한 말을 들어본 적이 없다." 만일 이 생각이 당신을 사로잡는다면, 그 생각은 당신을 변화시키거나 아마도 당신을 붕괴시킬 것이다. "너는 이 삶을 다시 한번, 그리고 무수히 반복해서 살기를 원하는가?"라는 질문이 매 순간 최대의 중량으로 당신의 행동 위에 얹힐 것이다. 그게 아니라면, 이 궁극적인 영원한 확인과 봉인 외에는 "아무것도 간절히 갈망하지 않기 위해" 당신은 어떻게 당신 자신과 당신의 삶을 만들어 가야만 할까?

(GS, 섹션 341, 일부 수정됨)

뤼디거 사프란스키가 말했듯, 니체의 통찰은 자신에게 익숙했던 고대 스토아주의에서 유래한 지적 구성물, 즉, 시간이 거대한 주기에 따라 흘러서 우주적인 시간의 바퀴가 순환을 완성할 때 발생한 모든 것은 회귀하고 재발생된다는 것이 아니었다. 이는 "삶을 위한 역사의 이로움과 해로움"이 수록된 그의 저작 《반시대적 고찰》에서 그가 이미 다루었던 생각이다.[98] 그것이 아니라 이 "모든 개별적인 삶은 재발생되는 것이기에 엄청난 무게를 지니며" 영원한 회귀가 "가장 내밀하고 개인적인 의미에서의 삶에 영원함의 존엄성을 부여한다는 실존적이고 실제적인 확신"[99]이 니체를 실제로 사로잡은 통찰이었다. 그 통찰에 사로잡힌 니체는 격한 감정에 몸서리치며 기쁨의 눈물을 흘렸다.[100]

니체의 가장 높고 "가장 심오한" 사상의 정확한 의미(TSZ, 3부, "환상과 수수께끼에 관하여", 섹션 2, 178; EH, "차라투스트라는 이렇게 말했다", 섹션 6, 306)에 관해서는 하이데거나 들뢰즈 같은 철학자들이 논의한 바 있고, 나는 다른 곳에서 이에 관한 개인적인 견해를 밝힌 바 있다.[101] 하지만 이 특별한 순간 나의 당면 과제는 오직 실바플라나 호수 기슭에 있는 이 "강한 피라미드 형상의 바위"를 찾는 것이었다. 호수의 남쪽 기슭을 따라 넓고 고른 길이 있는데, 니체는 이 길을 몇 번이고 걸으며 종종 12km 구간을 완보할 때마다 "차라투스트라의 돌" 앞에 멈춰 섰다.[102] 나는 눈길을 끄는 풍경과 만발한 야생화에 심취하면서도 그 유명한 바위를 계속 찾았지만, 설명과 부합하거나 책에서 본 사진과 일치하는 것은 찾을 수 없었다.

유명한 그 바위를 찾지는 못했지만, 내 발걸음이 헛된 것은 아니었다. 수어레이 위쪽에 있는 폭포로 향하는 길은 환상적이었다—소나무 숲의 아롱거리는 빛 사이로 구불구불 이어진, 고요하고 좁은. 폭포는 그 자체로 풍부한 물줄기였고, 내 모든 근심을 씻어내고 그 굉음으로 내게 최면을 걸면서 나를 진정시키고 나를 몽환으로 이끄는 세찬 흐름이었다. 주변으로는 야생 제라늄과 딸기꽃이 피어 있었다. 솔잎과 폭포의 물보라 덕에 공기는 향기로웠다. 마을에서 불과 도보로 30분 떨어진 이곳에 루소와 니체가 사랑한 고독이 있었다. 폭포—니체가 "생성의 순수함"(TI, "네 가지 중대한 오류", 섹션 4, 65)이라고 명명했던—의 변화무쌍한 물에서 헤라클레이토스적인 생성의 끝임없는 유동을 응시하면서, 나는 다시금 루소의 현 순간의 충만을 경험하며 그 소리, 향기, 색채에 몰입했다.

나는 수어레이 쪽으로 더 가면 차라투스트라의 돌을 발견할 수 있을 테니 조금만 더 가면 된다고 생각했다. 그런데 니체의 집에 다시 돌아와 그곳에 머물던 다른 연구자인 데니스가 "니체의 돌Nietzsche Stein"의 위치가 정확히 표기된 지도를 가지고 있음을 알게 되었다. 확인해 보니, 이미 나는 그곳을 두 번이나 지나쳤었다. 놀라우면서도 당혹스러웠다. 어떻게 그 돌을 못 알아봤지? 다시 가서 소상히 살펴봐야겠다고 생각했다. 하지만 당장은 아니었다. 안개비가 내리는 다음 날, 나는 반대 방향으로 걸어서 니체가 가장 좋아했던 또 다른 장소인 실스 호수 쪽으로 돌출된 샤스테Chastè 반도로 향했다.

1883년 6월에 쓴 편지에서 니체는 샤스테가 선사하는 실스 호수와 주변 산의 장엄한 풍경, 그곳에서 자라는 수십 종의 야생화와 들풀에 대해 극찬을 쏟아냈다.[103] 그에게 샤스테는 "스위스나 유럽 전체에서 이만한 곳을 찾을 수 없는" 장소였다.[104] 그는 길이 생기기 전부터 이곳을 돌아다녔고, 햇볕을 받아 따뜻해진 이끼와 덤불 속을 걸으면서, 또는 거기에 누워 자신의 철학적 생각들을 노트에 적었다.[105] 때로는 메타 폰 살리스 같은 친구들과 함께 실스 호수로 뱃놀이를 가기도 했다.[106] 니체가 살았던 장소와 그의 사상의 관계에 관한 고전적인 연구에서 데이비드 패럴 크렐과 도널드 베이츠는 땅에서 풍기는 솔잎과 낙엽송 잎의 향기로 가득한 샤스테의 공기가 "아마도 글쓰기와 생각하기의 모종의 비법"이었을 것으로 추정한다.[107] 니체와 메타 폰 살리스에 따르면, 니체는 1883년 6월 28일부터 7월 8일까지 샤스테에서 격렬하게 걸으면서 《차라투스트라는 이렇게 말했다》의 2부 전체를 구상했다. 그것은 "마치 뭔가가 모든 생각을 불러내는 것과 같은 절대적인 확신"이었다고 니체는 말한다.[108]

니체의 집에서 샤스테 반도 끝 쪽으로 45분 정도 가면 니체가 사망한 해(1900년)에 건립된 기념비인 또 다른 "니체의 돌"이 있다. 커다란 화강암인 이 돌에는 《차라투스트라는 이렇게 말했다》 4부에 있는 "취한 자의 노래"의 마지막 부분이 새겨져 있다.

> 오, 인간이여! 명심하라!
> 한밤중의 목소리는 무슨 말을 하고 있는가?
> "나는 잠을 자고 있었고,
> 이제 깊은 꿈에서 깨어났다.
> 세계는 깊다,
> 낮이 이해할 수 있는 것보다 더 깊다.
> 세계의 비애는 깊다,
> 기쁨, 그것은 가슴을 에는 고통보다 더 깊다.
> 비애는 말한다. 사라져라! 가라!
> 그러나 모든 기쁨은 영원을 원한다.
> 깊디깊은 영원을!"
> (TSZ, 4부, "취한 자의 노래", 353)

기념비로 이어지는 붉은 흙길은 좁고, 구불구불하고, 솔잎이 흩어져 있고 나무뿌리가 길을 가로지르고 있었다. 바위가 땅 위로 솟아 있고, 야생화가 곳곳에 피어 있었다. 키 큰 소나무 사이로 실스 호수가 마치 높은 교회 창문을 통해 들여다 보이는 듯했다. 니체 기념비가 서 있는 샤스테 반도 끝에 이르자 안개와 구름에 가리기는 했어도 실스 호수와 주변 산들이 한눈에 들어왔다. 샤스테는 보행자의 관심을 끌 만한 볼거리가 많아 꽤 오랫동안 걸어도 힘들지 않다. 나는 두 시간 반을 즐겁게 걸었다. 날이 춥고 습해져 실스에 있는 그롱 카페Grond Café로 향했다. 카페에서 (초콜릿 버터크림을 바른 얇은 헤이즐넛 케이크 층으로 만든) 지역 특산물 토르테를 곁들여 뜨거운 초콜릿 차를 마시며 몸을 녹였다. 허기가 사라지고 피로가 풀린 그 순간, 나는 모든 기쁨은 깊디깊은 영원을 원한다는 니체의 말에 전적으로 동의하지 않을 수 없었다!

카페에 앉아 있자니, 샤스테의 니체 기념비 찾기가 내 마음에 부담을 주었다는 생각이 찾아왔다. 전날 차라투스트라의 돌 바로 옆을 그냥 지나쳤던 일 때문에 기념비도 못 찾을까봐 걱정했던 것이다. 기념비를 찾자마자 안도감을 느꼈고, 특별한 뭔가를 찾아야 한다는 부담 없이 홀가분하게 샤스테를 돌아다닐 수 있었다. 그제야 비로소 안개 자욱한 산과 호수, 야생 로즈마리와 분홍빛 꽃 '알펜로제' (진달래 속) 같은 덤불과 관목들이 밀식하는 울창한 숲이 눈에 제대로 잡혔다.

샤스테의 특정 지점에 지름길이 확실히 있었지만, 나는 그 길을 선택하지는 않았다. 나는 서두르지 않았다. 지름길은 성미 급한 사람이나 큰길에서 벗어나기 좋아하는 어린이들이 좋아하는 법. 수풀 사이로 길을 뚫고 나가는 이는 극소수인데, 니체가 바로 그런 사람이었다. 나는 그런 사람은 아니다. 길을 찾아야 한다는 생각도, 니체 기념비를 꼭 찾아야 한다는 걱정도 없이 야생화와 새들과 풍경을 응시하는 일에만 온전히 집중했다. 나의 생각은 마침내 니체가 걸었던 길을 걷는다는 행복감, 풍경의 아름다움, 니체에 관한 생각이 어우러진 몽상 속에서 자유롭게 유동할 수 있었다. 벼락 같은 깨달음 같은 것은 없었다. 그저 때가 되면 자라날 어린 나무들만 있었다.

다음 날, 약 8km 거리의 말로야Maloja 마을까지 넓고 고른 길을 따라 한 시간 반쯤 걷기로 했다. 산 위로 구름이 몰려오고 있기는 했지만, 날씨는 다시금 화창해졌다. 나는 니체가 자주 그랬듯 실스 호수의 남쪽 기슭을 따라 이졸라Isola로 걸어갔다.[109] 작은 언덕에 핀 푸른 루핀 군락으로 활기가 넘치는 이졸라 마을은 작은 폭포 아래 흐르는 개울과 접해 있다. 스위스 전통 샬레 양식의 소박한 목조 농가 주택들이 길을 따라 늘어서 있었다. 이졸라는 니체가 살았던 때에도 치즈로 유명했다. 치즈를 판매하는 낙농장 건물의 일부인 현대식 샬레를 우연히 발견했다. 부드럽고 크림 같은 '염소젖 마스카포네 치즈'와 조금 더 단단한 숙성된 조각 치즈가 판매되고 있었다. 나는 두 가지 모두 배낭에 넣고 근처를 날아다니는 푸른박새와 신선한 공기에 도취된 채 계속 걸었다. 말로 표현할 수 없을 정도로 행복했다. 루소와 니체가 때로는 혼자, 때로는 여럿이서 산처럼 높은 곳을 향해 힘차게 걸으며 느꼈을 바로 그 행복이었다.

　　미처 예상하지 못한 손님이 가까운 곳에 있었다. 이졸라에 도착한 지 얼마 안 되어 니체와 비트겐슈타인 전문가인 마르코 브루소티와 비교문학 교수인 자비네 마인베르거를 니체의 집에서 우연히 만났다. 그들은 원래 생 모리츠까지 걸어갈 생각이었지만 구름이 많아 계획을 바꿔야만 했다. 우리는 함께 말로야로 향했고, 마르코의 제안에 따라 해발 2,150m 높이의 렐라 산Mount L'Äla까지 가는 우회로를 선택했다. 그 길은 진정한 산길이었다. 좁고, 가파르고, 진흙탕이었다.

　　숲과 고산 초원을 오르고 이판암과 자갈밭을 지나 마침내 정상에 올랐다. 실스 호수, 실스 마리아, 실바플라나 호수, 주변 계곡과 산들의 장엄한 풍경이 시시각각 변하면서 펼쳐졌다. 전망대마다 다른 광경이 보였다. 여기서 보면 다른 봉우리가, 저기서 보면 그 아래 계곡이, 각도가 달라질 때마다 새로운 것들이 드러났다. 이것이 바로 니체가 말한 "시각주의"다─상반된 시각들이 많지만, 그럼에도 그것은 통일성을 이룬다는 것. 우리는 어느 지점에서는 펙스 골짜기 끝에 있는 거대한 빙하를 보았고, 다른 지점에서는 (니체가 살았던 시대에 새로 지은,) 말로야의 웅장한 쿠어잘 Kurssal 호텔을 내려다봤다. 니체는 뛰어난 학자이자 자신의 사상을 이해한다고 생각한 몇 안 되는 사람들 중 하나인 레자 폰 쉬른호퍼와 함께 실스 호수의 남쪽 호변을 따라 걸으며 쿠어잘을 응시했었다.[110] 때로 우리는 진흙과 소똥이 가득한 길을 돌아가야 했고, 어떤 개울을 건널 때는 미끄러운 돌을 어렵게 디뎌야 했다. 하지만 우리의 산행은 활기찼고, 큰 어려움은 없었다.

내려갈 때는 말로야까지 더 곧장 이어질 다른 길을 택했다. 말로야에 도착해서는 샬레 스타일의 고풍스러운 호텔에 있는 스위스 전통 식당인 슈바이처하우스Schweizerhaus에서 식사를 하기로 했다. 정교하게 조각된 나무로 지어진 이 호텔은 거대한 뻐꾸기 시계를 닮았다. 우리를 담당한 지오반나는 무릎 아래까지 내려오는 가죽 치마, 흰색 블라우스, 비둘기색 조끼의 스위스 전통 의상을 입고 있었다. 호텔 리셉션에서 근무하는 젊은 직원 베티나는 가죽 주름치마, 흰색 블라우스, 그 위에 걸친 멜빵 달린 앞치마 등 지오반나와는 다른 스타일의 옷을 입고 있었다. 이 여성들이 입은 옷은 니체가 살았던 시대에 사람들이 입었던 옷과 다르지 않을 것이다. 우리는 야외 안뜰에 앉아 햇살이 내려와 온화해진 청명한 공기를 즐겼다. 그러고는 호숫가의 길을 따라 실스로 돌아왔다.

그날 저녁 니체의 집 주방에서 식사를 하며, 마르코와 나는 1929년 다보스에서 칸트 철학에 관해 논쟁했던 하이데거와 에른스트 카시러의 유명한 철학적 만남을 논했다.[111] 마르코는 당시 루돌프 카르납이 그 자리에 있었고, 그때까지는 하이데거에 대해 호의적이었다고 말했다. 카르납이 1931년에 하이데거의 1929년 저작 《형이상학이란 무엇인가?》(이 저작에서 하이데거는 유명하게도 [또는 당신의 철학적 충성도에 따라서는 악명높게도] 불안 속에서는 "무 자체가 없앤다das Nichts nichtet"라고 말했다[112])를 정면으로 반박하며 쓴, 강력한 반하이데거 논문인 〈논리적 언어 분석을 통한 형이상학의 제거〉[113]의 저자라는 점을 고려하면, 다소 놀라운 사실이다. 나중에 나는 궁금해졌다. 카르납의 태도가 완전히 바뀐 이유는 무엇이었을까? 다음 해인 1932년 프라이부르크 대학교 신임 총장으로 임명된 하이데거가 "독일 대학의 자기 주도성"을 논한 악명 높은 연설을 하며 "그토록 자랑스러워하던 학문의 자유"를 거부하고 대학을 나치 정권의 하수인으로 만들어버릴 것이라고 예상한 사람은 아무도 없었다.[114] 하지만 마르코와 나는 이 주제에 관해서는 토론하지 않았다.

아침에 우리 셋은 더 많은 풍경과 전망을 찾아 코르바취역에서 산악철도를 타고 코르바취 봉 2,312m 높이에 있는 푸르셀라스 라 쿠데라 Furschellas La Chüdera로 향했다. 우리의 계획은 다음 역인 2,702m 높이의 코르바취 중간역Corvatsch Mittelstation까지 동쪽으로 이어지는 전망 좋은 산길을 걷는 것이었다. 몇 차례 흩뿌렸던 비는 옅은 안개 속으로 빠르게 스며들었다. 보라색, 흰색, 파란색, 노란색 야생화들이 만발해 있었고, 위로는 요새 같은 바윗덩이들과 들쭉날쭉한 눈 덮인 바위산, 아래로는 호수가 보이는, 숨 막히게 아름다운 풍경이 펼쳐졌다. 우리는 워낭 소리를 내는 소들 사이를 걷기도 했다. 실스의 지식인 여성이자 니체의 걷기 동반자였던 메타 폰 살리스는 1886년 니체와 함께 어느 호수 주변을 걸을 때 니체가 소들을 향해 열정적인 연설을 했다고 회고한다.[115] 우리는 조용히 소들을 지나쳤다.

우리는 길을 벗어나 막다른 곳으로 내려갔다가 다시 산으로 올라오기를 반복했다. 이 과정에서 기대했던 것보다 더 많은 시각 경험의 반전을 경험했다. 다른 하이커들과 이야기를 나누면서, 길을 잘못 든 것이 우리의 잘못이 아니라 일부 이정표가 엉뚱하게 돌아가 있었기 때문이었다는 것도 알게 되었다. 이곳저곳 헤맨 우리에게 피해가 없지는 않았다. 우리는 계획을 바꿔 가까운 알프 수어레이Alp Surlej로 향했다.

알프 수어레이로 향하는 산길은 바위가 많은 지대를 지나 야생 진달래가 피어 있는 고산 초원으로 이어진다. 우리는 곧 식당 옆에서 풀을 뜯고 있는 소들과 마주쳤다. 식당을 운영하는 여성이 마치 우리를 기다렸다는 듯이 문 앞에 서 있다가 자기 집 주방으로 우리를 안내했다. 그녀는 우리를 집 안으로 들이기 위해 집 앞길에 누워 있는 커다란 소 한 녀석을 몰아내야 했다. 안으로 들어가 구석 쪽 테이블에서 보리 수프를 마시며 몸을 녹였다. 그곳에서 수어레이 마을까지 향하는 길은 어렵지 않았다. 마르코와 자비네는 실스로 돌아가는 버스를 탔다. 나는 차라투스트라의 돌을 내 눈으로 꼭 보겠다는 마음으로 실바플라나 호수까지 걸어가기로 했다.

결국 나는 그 돌을 찾았다. 니체가 동일자의 영원회귀에 관한 깨달음을 경험한 차라투스트라의 돌이 거기 있었다. 내가 그냥 지나쳤던 그 돌이 맞았다. 정말로 피라미드 형상이기는 했지만, 높이가 기껏해야 3m 정도로 그렇게 크거나 인상적이지 않았다. 나는 바위 틈새로 올라가서 호수와 그 주변에 우뚝 솟은 산들을 바라봤다. 메타 폰 살리스는 호수 주변을 12km나 걸은 니체가 너무 지쳐서 "숲을 지나 실스로 돌아갈 수 있을 만큼 기력이 회복될 때까지" 차라투스트라의 돌 틈에 기대고 있었다고 말했다.[116]

니체에게 이곳은 신성한 기운이 있는 장소였다.[117] 1884년 8월 레자 폰 쉬른호퍼가 니체와 함께 이곳을 지날 때 니체는 "감정적, 지적으로 몹시 흥분한 상태에서 열광에 찬 생각들과 상상들"을 쏟아냈지만, 이곳을 지난 후에는 평상시의 말과 태도로 돌아왔다.[118] 나는 니체가 자신의 통찰에 왜 열광했는지는 이해할 수 있었지만, 왜 이 평범한 돌이 그 통찰에 영감을 주었는지는 이해할 수 없었다. 1881년 8월 6일의 날씨는 어땠을까? 니체는 하루 중 몇 시쯤에 그 통찰을 얻었을까? 별이 빛나는 밤하늘에 보름달이 산 위로 떠오르고 있었을까? 니체는 주로 낮에 걸었던 사람이라 그럴 가능성은 없어 보인다. 그렇다면 실스 근처의 더 멋진 경치를 자랑하는 다른 많은 장소들 중에서 왜 하필 이곳에서 니체는 영원회귀를 봤을 뿐만 아니라 '느꼈던' 것일까? 왜 하필 이곳에서 그는 이미 무한히 발생했고, 앞으로도 무한히 다시 발생할 그 순간을 경험했던 것일까? 순진하게도 나는 바로 그 자리에 서 있으면 답을 얻을 수 있으리라고 기대했다. 하지만 그렇지 않았다. 적어도, 아직까지는.

나는 어느 한 지점에 서 있는 것보다는 산길을 오르내리는 것이 영원회귀에 관한 더 나은 통찰을 내게 주었다고 최종 결론을 내렸다. 그로가 지적한 것처럼, 산행을 하는 중에는 모퉁이를 돌거나 다음 언덕을 오를 때 펼쳐질 경치를 기대하는 것이 첫 번째 반복이고, 올라갈 때 봤던 경치를 내려갈 때 다시 보는 것이 두 번째 반복이다. 이러한 반복들은 현 순간에 일종의 회귀로 경험된 자연과 보행자 사이에 "교환의 무한 순환"을 생산하는 가운데, 일련의 화합을, 즉 보행자의 몸에서 느껴지고 "반복된, 현존의 진동, 그 순환적 변형"을 빚어낸다. 기억된 기대와 실제 경험이 만나 서로를 곱절로 만든다. 이는 마치 현 순간이 발생하는 바로 그때, 그 순간을 기억하는 것과도 같다.[119] 이러한 반복과 교환을 통해 "그 순간"은 과거와 미래의 만남의 장소로서 그 자신에게 곱절이 되어 되돌아온다. (TSZ, 3부, "환상과 수수께끼에 관하여", 섹션 2, 178-79) 지성으로만 사유하는 것이 아니라 몸으로 느끼고 경험하는 곱절됨이다. 실스 주위의 산속을 걸으며, 나는 각각의 순수한 순간이 곱절이 되어 되돌아옴을, 회귀를 경험했다.

산길이 선사하는 시각의 변화와 영원회귀에 관한 니체의 통찰, 그 둘의 관계를 완전히 파악하는 데는 시간이 꽤 걸렸다. 내가 해야 할 일은 이 모든 광경과 순간들의 연결고리, 즉 하나의 총체의 일부로 그들을 연결하는 모종의 필연성을 찾는 것이었다. 니체의 환상은 "자유의 폭발"처럼 급작스럽게 찾아왔지만, 내가 그것을 이해하는 데는 숙고의 시간이 필요했다. 나는 산을 걸으며 단순히 경험했던 것 이상의 더 많은 시각의 변화를 경험할 필요가 있음을 깨닫게 되었다.

5. 고독과 외로움

실스 마리아에서 보냈던 시간을 돌아보자니, 고독을 찾으려는 충동과 누군가와 함께하는 즐거움 사이의 줄다리기가 충격적으로 다가온다. 실스에서 홀로 시간을 보내려고 떠난 여행이었지만, 가장 큰 행복을 느낀 순간은 다른 이들과 함께한 하이킹이었다. 니체도 비슷한 경험을 했다. 한편으로 그는 자신을 기질상 고독한 사람이라고 여겼고, 자신에게는 고독이 필요하다는 말을 자주 하곤 했다. 다른 한편으로, 실스 마리아에서 보낸 대부분의 시간에 그는 대다수가 여성인 방문객들과 함께하는 시간을 즐겼다. 그는 홀로 있고 싶은 욕망과, 외로움의 고통에서 벗어나려는 강한 충동 사이에서 분열되어 있었다.[120]

니체의 고독 선호는 평생 지속된 것이었다. 청소년 시절에 대한 한 회고에서 니체는 이렇게 말한다—"어릴 때부터 줄곧 나는 고독을 추구했고, 통상적으로 자연이라는 열린 신전에서 […] 방해받지 않고 나 자신에게 온전히 집중할 수 있을 때면 최고의 기분이었다."[121] 그의 글쓰기 인생이 끝나갈 무렵, 《이 사람을 보라》에서도 그는 비슷하게 쓰고 있다—"내게는 고독이 필요하다. 즉, 회복, 나 자신으로의 되돌아옴, 자유롭고 가볍고 장난스러운 공기의 숨결이"(EH, "서문", 섹션 8; 233-34). 편지에서 그는 자기 작업의 "주된, 필수적인 조건은 고독, 깊은 평정심, 고립, 외딴 곳에 떨어져 있음"이라고 단호하게 말한다.[122] 심지어 그는 이렇게까지 말한다—"나는 인간화된 '고독'이다Ich bin die Einsamkeit als Mensch"(EH, 부록, 343).

하지만 니체는 종종 완전히 다른 느낌에 젖었다. 1880년 보헤미아 Bohemia, 마리엔바드Marienbad(현재 체코 국내)에 있을 때, 니체는 하루에 10시간을 즐겁게 걸었다.[123] 하지만 다른 이들의 대화를 이해하지 못하는 상태는, 현지인들이 부르는 말로 "거의 아무에게도 말을 걸지 않는 스위스 출신의 슬픈 그 교수"를 고립시켰다.[124] 1882년 루 살로메와 수포로 돌아간, 짧았던 연애를 할 때, 그는 그녀에게 이렇게 썼다—"나는 더는 외롭지 않기를 바라고 있어요. 한 인간이 되는 법을 배우고 싶습니다."[125] 니체는 살로메에게서 자신과 자신의 사상을 이해하는 사람을 마침내 찾았다고 생각했다. 그녀가 그를 버리고 그 꿈이 죽자, 그는 초기 후원자인 말위다 폰 마이센버그에게 이렇게 썼다—이 사건이 준 비통은 "자연의 찬란한 고독을" 망쳤고, "그것을 사실상 지옥으로 변질시켰습니다."[126]

니체는 《차라투스트라는 이렇게 말했다》에서 고독에 관한, 이처럼 분명한 양가감정을 이야기한다. 차라투스트라가 고독을 자신의 조국이라고 외치자("오 고독이여, 나의 집[고향]이여!"), 인간의 꼴을 한 고독은 이렇게 답한다—"외로움Verlassenheit과 고독Einsamkeit은 서로 다른 것. 홀몸으로 있을 때보다 군중 속에서 더 외로울 수도 있다"(TSZ, 3부, "귀향", 202).[127] 혼자 있든 타인들과 같이 있든, 무엇이 외로움을 빚어내는지에 관해선 이해가 부족하다. 니체는 1884년 마이센버그에게 이렇게 썼다—"혼자라는 이 뿌리 깊은 느낌을 자신에게서 없앨 수 있는 사람이 있다고는 생각하지 않아요. 나 자신과 대화하듯 대화할 수 있는 사람을 난 발견한 적이 없답니다."[128] 온전한 정신으로 사는 삶이 거의 끝날 무렵인 1887년, 니체는 오랜 친구인 에르빈 로데에게 이렇게 썼다—"내 뒤에는 이제 43년이 있네. 그리고 나는 어렸을 때처럼 지금 모든 것이 혼자라네."[129] 만일 니체가 자기 자신에게 말하듯 말할 수 있는 동반자가 있었다면, 고독은 동반을 배제하지는 않았을 것이다. 자기 사상을 이해한다고 그가 인정한 극소수의 사람 중 하나인 메타 폰 살리스가 1887년 8월 실스를 떠나자, 니체는 자신이 고아가 되었다고 느꼈다.[130]

니체처럼 나도 나만의 고독한 시간을 갈망했다. 혼자 걷고 사색하고, 늦은 오후나 일과가 끝날 무렵 방에서 글쓰는 시간을. 그러나 나는 남과 함께한다는 것의 가치 역시 높이 샀다. 고독과 동반의 상반됨으로 인해 때로 같은 경험에 대한 상이한 시각이 제시되었다. 다른 이들은 내가 놓친 것을 알아차렸고 그것으로 내 관심을 이끌었다. 그런데 그들은 또한 같은 것을 다른 방식으로 봤고, 그건 내 시각을 보완하기도, 내 시각에 도전하기도 했다.

　하지만 가장 강력한 시각의 대비는, 고독에 대한 욕망과 동반에 대한 욕망에 대한 내적 시각의 뒤바뀜이었다. 나는 실스 마리아에서의 동반 관계가 고독 상태가 그랬을 것보다 더 많은 시각들—문자 그대로의 광경의 변화보다 훨씬 더 중요한 시각의 전복—을 내게 제공해주었다는 사실에 놀랐다. 당시 동반자들이 없었다면, 나는 렐라 산과 코르바취 봉을 오르는 길에서 바뀌는 광경 전체를 즐기지는 못했을 터였다. 함께 걸었던 이 경험들은, 내가 실스에 데려왔던 고독한 걷기에 대한 선호를 재평가하게 했다. 나의 고독 선호는 단순한 편견에 불과한 것으로 드러났다. 그리고 이를 극복하는 과정에서 나는 나 자신도 극복하고 있었다.

6. 질병과 공기—필수물로서의 걷기

니체는 1879년 바젤 대학교 교수직을 사임할 때부터 1889년 병으로 붕괴될 때까지, 하나의 루틴에 내내 충실했다—실스 마리아에서 여름나기, 지중해 연안(제노아, 라팔로, 니스, 에즈Èze)에서 겨울나기가 그것이다.[131] 그가 편지에서 썼듯, 그가 "여름을 어퍼 엥가딘에서 보내고 겨울을 리비에라Riviera에서 나는 것은 선택이 아니라 필연에 의한 것"이었다.[132] 그의 목표는 단순히 글을 쓸 자유나 영감을 얻는 것만이 아니라 건강한 외모를 되찾는 것이었고, 건강해지려면 적정한 고도, 날씨라는 조건이 필요하다고 그

는 생각했다. 슈테판 츠바이크가 니체에 관한 서술하고 있듯,

> 대기 조건에 이렇게나 민감했고, 압력계나 기압계의 수은 같은, 모든 기
> 상 현상의 팽창과 진동에 끔찍하게 노출되어 반응했던 지성인은 아마
> 도 그 말고는 존재하지 않았을 것이다. 그의 맥박과 기압 사이에, 그의
> 신경과 습도 사이에는 비밀 전류가 흐르는 것처럼 보인다. 그의 신경은,
> 자연의 각 변화에 따라 반응하는 (그의) 기관의 불편감을 매개 삼아, 모
> 든 고도와 기압과 온도의 변화에 즉각 반응한다.[133]

실스 마리아와 니스 같은 곳에서 니체가 무엇보다도 추구했던 것
은, 어린 시절부터 그를 괴롭혔던 악질적인 질병으로부터의 해방이었다.
고도와 공기가 적절하다면, 어쩌면 그의 증상은 완화될지도 몰랐다.

그의 눈 문제의 원인을 알아내기 위해 니체를 검사했던 의사인 오
토 아이저 박사에게 보낸 1879년의 한 편지에서[134] 니체는 자신의 "순교자
적 고통"을 서술한다. "하루에 몇 시간 동안 지속되는 고통, 누군가에게 말
을 할 수 없는 상태인, 배멀미 할 때의 느낌과 함께 오는 반쯤 마비된 듯한
느낌" 그리고 여기에 동반되는 구토.[135] 그는 자신에게 "고독, 고독한 걷기,
산 공기, 우유와 달걀의 식단"을 처방하면서 "공기가 희박한 고산지대에
서는" 완전히 사라지는 것은 아니지만 자신의 통증을 견디기 쉬어진다고
주장한다.[136] 1879년, 그는 두통과 구토가 반복되며 고통받았는데 그중 한
번은 9일간이나 병세가 지속되었고, 그의 눈은 거의 제 기능을 하지 못했
다.[137] 니체의 건강은, 영Young의 말을 빌리자면 "정말이지 소름 끼치는 수
준이었다."—"118일간의 심각한, 사람의 진을 빼는 고통." 1880년 1월이
되면, 그의 건강은 최하점에 이르게 된다.[138] 자기를 극복하려 했던 그의 노
력의 대가가 너무 커지고 말았다. 무언가, 행동이 필요했다.

과거 추르Chur,[139] 로즌라우이바드Rosenlauibad(해발 4,000피트),[140] 생 모리츠[141]의 알프스 휴양지 인근에서 하이킹을 하며 일정한 해방을 경험했었던 니체는, 어퍼 엥가딘의 높은 고도가 자신이 건강해지기 위해 필요한 "50가지 조건"의 일부를 충족해 주기를 소망했다. 무엇보다도 그는 자신에 대한 공격을 야기했다고 생각했던 기상 문제에서 벗어나기를 소망했다. (EH, "나는 왜 이렇게 영리한지", 섹션 2 참조)[142] 뇌우로 인해 가르다 호수 근처 마을인 레코아로Recoaro를 떠난 후,[143] 니체는 실스 마리아에서 구원을 찾았다.[144]

실스에서 하루 8시간을 걸었지만, 니체는 처음에는 건강의 호전을 경험하지 못했다.[145] 잦은 뇌우가 구토와 심한 두통의 발생을 야기했다.[146] 7월 30일, 그는 오버베크에게 썼다—"여기도 특이한 날씨더군. 지속되는 대기 상태의 변화가 나보고 유럽을 떠나라고 하고 있어. 내게는 며칠간 그리고 계속 이어지는 '맑은' 하늘이 필요하고, 그렇지 않으면 난 그 어떤 전진도 이루지 못하고 말 거야."[147] 수어레이에서 영원회귀에 관한 "계시"를 받은 지 일주일 후인 8월 14일, 쾨셀리츠에게 보낸 편지로 미루어 볼 때, 날씨는 일시적으로 좋아진 것이 분명했다—"태평양이 내려다보이는 멕시코 고원에 가서 이와 비슷한 뭔가가 있는지 확인해야만 하겠어."[148] 하지만 이내 너무 추워졌고 니체는 오한이 든 채 집의 어머니에게 따뜻한 장갑과 "양말! 많은 양말!"을 보내달라는 편지를 쓰고 있었다. 실스에서 그의 건강은 그 어느 때보다도 나빴다.[149] 9월이 되자, 그는 오버베크에게 이렇게 고백했다.

고통이 내 삶과 의지를 박살내고 있다네. […] 내 육체적 괴로움은 내가 봤던 하늘의 변화만큼이나 많다네. 모든 구름 속에는 모종의 전하電荷가 있지. 그것이 나를 돌연 움켜쥐고는 완전한 비참함으로 만들어버려. 죽음의 의사를 다섯 번이나 불렀고, 어제는 그것이 마지막이기를 소망했지만, 헛수고였다네! 나의 하늘, 영원히 평온한 그 하늘은 대체 어디에 있는 걸까?[150]

그가 제정신으로 살던 거의 모든 기간에, 니체의 편지에는 날씨와 자신의 건강에 대한 보고가 들어 있었다. 공기 상태가 쾌적했고, 그의 기분이 좋았을 뿐만 아니라 영감을 받았던, 휴지기도 있었다. 이를테면 1887년 8월 실스에서 "거의 중단되지 않은 영감 어린 상태"에서[151] 《도덕의 계보학》을 집필했을 때가 그렇다. 그러나 그가 마침내 진정한 구원을 경험했던 것은 오직 1888년이었다.

1888년 5월, 토리노에서 그는 비평가 게오르크 브란데스에게 자신의 건강과 철학이 그 어느 때보다 좋다고 쓰고 있다. 브란데스는 그해 코펜하겐 대학교에서 니체의 철학에 관한 최초의 대학 강의를 했던 인물이다.[152]

저는 거의 매일 한두 시간은 '처음부터 끝까지' 저의 일반적인 착상의 결과물을 이해하는 데 요구되는 에너지 수준에 이르고 있습니다. 그렇게 바라보면, 방대한 문제들이 선명하고 자세한 선을 드러내며 아래로 펼쳐져요. 일종의 구원이죠.[153]

시각 경험이 모든 것이다—특히 니체가 스위스와 이탈리아에서 산 적이 있어서 가능했다고 말한 "문화의 과정과 가치에 관한 '위대한 시각'"은. (EH, "바그너의 경우", 섹션 2, 319) 그리고 그에게 건강은 시각들을 서로 연결된 전체 안에서 연결하게 해주는 높은 시각을 얻기 위해서는 긴요한 조건이었다. 그해 봄 토리노에서 니체는 잘 먹고 잘 잤고, 두통과 구토는 사라졌다. 또한 엄청난 속도로—템포 포르티시모tempo fortissimo로—일했다고 브란데스에게 말하고 있다.

여름 실스 마리아에서 그는《우상의 황혼》,《바그너의 경우》,《안티크리스트》의 대부분을 집필했다. 10월 경에는 토리노에서《이 사람을 보라》의 초안을 완성했는가 하면,《니체 대 바그너》(바그너에 관한 다양한 글을 모은 것)와 이전에 출간된 시편들의 모음집인《디오니소스 송가》를 편집했다.[154] 그의 상태는 최고였다. 8월, 메타 폰 살리스는 3주간 니체를 방문했고, 두 사람은 말로야 마을과 실바플라나 마을을 5시간 동안 함께 걸었다.[155] 더 좋은 날씨, 좋은 동료, 활기 넘치는 걷기와 더불어 니체는 "노력 없이 찾아온 창의적 강렬함"의 폭발(영Young의 표현) 속에서 가장 많이 인용된 작품인《우상의 황혼》을 쏟아냈다.[156] 1888년은 니체의 글쓰기 인생에서 가장 생산적인 해였다.

그해는 마지막 해이기도 했다. 10월, 토리노에서 니체는 오버베크에게 자기가 "그 단어의 가장 좋은 의미에서 일종의 가을 기분"에 있다고 썼다. "지금이 내게는 최고의 수확의 시간이라네. 모든 것이 쉽게 찾아오는군."[157] 그는 병든 몸의 "동물적 고문"에서 해방되어[158] 계속해서 잘 먹고 잘 잤다. 토리노의 우아한 카페들에서 젤라토를 즐겼고, 포Po 강변을 걸었고, "내가 아는 곳 중에서 이런 종류로는 가장 사랑스러운 공간"인 벨 에포크 갤러리아 수발피나 쇼핑 아케이드를 거닐었다. 두통이나 구토도 더는 없었고, 편지에서도 자신의 건강에 관해서는 더는 쓰지 않았다.[159]

그가 편지 쓰기를 중단했다는 말은 아니다—1888년 12월 1일부터 1889년 1월 6일까지 그는 1884년이나 1885년 한 해에 썼던 것보다 더 많은 편지를 썼다. 말위다 폰 마이센버그 같은 오랜 친구들과 결별했고, 독일 제국의 수상 오토 폰 비스마르크 같은 개인적으로 인연이 없는 유명한 권력자에게도 편지를 썼다.[160] 또한 신체적으로는 점점 더 나아졌다고 느졌지만—"안녕하다는 엄청난 느낌"—자신의 마지막 작품들을 인쇄하는 것만은 계속 미루었다. 대신 그는 토리노의 광장, 카페, 상점들에서 '플라뇌르' 역을 수행했다.[161] 그는 실스 마리아 고산지대를 걷는 군대식 수행을 포기했다. 또한 그는 자기 자신을 포기하고 있었다.

니체가 과거 바젤 대학교 동료였던 역사학자 야콥 부르크하르트에게 "나는 신보다는 바젤의 교수가 될 것"이지만, "사적인 이기주의"가 세계를 창조하는 자신의 업무를 방해하도록 그냥 두고 보지는 않겠다고 선언한 편지를 썼을 때,[162] 부르크하르트는 뭔가 심각한 문제가 있음을 알아차렸다. 1889년 1월 6일, 부르크하르트는 자신과 니체의 친구인 오버베크를 토리노로 보내 뭐가 문제인지를 확인했다.[163] 오버베크는 다음 날 도착해 니체가 《니체 대 바그너》의 최종원고를 멍하니 바라보고 있는 모습을 발견했다. 의사가 브로미드bromid를 그에게 투여하자, 그는 그날 밤 이탈리아 왕과 왕비를 위해 자신이 계획한 피로연에 관해 유쾌하게 떠들기 시작했다.[164] 이틀 후, 오버베크는 "정신적 문제가 발생한 이들과 함께하는 방법"을 보유한 것으로 유명한 치과의사 베트만 박사의 도움을 받아, 니체를 바젤행 열차에 태웠다. 이들은 (니체가 1880년대 내내 불면증을 완화하기 위해 의존했던 약물인) 클로랄 하이드레이트chloral hydrate를 투여해 여정 내내 니체를 진정시켰다. 바젤에 도착하자마자 니체는 곧바로 요양원으로 이송되었다. 오버베크에 따르면, 그 다음 주에 니체는 "완전히 자신만의 미친 세계에서" 살고 있었고 "그가 거기서 빠져나오는 것을 나는 볼 수 없었다."[165] 사상가이자 작가로서의 그의 역사는 종말을 고했다.

수어레이에서 얻은 자신의 비전에 관한 행복감에 휩싸여 니체는 쾨셀리츠에게 이렇게 썼다—"나는 폭발 가능한 기계들 중 하나야."[166] 아무리 활기 넘치는 산책과 훌륭한 공기도 그 폭발을 막을 수는 없었다—왜 그랬는지는, 그의 질병의 원인에 관해서도 마찬가지이지만, 미스터리로 남아 있다. 하지만 생각하고 글을 쓸 수 있을 때까지 니체는 '걸으며' 썼다. 하루에 8시간을, 그가 선호하기로는 고산지대의 강렬하고, 차가운 공기 속에서. (EH, 서문, 섹션 3-4, 218-19)

니체는 한때 자신의 행복 "공식"을 "한 번의 긍정, 한 번의 부정, 하나의 직선, '하나의 목표'"라고 요약했다. (TI, "잠언과 화살", #44; 37) 그러나 니체의 걷기나 사색의 과정을 누군가 도식으로 만든다면, 그 선은 "관용이 있는 직선"을 닮지 않았을까. 이 직선을 트리스트럼 샌디는, 로렌스 스턴의 소설 《트리스트럼 샌디의 인생과 생각》 6권 40장에서의 자신과 삼촌 토비의 이야기를, 아울러 9권 4장의 자유에 관한 상병 트림의 생각을 도식으로 표현하기 위해 사용한다. 그러니까 이 선은 직선이 전혀 아니라 변화무쌍함, 곡선, 능선, 계곡, 되돌아옴, 소용돌이들로 가득 차 있다.[167]

결국 니체는 인생 목적지를 향한 길이 에움길이었다고 고백했다.

어떤 사람이 되려면, 그것이 어떤 사람인지에 관한 생각이 조금도 없어야만 한다. 이러한 관점에서 보면, 인생의 '실수들'조차 저마다 고유한 의미와 가치를 지니고 있다. 때로의 샛길, 잘못된 방향, 지연, "경솔함", 주된 업무와는 무관한 업무에 낭비되는 진지함들 말이다. [⋯] 지배적으로 작용할 운명인, 조직해 내는 '생각'은 계속해서 깊이 자라기 시작하는데—이윽고 그것은 지휘하기 시작한다. 그리고 서서히, 샛길과 잘못된 방향에서 '되돌아오도록' 우리를 이끈다. [⋯] 나는 무엇이든 지금 있는 것과 달라져야 함을 전혀 원하지 않는다. 나 자신 역시 달라지기를 원하지 않는다. (EH, "나는 왜 이렇게 영리한지", 섹션 9, 254-55, 수정됨)[168]

에움길, 샛길, 잘못된 방향—기꺼이 우리 자신이 되려면, 우리의 여정 전체를 끌고 갈 의지가 우리에게 있어야만 한다.

> 개인의 필멸할 운명은 지금까지 있었고, 앞으로 있을 모든 것의 필멸할 운명과 분리될 수 없다. […] 개체는 필요한 존재이고, 운명의 조각이며, 전체에 속한다. 그 개체가 '곧' 전체다. […] 그러나 '그 어떤 것도 전체와 떨어진 채로는 존재하지 않는다.' (TI, "네 가지 중대한 오류", 섹션 8, 65)

우리 삶의 모든 것은, 우리 자신의 본성에 관한 법칙인 필연의 쇠사슬에 의해 연결되어 있다. 무엇이든 달라졌으면 좋겠다고 소망하는 것은 사실상 다른 삶을 살기를 바라는 것이고, 다른 누군가가 되려는 의지이며, 자기 자신이 되지는 않으려는 의지다.

'이것'이야말로 수어레이의 바위에서 니체를 몸 전체로 사로잡았던 계시의 핵심이다—모든 것이 영원히 회귀한다는 것만이 아니라. "차라투스트라의 이 교의는 결국 헤라클레이토스가 이미 가르친 것인지도 모른다"(EH, "비극의 탄생", 섹션 3, 273-74). 그러나 자기 자신이 되려고 한다면, 삶의 모든 자잘한 사고들과 커다란 사건들 전부를 전체의 구성에 '필요한' 것으로 포용해야 하고, 자신의 '운명을 사랑'해야 한다. '아모르 파티amor fati[운명에 대한 사랑]'라는 니체의 이상은 "어떤 것도 달라지는 것을 원하지 않음을, 앞으로 가는 것도, 뒤로 가는 것도, 영원 속에 있는 것도 원하지 않음"을 뜻한다. "필요한 것을 그저 견디는 것이 아니고, 그것을 은폐하는 것은 더욱 아니고 […] 그것을 '사랑'하는 것을"(EH, "나는 왜 이렇게 영리한지", 섹션 10, 258) 뜻한다. 이 "운명에 대한 사랑"이야말로 영원회귀 관념을 "도달될 수 있는 최고의 긍정 문구"로 만들어 주는 것이다. (EH, "차라투스트라는 그렇게 말했다", 섹션 1, 295)

주저 없이 '예스'라고 말하는 것, 심지어는 고통에도, 죄의식에도, 존재하는 기괴하고 의심스러운 모든 것에도. 삶을 향한 이 궁극적인, 가장 기쁜, 제멋대로 터무니없는 '예스'는 최고의 통찰만이 아니라 가장 깊은 통찰 역시 의미한다. […] 존재하는 것 중 어떤 것도 뺄 수 없고, 어떤 것도 불필요한 것은 없다.

(EH, "비극의 탄생", 섹션 2, 272;

TI, "고대인들에게 내가 빚진 것", 섹션 5, 121 참조)

모든 에움길, 모든 샛길, 모든 잘못된 방향, 모든 후퇴, 심연, 평원과 계곡은 봉우리와 정상만큼이나 필요하고, 자기 자신이 되는 사람에게서 분리할 수 없다. 니체가 1888년 게오르그 브란데스에게 보낸 편지에서 말했듯, "개체는 필연의 한 조각이지만, 개체는 그것을 알지 못한다―믿기 위해서 개체는 모든 것을 '봐야'만 한다."[169] 이것이 바로 1881년 8월 니체가 실바플라나 호수의 남쪽 호변을 걸으며 '본' 것이었다. 바로 이곳에서 높이와 깊이의, 봉우리와 심연의, 오르막길과 내리막길의 풍경들이 (머리부터 발끝까지 그를 사로잡았던) 전체에 관한 어떤 비전 속에서 하나로 융합되었다.

실스 마리아를 떠날 무렵 나는 이것이 내게도 진리임을 마침내 깨달았다―'느꼈다.' 모든 오르막과 내리막, 잘못된 방향, "놓치고 만" 차라투스트라의 돌, 마침내 그것을 발견했을 때 찾아온 실망감, 고독과 동반 그리고 높이와 깊이에 관한 상이한 시각들은 전부 나의 실스 걷기 경험이었던, 서로 연결된 전체에 똑같이 필요한 것이었다. 어떤 것도 불필요한 것은 없었다. 영원회귀를 파악하는 최상의, 어쩌면 유일한 방법은 그것을 긍정하는 것, 그것을 '의지will'하는 것이리라. 어느 날 밤 악마가 나의 가장 깊은 고독 속으로 몰래 들어와서는, 내가 실스 마리아에서 무수한 시간을 더 살아가게 될 것이라고, 그 시간이 같은 연속과 순서일 것이라고 말한다면, 나는 이제는 대답할 수 있다—그대는 신이고, 나는 그보다 더 신성한 말을 들어본 적이 없다고.

7. 에르메농빌의 루소—공원에서의 걷기

니체였던 그 "기계"는 단번에 폭발했지만, 루소의 그것은 점진적으로 쇠약해져 갔다. 1778년 에르메농빌에 도착했을 때, 그는 미래에 대한 야망이나 희망이 없는 한 사람의 노인이었다. 그는 더 이상 "누군가"가 될 필요가 없었다—그것은 전부 그의 과거사일 뿐이었다.[170] 그러나 단순함과 평온함으로의 그의 귀환에는 혹독한 대가가 따랐다.

1765년 10월, 생 피에르 섬을 떠나야만 했던 루소와 테레즈는 스코틀랜드 철학자 데이비드 흄의 초청으로 잉글랜드로 건너간다. 이들은 1767년 4월까지, 버밍엄 북쪽의 한 시골 저택인 우튼 홀Wootoon Hall에서 머물렀다.[171] 루소와 테레즈는 둘 다 영어를 할 줄 몰랐고, 그곳에도 걸어 들어갈 숲과 산비탈이 있었지만 루소는 과거에는 알지 못했던 극심한 고립을 그곳에서 경험하게 된다. 외부세계와 단절된 느낌에, 아울러 점점 더 심한 강박증에 시달리던 루소는 마침내 흄과 다른 이들이 음모를 꾸미고 있다고 의심하기에 이른다. 흄과 그렇게 결별한 이후, 그는 자신의 전 보호자이자 흄의 친구인 키스 경과 회복할 수 없는 불화에 이르게 된다.[172] 니체는 훗날 고독과 외로움은 서로 다른 것이라고 말하곤 했다. 또 다른 위대한 고독한 인간인 루소는 그 어느 때보다 외로워졌다. 니체처럼 그에게 결여되었던 것은, 그가 자신을 이해하듯 자신을 이해하는 사람이었다(테레즈는 그런 사람은 아니었다). 루소가 자신을 더 잘 이해하고 다른 이들이 자신을 더 잘 이해하도록《고백록》(후손들을 위해 자신의 이미지를 만들어 낸 자화상) 집필에 뛰어든 것은 바로 이 시기였다.

우튼에서 18개월간 외로운 나날을 보낸 후, 루소는 1767년 5월 프랑스로 돌아왔다. 비록 그에 대한 체포 영장이 아직 집행 상태였지만, 그는 이곳저곳을 돌아다녔다—파리에서 북서쪽으로 60km 떨어진 트리샤토, 그 후엔 리옹, 그레노블, 모베크 마을을(맑은 날 그는 여기서 몽블랑을 볼 수 있었다), 마침내 1770년 6월엔 그의 옛 파리 거리인 플라티에르 로(현재는 장 자크 루소 로)를. 이곳 아파트의 6층에 그는 테레즈와 함께 입주했다. 루소는 자신이 정직하고 장인적인 일로 여겼던, 젊은 시절 직업인 음악 필경사로 되돌아갔다.[173] 그와 테레즈는 이후 8년간 파리에 머물며 대부분 평온한 삶을 살았지만, 당국은 이들에게 신경 쓰지 않았다. 그는 자서전적인 작품들을 계속 집필했는데, 거기에는 1776년에 쓰기 시작한 마지막 작품《고독한 산책자의 몽상》도 포함되어 있었다.

괴이하게도, 루소가 자연과 하나되는 가장 황홀한 경험을 하게 된 것은 파리의 교통사고 덕분이었다. 1776년 10월 24일, 당시 파리 외곽의 시골 마을 미닐몽탕Ménilmontant 인근의 "한 매력적인 시골 지역"을 걷고 돌아오던 중 루소는 전속력으로 달려온 커다란 그레이트 데인Great Dane(개의 품종명-역자)에 치여 쓰러졌다. 자갈 깔린 길에 머리를 세게 부딪힌 루소는 그 자리에서 의식을 잃었다. (RSW 56-57/36-39) 그는 이렇게 쓴다.

첫 감각을 되찾자, 기쁨이 느껴졌다. 그리고 바로 그 감각을 통해서만 나는 나 자신을 감지했다. 그 순간 나는 생명체로 태어나고 있었고, 내가 인식하고 있던 모든 존재물들은 나의 연약한 존재로 가득 차 있는 것만 같았다. 완전히 현존하던 바로 그 순간에, 나는 아무것도 기억하지 못했다. 개인으로서의 나 자신에 관한 뚜렷한 개념도 없었고, 내게 어떤 일이 일어났는지도 거의 알지 못했다. 나는 내가 누구인지도, 어디에 있는지도 몰랐다. 나는 고통도 공포도 불안도 느끼지 못했다. […] 나는 온몸으로 너무도 황홀한 평온을 느꼈다. 이 사건을 떠올릴 때마다 나는 이와 비슷한, 비교할 만한 즐거움을 찾아내지 못했다. (RSW 57/39)

이 사건에서 마침내 루소는 기억도 걱정도 없이 현 순간에 온전히 존재하기, 개별적인 자아의 소멸을 통해 세계와 완전히 합일하기라는 자신의 이상을 실현했다. (RSW 68/50) 불행히도, 그레이트 데인과의 충돌로 인한 이때의 머리 부상은 그로부터 2년이 채 안 되는 시점에 루소의 목숨을 앗아간 뇌졸중에 기여했을 공산이 크다.[174]

1778년 루소는 에르메농빌로 이사했고, 이것이 그의 마지막 이사였다. 그곳에서 그는 그의 추종자인 지라르댕 후작의 초대를 받았다. 지라르댕은 《신 엘로이즈》의 여주인공 줄리가 설계한 가상의 공원인 엘리제 공원을 모델 삼아 실제로 공원을 조성한 인물이다.[175] 이 공원은 울타리나 고전적인 프랑스 정원의 대칭성이 없는 "해방된" 자연으로 구성되어 있었다. 탁 트인 공간(들녘, 호수, 습지)으로 가득 차 있었고, "눈뿐만 아니라 감각 전부를 매혹하는 일련의 장면, 전망대, 정경"으로 이어지는 구불구불한 그늘진 숲길이 있었다. 이 숲길은 감각을 즐겁게 해주었고, 동시에 루소가 자유 개념과 연관지었던 예측불가능성과 다양성으로써 정신을 자극했다.[176] 처음 이 공원에 들어선 순간, 루소는 후작에게 이렇게 소리쳤다.

아! 다른 곳에서는 제거되었을, 이 오래된 갈라지고 기괴한 나무 몸통들은 실로 대단한 마법이군요. 하지만 어떻게 이것은 이 가슴에 말하는 걸까요? 그 이유를 당사자도 모르는데요. 아, 나는 이것을 바라봅니다. 또한 내 영혼 깊은 곳에서 느낍니다. 여기에서 내 줄리의 정원을 보게 되는

군요!¹⁷⁷

공원에는 개울과 폭포를 지나는, 자그마한 돌과 나무로 된 다리들이 있고, 경치를 감상할 수 있는 돌 벤치도 많다. 작은 인공 호수 한가운데 있는 포플러 섬은 루소의 원래 무덤이 있던 곳으로, 그 로마 양식의 석관 위에는 이런 헌사가 적혀 있다—"자연과 진리의 인간에게." 1794년, 프랑스 혁명가들이 루소의 유해를 파리의 판테온으로 옮겼지만, 이 사건으로 인해 루소의 무덤이 저명 인사들(이를테면 혁명가 막시밀리앙 로베스피에르, 나폴레옹 보나파르트, 그리고 마담 드 스탈부터 빅토르 위고, 조르주 상드, 제라르 드 네르발까지 여러 문인들)을 찾는 순례지에서 누락된 것은 아니다. 19세기가 되면, 상인들은 게임용 카드부터 도자기 접시까지 루소를 테마로 한 기념품을 팔기 위해 이 공원 정문으로 몰려들었다.¹⁷⁸

호수에서 위로 뻗은 언덕 위에 있는 '모던 필로소피 템플'은 고대 로마 신전을 모델로 한 맞춤형 "유적"이다. 멀리서 봐야 잘 보이는데, "만물의 원인을 알라Rerum cognoscere causa" 같은 철학적 모토가 개구부에 새겨져 있는가 하면, 기둥에는 아이작 뉴턴, 르네 데카르트, 윌리엄 펜, 몽테스키외, 볼테르, 루소 등 "철학자들"—당시에는 지금보다 더 폭넓은 의미로 사용된 용어—의 이름이 보인다. 호수 근처에는 고대 로마 제단을 모델로 한, 평평한 둥근 돌을 얹은 작은 기둥이 있는데, 루소가 제안한 "몽상에게"라는 모토가 적혀 있다.

공원의 모든 것은 자연의 자율성에 관한 환상을 보여 주기 위해 세심하게 배열되어 있다. 이 공원에 영감을 준 이상을 그대로 드러내기 위해 지라르댕은 루소의 말을 어느 바위에 새겨 넣었다—"감성이 풍부한 인간이 자연 관조를 즐기는 것은 고독한 산봉우리 위에서이다. 오류와 편견들 너머로 영혼을 들어 올리는 모든 강력한 영감을 그가 얻는 것은 자연과의 그러한 '내밀한 속삭임' 속에서이다."[179] 비록 공원에 산은 없지만, 부드럽게 기복이 있는 지형 그리고 보호된 숲길과 열린 들판 간의, 가꾼 땅과 "야생"의 자연 간의 자극적인 대비는 같은 효과를 위해 의도된 것들이다. 지상에서도, 색다른 시각과 관점은 가능하다.

　　이 공원 그리고 후작의 별장 근처를 걸으며 루소는 게임용 카드 뒷면에《몽상》초고를 계속 썼다. 무수한 열정에 불을 지피는 희망에 더는 동요하지 않으며, 그 어떤 것도 증명할 필요가 더는 없어진 상태에서 루소는 자기 영혼이 완전한 평온의 경지에 이르렀다고 선언한다. (RSW 46/29) 자연·속 걷기가 한때 선사해 주었던 황홀경과 도취를 느끼기에는 너무 늙어버린 루소는 이제 자신과 자신의 과거 속으로 더 깊이 여행하기 위해 걷고 있었다. 자신의 몽상을 써 내려감으로써 그는 그 자신이 "과거의 시간을 재탄생하게 하고" 그리하여 "[자신의] 존재가" 현재의 회상과 과거의 경험으로 "곱절이 되기를" 소망했다. (RSW 53, 50-51/35, 34) 희망, 공포, 야망으로 인한 그 모든 불안과 더불어, 미래는 이제 일종의 과거가 되었다.

　　젊은 시절의 장거리 걷기, 숲과 산을 오르는, 장년기의 고된 걷기 역시 마찬가지였다—"언제나 내 가슴에 닿았던 그 아름다운 자연 풍경들, 그 숲들, 그 호수들, 그 작은 숲들, 그 바위들이나 그 산들을 나는 다시는 볼 수 없을 것이다. [⋯] 그 행복의 땅을 나는 더 이상 거닐 수가 없다"(RSW 148-49/120). 더 이상 숭고를 찾아 애써 오르막길과 내리막길을 다니지 않았고, 대신 그는 "흔들림이나 사이 간격 없는, 균일하고 적절한 움직임"의 걷기를 택했다고, 그로는 말한다. 이제 목표는 시간의 흐름을, 모든 것이 현존의 선물로서 느껴지는 시간을 단순하게 느끼는 것이었다.[180] 어떤 걷기는 시간 그 자체 말고는 다른 목적지가 없고, (모든 걷기의 최종 지점인) 죽음을 향한 시간의 느린 전진의 흐름을 상기하는 것 말고는 다른 목

표가 없다고, 다비드 르 브르통은 말한다.[181]

2018년 5월, 아내 다이앤과 내가 에르메농빌에 도착했을 때, 우리는 그 마을이 너무도 매력적이라는 데 놀랐다. 마을의 중심은 '프랑스 라 지윌Prince Radziwill 로'라는 좁은 길로, 이 길을 따라 언덕을 내려오면 양쪽으로 18세기와 19세기식 건물이 보인다. 우리는 마을을 돌아다니며 19세기식 건물인 시청과 중세 풍인 생 마르탱Saint-Martin 교회에 들렀다. 언덕의 끝자락 부근, 길 한가운데에 대형의 루소 동상이 서 있다. 재킷과 바지 차림에, 영감의 천사가 위에 떠 있고, 손에 지팡이를 들고는 곧 산책을 나갈 것처럼 앉은 자리에서 일어나는 형상이다. 나는 다음 날 그와 함께하겠다는 계획을 세웠다.

아침에 나는 '작가의 길Writer's Path'로 나섰다. 루소가 자주 걷던 길로, 샬리스 왕립 수도원Abbaye royale de Chaalis으로 가는 3.4km의 길이다. 마을 바깥에 난 좁은 흙길을 따라가니 곡물이 깔린 초록 들판이 나왔고, 이윽고 울창한 숲으로 이어졌다. 숲을 나오니 네 개의 길이 만나는 교차로에 돌 십자가가 서 있었다—어떤 혼란도 길 내내 보이는 표지판에 의해 전부 사라졌다. 그 길에서 벗어나 흙길을 따라 자작나무, 참나무, 시카모어 단풍나무가 있는 숲 깊은 곳으로 진입했다. 전날 듬뿍 내린 비 덕분에 나뭇잎들이 녹빛으로 반짝였다. 넓고 곧게 뻗은 길을 따라가다가 그때까지 시계를 통해서만 알던 소리, 즉 뻐꾸기 소리를 듣고는 깜짝 놀랐다. 그 새는 그 시계를 모방한 것처럼, 자신을 흉내 내는 소리를 냈다. 규칙적이고 믿기 힘들 정도로 되풀이되는 울음소리가 10분은 족히 나와 함께했다.

산책로는 푸르게 우거진 풀, 창포류, 노란 야생 붓꽃이 둘러싸고 있는 어느 개울의 가장자리에 가까워졌다. 자작나무는 곧고 날씬한 몸으로 솟아올랐다. 습지의 물을 마시는 빨대 같았다. 그 개울을 (이것은 댐을 넘어 흘러가 폭포로 이어진다) 가로지르는 오래된 돌 다리에 도착하니, 아바

예Abbaye로 쪽으로 가는 길을 알리는 표지판이 있었다. 안타깝게도 거기에는 그 길을 막고 있는 높은 철문도 있었다. 키패드가 있었지만, 비밀번호를 알 리 없었다. 비밀번호를, 철문이 있다는 사실조차 알아낼 생각을 하지 못했음에 원통해하며 에르메농빌로 되돌아왔다. 그러나 이곳에서의 걷기는 부드럽고 자유롭게 흐르는 무수한 몽상을 자극했다.

다이앤과 나는 이날 오후를 장 자크 루소 공원을 거닐며 보냈다. 60헥타르에 이르는 이 공원은 꽤 먼 거리까지 뻗어 있지만, 현재는 지라르댕이 원래 조성한 공원의 절반 정도 크기에 불과하다. 우리는 루소의 무덤, 필로소피 템플, 몽상에 바쳐진 제단, 동굴(그 입구는 체인으로 봉쇄되어 있다), 고대 프랑스를 연상시키기 위해 설치된 인공 고인돌, 고딕 양식의 돌탑 등의 명소를 둘러보았다. 그늘진 나뭇길을 따라 진달래꽃들이 보랏빛으로 피어 있었다. 평평하고 탁 트인 들판과 습지가, 그리고 비탈이 있는 숲이 있었다. 울창한 초목에 둘러싸인 산책로는 호수, 멀리 보이는 들판 또는 건물 한 채가 보이는 개간지로 이어졌다. 후작은 과연 성공했다—우리는 몇 시간이나 산책로를 걸으며 호수에서 숲으로, 다시 초지로 발걸음을 옮겼고, 초목의 변화에, 건축된 구조물과 자연물의 대비에 주목했다. 때로는 돌연 우리 눈앞에 나타난 풍광에 우리 자신이 "놀라도록" 내버려두었다. 이 저지대에서조차 경관 변화는 풍요로웠다. 우리는 루소가 왜 이곳을 사랑했는지 이해할 수 있었다.

그는 이곳을 사랑했다. 하지만 길게는 아니었다. 그는 1778년 5월 20일에 여기에 도착했고, 테레즈는 5월 26일에 가구, 주방용품, 기타 소지품을 들고 그에게 합류했다. 루소는 66회 생일을 맞이한 지 나흘 후인 그해 7월 2일, 늘 하던 아침의 공원 산책을 마치고 돌아와 테레즈와 함께 카페오레를 즐겼다. 그는 여러 불편을 호소하기 시작했다—따끔거리는 발바닥, 척추에 냉수가 흘러내리는 듯한 느낌, 복통, 폭발적인 두통을. 그는 테레즈에게 창문을 열어 달라고 부탁했다. 천국은 순결하고 신은 자기를 기다리고 있다고 말하며 그러고는 쓰러졌다. 아마도 몇 년 전 그레이트 데인에 의해 쓰러진 사건의 지연된 결과일 심각한 뇌출혈로 인한 죽음이었다. 7월 4일 자정 무렵, 루소의 시신은 봉인된 관에 담겨 포플러 섬에 있는 무덤으로 이송되었다. 그러는 동안 횃불을 든 농민들은 호숫가에 둘러 서 있었다. 이 고독한 산책자의 몽상은 이제 끝이 났다. 그러나 전설은 막 탄생하고 있었다.[182]

어떤 이는 태어나 고독하게 되지만, 어떤 이는 고독을 선택한다. 어떤 이는 고독이 자기에게 제 옷을 입히게 한다. 니체에게도, 루소에게도 고독은 선택이자 동시에 필연이었다. 우리는 이미 이 주제에 대한 니체의 양가감정을 살펴봤다. 마찬가지로, 루소는《몽상》에서 "너무도 완전하고, 영원하고, 그 자체로 슬픈" 자기의 고독이 "현 세대의, 언제나 한결같고 부단히 왕성한 증오"에 의해 자기에게 부과되었다고 쓰면서도, 자기의 "자연스러운 자율"에 반하며 "모든 것이 제약, 의무, 임무인" 사회에서 살 수 있었을 그 어떤 삶보다도 "[자기의] 고독 속에서 백배는 더 행복했다"고도 썼다. (RSW 80, 46-47, 129/52, 30, 103) 그러나 대중의 상상 속에서는, 고독에 대한 그의 양가감정은 대부분 잊혔다.

왜냐하면 루소는 그저 걷는 철학자의 모델만이 아니라 고독한 보행자의 모델 역시 되었기 때문이다. 해즐릿, 소로, 로버트 루이스 스티븐슨, 니체, 패트릭 리 퍼머, 이들 모두가 오직 방해 없는 고독으로만 자율적인 사고가 가능하다는 루소의 명제를 수용했다. 해즐릿은 이렇게 쓴다.

문밖에서, 자연은 내게 충분한 동반자다. 혼자일 때보다 덜 혼자인 때도 없다. […] 여행의 정수는 하고 싶은 대로 하고, 생각하고 느낄 자유, 완벽한 자유다. […] 모든 장애물과 모든 불편함에서 자유로워지는 것. 우

리 자신을 뒤로 남겨 두는 것. 더 중요하게는 다른 이들로부터 자유로워지는 것.[183]

마찬가지로 스티븐슨은 쓴다.

도보 여행은 혼자서 해야 한다. 왜냐하면 자유가 그 정수이므로. 왜냐하면 당신은 멈춰서 이것저것을 할 수 있어야 하고, 기이한 것이 당신을 이끄는 대로 이 길이나 저 길을 따라갈 수 있어야 하므로. 또한 당신에게는 당신만의 속도가 있어야 하므로.[184]

그리고 패트릭 리 퍼머는 18세의 나이에 이스탄불을 향해 네덜란드를 출발했다—"이 사업이 반드시 고독해야만 한다는 것을 나는 알았다. […] 나는 나만의 속도로, 방해 없이 생각하고, 쓰고, 머물거나 나아가 변화된 시선으로 사물을 바라보고 싶었다."[185] 자유야말로 본질이다. 달리 말해, 자율, 고독이야말로. 이것이 바로 루소가 남긴 위대한 유산이다.

위대한 사상을 잉태할 수 있는 고독한 걷기의 힘은, 루소가 자신의 위대한 작품들을 쓰는 동안 발견한 것이다—몽모랑시 근처의 숲을 걷는 동안 《에밀》, 《사회계약》, 《신 엘로이즈》를 썼고, 파리의 외곽 생제르맹에서 "숲 깊은 곳을 거니는" 동안 "자연인"을 발견했다. "이 숭고한 명상으로 고양되어 내 영혼은 신성을 향해 치솟았다. 그리고 바로 그 높이에서 나는 편견, 오류, 불행, 범죄의 맹목적 길을 추구하는 내 불쌍한 동료 인간들을 내려다보았다"(C2 164/362). 고독하고 자율적인 보행자는 심지어 평지와 계곡을 걸을 때도 숭고한 높이에 도달할 수 있다. 관건은 사회, 과거, 습관, 편견의 제약을 극복하고 한층 더 고상한 시각을 얻는 것이다. 자유로움, 사회와 사회적 자아 벗어던지기, 자기를 극복하기—이것이야말로 루소가 시작했고 니체가 완성한 철학적 걷기의 정수다.

십대 시절 나는 사회적 기대치에서 자유로운 일종의 "자연스러운" 자아를 찾아, 노스 밴쿠버의 계곡과 산을 몇 시간씩 내내 걸었고, 그러면서 고독한 걷기를 사랑하게 되었다. 그러나 실스 마리아와 에르메농빌에서의 걷기는 내게, 고독의 자율성이 홀로 걷기만이 아니라 누군가와 함께 걷기에서도 나온다는 점을 가르쳐 주었다. 다른 이들은 나를 풍요롭게 했던 것과는 다른 시각에서 자연을 조망했다. 이는 단순히 물리적인 전망 지점에만 적용되는 이야기가 아니다―걷는 도중과 걷기가 끝난 후 진행된 대화와 토론은 여러 아이디어를 촉발했고, 때로는 나의 시각을 뒤집고 나의 평가를 바꾸도록 나를 이끌기도 했다. 그런 점에서, 내가 나를 이해하는 정도로 나를 이해하는 진정한 동반자는 자율적인 사고에 장애가 되기는커녕 내가 나 자신의 편견과 습관으로부터 자유롭도록 도와줄 수 있고, 내가 전부 책임지는 경우보다 나를 더 자유롭게 해줄 수 있다. 모티에 인근 산을 걸었을 때 루소에게는 종종 동반자가 있었고, 니체 역시 실스 마리아에서 친구들과 자주 걸었다. 고독한 걷기를 격찬하는 헤즐릿조차도 친구인 콜리지에 대해서는 예외적이었다. 고독과 외로움은 별개의 사안이다. 우리의 시각이 풍부해지고 우리 자신이 극복되도록 타인들이 우리를 도울 때, 그들은 우리의 고독을 풍성하게 하고 우리의 자율성을 향상한다.

루소와 니체의 발걸음을 따라간 나의 걷기는, 홀로 또는 타인들과 함께하는 자율적인 걷기의 즐거움에 대한 나의 이해와 예찬을 한층 더 깊게 해주었다. 그 걷기는 시각을 뒤집는 기예, 나 자신을 극복하는 기예에 관해 뭔가 가르침을 주었다. 길을 잃고 만 나 자신에게 짜증 내는 상태에서, 다시 길에 올라 장관의 아름다움과 청냉한 공기, 그리고 내 두 다리의 활기차고 믿음직한 움직임이 주는 순순한 지복―자유의 지복―에 기뻐하며 영적 고양감을 느끼는 상태로 이동했을 때, 그 가르침은 일어났다. 무엇보다도 이러한 걷기는 황홀경과 평정의 순간을, 무아와 자연과의 합일의 순간을 주었다—영원토록 내가 원할 그 순간을.

8장

버지니아 울프
런던의 시골 방랑자

F

A

H

e

U

R

1. 산책자, 자연 신비주의자

지금껏 내가 논의한 보행자와 사상가들은 두 진영 중 하나에 속한다—타인을 관찰하며 도시 생활의 스펙터클을 탐닉하는 도시 '산책자들'과 거리 산보객들(발자크, 키르케고르, 보들레르, 발터 벤야민, 앙드레 브레통, 사르트르, 기 드보르), 그리고 자연에서, 특히 숲과 산에서 위안을 찾았던 시골의 방랑자들(루소, 콜리지, 니체, 보부아르) 말이다. 이들 중 일부(보부아르, 키르케고르)는 도시와 시골을 모두 즐겼지만, 이것은 단순히 즐거움에 관한 사안이 아니라 어디에서 자신의 지복을 찾는가, 어디에서 가장 편안함을 느끼는가에 관한 사안이다.

버지니아 울프는 이 두 범주 중 어느 것에도 깔끔하게 들어맞지는 않는다. 여성 도시 산책자로서의 그녀의 위상은 오늘날 잘 알려져 있다—레이첼 볼비, 데보라 파슨스, 리베카 솔닛, 로런 엘킨, 매튜 보몬트 등이 그녀를 일급의 여성 플라뇌르로 예찬했다.[1] 이는 부분적으로, 울프를 그녀의 허구적 창조물인 클라리사 댈러웨이와 동일시하는 데서 비롯된다. 댈러웨이는 울프 연구자 레이첼 볼비가 "아마도 20세기 문학사상 가장 위대한 여성 플라뇌르"라고 칭한 인물이다. 이런 상찬의 주된 이유는 클라리사가 빅벤부터 본드 로까지 걸어간 덕분인데, 바로 이 걷기가 울프의 획기적인 소설《댈러웨이 부인》의 척추를 이루고 있다.[2] 문학 순례자들이《댈러웨이 부인》을 따라 모험에 나설 때, 대다수는 울프가 삶의 대부분의 기간에 거주했던 (런던의) 블룸스버리 구역(고든 광장, 피츠로이 광장, 브런스윅 광장, 태비스톡 광장, 멕클렌버그 광장)을 걷는다. 이 집들에는 문패가 있어서 가이드가 안내하는 워킹 투어는 매년 수많은 관광객을 끌어들인다.[3]

우리는 댈러웨이 부인의 선언, 즉 "나는 런던 걷기를 사랑한다. […] 정말이지 이 걷기가 시골길 걷기보다 더 좋다"(MD 6)는 발언을 울프 자신의 선언과 쉽게 짝지을 수 있다.

> 화창한 봄날, 옥스퍼드 로를 따라 걸었다. 버스들이 체인에 묶여 있었다. 사람들은 싸우고 투쟁하고 있다. 인도에서 차도로 서로를 넘어뜨리기도 한다. 대머리의 노인들, 자동차 사고 등. 런던을 홀로 걷는 일은 최고의 휴식이다.[4]

그녀의 에세이 〈거리에서 쫓아다니기: 런던 모험〉(통상적인 번역은 '런던 거리 헤매기'다-역자)[5]과 〈옥스퍼드 로의 물결〉[6]은 20세기 대도시 걷기의 즐거움에 대한 열렬한 찬가다.

그러나 울프를 순전히 도시 산책자로만 간주한다면, 그것은 그림의 절반만 보여 주는 것이다. 울프는 시골길 걷기를, 특히 그녀와 레너드 울프가 1912년부터 계속 거주했던 서식스의 사우스 다운즈 걷기를 좋아했다. 성인이 된 후 대부분의 기간에 울프는 시간을 런던과 어느 시골의 장소로 배분했고, 그 각각에는 매혹과 거부감의 요소가 별도로 있었다.[7] 그러나 울프에게 "일종의 피난처를…종교적 안식처"를 제공한 것은 시골이었다. 그곳에서 그녀는 삶과 픽션에 관한 자신의 가장 깊은 통찰을, 그녀의 가장 위대한 소설 작품들인《댈러웨이 부인》,《등대로》,《파도》의 형이상학을 성숙시켰다. (D3 196 참조)

울프의 형이상학을 범신론적이고 신비주의적이라고 부르는 것은, 루소와 콜리지의 주형 안에서라면, 무리는 아닐 것이다. 적어도 그 형이상학은 일원론적이다. 그 기원이 청소년기인 울프의 관점은, 사물과 인간이 그 어떤 의미에서도 서로 분리되지 않고 구별되지 않는다는 것이다. 울프는 개인의 주체성에 관한 서술로 유명하다. 하지만 울프는 만인과 만물이 그들 모두를 연결하는 하나의 근본적 실재의 개별적 표현들에 불과하다고 생각한다. 비록 각 파도가 자기만의 고유한 특성과 개별성을 지니고 있지만, 자기들이 그 부분을 이루고 있고, 그것으로부터 전혀 분리될 수 없는 바다의 특정한 표현들로서 서로에게 전부 연결되는 것과 마찬가지다. 표면상으로는 많은 것들이 존재한다. 근본에서는 실재는 하나다.

울프가 21세였던 1903년에 쓴 일기에서 우리는 이러한 형이상학적 태도의 시작점을 찾을 수 있다—"만일 당신이 지구상 어딘가에 누워 있다면, 당신은 하나의 거대한 숨소리 같은 소리를 듣게 될 것이다. 지구 자신과 그녀 위에 있는 모든 살아 있는 것들 자체의 들숨이라도 되는 것 같은 소리를." 같은 해 말에, 울프는 이렇게 썼다.

> 나는 우리의 정신들이 어떻게 실처럼 꿰어져 있는지를 잠시나마 이해하는 것 같다. 살아 있는 정신이 있다면, 그것이 왜 플라톤의 정신과 동일한 물질로 되어 있는지를. 세계 전체를 하나로 묶는 것은 바로 이 공통된 정신이다. 그리고 세계 전체가 정신이다.[8]

울프는 어른으로 성장하면서 이 일원론 철학을 한층 더 발전시킨다. 무르익은 시기인 1939~40년에 쓴 어린 시절에 관한 회고문인 〈과거 스케치〉에서 그녀는 이렇게 쓴다.

나는 [세인트 이브스에 있는 탈랜드 하우스Talland House의] 현관문 옆쪽 꽃밭을 바라보고 있었다—"저것이 바로 전체다"라고 나는 말했다. 나는 흩어진 잎을 단 어느 식물을 보고 있었다. 그 꽃 자체가 지구의 일부라는 점이 돌연 명백해 보였다. 꽃이 되어 있는 것을 어떤 둥근 것이 감싸고 있다는 점이. 그것이 진짜 꽃이었다—일부는 지구이고 일부는 꽃인 것. 이것은 나중에 내게 유용할 것이라고 생각하고는 옆으로 치워둔 생각이었다. […] 바로 이것으로부터 나는 내가 하나의 철학이라고 부를 수 있을 것에 도달하게 된다. 어쨌든 이것은 지속된 나의 생각이다—[일상의] 면직물 뒤에는 어떤 패턴이 숨겨져 있다는 것, 우리는, 즉 모든 인간은 바로 이것과 연결되어 있다는 것, 세계 전체가 하나의 예술작품이라는 것. 《햄릿》이나 베토벤 4중주는 우리가 세계라고 부르는 이 거대한 덩어리에 관한 진리다. 하지만 셰익스피어도, 베토벤도 존재하지 않는다. 확실히, 결단코 신은 존재하지 않는다. 우리가 말Words이고, 음악이고, 사물 그 자체다.[9]

"사물 그 자체", 울프가 "생명" 또는 "실재"라고 부르는 것은 만물을 연결해 하나에 결속시키는 어떤 근본 패턴이다. 한 편의 소설, 회화, 음악 작품의 세계를 구성하는 어떤 패턴처럼, 이 패턴은 언뜻 보기에 서로 조화롭지 않는 사물, 사건, 사람들 사이에 의미 있는 관계를 만들어 낸다.[10] 임시적이고 무상한 의견과 지각의 세계 너머, 심지어는 사실의 견고한 세계 너머에는 "더 풍요로운 통일성"을 갖추고 있는 일종의 다자성, 즉 전체에 관한 진리가 있다. 이 진리는 개별적 자아에 관한 사적 기억이 아니라, 우리를 영원한 진리에 연결하는 더 높은 초월적 기억에 접속함으로써 정신이 인식하는 무언가다.[11] 이 견해는, 영혼이 신체적 감각 경험에 자극되어, 하나의 신체에 들어가기 이전에 알았던, 영원한 이상적 진리를 기억할 수 있다는 플라톤의 학설과 유사하다. 그러나 플라톤과 반대로, 콜리지와 낭만주의자들처럼 울프는 우리에게 "둥글고 완전한 전체의 사물"을 알려 주는 것은 지성이 아니라 상상력이라고 주장한다.[12] 이상적 패턴에 대한 이해는 예술적 상상력을 통해 이루어진다는 것이다.

울프에게 더 중요한 것은, 우리 자신이 우리가 세계에서 발견하는 이상적인 패턴인 한("우리가 말words이고, 음악이고, 사물 그 자체다"), 우리가 그 패턴의 불멸성을 공유한다는 것이다—우리 안에는 신체의 죽음 이후에도 살아 있는, 지속되는 뭔가가 있다. 이 철학은 울프에게 위로와 영감의 원천이었다. 이것은 울프의 작품들을 두루 관통하고 있다, 음악에서의 통주저음Basso Continuo처럼.

한 예를 들면, 《등대로》(1927)에서 화가 릴리 브리스코는 "바깥의 사물에 관한 의식", 별개의 개인으로서의 자기 자신("자신의 이름, 성격, 외모")에 관한 의식을 잃어버린다. 나아가 "세계 전체가 단일한 사고의 웅덩이, 단일한 실재의 깊은 분지 속으로 [⋯] 용해된 것처럼 보이는" 비전을 얻는다.(TTL 181, 203) 릴리가 보기에는 "혼돈의 한가운데에 순간을 영원한 뭔가로 만드는 [⋯] 형태가 있었다"(TTL 182–83). 형태, 질서, 구성적 단일성(칸트와 콜리지의 의미에서의 '관념')은 그 구성 인자들이 소멸한 후에도 영원히 지속된다.[13]

비슷한 시각이 《파도》(1931)에서도 발견된다. 이 소설에서, 여섯 등장인물의 주관적 의식은 울프 자신의 다른 정신적·성격적 측면을 반영한다.[14] 그들 중 한 명인 버나드—울프처럼 작가이자 이야기꾼—는 범신론적인 맥락에서 이렇게 읊조린다—"나는 자유로운 상태에서 깊이, 가라앉는다. 지나가고 있는 것 속으로, 편재하는 이 일반적인 삶 속으로. […] 나는 우리의 덧없는 삶의 행로를 알고 있다." 그러나 "나를 위한 삶이 일반적인 충동" 속에서 "신비스럽게 연장되고 있다는 사실을 부정할 수는 없다"(W 92-94). 더 단호하게는, 수잔—로드멜에서의 시골 생활에 대한 울프 자신의 사랑을 대변하는 인물—은 시골과 신비로운 합일을 이루는 몽상에 빠져든다.

> 아직 이른 아침이다. 안개가 습지에 차 있다. […] 이 시간, 이 이른 시간에 나는 내가 들녘이고, 내가 헛간이고, 내가 나무라고 생각한다—이 새들의 무리, 뛰고 있는 이 어린 산토끼는 내 것이다. […] 제 커다란 날개를 나른하게 펴는 왜가리, 우적우적 씹으며 한 발을 다른 한 발 앞으로 내밀면서 소리를 내는 소, 야생의, 휙휙 날아가는 제비, 하늘의 희미한 붉은 빛, 그 붉은 빛이 사라질 때의 초록, 침묵과 [교회] 종소리, 들녘에서 말이 끄는 수레를 끌고 오는 사람이 부르는 소리—이 모든 것이 내 것이다.
>
> (W 79)

수잔의 전체와의 동일시는 소유적이고 이기적이다—"나는 내가 보는 모든 것을 소유한다"(W 158). 반면, 버나드에게 현실과의 합일은 "내가", "나를", "내 것"의 해체로 이어진다. 우리는 분리된 목소리들로서가 아니라 하나의 코러스로서 존재한다는 것이다. (W 205-06)

> 나는 한 사람이 아니라 많은 사람들이다. […] 왜냐하면 이것은 하나의 [분리된] 생명이 아니기 때문이다. 또한 나는 내가 남자인지 여자인지 항

상 아는 것도 아니다. 버나드 또는 네빌, 루이스, 수잔, 지니, 또는 로우 다― […] 나와 그들 사이에는 구별의 장벽이 없다. […] 우리가 그토록 소중히 여기는 이 차이, 우리가 그토록 열렬히 애정하는 이 독자성은, 무기력해졌다.

(W 230, 234, 240-41)

울프 자신이 "나"를 전체의 실재에 대한 접근을 가로막는 하나의 장벽으로 여겼고, 남성 작가의 "나"의 경우보다 더 심한 경우는 없다고 봤다. 《자기만의 방》에서 울프는, 남성 작가의 자의식적인 자아 중심성이 정신을 수축시키고 현실을 "형태 없는 안개"로 환원한다고 주장한다.[15] 자신의 글쓰기에서 울프는 고독한 "나"로부터 최대한 멀어져서는 집합적이고 개인 초월적인 의식의 형태, 즉 정신 간의, 정신과 전체 실재와의 융합을 향해 나아간다.[16]

개별적인 자아의 한계를 극복하려는 울프의 지향 그리고 지나가는 현재를 넘어서는 어떤 영원한 패턴을 찾으려는 그녀의 탐구에는 그녀의 젊은 시절 영국 대학들에서 인기 있었던 헤겔주의와 그녀가 청소년 시절부터 읽기 시작한 플라톤의 흔적이 고스란히 배어 있다. 울프의 아버지인 철학자 레슬리 스티븐은 그녀가 사용한, 방대하고 (울프의 말을 빌리자면) "완전판인" 도서관을 소유하고 있었고, 따라서 그녀는 그곳에서 이러한 생각들을 논하는 책들을 발견했을 가능성이 있다.[17] 그러나 울프의 이런 생각과 그녀가 평생 되풀이해서 찾았던 어떤 한 사람의 생각과는 뚜렷한 공명음이 있다. 그 사람은 바로 콜리지였다. 울프의 1903년 일기에 나오는, "지구 자체 그리고 지구상 모든 살아 있는 것들의 들숨"인 "어떤 거대한 숨"의 언어는 콜리지의 1795년 시 〈아이올로스의 하프〉에서 메아리처럼 울려 퍼진다.

오! 우리와 저 멀리에 있는 단 하나의 생명,

모든 움직임을 만나고 그것의 영혼이 되는;

소리 속의 빛, 빛 속의 소리-같은 힘!

모든 생각에 깃는 리듬, 모든 곳에 있는 기쁨——[…]

그리고 만일 움직이는 모든 자연물이

그저 다채롭게 짜인 유기적인 하프들이라면 어떨지,

그 하프가 그들을 지나가며, 떨리며 생각이 된다면

모양이 자유롭게 바뀌고, 광대하고, 지적인 산들바람 한 줄기이고,

각자의 영혼이자 동시에 모든 이의 신이라면?[18]

울프의 생기론과 일원론, 즉 "지적인 산들바람 한 줄기"가 모든 개별 사물에 스며들어 있고 그들을 초월해 있다는 그녀의 신념은 콜리지의 신념과 같은 것이다. 지금 내 목직에 맞게 첨언한다면, 콜리지가 서머싯의 시골길을 걷는 동안 자기의 견해에 도달한 것처럼, 울프 역시 다운즈를, 습지를, 로드멜 근처의 들녘을 수없이 걸은 후에 자신의 비전을 얻었다.

1928년 9월 10일 자 일기에서 울프는 자신이 어떻게 "실재"에 대한 비전에 어렵게 도달했는지를 이야기한다. (아래 인용문에서 울프의 철자법과 구두점을 그대로 유지했다.)

나는 종종 이곳 [로드멜]에서 어느 생추어리에, 수녀원에, 종교적 휴식처로 들어가곤 했다. 한때는 엄청난 고통을 느꼈던, 언제나 약간의 공포가 있는—외로움에 대한, 선박의 밑바닥을 보게 될 것이라는 커다란 두려움을 느끼게 되는. 바로 이것이 내가 8월부터 이곳에서 겪은 한 경험이다. 그런 후 나는 내가 "실재"라고 부르는 것, 내 앞에 보이는 어떤 사물, 추상적인 어떤 것, 하지만 이 땅이나 하늘에 있는 것, 그것 옆에서는 그

어떤 것도 중요하지 않게 되는 것, 그 안에서 내가 쉬고 계속 존재하게 될 것에 관한 어떤 앎을 얻게 되었다.

이렇게 쓰고 나서 울프는 곧바로, "실재는 일자一者이지만, 실재를 이것과 저것으로 이야기함" 없이 실재에 관해 쓴다는 것은 너무도 어려운 일이라고 덧붙인다. (D3 196)

4년 후, 또 다시 로드멜에서 그녀는 이 비전을 재확인한다.

그러나 걸어가면서 […] 나는 내 마음이 거의 달구어진 철처럼 빛나는 것을 느꼈다―너무도 완전하고 신성했던 것은 영국의 오래된, 늘 있던 아름다움이었다. 은빛 양떼가 모여들고, 위로만 솟구치는 새들의 날개처럼 솜털들이 솟아 있는 풍경. […] 벌이 자신을 해바라기에 고정하듯, 나는 어느 아름다운 날에 나를 동여맬 수 있다. 바로 이것이 나를 살찌우고, 나를 쉬게 하고, 나를 충족시킨다. 그 어떤 다른 것도 그렇게 하지는 못한다. […] 이것은 신성하다. 이것은 내가 죽은 후에도 계속될 것이다.[19]

"내가 죽은 후에도 계속될", "그 안에서 내가 쉬고 계속 존재하게 될" 어떤 "신성함"이, 달구어진 철처럼 빛나는, 백열광을 내는 어떤 정신에 드러났다. 일상적인 습관의 "면직물"을 뚫고 더 진실된 실재에 가 닿을 수 있는 마음이―이것은 콜리지의 말을 닮았다.

하지만 '백열광을 낸다'는 이 단어는 울프의 고유한 것이다. 이 단어는 그녀의 가장 유명한 에세이인 《자기만의 방》(1929)에 등장한다.

예술가의 정신은, 자기 내면에 있는 세계 전체와 작품 전부를 느낀다는 비범한 결과를 성취하려면, 셰익스피어의 정신처럼 백열광을 내는 것이어야 한다. [⋯] 그 안에는 장애물이 없어야 한다. 삼킬 수 없는 이질적인 물질도 없어야 한다. [⋯] 그의 시는 그 자신으로부터 자유롭게, 방해 없이 흘러나와야 한다.

(R 43)

비슷한 방식으로, 《파도》에서, 시는 로우다의 존재, "그 흐름에서의 어떤 점검"을 없앤다—"나는 봉인이 해제되었고, 백열광을 낸다. 이제 [생명의] 물결이 깊은 파고로 쏟아져 들어오고, 양분을 주고, 문을 열고, 단단히 접힌 것을 강제하고, 자유롭게 범람한다." 그녀의 "따뜻하고 다공성인 몸" 전체에서. (W 44) 이 표현은 우리를 다시 콜리지로 되돌아가게 한다. 《자기만의 방》에서 울프는 남성과 여성의 성향이 "함께 조화롭게 살고, 영적으로 협력하는" 양성적인 정신에 관한 콜리지의 생각을 환기하는데, 그녀는 그러한 정신을 "공명음을 내고, 다공적이며 [⋯] 백열광을 내고, 분열되지 않은" 것이라고 부른다.(R 74)[20]

울프에 따르면, 오직 백열광을 내는 정신만이 생명의 "깊은 물결"을 습관, 관습, 사회적으로 강제된 제약—특히 여성의 상상력을 제한하는 관습들—의 방해 없이 자유롭게 흐르게 해, 실재 그 자체에 접촉할 수 있다.[21] 하나인 실재, 콜리지가 말한 것처럼 "하나의 살아 있는 사물", "하나의 정신, 하나의 편재하는 정신, 만물을 창조하는 것"이자 "하나의 경이로운 전체"인 실재에.[22]

울프의 비범한 천재성은 이러한 자연 범신론을 (특히 《댈러웨이 부인》과 《파도》에서) 도시 생활에 적용한 것이었다. 인간들과 사물들을 더 큰 전체로 합일시키는 "우리 안과 밖에 있는 생명", 일자-안의-다자에 관한 그녀의 통찰은 때로 무아지경이고, 때로는 공포에 질려 있고 불편하다.

하지만 두 작품의 경우, 울프는 자연 경관의 다채로운 면모들에서 하나의 통일된 예술작품을 뽑아내는 예술적 시선을, 런던의 풍경들에 적용한다.

그것은 어쨌거나 나의 직관이자 나의 직감이었다. 이 가설을 검증하기 위해서라면 나는 로드멜과 런던 둘 다를 돌아다녀야 할 터였다. 로드멜이 어떤 식으로 울프의 일원론에 영감을 주었는지, 울프가 어떤 식으로 자연과의 신비한 합일이라는 비전을 붐비는 런던 거리에 적용했는지 나는 확인하고 싶었다. 2018년 여름, 나는 (울프를 오랫동안 숭배해온) 아내 다이앤과 함께 두 곳을 모두 밟으러 갔다. 런던의 산책자로서의 울프의 경험이 그녀의 시골 산책에 크게 빚지고 있다는 점이 내게 확실해졌다. 무엇보다도 울프가 로드멜에서 얻었던, 생명의 단일성에 관한 비전은 런던에 관한 그녀의 시적인 서술에 영감을 불어넣었다.

2. 도시 생활의 시

리베카 솔닛은 "[클라리사 댈러웨이의] 생각과 기억의 혼합물이 […] 걷는 동안 펼쳐진다"고, 이는 루소의 몽상이 자연 속을 걷는 동안 형태를 갖추는 것과 거의 같은 방식이라고 예리하게 짚어낸다.[23] 솔닛에 따르면, "워즈워스가 그 발전을 도왔고, 드 퀸시와 디킨즈가 세련화한 내면 성찰의 언어야말로 [울프의] 언어이며, 가장 사소한 사건에서도 […] 그녀의 상상력은 그녀의 발보다 더 멀리 거닌다."[24] 솔닛은 울프가 낭만주의의 감수성을 보유했었음을 간파한다. 그 감수성 덕에 울프의 사색은 몽상 속에서 흘러갔고, 낭만주의자들이 시골에서 발견했던 아름다움과 숭고와 닮은 전체의 패턴을 도시 생활 안에서 발견했다는 것이다. 울프의 런던은 일종의 진동하는 화면인데, 그 안에서 만인과 만물은 자기들 안과 밖에 있는 단일한 생명의 흐름에 의해 휩쓸린다. 하지만 그녀가 처음 "단일한 생명"을 발견했던 것은 로드멜 주변을 걷는 도중이었다.

심지어는 울프의 작품 중 도시 걷기에 대한 최고의 찬가인《댈러웨이 부인》조차 1922년과 1924년 사이 로드멜에서 구상되었고 대부분 집필되었다—"어쨌거나 [로드멜의] 자연이, 내가 뭔가 좋은 것을 써낼 예정이라는 환상과 더불어, 나를 호의 넘치게 지탱해 주었다. 풍성하고, 깊고, 유려하고, 대못처럼 단단하지만, 다이아몬드처럼 광채가 나는 뭔가를."[25] 이 소설의 첫 장면은, 울프가 콜리지와 공유한, 만물을 통일하는 하나의 생명력에 관한 통찰을, 하지만 시골에서 도시로 자리가 뒤바뀐 그 통찰을 아름답게 불러낸다.

> 사람들의 저 눈빛 속에, 활기찬 몸놀림 속에, 터벅터벅 걷는 무거운 발걸음 속에, 고함과 소란함 속에, 마차들, 자동차들, 버스들, 화물차들, 휘적휘적 몸을 흔들며 지나가는 샌드위치맨들(광고판을 몸에 붙이고 다니는 사람-역자), 취주 악대들, 손 풍금 소리, 승리의 환호, 머리 위를 나는 비행기가 내는 이상하게 높은 소음 속에 그녀가 사랑하는 것이 있었다. 삶, 런던, 6월의 이 순간이. [⋯] 알링톤 로와 피커딜리 로에서 세찬 바람이 공원으로 불어와, 공원의 나뭇잎들은 클라리사가 사랑한 신성한 실재의 파도에 실려 뜨겁고 찬란하게 올라갔다.
>
> (MD 4, 7)

이 "신성한 실재의 파도"는 인도와 차도를 오가는 이들, 사람들과 그들의 활동을, 텔레커뮤니케이션들과 라디오 신호들을, 나무와 풀과 식물들, 대기와 기후를 돌고 돈다. 그리고 이 모든 것이 함께 "삶, 런던, 6월의 이 순간"을 빚어낸다—하나의 살아 있는 사물, 단일하고 쪼개질 수 없는 사물을. 인간, 동물, 식물과 나무, 거리, 풍경, 날씨, 계절, 한 해의 시간이 클라리사가 살아가고 생존하는 환경을 "여기, 저기, 사물들의 밀물과 썰물 위에"(MD 9) 조성해낸다. 이 밀물과 썰물은 분리된 개별자들이 아니라 전체가 자신을 표현하는 통로인 개별적인 초점들이다.

그럼에도 클라리사의 전체와의 혼연일체는 불완전하고 모호한 것이다. 다른 한편으로 그녀는

> 밖에서 응시하고 있었다. 지나가는 택시들을 바라보고 있으면 자기 혼자 멀리 바다로, 나와 있다는 느낌이 쉴 새 없이 들었다. 단 하루를 살아내는 것도 대단히, 대단히 위험한 일만 같았다.
>
> (MD 8–9)

전체를 바라보는 하나의 특정 지점으로서 클라리사는 혼자이고, 취약하며, 전체로부터 분리되어 있다. 반면, 정체성의 감옥을 탈출하게 되면 "그녀는 현 세계의 어느 누구에 관해서도, 그들이 이것이나 저것이라고 말하지는 않을 것이다. […] 그녀는 피터에 관해서도 말하지는 않을 것이고, 자신에 관해서도 나는 이것이고 저것이라고 말하지는 않을 것이다"(MD 8-9)—그녀는 그 전체와 혼연일체가 되어 그 속에서 기쁨에 겨워할 것이다.

울프는 〈존재에 대하여 III〉에서 우리 각자는 "'자아'가 그것을 억압하기 전까지는, 청소년 시절까지는 우리와 함께 있는 태아의 삶"을 간직하고 있다고 쓰고 있다.[26] 이와 유사하게,《올랜도》에서 울프의 화자는 "가장 높은 것이면서" 다른 무수한 자아들을 "혼합하고 통제하는" 것은 의식하는 자아라고 말한다.[27] 자신과 삶의 다른 부분 사이에 장벽을 세우는, 의식하는 그 특정 자아 너머로 이동할 때만, 클라리사는 인간과 사물의 경계를 지우는 더 큰 과정에서 분리되지 않게 될 것이다. 전체와 혼연일체가 되는

이 지점에 도달할 때, 클라리사는 순간 속의 영원, 편재와 같은 것을 경험할 것이다. 이러한 생각의 영감원은 "그 안에서 내가 쉬고 또 계속해서 존재하게 될,"(D3 196) 모든 것을 아우르는 어떤 실재에 관해 울프 자신이 로드멜에서 얻었던 비전이었을 것이다.

> 하지만 섀프츠버리 대로를 올라가는 버스에 앉아서, 그녀는 자신이 모든 곳에 있는 것처럼 느껴진다고 말했다. 의자 등받이를 툭툭 치며 '여기, 여기, 여기'가 아니라 모든 곳에. 있다고. 그녀는 섀프츠버리 대로를 올라가면서 손을 흔들었다―모든 것이 그녀 자신이었다. 그래서 그녀를, 아니 누군가를 알려면 그 사람을 완성해낸 사람들이나 장소들을 찾아내야만 한다. […] 이런 생각은 결국 초월적인 이론이 되었고, 이 이론 덕에 그녀는, 죽음에 대한 공포까지 느끼며, 다음과 같은 것을 믿거나 믿는다고 말할 수 있었다―우리의 겉모습, 즉 밖으로 드러난 보이는 부분은 널리 퍼져 나가는, 우리의 보이지 않는 부분과 비교하면 너무도 덧없는 것이고, 그 보이지 않는 부분은 계속 살아 남아서, 죽음 뒤에도 이 사람 저 사람에게 달라붙거나 어떤 장소들에 귀신처럼 나타날 것이다. 아마도―아마도.
>
> (MD 167)

"널리 퍼져 나가는", 우리의 "보이지 않는 부분"이 존재하고 그것이 자신을 다른 사람과 장소에 달라붙어서 죽음 이후에도 삶을 이어간다는 생각은, 자서전적 글인 〈과거 스케치〉의 한 대목과 조화롭다―"우리가 강렬하게 느꼈던 사물들이 우리의 정신에서 독립된 하나의 실존을 보유한다는 것, 그것들이 사실상 계속 존재한다는 것은 불가능한 것(나는 종종 궁금하다) 아닌가?"[28] 강렬한 감정으로 연결된 어떤 순간이나 경험은 일종의 불멸성을 획득하게 된다고 울프는 말한다. 이 불멸성은 단순히 어떤 개인적인 기억이 아니라, 존재의 직물 그 자체 속으로 짜여 들어간 무언가이다. 이 직물은 일종의 패턴이며, 전체의 일부로서 지속하는 것들에 필수적인 무언가를 보존하고 있다. 영원한 것은 바로 이 전체의 패턴이다.

울프가 보기에는, 이 패턴이야말로 모든 것이다. 이 패턴이 제공하는 연결과 응집이 없다면, 로우다가 《파도》에서 고통스럽게 확인하고 있듯, "네가 삶이라고 부르는 쪼갤 수 없는 덩어리와 그 전체"는 "전부 폭력적이고, 전부 별개의 순간들"(W 107)일 뿐이다. 그러나 울프에게 그 전체는 그런 것이 아니다—"내 앞에 있는, 아무도 없는 땅에 나는 도달했다. 밖에서 안으로 들어갈 수 있고, 영원히 살 수 있는 땅에"(D4 353-55; 1935년 11월 13일 & 27일). 울프는 덧없는 사물의 모습 너머에서 어떤 패턴이 각각의 지나가는 순간들을, 영원한 질서와 아름다움에 연결한다고 믿었다. 《파도》에서 네빌이 말했듯, "그 어떤 것도 두려움이나 공포 속에서 거부되어야 하는 것은 아니다"(W 163-65). 아무리 부조화스러운 것이라도 만물은 하나의 일관된 패턴, 즉 하나의 시의 요소로서 전체에 통합될 수 있다.

울프가 런던의 시끌벅적함에 관해 시를 썼다는 것은 유명한 사실이다. 1928년 5월 31일의 일기에서 그녀가 언급하듯, "런던 자체가 끊임없이 나를 끌어당기고, 자극하고, 내게 연극과 이야기와 시를 준다, 그 어떤 트러블도 일으키지 않고, 내 다리를 거리로 움직이게 한다는 것만 빼면"(D3 186). 처음부터 이것은 사실이었다. 태비스톡 광장에 있는 집으로 이사한 직후, 그녀는 이렇게 썼다.

런던은 매혹적이다. 나는 […] 손가락 하나 까딱하지 않고 아름다움 속으로 끌려 들어간다. 흰색 주랑 현관들과 넓고 고요한 거리가 있는 밤은 경이롭다. 그리고 사람들은 토끼처럼 가볍게, 흥겹게 들락날락한다. 나는 물개처럼 젖어 있거나 햇살 아래 빨강과 노랑으로 물든 사우샘프턴 로우Southampton Row 로를 내려다보고, 옴니버스가 오가는 것을 응시하고, 고색창연한 괴이한 [교회] 오르간 소리를 듣는다. 언젠가 나는 런던에 관해, 어떻게 런던이 아무런 힘도 들이지 않고 사적인 삶을 차지하고 그것을 끌고 가는지에 관해 쓸 것이다.

(D2 301-02; 1924년 5월 24일)

그러니 그녀가 "초여름의 이 런던 생활, 길거리 소요하기와 광장에서 홀려 걷기"(D3 11; 1925년 4월 20일)를 좋아한 것은 당연한 일이다. 피곤하고 우울한 감정에 대한 하나의 자가 처방전으로서 울프는 "런던 곳곳을 걷고, 사람들을 보고, 그들의 삶을 상상"(D4 253; 1934년 10월 17일)하곤 했다. 루소처럼 울프는 정신을 움직이게 하려면 다리를 움직이게 할 필요가 있었지만, 그녀는 자연보다는 도시에서 만난 사람들과 광경에서 영감을 얻었다. 그녀가 런던의 거리를 거닐다가 마주친 삶은 "거대하고 모호한 물질의 블록"을 만들어 냈고, 그녀는 이 블록으로 한 편의 시를 창작하곤 했다.[29]

우리는 울프의 에세이 〈거리에서 쫓아다니기: 런던 모험〉에서 이러한 시적 창작 과정을 확인할 수 있다. 울프는 런던 걷기가 어떻게 런던을 하나의 극적인 화면으로 제공하면서도, 동시에 산책자를 개별적 정체성이라는 제약으로부터 자유롭게 풀어주는지 묘사한다. 겨울날, "차와 저녁 식사 사이"(오후 4시와 6시 사이), 램프 불빛 아래에서 걷노라면 "우리는 더 이상 우리 자신이 아니다. [⋯] 우리는 친구들이 아는 우리 자신을 떨쳐버리고, 자기만의 방에서 누린 고독 이후, 지극히 호의적인, 익명의 보행자들로 구성된 저 거대한 공화국 군대의 일부가 된다"(DM 23). "우리의 영혼이 그 안에 들어가 살고, 타인들과 구별되는 자기 모습을 만들어 내려고 분비해낸 껍질 같은 외피는 부서진다"(DM 24). 울프의 전기 작가 헤르미온느 리는 울프 자신이 "범주들과 정체성들 일체를 무효화하고자 했다"고 말한다.[30] 걷기는 그녀로 하여금 거리를 지나가는 대중과 하나가 되게 해주었고, 익명의 "관찰되지 않은 관찰자"[31] 또는 울프의 말로 하면 "중심부에서 지각하는 과묵한 사람, 거대한 눈"이 되게 해주었다. (DM 24) 오직 익명의 주체로서만 산책자는 "사물 그 자체"를 지각할 수 있다.[32]

그러나 '자아가-적은' 눈은 어떤 비물질적 비존재는 아니다. 울프에 따르면, 순수하게 지각하는 주체와 다른 이들을 구별짓는 것은 (우리의 친구들로 하여금 우리를 식별하게 하는) 우리의 외면적 특성이 아니라, 순수한 느낌과 지각의 감수성, 양식, 성질이다. (D2 193; 1922년 8월 22일) 감수성은 "감각의 충격"을 표현하는 하나의 수단으로, 신체가 자신과 환경에 조율되는 방식에 맞게 그 충격에 형태를 부여한다. 〈존재에 대하여 Ⅲ〉에서 울프는 이렇게 쓰고 있다.

> 낮 내내, 밤 내내 신체가 개입한다. 신체는 무뎌지거나 예민해지고, 색을 발하거나 색을 빼고, 6월의 온기 속에서는 밀랍으로 변하고, 2월의 캄캄함 속에서는 굳어져 지방이 된다. 신체 안에 있는 이 생물은 얼룩진 또는 장밋빛인 유리창을 통해서 응시할 수 있을 뿐이다.[33]

개별적 정체성에서 해방되어 체화된 순수한 감수성이 될 때 보행자는, 〈모던 픽션〉에서 울프가 말하듯 "의식의 시작 단계부터 끝까지 우리를 둘러싸는 반투명한 외피, 하나의 원광"인 생명과 합일하게 될 것이다.[34] 바로 그 순간에, 들뢰즈와 과타리가 말했듯, 우리는 자연에 비치는 섬광인 우리의 환경과 분리 불가능한 존재가 되어 "세계 '안'에 있는 것이 아니라 세계'와' 함께하게 된다."[35]

이처럼 감정에 휘둘리지 않는 무사無私의 상태에서, 울프의 시선은 다채로운 모습의 런던 거리의 표면으로 부드럽게 미끄러진다. (DM 24)

그렇다면 런던의 거리는 얼마나 아름다운가. 그 빛의 섬들, 길게 깔린 어두운 작은 숲들, 그리고 그 숲의 한쪽에 있는, 밤이 자기를 접어서 자연스럽게 잠이 드는 곳인, 나무가 흩뿌려져 있고 풀이 무성한 공간이 있는 런던의 거리는. 그리고 철제 난간을 지날 때 들리는, 제 주위 들판의 고요함을 생각하는 듯한 잎과 나뭇가지의 바스락대는 소리, 올빼미 우는 소리, 멀리 계곡을 지나는 덜컹대는 기차 소리. 하지만 이것이 바로 런던임을, 우리는 다음과 같은 것들 앞에서 상기하게 된다—벌거벗은 키 큰 나무들 사이로 (붉고 노란 빛이 나는 사각형의 틀인) 창문들이 걸려 있고, (낮게 깔린 별서럼 줄곧 타오르는 광휘의 점들인) 램프들이 있는 곳. 시골과 그 시골의 평화를 품고 있는 이 빈 땅은, 사무실들과 집들에 에워싸인 어느 런던 광장일 뿐이다.

(DM 25)

"이것이 바로 런던임을, 우리는 상기하게 된다."—여기까지는, 런던이 영국의 시골이 아니라는 점을 울프가 거의 잊고 있는 것처럼 느껴진다. 하지만 그이의 눈은 좀 더 도시적인 광경으로 향한다—"옴니버스들의 번지르르한 광휘, 옆면이 노랗고 보랏빛 스테이크가 있는 정육점의 육욕적인 광채, 꽃집 창문의 판유리를 통해 너무도 용감하게 타오르는 푸르고 붉은 빛깔의 꽃다발"로. 또한 울프는 이렇게 덧붙인다. 눈은 "오직 아름다움에만 머무른다. 마치 나비처럼, 눈은 색을 찾고 따뜻함 속에서 안식한다"(DM 25).

울프의 이야기에 나오는 꽃들과 나비들은 우리를 시골로 데려가거나, 시골을 도시로 데려온다. 울프가 생각하는 곳이 인간의 손이 빚어낸 도시의 광경이든, 자연경관과 닮은 꼴인 녹지 공간이든 그곳에 만연한 것은 "순수하고 꾸밈 없는 아름다움"(DM 26)—질서, 균형, 색깔—이다.

귀갓길에 울프는 도시 걷기의 가장 큰 즐거움이 자신의 정체성을 벗어버리는 것이라고 생각한다.

> 개별자됨이라는 직선을 떠나는 것, 찔레꽃들과 두꺼운 나무들 아래로 이어지는 오솔길로 빠져나오는 것, 우리의 동료 인간들인 저 야생의 짐승들이 거주하고 있는 숲의 심장부로 들어가는 것보다 더 큰 기쁨이 있을 수 있을까? 이것은 진리다—벗어나는 것이야말로 최고의 즐거움이고, 겨울 거리를 홀린 채로 걷기야말로 최대의 모험이다.
>
> (DM 36)

최고의 즐거움은 자아의 제약에서 벗어나는 것, 거리에서 시를 찾는 것, 혼돈 속에서 아름다움과 질서를 엿보는 것. 울프는 산문 〈옥스퍼드로의 물결〉에서 실재의, 마법 같은 변형을 사색한다. 이 작품에서 그녀는 "옥스퍼드 로라는 커다란, 구르는 리본"을 묘사한다. 끊임없이 "변하는 광경, 소리, 운동" 속에서 "모든 것이 빛나고 반짝이는" 거리를. "영속적인 내달림과 무질서 속에서 줄무늬가 있고, 난잡하게 뒤틀려 있는," 결코 안정된 패턴에 자신을 귀속시키지는 않으며, 대신 언제나 우연적이고, 임시적이고, "현란하고, 북적거리고, 세속적"이면서도 아름답고 매혹적인 색채와 빛과 소리의 스펙터클인 거리를.[36] 늘 변화하고, 움직이고, 살아 있는,《파도》에서 루이스가 말하듯, "하나의 회전하는 바퀴에 결합된"(W 111) 거리를. 바로 그 합일 안에서 하나의 패턴 또는 질서가 발견되는 법이고, 만일 발견되지 않는다면 어떤 식이든 만들어지는 법이다.

그러나 울프가 런던을 시로 바꾸는 데 늘 성공한 것은 아니다. 도시의 삶은 고양감만이 아니라 공포감 역시 유발할 수 있다.《파도》에서 로우다는 타인과 어쩔 수 없이 만나야 한다는 사실을 역겨워하고 괴로워한다.

> 이제 나는 옥스퍼드 로를 따라 걸어 내려갈 것이다. […] 적지의 한가운데에서 나는 혼자다. 인간의 얼굴은 끔찍하다. […] 얼굴, 또 얼굴, 부엌에 있는 수프 접시처럼 온갖 궂은일을 다 한 얼굴, 조잡하고, 탐욕스럽고, 염치를 모르는 얼굴, 꾸러미를 흔들면서 상점의 진열장을 들여다보고 있는 얼굴, 추파를 던지고, 스쳐 지나가고, 모든 것을 파괴하고, 더러운 손가락으로 우리의 사랑조차 불순하게 만드는 얼굴. […] 오, 인간들이여, 나는 얼마나 너희를 증오해왔던가! […] 옥스퍼드 로에서 너희는 얼마나 흉측하게 보였던가, 서로 마주 앉아 텔레비전을 보며 너희는 얼마나 너절했던가! […] 나는 너희들로 인해 오염되었고, 타락했다.
>
> (W 131~32, 169)

울프가 늘 런던을 사랑했던 것은 아니다. 정반대로 그녀는 "어제 내가 증오한 런던"(D2 57: 1920년 8월 17일)이라고 고백한다. 그녀는 런던 문학계의 "리뷰, 에디션, 점심, 그리고 객쩍은 잡담"에 지쳤고, "책을 한 번도 읽어본 적이 없는, 문학적이지도 않고 자의식도 적지만, 감성과 상상력은 풍부한 사람들을 알고" 싶어 했다. (D2 66: 1920년 9월 15일) 때로 런던은 울프를 압도했고 억압했다.

> 주여, 나는 얼마나 고통받고 있는 건가요! 강렬하게 느끼는 저의 능력은 얼마나 끔찍한 것인가요? 우리가 [런던으로] 돌아온 후, 나는 무도회에

꼼짝없이 갇히고 말았다. 발을 디딜 수도 없고, 사물들이 춤추게 할 수도 없다. [⋯] 생각해보라, 그러나 사람들은 살아간다. 그들은 자기들의 얼굴 뒤에서 무슨 일이 일어나는지 상상하지 못한다. 모든 것은 단단한 표면일 뿐. 나 자신도 그저 연이어 충격을 받는 하나의 기관일 뿐. 어제 [첼시] 꽃 박람회에서 본 지칠 대로 지친 얼굴들의 공포. 이 모든 존재들의 공허함과 무의미함이라니.

(D4 102: 1932년 5월 25일)

얼굴 뒤편에서 일어나는 삶을 상상할 수 없는 상태야말로 특히 괴로웠을 터였다—그 삶을 원료 삼아 시를 짓거나 연극을 만들어 낼 가능성이 없다는 것이니. 게다가 자신이 곧 댈러웨이는 아니라는 점을 의식하고 울프는 이렇게 덧붙인다—"본드 로를, 옷에 지출하는 짓을 얼마나 나는 증오했던가"(D4 103).

옥스퍼드 로의 무수한 (인간) 얼굴들에 대한 로우다의 공포가 울프 자신의 감수성에 뿌리를 둔 것처럼, 그 공포는 또한 영문학에, 이 경우, (그녀가 꿰고 있던 작품인) 토머스 드 퀸시의《어느 영국인 아편쟁이의 고백》에 침잠해 있던 울프의 면모를 반영한다.[37] 드 퀸시는 런던 "골목들, 불가사의한 출입문들의 얽히고설킨 문제들, 수로 없는 거리들에 관한 스핑크스의 수수께끼를" 풀려는 시도 때문에 "엄청난 대가를 치렀다"고 쓰고 있다.

인간의 얼굴이 내 꿈들을 압제했고, 런던을 걷던 내 발걸음들의 당혹스러움이 되돌아와 내 잠을 괴롭혔다. [⋯] 이제껏 인간의 얼굴은 내 꿈속에서 자주 뒤섞이곤 했다. 하지만 그 얼굴은 독재적이지도 않았고 고통을 주는 특별한 힘을 가지고 있지도 않았다. 그러나 내가 인간 얼굴의 압

제라고 부르는 것이 이제 자기를 펼치기 시작했다.[38]

　　"하늘을 향하는, 애원하고, 분노하고, 절망하는 무수한 얼굴들"이 드 퀸시의 환영 속 런던 거리들의 미로와 섞이기 시작했다. 로우다에게 그런 것처럼, 드 퀸시에게 가차 없고 피할 길 없는 인간의 얼굴들로 가득 찬 바다는 일자-안의-다자이되, 황홀경이 아니라 공포의 대상이다. 이러한 사고는, 만물과 만인이 전체 생명을 통해 서로 연결된다고 보는 울프의 일원론적-범신론적 삶의 비전과 정반대의 것은 아니다. 살아 있는 하나의 사물로 간주되는 런던은 하나의 괴물일 수도 있는 것이다—울프의 말로 하면 "북적대고, 메말랐고, 추악하고, 비인간적인."[39]

　　런던이 자신에게 지나친 것임이 확연해졌을 때, 울프는 "로드멜을, 평화를, 다시 [자신의] 마음을 사용할 자유"를(D4 205: 1934년 3월 19일), 그리고 혼잣말을 하고 시를 낭송하는 시간인, 길고 긴 고독한 산책을 갈망했다.[40] 로드멜은 울프가 《제이콥의 방》, 《댈러웨이 부인》, 《파도》와 《세월》의 대부분을 집필했던 곳이다. (D2 69, 205, 262-63, 312; D3 301, 312, 316, 343; D4 4, 7, 10, 246, 341) 나는, 울프의 로드멜 걷기가 모든 것을 포괄하는 실재의 단일성에 관한 비전(그녀는 런던에 관해 쓴 자신의 글에 이것을 옮겨온다)을 어떻게 자극했는지 알아보기 위해 그곳으로 가야만 했다.

3. 버지니아 울프의 시골 살이

울프와 서식스의 사우스 다운즈와의 사랑은 이른 시기에 시작되었다. 1911년 여름, 그녀는 로드멜에서 약 10km 떨어져 있는 피를Firle에서 오두막 한 채를 빌린다. 이 지역의 산보는 "그녀를 즐거움으로 가득 채웠다."[41]

헤르미온느 리가 말한 것처럼

다운즈 걷기, 꼭대기에서 바라보는 먼바다 풍경, 다운즈 측면 아래의 커다란 분지와 구렁, 흩어져 있는 작은 마을들, 텅 비어 있는 풍경, 변화무쌍한 광활한 하늘의 모습, 이 모두가 그녀에게 강렬한 즐거움을 주었다. "이 지역은 너무도 놀랍도록 아름다워서 나는 종종 멈춰 서서 이렇게 말해야만 했다. '고맙습니다, 하느님!'"[42]

이 무렵 버지니아 울프와 레너드 울프는 서로를 알아가고 있었는데, 버지니아는 레너드도 자기처럼 서식스 지방을 좋아한다는 사실을 발견한다. 관계가 발전하자 둘은 사우스 다운즈 지역을 함께 산책하곤 했다. 1912년의 어느 산책길에서 버지니아는 애쉬햄 하우스Asheham House를 발견한다. 뉴헤이븐으로 가는 길, 루이스Lewes에서 약 8km 떨어진 곳이었다. 버지니아와 여동생 바네사는 그해 말, 이곳을 임대한다.[43] 레너드와 버지니아는 1912년 결혼 첫날 밤을 이곳에서 보냈다. 그렇게 애쉬햄 하우스는 울프에게 소중하기 이를 데 없는 피난처가 된다. 울프가 서식스 지방에 처음으로 뿌리를 내렸던 것은 바로 이곳에서였다.[44]

머지않아 서식스가 울프의 가슴과 정신을 붙잡게 되는 또 다른 사건이 발생한다. 1916년의 일로, 울프 자매는 애쉬햄에 있었고 레너드 혼자 산책하러 갔다가 찰스턴에 있는 농가 하나를 발견하게 된다. 그와 버지니아는 바네사에게 그곳을 임대하라고 설득했고, 바네사는 연인 던컨 그랜트, 그의 연인 데이비드 "버니" 가넷과 함께 그해에 그곳으로 이사한다. 그 집은 바네사의 평생 집이 되었는데, 이로써 서식스 내 울프 부부를 위한 또 하나의 정박지가 마련된다. 울프 부부와 바네사는 겨우 6km 정도 떨어져 있는 찰스턴과 애쉬햄을 정기적으로 오갔고,[45] 나중에는 가파른 언

덕을 사이에 두고 약 10km 떨어져 있는, 찰스턴과 로드멜을 오갔다.[46]

울프는 로드멜에서 루이스—이 지역의 주요 마을이자 쇼핑 중심지—로 그리고 인근 교회, 농장, 마을들로 가는 새로운 경로를 발견하며 시골길 걷기에 흠뻑 빠졌다. (D2 134: 1921년 9월 10일) 1919년, 그녀와 레너드가 애쉬햄 하우스를 강제로 떠나야만 했을 때, 그들은 필사적으로 그 지역에 머물고자 했다. 그들은 루이스에서 집 하나를 서둘러 구입했는데, 바로 라운드 하우스Round House였다. 어느 방앗간의 기초였었지만(D1 278-79: 1919년 6월 9일) 파이프 패시지 위쪽에 남아 있던 벽돌집이었다.[47] 이곳으로 이사를 거의 하지도 않았을 때 그들은 그 지역을 산보하며 알게 된 로드멜에서 집 하나가 매물로 나왔음을 알게 된다.[48] 몽크스 하우스Monk's House[수도승의 집]라는 그 집은, 그들의 다음 22년 동안, 여름에, 그리고 크리스마스와 부활절 시즌에 그들의 천국이 된다.[49] 집을 소유한 직후에 버지니아는 한 친구에게 이렇게 쓰고 있다—"몽크스 하우스는 영원히 우리의 집 주소가 될 거야. 사실 난 이미 '우리의 초지'로 이어지는 뜰에 우리의 무덤 자리를 표시해놓았어."[50] 그리고 이 말은 사실이 되었다—서로 얽힌 가지들이 있는 두 그루의 키 큰 느릅나무, 각기 "레너드"와 "버지니아"라고 그들이 이름 지었던 그 나무들 아래에, 두 사람의 재가 묻혀 있다.[51]

울프가 살던 시대에도 로드멜은 변해가고 있었다. 한때는 주변 농가들을 위한 마을이었지만, 1920년대에는 이미 런던 부유층을 위한 주말 휴양지로 변신하고 있었다. 중산층 사업가들이 마을에 집들을 구입했고, 다운즈와 습지에 새로운 주택 개발을 시작했는데, 이로 인해 울프는 몹시 힘겨워했다.[52] 하지만 1880년대 이래 마을 인구가 절반으로 감소하고 있었음에도 그 시절 로드멜은 여전히 자급자족이 되는 마을 공동체였다. 펍, 방앗간, 대장간, 마을 상점, 우체국, 빵집, 크리켓용 녹지가 마을에는 있었다.[53] 하수도, 수돗물, 전기, 버스는 없었다.

　　2018년 5월, 다이앤과 내가 그곳에 도착했을 때, 로드멜은 크게 변한 상태였다. 한때 대장간이 있었던 건물은 이제는 정비공의 차고가 되어 있다. 이 마을의 주택들 다수는 오늘날의 빈티지 건물이 되었다. 빵집, 마을 상점, 우체국, 방앗간은 오래전에 자취를 감추었고, 차고 건너편의, 루이스로 가는 주 도로에 있던 펍(아베가베니 암스)만 아직 남아 있다. 로드멜은 잘 관리된 집들과 매력적인 정원들이 있는 멋진 마을로서 건재하고 있다—붓꽃, 진달래, 디기탈리스, 고광나무, 클레마티스, 델피늄, 양귀비들이 전부 꽃을 피웠는가 하면, 정원 담벼락을 오르는 장미들도 만개해 있다. 현재 몽크스 하우스는 내셔널 트러스트가 운영하는 박물관이 되어 있다. 몽크스 하우스와 펍이 마을의 활동 대부분을 책임지고 있다. 로드멜을 "조용한 곳"이라고 말한다면, 절제된 표현일 것이다.

　　로드멜에서 지낸 초창기부터 버지니아와 레너드는 일주일에 두 번씩 함께 걷기로 합의했지만, 울프는 보통 오후 2시에서 4시 사이에 홀로 걷는 경우가 더 많았다. (D1 298: 1919년 9월 14일; D5 111: 1937년 9월 26일; D5 178; 1938년 9월 22일)[54] 우리가 머문 숙소에서 몽크스 하우스까지는 매우 짧은 거리였다. 우리는 몽크스 하우스 뒷 정원 바로 뒤에 있는 12세기 성 베드로 교회 옆을 지나가는 길로 들어섰다. 첨탑의 종들은 집필을 위해 조용함이 필요했던 버지니아에게는 신경을 마구 긁어대는 것이었다. ("딩동…딩동—왜 우리는 이 마을에 정착했을까?" D5 163-64: 1938년 8월 28일) 교회 너머에는 물이 있는 초지가 있는데, 울프는 한 친구에게 이곳이 "5분만 걸으면 모든 자연이 느껴질 곳"이라고 썼다.[55] 이 초지와 다운즈가 (로드멜에서의) 울프의 주된 영감원이었다.

　　나는 서늘하고 산들바람이 부는 어느 날, 태양과 구름이 뒤바뀌는 하늘 아래에서 이 초지를 걸었다. 어느 농부의 밭에서는, 내가 다가가자 이미 쑥쑥 자란 곡식 쪽에서 자고새 한 쌍이 솟구쳐 올랐다. 빨강 양귀비와 흰색과 노랑색의 데이지들이 키 큰 풀 속 푸른 서양지치 무리와 대비되었다. 은백색의 양들은 녹색 들판을 배경으로 풀을 뜯었다. 검거나 흰 홀스타인 종의 소들은 다른 들판의 미나리아재비들 사이에서 우적우적 씹고 있었다. 로드멜 자체가 변했지만, 아직도 이 시골 지역은 울프가 사랑하고 흠모했던 영국스러움의 진수, 즉 밝은 빨강과 노랑으로 더 돋보이는, 부드러운 초록과 파랑과 분홍의 유혹하는 팔레트다—목가적이고 소박한. 로드멜의 짧고 좁은 주요 거리를 따라 구불구불 돌아가는 길을 걸으니 제철소가 나왔고, 몇몇 교외 가옥들을 지나니 사우스 다운즈의 정상부를 향한 길이 나타났다. 그 정상부에서 나는 사방으로 열린 우즈 골짜기Ouse Valley를 내려다봤다—부드럽게 구르는 비탈들 사이에는 보기 좋은 초지와 숲들뿐이었다. 울프는 이런 풍경들과 색채들을 사랑했고, 일기를 쓰며 그것들로 몇 번이고 되돌아왔다.

다음 날, 눈부시게 화창한 날씨였다. 나는 구불구불 뻗은 농지를 지나 사우스이즈Southease로 가는 "허용된 길"을 따라 걸었다. 사우스이즈는 우즈 강둑에 있는, 로드멜 아래쪽에 있는 마을이다. 울프는 홀로 또는 레너드와 함께 이곳을 걷곤 했다. 한 번은 "갈색 돛을 달고 두 짐꾼이 강을 따라 느리게 내려가는 모습"을 보았고 (D4 344: 1935년 9월 26일) 다른 한 번은 "표면 아주 가까이"를 나는 물총새를 보고 기뻐했다. (D4 345: 1935년 9월 29일) 사우스이즈에는 둥근 탑과 17세기 식 오두막 몇 개를 거느린 자그마한 석조 교회가 있다. 다리는 강 건너 도로로 뻗어 있고, 도로는 기차역으로 이어진다. 우즈 강에는 현재 가파르고, 높고, 바위가 지탱하는 둑이 설치되어 있다. 1960년대에 진행된, 홍수 예방을 위한 준설과 확장의 결과물이다. 울프가 살던 시절에는 얕은 여울을 따라 두 발로 쉽게 접근할 수 있는, 훨씬 더 좁고 구불구불한 강이었다.[56] 지금은 아무도 우즈 강에 간단히 걸어서 들어갈 수는 없다. 1941년 3월 28일, 울프가, 커다란 돌 하나를 겨울 코트 주머니에 넣은 채, 비극적으로 그랬던 것처럼은.[57] 당신은 뛰어야 이곳에 입수할 수 있다. 이 우즈("ooze"로 발음된다) 강은, 조수가 있는 강이어서 수면이 올라갔다가 내려온다. 마침 썰물 때였고, 숱한 해조류와 진흙이 소금기 있는 물 위로 드러났다. "Ooze[스며 나오다]"는 딱 맞는 이름만 같았다. 한때 울프에게 매력을 주었던 것은, 내게는 사라져 없는 것이었다. 그렇긴 해도, 사우스이즈로 뻗은 길은 매력 만점이었고, 바로 그 매력이 울프에게 위로와 영감을 주었다.

　　희뿌연 안개가 자욱이 깔린 또 다른 아침에, 나는 로드멜을 출발해 밀 힐Mill Hill까지 올라가서는 사우스 다운즈 웨이로 걸어갔다. 이 산등성이에서는 보통 멀리 드넓게, 때로는 영국 해협까지 시야가 열린다. 그러나 이날은 슬프게도 아니었다—사방이 안개투성이였다. 어느 방향으로든 약 60피트 안쪽으로만 볼 수 있었고, 색깔과 모양도 흐릿할 뿐이었다. 마을 아래쪽에 있는 도로로 나는 되돌아갔다. 울프가 비극적인 마지막 산책에서 택했던 길을 나는 찾고 싶었다. 하지만 시야는 낮은 고도에서 훨씬 더 넓었지만, 여전히 제한적이었다. 나는 소와 양이 풀을 뜯고 있던 초지대와 들판을 지나 사우스이즈 방향으로 걸어갔다. 그러나 우즈로 가는 길은 끝내 찾지 못했다. 약간의 실망감이 몰려왔다. 나는 울프가 마음을 다스리고, 글쓰기를 위한 영감을 얻기 위해 매일 걸었던 바로 그 들판과 습지를 걸을 수 있어 기뻤다.

　　울프가 구매했을 당시 몽크스 하우스는 너무 낡아 수리가 필요한 집이었다.

　　우리는 이 수도승의 집(수천 번 쓰고 싶었던 어떤 이름을 쓰는 것은 이번이 거의 처음이다)을 영원히 소유할 것이다. […] 집의 방들은 작다—

대개는 성스러운 물이 나오는 틈과 저 오래된 굴뚝의 가치를 평가절하할 것이다. 수도승들은 전혀 방해가 되지 않는다. 부엌은 유독 상태가 나빠서 석유 스토브 하나가 달랑 있을 뿐 창살도 없다. 온수도 없고, 욕조도 없고, [흙 벽장으로 말하자면] 나는 본 적조차 없다.

사실 이 수도승의 집에는 수도승이 한번도 거주한 적이 없었지만,[58] 수도승이 거주했어야 마땅하다는 생각은 울프에게 이 집에 대한 어떤 낭만적 느낌을 불어넣어 주었다. 이 집의 단점은 그녀가 누린 즐거움으로 상쇄되고도 남았다.

> 정원의 크기와 형태, 비옥함과 야생성이 준 깊은 즐거움이었다. 열매가 맺히는 나무들은 무한히 많아 보였다―자두는 나뭇가지 끝을 누를 정도로 가득 달려 있고, 배추 사이로는 예상치 못한 꽃들이 피었다. 잘 길러진 완두콩과 아티초크와 감자들이, 창백한 작은 과일 다발을 거느린 산딸기 덤불이 있었다. 나는 사과나무 아래에서 흡족하기 그지없는 과수원 걷기를 할 수 있었다. 교회 첨탑의 회색 소화기가 내 영토를 지시해 주었다.
>
> (D1 286-87: 1919년 7월 3일)

시간이 지나면서 울프는 책으로 번 돈을 집수리에 썼다. 벽을 허물었고, 방을 확장했고, 추가적인 것들을 새로 지었다. 온수 배관이 깔렸고, 실내 욕조, 세면대, 좌변기가 위층에 설치되었다.[59] 겨울에 "집을 나서서 서리 긴 거친 풀들과 벽돌처럼 딱딱한 땅을 지나 낭만적인 방[야외 화장실]에 더는 가지" 않아도 됐다. (D23: 1920년 1월 7일)

특히 주방의 개선은 울프에게 엄청난 만족감을 주었다. 1920년, 고형 연료 오븐이 설치되었을 때, 울프는 케이크, 빵, 작은 빵(번) 굽기를 즐겼다. (D2 54: 1920년 8월 2일; D2 260: 1923년 8월 6일) 1929년엔 석유 스토브가 설치되어 울프에게 가정 생활의 지복 비슷한 것을 선사해 주었다.[60]

> 지금 이 순간, [새 스토브가] 유리 그릇에 담긴 내 저녁을 내가 소망했던 완벽한 방식으로 요리하고 있다. 냄새도, 쓰레기도, 혼돈도 없다. 손잡이를 돌리면 거기 온도계가 있다. 이렇게 나는 더 자유롭고, 더 독립적이며—모든 사람의 삶은 자유를 위한 투쟁이다—가방 안에 고기 조각을 넣어 여기로 내려와 내 식대로 살아갈 수 있는 나를 발견한다. 내가 요리해야 할 것들, 풍부한 스튜와 소스에게 나는 다가간다. 와인이 그 안에 듬뿍 담긴, 모험적인 희한한 요리들 […] 나는 지금 부엌으로 달려가 내 스토브가 햄을 요리하고 있는지 확인해야 한다.
>
> (D3 257-58: 1929년 9월 25일)

1931년 무렵엔, 모든 침실에 전기 조명과 냉장고, 전기 화로가 설치되어 있었다—"우리가 얻을 수 있는 더 큰 안락함이 있을까? […] 나는 매순간 나의 고급제품들을 즐기고, 그것들이 내가 기꺼이 영혼이라고 부르는 것에 전적으로 좋다고 생각한다"(D4 27 – 28: 1931년 5월 28일). 1934년, 집은 중앙 수도와 연결되었고, 덕분에 울프는 매일 아침 온수가 담긴 욕조에서 호사를 누릴 수 있었다.[61]

이것은 행복을 위한 레시피였다. 울프는 1931년 자신의 일기에 이렇게 쓰고 있다.

> 지난 며칠간은 천국이었다. […] 나는 고요하고, 오, 걷는다. […] 그런데

오—다시 말하지만—나는 지금 얼마나 행복한지. 이곳[로드멜]에서 L[레너드]과 함께하는 삶은 얼마나 고요하고, 지금 이 순간만은 얼마나 달콤한지. 규칙성, 질서, 정원, 밤의 침실, 음악, 산보, 아침의 쉽고 흥미로운 글쓰기가 있는 삶은.

(D4 44: 1931년 9월 19일)

오늘날 몽크스 하우스의 모습은 울프의 삶이 끝나던 무렵의 그것과 매우 비슷하다. 단출하고, 2층집이고, 외벽은 목재 패널로 되어 있고, 앞쪽에는 높은 새시 창이 있고, 뒤쪽 2층에는 프랑스식 이중창이 있다. 거친 광택이 나는 부엌의 벽은 1937년에 울프 자신이 칠했던 선명한 초록색이라기보다는 크림색이다. (D5 103: 1937년 7월 19일) 테라코타 타일이 1920년대의 변화무쌍한 어둡고 밝은 다이아몬드 타일을 대체했다.[62] 그 옆방은 비지니아와 레너드가 기존의 벽을 허물어 만든, 앉거나 식사할 수 있는 개방형 콤비네이션 공간으로, 거칠게 잘라낸 참나무 기둥과 참나무 목재가 깔린 천장을 갖추고 있고, 벽은 밝고 파란 진녹색이다. 버지니아는 선명한 색(석류색, 노란색, 파란색, 초록색)으로 벽을 칠하기를 즐겼다.[63] 가구로는 바네사 벨과 던컨 그랜트가 장식했던 레너드의 업무용 데스크, 테이블, 의자가 있다. 벽난로 옆에는 울프가 불 옆에서 책을 읽으며 앉아 있기 좋아한, 덮개를 댄 의자가 있다.[64] 울프는 이 개조를 "완벽한 승리"로 여겼다. "특히, 다섯 개의 창문이 있고, 가운데로 빛이 내리쬐고, 우리 주위를 가득 채운 꽃들과 잎들이 고개를 끄덕이는 커다란 콤비네이션 응접실은"(D3 89: 1920년 6월 9일). 그들이 BBC를, 바흐, 모차르트, 하이든, 베토벤의 현악 4중주 78rpm 음반을 들었던 죽음기와 라디오도 그대로 있다. 책들은 테이블과 책장에 흩어져 있다. 울프 가족이 그곳에 살았을 때의 양이나 무질서에 가까운 것은 아니지만,[65] 벨이 그린 울프 초상화 두 점을 포함해 바네사 벨, 던컨 그랜트, 로저 프라이가 그린 그림 65점이 벽에 걸려 있다. 테이블 위에 공들여 "자연스럽게" 배치한 책, 그리고 데스크에 놓인 레너드의 편지, 잘라 온 꽃들과 화분들은 마치 울프 가족이 지금 막 산책을 나간 것 같은 느낌을 준다.

　　일반인에게 공개된 다른 방은, 위층에 새 방이 생길 때까지 버지니아의 침실 역할을 했던 곳이다. 방 안 벽난로에는 바네사 벨과 던컨 그랜트가 색칠한 타일이 놓여 있다.[66] 침대는 창문을 배경으로 설치되어 있는데, 이 창문을 통해 울프는 정원을 내다보았고, 여름 아침에는 이곳으로 햇빛이 물처럼 밀려들었다.[67] 소박한 책장은 1936년 울프가 일종의 테라피 요법으로 손수 그 커버를 만들었던 아든 판 셰익스피어의 작품들을 소장하고 있다.[68] 6,000권이 넘는 울프의 방대한 도서관은 워싱턴 주립대학교에 매각되었지만, 전체 재고는 버지니아의 침실에 있다.[69] 그것들 가운데에서 나는 1940년에 구매했다는 울프의 자필 메모가 있는《S. T. 콜리지의 시적 작품》(3권, 런던: 피커링, 1835)을, 아울러 그녀의 아버지의 도서관에서는 콜리지의《친구: 세 권의 에세이 시리즈》(1818)를 발견했다.

　　바깥에는 정원들이 있다—과일 과수원, 채소와 허브가 있는 부엌 정원, 다수의 꽃 정원, 물살이가 있는 연못, 버지니아와 레너드가 볼링 게임을 했던 평평한 잔디밭("테라스")이. 무화과 정원 맨 끝에 있는 바깥 건물 하나는 버지니아의 집필용 오두막으로 개조되었다. 1934년, 이것은 철거되었고 대신 성 베드로 교회의 단단한 벽담을 뒤로 둔 새 오두막이 세워졌다.[70] 이 두 번째 오두막은 아직도 건재하다—이중 창문을 통해 밖을 내다보는 울프의 시선은 애쉬햄을 향한 들판을 붙들었는데, 그녀는 일기에서 자주 그 광경을 묘사한다.

　　춥지만 밝은 부활절 아침, 돌연한 햇살 한 줄기, 이른 시간 언덕 위에 흘

뿌리는 눈, 갑작스러운 폭풍, 문어가 쏟아내는, 검은 잉크가 등장한다. 그리고 느릅나무들에서 조바심 내며 쪼아대고 있는 까마귀들. 아름다움에 관해서라면, 아침 식사 후 '테라스'를 걸으며 내가 늘 이야기하듯, 한 사람이 보기에는 넘쳐난다. 한 집단 전체를 행복감에 젖어 붕 떠 있게 하기에 충분하다. 만일 그들이 스스로 바라보기만 한다면. 흥미로운 것은, 애쉬햄 언덕을 배경으로 한 이 교회와 교회의 검은 십자가 그리고 이 정원의 조합이다. 영국적인 것의 모든 요소가, 우연히, 결합한 모습이다.

(D5 72: 1937년 3월 27일)

책상 뒤에 있는 긴 3중창은 풍성한 빛을 방으로 데려온다. 이 목재 책상은 커다란 표면과 여러 개의 서랍을 갖춘 질박한 금발 빛깔의 목물木物이다. 울프는 말했다.

이것은 평범한 책상이 아니다. 런던이나 에든버러에서 살 수 있는, 점심 먹으러 가서 아무 집에서나 볼 수 있는 그런 책상이 아니다. 이 책상은 연민의 사물이다. 성격이 강하고, 믿음직스럽고, 사려 깊고, 신중하다.[71]

타임즈 문예 부록의 오래된 복사본들이 그 책상 위에 예술적으로 배열되어 있다. 책상 뒤에는 울프의 타자기가 있는 테이블이 있다. 그녀는 말끔하게 타자하기 전에 긴 손으로, 때로는 허벅지 위의 보드 위에서 소설과 산문들을 쓰곤 했다. 울프가 자기 작품을 그토록 많이 창작해냈던 현장에 직접 가 있는 것 자체가 감동이었고, 영감을 주었다.

그 오두막이나 자신의 침실 창문 너머로 밖을 바라보든, 자전거를 타거나 긴 산보를 하든, 버지니아는 서식스 지방의 시골에서 위로와 영감을 얻었다.

겨울과 초지를 묘사하는 일은 […] 매 순간 숨을 멎게 한다. 예컨대 이곳의 태양, 그리고 마치 불에 담긴 것처럼 보이는 위쪽의 나무 잔가지들 전부. 나무의 몸통은 에메랄드 그린이고, 심지어 나무껍질은 도마뱀의 피부처럼 색으로 물들고 또 변한다. 그리고 저기 애쉬햄 힐 쪽의 뿌연 안개. 긴 기차의 창문에 비친 태양의 빛점들, 토끼의 늘어진 귀처럼 [기차] 객차 위에 누운 연기. 분필 채석장은 핑크빛으로 빛난다. 그리고 물이 있는 나의 초지는 6월처럼 무성하다. 돔발상어가 되돌아올 무렵 풀이 짧아지고 거칠어지는 모습을 당신이 볼 때까지는. […] 매일 또는 거의 매일 나는 다른 지점을 향해 걸어갔고, 이러한 것들 그리고 경이로움과 함께 돌아왔다. 이 집에서 5분만 걸어 나가면, 애쉬햄 어디서든 누릴 수 있는 커다란 이득을 만난다. 그리고 내가 이야기했듯, 모든 방향의 걷기가 열매를 가져다 준다. […] 그리하여 우리는 들녘과 교회 마당을 가로지르고, 우리의 다 탄 석탄이 붉게 변한 모습을 발견하고, 빵을 굽는다―이렇게 저녁이 온다.

(D2 3-4: 1920년 1월 7일)

지난 밤 찰스턴에서 돌아왔다. 이 순수한 아름다움에 […] 내 모든 신경은 곤두섰고, 열을 발했고, 전기 충격을 받았다―풍부한, 과하게 풍부한 아름다움, 그리하여 우리는 거의 그것을 싫어할 정도이고, 그것 전부를 붙잡을 수가 없고, 오직 순간에만 그것 전부를 붙들 수 있을 뿐이다.

(D2 311: 1924년 8월 15일)

8월의 마지막 날이고, 빼어나게 아름다운 [로드멜의] 거의 모든 것들과 닮은 날이다. 하루하루가 충분히 좋고, 밖에 앉아 있기에 충분히 따뜻하다. 하지만 방랑하는 구름도 가득 차 있다. 그리고 그토록 나를 황홀하게

하는 저 빛의 사라짐과 떠오름, 내가 늘 알라바스터 그릇 아래의 빛과
비교하는. 옥수수는 지금 서너 개 또는 다섯 개의 단단한 모양의 노란 케
이크처럼 줄지어 있다—알이 꽉 차고, 엑기스와 향신료가 듬뿍 든, 먹기
에 딱 좋은 상태로 보인다.

(D3 192-93: 1928년 8월 31일)

로드멜의 아름다움은 울프의 심신을 가득 채웠고 그녀의 마음을 흠
씬 적셨다. 그리고 그 마음은, 물이 제 몸을 타고 흐를 때 식물이 떨리듯,
떨렸다. (D2 301: 1924년 5월 5일)

리가 지적한 것처럼, 울프의 시골 걷기는 그녀의 글쓰기에 심대한
영향을 끼쳤다. "걷기의 리듬이 [울프의] 문장 속으로 들어가고 있고, 그녀
가 바라보고 걸으면서 생각하는 구절들이 저장되고 사용되고 있다." 화가
처럼 울프는 걸으며 "연구를 한다."[72]—콜리지가 콴톡스 힐을 걸으며 그랬
던 것만큼이나. 그리고 콜리지처럼 울프도 시골 걷기가 자신의 상상력을
촉진하고 정신의 회복을 제공한다는 사실을 알아냈다.

그곳에서는 누구나 머리를 쓰며 살아가게 된다—나는 글쓰기에서 글읽
기로 쉽게 넘어간다. 초지의 긴 풀밭이나 사우스 다운즈를 거니는 시간
사이에. […] 완벽함이란, 그것이 평범한 상태처럼 되는 것이다. 그런 것
이 날씨이고, 행복도 이상한 것이 아니라 평범한 것이다.

(D2 176: 1922년 6월 11일)

그런데 [로드멜에서] 나는 얼마나 나의 상상 안에서만 살고 있단 말인가.
걸을 때, 앉을 때 일어나는 생각의 분출에 얼마나 전적으로 의존하며 살
고 있단 말인가. 내 마음속에서 떠오르는 것들, 그리하여 어떤 끊임없는

쇼를 만들어 내는 것들—이것이 내게는 행복의 원천이다—에.

(D2 314: 1924년 9월 29일)

마음을 "돌연 […] 찢긴 상태로"(D5 249: 1939년 12월 8일) 만들었던, 사회적 의무로 분주히 돌아가는 런던과는 대조적으로, 로드멜은 울프의 마음을 진정시켰다. (D4 46: 1931년 9월 30일) "사우스 다운즈를 걸을 때, [자신의] 마음을 펼쳐내는 공간"이 있을 때 울프는 "지극히 행복했다"(D3 107: 1926년 9월 5일). "체온계에 건강 상태가 나타난다고 가정해 보면, 어제 이후로 나는 10도가 올라갔다. […] 그 정도가 이곳에서의 24시간, 평지에서 30분간 산책하기의 효력이다"(D3 295 – 96: 1930년 3월 3일).

로드멜의 아름다움 외에도 울프는 자기 마음속으로 "깊이 잠수"할 수 있게 해준 "관찰이 주는 자유"를 즐겼다. (D3 137: 1927년 6월 6일)—"이곳은 점점 더 사랑스럽기만 하고, 더 친근하고, 매혹적이고, 빼어나고, 고요하다. 홀로 걷고 싶고, 내 생각과 합의점을 찾게 되는 커다란 텅 빈 곳이 여기엔 있다"(D4 85: 1932년 3월 24일). 이곳에서 그녀는 마음이 "다시금 부드럽고 따뜻하고 풍요롭고 […] 생기 있고 촉촉한 상태로" 변하는 것을 느꼈다. (D4 42: 1931년 9월 3일) 화가 치밀거나 우울할 때, 울프는 걸으며 골칫거리를 떨쳐버릴 수 있었다—"때로 나는 세상이 절망적이라고 느끼고, 그럴 때면 사우스 다운즈를 걷는다"(D4 39: 1931년 8월 15일). "오늘 오후에 피딩회Piddinghoe로 길게 산보할 것이다—나 자신을 다스리는 걷기"(D5 106 – 07: 1937년 8월 11일; D5 250: 1939년 12월 9일).

런던에서는 자아를 벗을 수 있는 유일한 방법이 인도 위를 걷는 익명의 보행자 무리 속으로 잠입하는 것이었으나, 그래봤자 겨우 몇 분이나 몇 시간 동안이었다. 로드멜에서는 몇 주, 몇 달간 사교 모임과 군중 모두를 뒤로 남겨 두었다. 전화도, 사회적 의무도, (이상적으로는) 방문자도 없었다. 물론, 울프는 로드멜을 찾는 많은 방문객을 퍽 즐겁게 해주었지만, 일기에서는 신랄하게 쓰고 있다. "비판이자 일종의 경고로서, 올 여름은 사람들 때문에 지나치게 망가졌다고 말해야겠다. […] 진실을 말하자면, 사람들이 실제로 오면 그저 좋을 뿐이지만, 그들이 가면 기쁘다"(D4 179: 1932년 9월 23일).

로드멜에서 "머리를 쓰며 살아갈" 수 있게 된 울프는 "한 지점에 전부가 있는, 아주, 아주 집중하는 상태", 하나의 순수한 감수성이 될 수 있었다. (D2 193: 1922년 8월 22일) 런던 사회가 그녀에게 부과한 정체성에서 해방되어 색깔, 모양, 빛과 그늘에 민감하게 반응하는 한 명의 순수한 화가의 시선이 되었다. 그것들은 자연 그대로의 것이지만, 느낌을 수용하고 유지하는 (그녀의) 신체의 능력, 기억과 연상, 기분, 건강이나 질병, 독특한 감수성에 의해 채색된 것이었다. 런던을 걸을 때도 울프는 이런 감수성과 함께했다. 하지만 이것은 서식스에서 지내는 동안 길러지고 지탱된 일종의 낭만주의적 감수성에 가까웠다. 놀랄 것도 없지만, 울프가 독립에 관한 자기만의 선언을 만들어 낸 것도 로드멜에서였다—"나는 습지 위를 걸으며, 나는 나라고 말한다. 나는 바로 그 도랑을 따라가야만 한다. 다른 이를 모방하는 것이 아니라. 이것이 내가 글을 쓰고 살아가는 유일한 이유다"(D5 347: 1940년 12월 29일). 사회에 얽매이지 않은 자, 자유로운 감수성의 주체로서 울프는 서식스의 시골과 합일할 수 있었다. 루소처럼, 콜리지처럼, 아름다움이 자신을 황홀경 속으로 들어 올리도록 했고, 자신의 내면과 외면에 있는 "하나의 생명"에 통합되었다.

알프스나 콴톡스 힐과 비교해볼 때 이스트 서식스 지방의 아름다움은 다소 차분한 느낌이다. 그럼에도, 로드멜과 사우스이즈를 걷노라니 울프가 글쓰기에 필요하다고 느꼈던 평온하고 사색적인 기분이 찾아들었다.

들녘에 핀 꽃과 작물들의 여러 색깔, 걷기 편함, 고즈넉함, 이 모두가 모여 그들만의 유익한 마법을 자아냈다.

다이앤과 나는 울프의 산책 지도에 등장하는 다른 핵심 지점들을 택했다. 무엇보다도, 울프가 바네사를 보기 위해 자주 걸어갔던 찰스턴, 서식스에서 바네사와 버지니아가 살았던 첫 번째 장소이자, 버지니아가 로드멜에서 계속 걸어서 방문했던 피를, 그리고 울프가 차를 타거나 걸어서 자주 찾았던 그림 같은 마을인 알프리스톤Alfriston.

울프가 가장 자주 갔던 곳은 이 지역의 주 타운인 루이스였다. 울프는 걸어서(6km 거리의 걷기), 자전거를 타고, 1927년《등대로》에서 나온 수익금으로 자동차를 산 후에는 자동차를 타고 그곳에 갔다. 로드멜에서 루이스로 뻗은 길은 초록의 숲과 농지를 끼고 있고, 저그스 코너Juggs Corner라는 작은 마을을 지나간다. 이 마을은 울프가 사우스 다운즈 웨이를 따라 걷는 동안 즐겨 찾았던 곳이다.(D3 249: 1929년 8월 22일) 울프가 루이스로 가는 길 전부를 걸었던 것은 1930년이었다. 그녀는 이때의 첫 걷기를 일종의 승리 같은 것으로 여겼다.

우리는 농지를 지나 루이스까지 걸어갔다─그렇다, 우리의 목표에 도달했고, [타운으로 가는] 터널 밖으로 나온 것이다. 나는 거의 20년간 이 걷기를 계획했지만, 한번도 실행에 옮긴 적은 없었다. 현재의 집, 그리고 평생 처음 무수한 꽃들을 [⋯] 본다.

(D3 324: 1930년 10월 18일)

울프 시절과 마찬가지로, 오늘날 루이스는 온갖 종류의 상점들이 있는 번화한 상업 중심지이자, 우즈 강 쪽에서 솟은 언덕에 자리 잡은 매력적인 오래된 마을이다. 레너드와 버지니아는 물품과 식료품을 사러 이곳에 자주 들렀다.

　다이앤과 나는 이번 탐사 여행을 차와 도보로 했는데, 여행을 해보니 울프의 시골에 관한 어떤 느낌을 얻을 수 있었다―그녀에게 가장 중요했던 장소들, 그녀가 "머리를 쓰며 살아갈" 수 있게 해주었고, 그녀의 창의적 작업에 영감을 주었던 자연의 퀄리티에 관한 느낌이다. 이번에 우리는 울프의 산책로들 가운데 많은 곳을 시간 부족 탓에 들르지 못했다. 타링 네빌, 피딩회, 아이포드, 잇포드 힐, 노스이스와 텔레스콤으로 가는 길, 그리고 로드멜에서 루이스까지 이어지는 길이 그렇다. (D4 240: 1934년 8월 30일; D4 271: 1935년 1월 1일; D4 341: 1935년 9월 4일) 하지만 나는 적어도 이 시골 지역의 매혹을 살짝 맛보기는 했다―다운즈 위쪽, 아래쪽의 골짜기, 우즈, 구불구불한 농지와 목초지, 작은 숲들과 작은 언덕들은 변화무쌍한 풍경을 만들어 냈고, 정신에 힘을 들이지 않고 감각과 상상력을 발휘하기에 이상적이었다. 상대적으로 길이 평탄해서, 걷기도 쉽다. 걷는 내내 울프는 서식스의 시골을 맴도는 어떤 생기에 자신을 연결해 주는 아름다움을 느꼈고, 개인적 자아의 무게를 벗어던지며 그 아름다움과 결합했다. 로드멜에서 쓴 일기에는 "행복"이라는 단어가 반복해서 등장한다.

　그녀가 그곳에서 언제나 행복했다는 것은 아니다. 불쾌감을 야기하는 교회 종소리 말고도, 짖는 개들과 시끄러운 아이들 역시 그녀를 괴롭혔다. (D2 170-71: 1920년 10월 1일; D5 163-64: 1938년 8월 28일; D4 61-62: 1932년 1월 1일, 13일)[73] 울프는 자신의 눈에 그곳의 광경을 더럽히고 있는 것으로 보였던 새로운 집들과 여타의 건축물을 증오했다. (D4 17: 1931년 4월 11일; D4 28: 1931년 5월 30일; D4 62: 1932년 1월 13일) 런던을 벗어나는 것을 좋아한 것만큼이나 때로는 런던 사회의 소란스러움을 그리워하기도 했다―"나는 본래 사교적인 사람이라, 이 점은 부정할 길이 없다"(D3 42: 1925년 9월 14일). 니체와 루소처럼, 그녀는 고독을 향한 욕망과 외로움에 대한 공포 사이에서 분열되어 있었다—"나는 완전히 혼자 있고 싶지는 않다. 고독과 사회 간의 이 일상적인 전투라니"(D5 225: 1939년 6월 23일).[74] 리가 말했듯, "고독, 익명성, 시골 지역, 독서, [로드멜에서의] 창작의 유혹은" 런던에서의 "명성, 사회, 돈, 가십, 파티, 그리고 참여를 향한 욕망에 맞섰다."[75] 전쟁이 자신을 런던으로부터 차단했을 때, 울프는 로드멜을 피난처가 아니라 감옥으로 여기게 된다.

1940년 2월 무렵, 런던에서의 전쟁 준비는 그곳을 암울하게 만들었다—그녀가 홀린 채로 걷기 좋아했던 시간인 저녁 시간, "불 꺼진 창문"이 있는 집들의 "쓸쓸한 귀신 같은 빛" 그리고 "웅크린 채 누운 거대한 바보 소인, 조용한 런던"(D5 267: 1940년 2월 16일). 6월 무렵, 영국 공군은 영국 남부로 침투해온 독일 폭격기들과 전투를 벌이고 있었다. 로드멜 근처에서 공습이 있고 난 후, 울프는 몽크스 하우스에서 창문 밖을 바라보며 상황을 기록하고 있다. (D5 293: 1940년 6월 7일). 7월 초, 독일군은 영국 공군 전투기를 격추했고, 그것은 사우스이즈에 추락했다—"그렇게 독일군은 나의 오후 산책을 갉아먹고 있다"(D5 299: 1940년 7월 4일). 그녀는 문학계와 단절된 느낌에 휩싸였다. 로드멜이라는 지역에서 그녀는 작가로서의 자기 정체성을 "두텁게" 해주는 "그 어떤 독자도, 메아리도" 발견하지 못했다. (D5 293, 299: 1940년 6월 7일; D5 304: 1940년 7월 24일; D5 357: 1941년 2월 26일)

1940년 9월, 레너드와 버지니아가 런던에 도착했을 때, 폭격 맞은 도시가 그들 앞에 있었다. 멕클렌버그 광장 37번지에 있던 울프의 집에서 불과 30야드 떨어진 곳에, 집 한 채가 돌무더기로 변해 있었다. (D5 316–17: 1940년 9월 10일) 같은 달 말, 또 다른 폭탄이 그들의 집을 앗아갔다. (D5 322:1940년 9월 18일) "옥스퍼드 로는 이제 산산조각이 났고, 존 루이스, 셀프리지, B[번]와 H[홀링워스], [그녀가] 오래도록 찾았던 곳들 전부"가 파괴되었다. 울프의 수심은 깊어만 갔다. (D5 323: 1940년 9월 19일) 10월에는 그들이 17년간 살았던 태비스톡 광장 52번지의 건물마저 파괴되었다. (D5 329: 1940년 10월 17일) 그들은 "[울프가] 그렇게 많은 책을 집필했던 곳의 잔해"에서 최대한 회수했다. (D5 330: 1940년 10월 20일) 1941년 1월, 런던으로의 그들의 마지막 여행 기간에, 울프는 "[자신의] 옛 광장의 처참한 폐허에서 […] 완전히 빼앗기고 붕괴된 것들 사이에서 어슬렁댔다"(D5 353: 1941년 1월 15일). 그녀의 런던은 더는 없었다.

처음에, 울프는 비자발적인 로드멜 망명을 수월하게 헤쳐나갔다.

만일 이렇게 말하는 것이 공격적이지 않다면, 이런 날은 거의 지나치게 —나는 행복하다고는 말하지 않겠다—쾌적하다. […] 언덕들과 들녘들. 나는 응시하는 일을 멈출 수가 없다. 10월의 꽃피어남과 갈색의 쟁기[고랑]와 습지의 사라짐과 소생. 지금은 안개가 차오르고 있다. 그리고 "즐거운" 것들이 연이어 나타난다—아침 식사, 글쓰기, 걷기, 차, 그릇, 읽기, 디저트, 잠자리.

(D5 328: 1940년 10월 12일)

로드멜의 아름다움은 그녀를 위로했고 그녀에게 계속 살아갈 이유를 주었다. (D5 346: 1940년 12월 24일)[76] 그러나 로드멜 근처, 노스이스와 아이포드에 폭탄이 떨어지기 시작했고, (D5 333: 1940년 10월 23일) 겨울은 추위를, 설탕과 버터의 부족을 가져왔다. (D5 343: 1940년 12월 16일) 울프의 체중과 체력은 심삭할 정도로 김소했고, 독일군 폭격마저 계속되어 이제는 걷기의 위로마저 찾기 어려웠다. (D5 357: 1941년 2월 26일) 바네사를 보려고 찰스턴까지 걷는 것도 무리일 지경이었다. 그녀는

"절망의 수로"에 빠져들고 있었다. (D5 354 - 55: 1941년 1월 26일)

1941년 3월 20일, 바네사가 몽크스 하우스를 방문했을 때, 그녀는 버지니아의 수척한 외모와 기분에 깜짝 놀란다. 그녀는 버지니아를 브라이튼으로 데려가 주치의 옥태비아 윌버포스 박사를 만나게 하라고 레너드를 설득한다. 윌버포스 박사는 버지니아가 강하지만, 동시에 불안 증세를 보이는 상태임을 알게 된다. 윌버포스는 버지니아에게 "휴식 요법"을 취하라고 권한다. 그러나 너무도 늦은 시점이었다.[77]

울프는 1941년 3월 28일 늦은 아침, 손에 스틱을 들고 자신의 집필용 오두막을 떠난다. 그러고는 정원 문과 교회를 지나 우즈로, 사우스이즈 쪽으로 향했다. 우즈 강은 높고 빠르게 흐르고 있었다. 버지니아의 부재를 알아챈 레너드는 경찰에게 알린 후 그녀를 찾으러 나섰다. 그는 사우스이즈 다리에서 북쪽으로 약 1.5km 떨어진 강둑에서 그녀의 스틱을 발견한다. 그녀의 시신이 발견된 것은 4월 18일이었다. 이날 일군의 학생들이 사우스이즈에서 멀지 않은 지점의 강에 그 몸이 둥둥 떠 있는 것을 찾아냈다. 울프는 코트 주머니에 큰 돌을 넣고 물 속으로 걸어 들어갔다.[78]

로드멜은 울프의 죽음에 책임이 없었다. 심지어 그곳에서의 마지막 몇 달 동안에도, 그녀는 그 지역의 자연에서 강렬한 즐거움을 누렸다. (D5 335 - 36: 1940년 11월 3일과 5일; D5 351: 1941년 1월 9일) 그러나 전쟁이 불러온 결핍과 더불어 "미래가 없는" 삶의 느낌이 (D5 354 - 55: 1941년 1월 26일) 희생을 야기했다. 가장 매혹적인 자연조차도 그 정도까지만 할 수 있는 법이다.

더욱이 이스트 서식스의 자연이 울프의 정신 건강과 글쓰기에 얼마나 도움이 되었는지는 아무리 강조해도 지나치지 않다. 울프가 살아 있는 존재자들 간의 환각적인 구별 뒤에 있는, 만물을 포괄하는 단일한 '생명'을 직관한 것은 로드멜에서였다. 울프가 콜리지와 다른 낭만주의자로부터 범신론적인 일원론을 어느 정도 배운 것은 틀림없지만, 그녀를 가르친 것은 그곳의 자연 그 자체였다. 울프는 조용한 로드멜에서 그 낭만주의적인 비전을 가지고 번잡한 런던으로 돌아왔고, 그곳에서 콜리지의 포괄적인 '하나의 생명'을 자신의 소설과 산문 속 거대 메트로폴리스의 밀물과 썰물에 이식했다. 사정이 이렇다 보니, 나도 런던으로 돌아오지 않을 수 없었다.

4. 삶, 런던, 이 순간

런던에 도착해서 나는 "삶, 런던, 6월의 이 순간"과의 융합을 찾아, 클라리사 댈러웨이의 발자취를 따라 걷는, 울프 신봉자들의 거대한 공화국 군대에 합류했다. 울프의 런던은 전쟁 중에 "알아볼 수 없을 만큼 폭격"되었고,[79] 따라서 내가 만나게 될 런던은 그것과는 몹시 다를 티었다. 바뀐 것은 그저 건물들만은 아니다. 2018년 런던의 인구는 거의 900만 명으로 이전 (1939년) 최고치인 870만 명을 겨우 넘는 수준이지만, 울프의 시대보다는 인종적으로 훨씬 다양하다. 그리고 동력 이동장치 운전자들에게 부과되는 혼잡세 같은, 교통량 억지 노력에도 아랑곳없이 런던의 거리와 주 도로는 자동차, 트럭, 버스들로 가득 메워져 있다. 빅벤이 막 종을 치기 직전의 "고요함"도 "엄숙함"도 오늘의 런던엔 없었다. (MD 4)

이번 여정의 출발지는 빅벤 타워였다. 하지만 벨은 수리 중이어서, 장중하며 "돌이킬 수 없는", "공중에서 원을 그리며 부서져 내리는 둔중한" 종소리는 없었다. 웨스트민스터 국회 건물 앞에는 장벽이 서 있었다. 온통 잿빛인 6월의 어느 날, 2017년 웨스트민스터 브릿지와 런던 브릿지에서 있었던 관광객 테러 공격의 숙취 탓인지, 분위기는 다소 침울해 보였다. 나는 윈스턴 처칠 동상을 지나 웨스트민스터 사원을 뒤로 두고, 그레이트 칼리지 로와 리틀 칼리지 로를 따라 걸었고, 모든 것이 차분하고 안전하고 무사한 곳인 딘스 야드Dean's Yard(풀이 있는 사각 광장)로 걸어갔다. 빅토리아 로의 숨죽인 으르렁거림이 멀리 있는 것 같았지만, 실은 지척에 있었다. 클라리사의 거처는 아마도 그 근방 어딘가일 것이다.

웨스트민스터 사원 앞으로 나와서는 교통 소음의 돌풍에 휩쓸려 클라리사의 다음 정착지인 세인트 제임스 공원으로 들어섰다. 수많은 이들이 지나갔지만, 공원은 고요했다―나무와 잔디들은 최대한 녹색이 되어서는 전체적인 분위기에 평온을 퍼뜨렸다. 클라리사처럼 나는 생각했다―"그런데 공원에 들어서니, 얼마나 이상한가, 고요, 안개, 웅성거림, 천천히 헤엄치는 행복한 오리들, 뒤뚱거리는 부리주머니가 있는 새들"(MD5). 부리주머니를 단 새들은 공원 한가운데에 길게 뻗어 있는 작은 호수에서 헤엄치는 펠리컨들이다. 나는 호수를 지나서 쇼핑몰 옆길을 따라갔다. 애드미럴티 아치에서 퀸 빅토리아 기념관까지 이어지는 길 내내 쇼핑몰은 커다란 유니언잭스로 장식되어 있었다. 잿빛으로 흐린 이날, 그나마 이 깃발들이 색채로써 나를 환영해 주었다.

로열 스탠다드 깃발이 펄럭이는 버킹엄 궁전 정문 앞에는 관광객 무리가 몰려와, 여왕의 존재감을 일러 주었다. 하지만 클라리사가 거기에 머물지 않았듯, 나도 그랬다. 그린 파크로 이어지는, 클라리사가 걸었던 길을 따라가다 어느 한적한 곳으로 빠져들었다. 그곳은 심지어 세인트 제임스 공원보다 훨씬 더 깊은 곳이었는데, 인적이 훨씬 드물었고, 거대한 버즘나무들이 길에 그림자를 드리우고 있었다. 하지만 그 한적함의 수명은 짧았다. 곧 이어 나는 피커딜리의 왁자지껄함에 의해 깨어났다. 이곳에서 클라리사는 피커딜리 서커스역 방향으로 우회해서 (울프가 쇼핑하기 좋아하던) 포트넘과 메이슨스를 지나, 다시 리츠 호텔과 로열 아카데미를 경유한 후, 최종적으로는 해처드 북숍Hatchard's book shop에 들렀다. 거기서 클라리사는 서점의 진열장을 통해 책들의 제목을 살펴봤다. (MD 10) 나는 서점 안으로 들어갔다. 철학 코너에 내 책 한 권이 있는 걸 발견하고는 기뻤다.[80] 이 뜻밖의 발견에 기운을 얻어, 클라리사를 따라 피커딜리로 돌아와 (그녀의 목적지인) 본드 로로 나왔다. 피커딜리는 다채로운 디자인의 알록달록한 현수막들이 거리 이쪽과 저쪽에 걸려 있어 축제 분위기를 자아내고 있었다. 활기차고 분주했지만, 숨 막힐 정도로 붐비지는 않았다. 런던을 거닐며 상점과 카페의 창문을 응시하고 런던 사람들이 하는 행동을 바라보는 시간에 울프의 영혼을 고양했던, 그런 좋은 에너지를 나도 조금은 붙들었다.

올드 본드 로에는 여전히 "상점들이, 휘날리는 깃발들이" 있었지만, 클라리사가 그곳에 걸었을 때보다는 아마도 약간 더 번쩍거렸고 현란했다. (MD 11) 현수막들에 적힌 기호는 하나같이 럭셔리 브랜드명이었다―까르띠에, 발렌티노, 롤렉스, 입생로랑, 구찌, 피아제, 버버리. 부유한 클라리사 댈러웨이는 그런 고가의 숍들 사이에서 편안했다. 울프는 그렇지 않았다. 그녀는 그런 곳에서 쇼핑하는 것을 싫어했다. 사실, 울프의 친구들은 검소한 지식인인 울프와 경박한 사교계 여성인 클라리사 사이에 어떤 연관성도 찾아볼 수 없었다.[81] 울프와 같은 심정으로 나는 그곳을 서둘러 떠났고, 클라리사의 궁극적인 목적지인 멀버리스로 걸어갔다. 클라리사가 자신의 파티를 위해 꽃을 사고 있을 때, 역주행한 자동차 한 대가 브로드 로와 옥스퍼드 로에 순간적으로 공포의 물결을 일으켰던 곳이다. (MD 13-16) 1970년대 이래 그 모든 테러 공격을 경험한 지금은, 총성으로 추정되는 소리는 훨씬 더 심각한 반응을 일으킬 터였다. 멀버리스는 이제 의류매장이다. 꽃을 판다는 안내판은 없었다.

이게 전부다. 나로서는 상상 속에서 클라리사의 발걸음을 따라 걷는 동안 빅토리아 로나 피커딜리 같은, 사람들이 서로 밀쳐대는 대로와,

그린 파크나 세인트 제임스 공원 같은 차분한 녹지의 대비가 흥미로웠다. 하지만 나는 클라리사가 했던 유명한 경험인 "삶, 런던, 6월의 이 순간"과의 합일을 경험하지는 못했고, "어쩐지 런던의 거리에서, 여기, 저기 사물들의 썰물과 밀물 위에서" 살아 있는 나 자신을 느끼지도 못했다. 그저 나는 "밖을, 응시하는" 또 다른 문학 여행자일 뿐임을 의식하고 있었다. 울프의 범신론적 일원론은, 나로서는, 로드멜에서 더 분명히 느껴졌다. 런던에서는 댈러웨이 부인의 안내를 받아 울프의 일원론을 '생각'할 수 있을 뿐이었다. 나는 '홀린 채로 걷기'에 심취했던 울프의 경험 속으로 더 깊이 들어갈 필요가 있었다. 그리하여 나는 옥스퍼드 로의 물결 속으로 몸을 던졌다.

그 물결은 울프가 살던 시절만큼이나 세차게 흐르고 있었다. 사람들은 여전히 보도 위에서 서로 부딪치며, 울프가 묘사한 대로, 각양각색의 배역을 맡아 하나의 연극을 빚어내고 있었다. 하지만 상점들이 불을 밝히기 전인, 오후 시간대의 옥스퍼드 로는 "아름다움이 우연히, 그러나 기적적으로 흩뿌려진"(DM 28-29) 곳으로서 나를 충격하지는 않았다. 2차 세계대전 이후 건축된 완전히 현대식인 숍들은 개성이 없었다. 오늘의 대도시 어디에서나 발견할 수 있을 숍들. 더구나 싸고 화려하기만 한 것부터 고급스러운 것까지, 울프가 애정한 상품과 상인들이 여전히 넘쳐나고 있었지만, 그것은 풍미 없고 개성 없는 건축 패키지에 감싸져 있었다.

이 가게들은 내게 마법을 부리지는 못했다. 하지만 나는 사람들이 만드는 만화경에는 매료되었다. 단 몇 블록의 공간 안에서, 나는 이 행성 위의 거의 모든 국적, 민족, 성격의 인간들과 마주쳤다. 오늘날 런던은 아마도 지구상에서 가장 코스모폴리탄적이고 다양성이 큰 도시일 것이다. 하지만 옥스퍼드 로의 보행자들은 한 치의 양보도 하지 않기 때문에, 그곳 걷기를 휴식으로 여길 수는 없었다. 울프가 묘사한 것 같은 황홀경 속에서 무아 상태가 되거나, 관찰되지 않는 관찰자의 순수한 시선이 되기에는, 내 한 몸을 위한 보도 위 작은 공간을 찾는 데 너무 많은 에너지를 소비해야만 했다. 위대한 예술가라면 이 모든 것을 연극으로 만들고 이 혼란에 질서를 구축했겠지만, 야단법석의 한가운데에 있던 내게는, 혼란의 기저에 있는 패턴을 식별하는 데 필요한 거리두기가 부족했다. 심지어 나는 사물들 사이에서도, 찾고 있는 것을 아직 찾지 못한 채, 그저 바깥에 머물러 있었다. 하지만 나는 포기하지 않았다.

나는 뉴 옥스퍼드 로를 따라 베리 플레이스Bury Place로 향했고, 런던 리뷰 북숍London Review Bookshop에서 다이앤과 만났다. 차를 즐긴 후, 우리는 태비스톡 광장의 한 부지를 차지하고 있는 거대한 현대식 호텔로 이동했다. 바로 이 부지에 1924년에서 1939년까지 울프 부부의 아파트가 서 있었다. 광장 한가운데의 작은 공원에는 스티븐 톰린이 빚은 울프의 흉상이 있다. 울프는 1925년의 어느 날 오후 태비스톡 광장을 산책하는 동안 "어떤 커다란, 분명 의도치 않았던 돌발적인 폭발" 속에서 《등대로》를 썼다고 말한다. (D3 132: 1927년 3월 14일)[82] 이 소설의 착상은 〈쿠블라 칸〉에 대한 콜리지의 비전만큼이나 완벽하게, 콜리지의 표현을 빌리자면 "노력했다는 어떤 의식이나 감각도 없이"[83] 솟아오른 것처럼 보인다—비록 실제로 책을 쓰는 데는 몇 개월이 더 걸리긴 했지만 말이다. 태비스톡 광장을 걷는 데는 시간이 얼마 걸리지 않는다—그러니까 울프가 정말로 그런 낭만적인 영감의 순간을 경험했다면, 그 일은 짧은 시간에 일어났거나 아니면 자의식적인 "나"로부터 정신이 충분히 해방되어 상상력이 자유롭게 활보하게 될 때까지, 그녀는 그곳의 초록과 고요를 흠씬 호흡하며 얼마간 공원을 어슬렁거렸을 것이다. 이것이 그녀가 로드멜에서 사용한 절차였다.

그때, 태비스톡 광장의 바로 그곳에서, 이런 생각이 나를 후려쳤다.

"민주주의는 거리에 있다." 각자의 다양함을 유지한 채, 이리저리 바쁘게 오가는 사람들이 가득 찬 만화경, 불협화음에서 협화음으로의, 다시 불협화음으로의 변동, 이 도시의 삶을 함께 조합해 내는 다양하기 이를 데 없는 개인들 간의 끝없는 교환—이것이야말로 내가 찾아다니고 있었던 일자, 만물을 창조하는 생명이다. 그것은 내 눈 바로 앞에서 그 모든 다자성과 변화무쌍한 화려함의 형태로 자신을 변장하고 있었다. 런던은 생명, 변화, 되어감, 시작도 끝도 없는 변신의 과정으로 가득 차 있었고, 로드멜의 그것과 똑같은 생기에 젖어 있었다. 그곳에는 색채가, 움직임이, 성장과 쇠퇴가 있었다. 개별자들과 사건들이 바퀴살처럼 붙어 있는, 끊임없이 굴러가는 변화의 바퀴가 있었다. 클라리사가 옳았다—정말로, 런던 걷기가 시골 걷기보다 나았다. 내게 필요했던 것은 어디를 응시할지, 또는 어떻게 응시할지를 아는 것뿐이었다.

　　나의 실수는, 시골에서 발견되는 '하나의 생명'이 아무런 변경도 없이 도시에 그대로 이식되는 것이 가능하다는 듯, 런던의 소음과 혼돈 속에서 로드멜에서의, 자연과의 목가적 합일을 찾아내려 한 것이었다. 그러나 울프가 했던 것은 이런 것이 아니었다. 울프가 자연의 단일성이라는 낭만주의적 개념을 런던 살이로 이식했을 때, 그것은 동일한 '하나의 생명'이었지만, 동시에 특유의 도시적 형식을 취하고 있었다—활동적이고, 에너지 넘치고, 눈에 띄고, 평화나 평온보다는 충돌과 불협화음인. 홀린 채로 걸었던 시간에 울프는 살아 움직이는 것과 그렇지 않은 것, 자연물과 인공물, 인간과 비인간을—2층 버스와 전차, 거리에 모인 사람들과 정육점의 창문, 공장 굴뚝에서 나오는 석탄 연기 사이로 비치는 석양의 붉은 색조, 이 모든 것을 포괄하고 결합하는 근본적 실재를 알아챘다. 그러나 모든 것을 연결하는 생명의 이 단일함은, 그것이 시골 들녘에 있든 런던 거리에 있든, 동일한 단일함이자 동일한 에너지이며, 그저 다른 방식으로 변조될 뿐이다. 다양한 다자들의 밑바탕에 있는 이 하나의 생명은 하나의 음표이거나 하나의 음조일 필요는 없다. 그러나 그것은 근대적[현대적] 삶의, 혼잡한 춤의 음악으로, 언제나, 남아 있다.

시골에서, 도시에서 울프는 자신의 개인적 자아를 다른 곳으로 데려갔고, 모든 것―"생각, 감각, 바다의 목소리"―을 포함하는 어떤 순간, 전체의 순간, 영원의 일별을 함유하며 시간을 고요하게 하는 살아 있는 순간과 그녀 자신을 하나되게 했던 모종의 황홀경을 경험했다. (D3 209-10: 1928년 11월 28일) 로드멜은 그녀가 처음으로 이 경험을 한 곳이었다. 그곳에서 울프는 이렇게 쓴다.

만일 당신이 이 순간에, 바로 이 순간에 드러눕고, 그것을 전체로 만들고, 그것에게 말하지 않는다면, 자유로운 상태로 머물지 않는다면, 당신의 이익은 무엇일까? 죽음? 안 된다. 지금 이 순간에 머물러라. 누구도이 점을 충분히 말하지 않는다. 늘 서두를 뿐. 이제 나는 안으로 들어간다, L[레너드]에게 말하려고, 이 순간에 머무르라고.

(D4 134-35: 1932년 12월 31일)

"지금 이 순간에 머물러라! 당신은 그토록 자유롭다!" 바로 이것이 낭만주의자, 범신론자, 시골의 방랑자, 산책자인 버지니아 울프다.

9장

종결부
나는 걷는다, 그리하여 존재한다
(재현부)

가상디가 데카르트의 '코기토 에르고 숨cogito ergo sum'("나는 생각한다, 그러므로 존재한다")에 반대해 '암불로 에르고 숨embulo ergo sum'("나는 걷는다, 그리므로 존재한다")을 제시했을 때 그는 스스로 인지하던 것보다 더 옳았다.[1] 이 책에서 탐구한 걷기들은 신체의 움직임, 지각, 상상력, 감정, 사고 간의 내밀한 연결을 이야기해준다. 데카르트는 자기가 신체 없이도 생각할 수 있다고 '상상'했을지도 모르지만, 그것은 이 책에서 논한 작가들의 경험도 내 경험도 아니다.

데카르트는, 내가 내 신체의 존재보다 내 정신의 존재에 관해 더 확신할 수 있다고 주장한다. 실제로 그는, 그 속에서 비현실적 신체가 비현실적 행동을 하는 것을 상상하게 되는 꿈과 같은 경험은 의심을 야기한다고 주장한다─내가 신체라는 것을 가지기는 했을까? 그는 감각적 지각 행위에 신체 감각 기관들이 필요함을 인정해야 하지만, 그에게 그것은 감각에 관한 인정을 의심할 또 하나의 이유일 뿐이다. 그 어떤 감각적 내용의 방해도 받지 않은 순수 지성에 관한 밝고 뚜렷한 관념이야말로 가장 자명하고 신뢰할 만하다는 것이다. 걷기에 관해서, 데카르트는 실제로 걷지 않으면서 내가 걷고 있다고 꿈꿀 수는 있다고 말한다. 만일 내가 걷기를 알아차린다면, 그 앎은 내 몸이 아니라 정신에서 오는 것이다. 이 경우, 나는 걷기라는 몸의 행위 그 자체보다 걷기에 관한 내 정신의 '관념'을 더 확신할 수 있다. 하지만 만일 내가 생각하고 있다고 꿈꾸고 있다면, 나는 정말이지 적어도 어떤 형태로든 생각하고 '있는' 것이다.[2]

그렇긴 하나, 꿈꾸면서 하는 생각은 실제 경험을 특징짓는 다양한 지각들의 풍부한 통합에 비하면 단편적이고 일관성이 없다. 데카르트의 "나는 생각한다, 그러므로 존재한다"에 관해서도 같은 말을 할 수 있다. 시간적 지속이 없으면 "나는 생각한다"는 고립되고 일시적인 생각이 된다. 그것을 이끈 전제도 없지만 (데카르트의 바람대로: 그는 코기토에 그 어떤 전제도 없기를 원했다) 그에 따른 어떤 결과도 없이, 그것은 사라질 뿐이다. 그것은 아편을 복용한 콜리지가 혼미한 상태에서 했던 생각만큼이나 실체가 없고 부유한다. 자크 데리다가 주장했듯, 순전히 순간적인 코기토는 광기에 가까울 정도로 비일관적이고 꿈과 구별이 되지도 않는다.[3] 그것은 과거나 미래가 없는 순수한 현재일 뿐이다.

반면, 깬 상태에서 우리가 세계를 경험하려면, 의식의 여러 순간이 과거, 현재, 미래의 시간적 종합 상태로 모여드는 것이 필요하다. 칸트는 경험을 통일적으로 종합하는 이 작업이 상상력의 몫이라고 말한다. 이 상상력은 감각의 수동적 수용성과 지성의 능동적 조직화를 연결하는, 하나로 만들어 내는 힘이다.[4] 하이데거가 자세히 설명했듯, 이러한 종합은 반드시 시간에 걸쳐 펼쳐지게 된다.[5] 하이데거에 따르면, 상상력이 각기 다른 시간의 순간을 결합해 냄은, 공간(서로 다른 공간이 자리를 잡는 통일체로서의 공간)과 시간 모두를 아래에서 지탱하는, 경험의 초월적 통일성을 만들어 낸다. 여기에 나는, 실제의 물리적 경험에서 시간에 걸쳐서 각기 다른 공간을 결합하는 것은 운동, 움직임이라는 점을 덧붙이고 싶다.

기상디가 말하듯, 움직임이야말로 삶의 본질이다.

혹자는 상상력에 의한 경험의 종합이 몸 없이 작동하는 정신에 의해 가능하다고 상상할지 모른다. 하지만, 그것은 환상이다. 어떤 지각된 물체의 다양한 면모를 하나의 통일체로 통합하는 작업—칸트가 일차적 또는 생산적 상상력이라고 부르는 작업—을 하려면, 다양한 시점에서 그 물체를 파악해야 하며, 이때 각 시점이 있으려면 공간상의 하나의 정박지가 있어야 한다. 그 정박지가 바로 몸이다. 메를로 퐁티에 따르면, 몸이 공간 안에 있지 않다면, 그것이 하나의 지점에서 다른 지점으로 이동할 수 없다면, 우리는 하나의 물체에 대한 다양한 시점을, 우리 자신이 거주하고 있는 바로 그 공간 안에 있는 하나의 사물에 대한 지각으로 융합해 낼 수 없다.[6] 메를로 퐁티는 공간 자체가 실존적이라고 말한다—공간 가능성의 조건은, 운동, 행동, 지각을 할 수 있는 몸이 우리에게 있다는 사실이라는 말이다. 요컨대, 우리에게 "현실적인" 경험의 세계와 시의 상상적 세계를 모두 제공하는 지각과 상상력이라는 경험에는, 공간 곳곳에서 움직일 능력이 있는 몸으로의 체화가 요구된다. 공간 곳곳에서 움직이는, 우리의 가장 기본적인 방법은 걷기이며, 이 책에서 살펴본 것처럼 우리의 걷기 방식은 우리의 사고 방식과 엄청난 관련이 있다.

한마디로, 나는 걷는다, 그러므로 존재한다. 걷기는 체화된 경험이며, 체화된 경험은, 데카르트의 생각과는 반대로, 그 본질상 지각, 상상, 사고와 연결되어 있다. 가장 추상적인 개념적 사고조차도 몸으로 하는, 감각적 경험에 기초해서만 가능하다. 성신은 바로 이 기서 위에서, 이를테면 동일성과 차이 같은 (이성적 사고의 근본 원리를 지탱하는) 관념들 간의 추상적 관계들을 결정하기 위해 성찰을 수행한다.[7] 놀랄 것도 없지만, 걷기는 지각, 기억, 상상처럼 몸과 더 확실히 연결되어 있는 사고 형태를 자극할 수 있다.

수업 시간에 이 문제를 논의할 때 통상 학생이 반대 의견을 표명하는 것은 이 지점에서이다—그럼 스티븐 호킹은요? 그는 휠체어를 사용해야 했지만, 생각할 수 있었는데요. 사실 그는 우리 대부분보다 더 잘 생각했고, 그의 능력은 확실히 나보다 나았다. 정신이 신체와 독립적이고, 신체의 도움 없이 이동하고 행동할 수 있는 실체라는 데카르트의 견해에 찬성하는 어떤 주장이 있다면, 그건 바로 스티븐 호킹에 관한 주장일 것이다.

이 질문에 나는 이렇게 대답한다—좋은 지적이군요. 스티븐 호킹이 어떻게 그렇게 잘 생각할 수 있었는지는 나에게 미스터리이지만, 만일 그가 우사인 볼트처럼 두 발로 빠르게 움직였다면, 그의 비범한 지성은 똑같이 나를 당황하게 했을 거예요.

하지만 호킹이 걷지 않았다고 생각하는 것은 실수다. 그는 휠체어의 도움을 받아 자기만의 방식으로 걸었다. 물론 이 책에서 논의된 사상가들처럼 한 발을 다른 발 앞에 옮기며 걸은 건 아니었다. 그럼에도 그는 몸을 이곳저곳으로 옮겼고, 그렇게 취해진 다양한 시점을 종합해서 자신이 거주하는 동일 공간에 있는 단일 물체에 대한 지각으로 만들어 냈다. 그는 누구나 그렇게 하듯, 감각적 자극, 몸의 운동, 상상력의 조합을 활용해서 그렇게 했다. 그는 우리 모두와 똑같은 방식으로 공간 내에서 나아갈 방향을 잡았다. (눈, 안뜰기관vestibular system, 근육으로부터 조정된 감각 입력에서 파생된) 자기 몸의 자세와 위치에 대한 인식을, 뇌의 해마를 활용하는 방식 말이다. 그의 휠체어는, 안경이 누군가의 시지각의 일부로 기능하는 것과 똑같은 식으로 그의 몸의 연장이 되었다. 도움을 받은 걷기 역시 여전히 걷기다. 휠체어를 타든 목발을 짚든 지팡이를 사용하든.

오이디푸스가 풀었던 스핑크스의 수수께끼를 생각해보라—아침에는 네 발로 걷고, 정오에는 두 발로 걷고, 저녁에는 세 발로 걷는 것은? 물론 답은 인간Anthropos이다.[8] 보통의 경우, 우리는 유아기에 네 발로 가고, 성인기에는 두 발로 걷고, 노년기에는 지팡이의 도움을 받는다. 두 개나 세 개의 발로, 또는 휠체어의 네 바퀴로, 인체는 공간 속에서 자기를 전진시키고, 제 감각 기관을 사용해 환경을 탐색한다. 도움을 받든 말든, 이것 모두가 걷기다.

신발과 부츠부터 시작해 얼마나 많은 도움을 우리가 당연시하는지 잊지 말기로 하자. 팀 잉골드는 허클베리 핀처럼 맨발 걷기를 옹호하는 사람이지만,[9] 따뜻한 날씨가 아니라면, 부드러운 모래나 풀밭을 걷는 것이 아니라면, 우리 중 대다수는 신발 사용을 선호한다. 특히 현대 도시 사회에서는 신발 없음이나 질 낮은 신발은 빈곤을 시사한다—"뒤축이 닳아빠지다down at the heels", "밑창 위에서on his uppers"나 그와 유사한 표현들은 노쇠한 상태나 자원 부족의 상태를 은유적으로 전달한다. 또한 뭔가를 신고 걷든 맨발로 걷든, 우리는 대부분 인도나 차도 같은 미리 준비된 표면 위를 걷는다. 비포장 도로나 야생의 산책로에서조차 우리는 이미 많이 밟혀 걷기 편해진 땅을 걸으므로, 우리보다 먼저 걸었던 익명의 숱한 사람들의 도움을 받는 셈이다.[10] 우리 중 극소수만이 야생의 산책로를 개척한다. 거의 언제나 우리는 다른 이들이 걸어간 길을 이어 걷는다.

다른 이들의 발걸음을 따라 걷기는 이 책의 여정 내내 내가 해온 일이다. 앙드레 브르통, 사르트르, 보부아르, 콜리지, 키르케고르, 루소, 니체, 울프—이들은 좋은 동료들이었다. 리베카 솔닛, 다비드 르 브르통, 로버트 맥팔레인, 장 루이 위, 로런 엘킨, 팀 잉골드, 조 베르곤스트, 필 스미스, 프레데릭 그로, 조지프 아마토, 매튜 보몬트 등 걷기에 관해 썼던 이들이 그랬듯이. 이 보행자들과 그들의 사색은 도시, 들녘, 숲, 산을 걷는 나와 계속해서 함께할 것이다.

버지니아 울프는 일기에서, 서식스의 사우스 다운즈나 런던의 거리에서 "걷기에 착수하면" 나쁜 기분을 치료할 수 있다고 쓰고 있다. 이와 관련해서는 그녀는 혼자가 아니다―키르케고르, 니체, 루소, 그리고 다른 많은 보행자들은 건강에 도움이 되는 걷기를 언급한다.[11] 내 경우도 피곤하거나, 의욕이 없거나, 우울할 때 괜찮은 걷기는 치료제가 되곤 한다. 길게 걷지 않아도 된다. 때로는 10분의 산책이면 충분하다. 다리를 움직이게 하고, 폐가 더 깊이 호흡하게 하며, 감각이 주변세계에 더 살아 있게 하는 것으로 내 기분을 가볍게 하고 생각에 활력을 불어넣을 수 있다. 걷기에 미친 사람들이 보고하는 역설은, 걸으며―짧은 산책이든, 긴 걷기 여행이든―신체적 에너지를 지출한 후에 우리는 되레 심신 모두 상쾌해지고 활기차게 된다는 것이다.

그러니, 감각적이고 상상력을 자극하는 걷기의 풍요로움을 위해 책상에 묶인 이 창백한 생각을 이제 떠나는 것이 좋겠다. 신발을 신고 세상으로 걸어 나갈 시간이다.

주

1장

1   Christophe Lamoure, *Petite philosophie du marcheur* (Paris: Éditions Milan, 2007), 104–05; Frédéric Gros, *Marcher, une philosophie* (Paris: Champs/Flammarion,2011), 209–16; *A Philosophy of Walking*, John Howe trans. (London and New York: Verso,2014), 153–58

2   Jean-Jacques Rousseau, *Confessions*, J. M. Cohen trans. (Harmondsworth: Penguin Books, 1953), 382, 158.

3   Rebecca Solnit, *Wanderlust. A History of Walking* (New York: Penguin Books, 2001), 7, 8.

4   André Breton, *Nadja*, Richard Howard trans. (New York: Grove Press, 1960), 72.

5   Stephen Addis and Stanley Lombardo trans. , Lao-Tzu, *Tao Te Ching* (Indianapolis, IN: Hackett, 1993), Chapter 64 (페이지 번호 없음): "A thousand-mile journey begins with a single step;" 다른 판본으로는 Wing-Tsit Chan trans, *The Way of Lao-Tzu (Tao Te Ching)* (Indianapolis, IN: Bobbs-Merrill, 1963), 214: "The journey of a thousand li starts from where one stands."

6   Solnit, *Wanderlust*, 128.

7   Gros, *Marcher, une philosophie*, 7–9; *A Philosophy of Walking*, 1–2.

8   David Le Breton, *Éloge de la marche* (Paris: Éditions Métailié, 2000), 11, 31, 34.

9   Gilles Deleuze and Félix Guattari, *A Thousand Plateaus*, Brian Massumi trans. (Minneapolis: University of Minnesota Press, 1987), 409.

10   Will Self, *Psychogeography* (London: Bloomsbury, 2007), 61.

11   David Le Breton, *Marcher. Éloge des Chemins et de la lenteur* (Paris: Éditions Métailié, 2012), 150.

12   Martin Heidegger, *Being and Time*, John Macquarrie & Edward Robinson trans. (New York: Harper and Row, 1962), 172–79.

13   Heidegger, *Being and Time*, 140.

14   Yi-Fu Tuan, *Space and Place. The Perspective of Experience* (Minneapolis: University of Minnesota Press), 46–47.

15   Jean-Paul Sartre, *Sketch for a Theory of the Emotions*, Philip Mairet trans.(London: Methuen, 1971), 41–44.

16   Virginia Woolf, *Moments of Being*, Jeanne Selkind eds., 2nd ed. (London and New York: Harcourt, 1985), 78.

17   Guy Debord, "Introduction to a Critique of Urban Geography," in *The*

Situationist International Anthology, Ken Knabb eds. (Berkeley, CA: Bureau of Public Secrets, 2006), 8.

18   Jean-Jacques Rousseau, *Reveries of the Solitary Walker*, Peter France trans.(Harmondsworth: Penguin, 1979). 이 책의 7장을 참조할 것.

19   Charles Baudelaire, *Les Fleurs du mal* (1861), 특히 "Tableaux parisiens" 와 Carol Clark이 옮긴 *Selected Poems* (Harmondsworth: Penguin, 1995)와 Lousie Varèse가 옮긴 *Paris Spleen*, (New York: New Directions, 1970)에 수록된 *Petits poèmes en prose (Le Spleen de Paris)* (1869); Walter Benjamin, "Paris, Capital of the Nineteenth Century," section 5, "Baudelaire, or the Streets of Paris," in *Reflections*, Peter Demetz eds., Edmund Jephcott trans (New York: Schocken Books, 2007) 156–58, "On Some Motifs in Baudelaire," in *Illuminations*, Hannah Arendt eds., Harry Zohn trans. (New York: Schocken Books, 2007), 155–200. 보들레르와 벤야민에 대해서는 3장과 6장에서 다시 다룰 것이다.

20   Breton, *Nadja*; Louis Aragon, *Paris Peasant*, Simon Watson Taylor trans. (Boston, MA: Exact Change, 1994), Philippe Soupault, *Last Nights in Paris*, William Carlos Williams trans (Boston, MA: Exact Change, 1992). 이 책들은 단순한 사실 나열만으로는 표현할 수 없는 1920년대 파리의 생생한 현실을 환기시키며, 완전히 개인적인 파리 여행 일정을 따른다. 이 책 3장을 참조할 것.

21   Martin Heidegger, *Holzwege* (Frankfurt: V. Klostermann, 1950); in French, *Cheminsqui ne mènent nulle part*, Wolfgang Brokmeier trans. (Paris: Gallimard, 1986), 이 책의 제목은 '어디로도 연결되지 않은 길'을 의미한다. 영문 번역본은 2종이 있다. *Woodpaths*, Ian Hamilton Finlay & Solveig Hill trans. (Dunsyre: Wild Hawthorn Press, 1992); *Off the Beaten Track*, Julian Young & Kenneth Haynes eds./trans.(Cambridge: Cambridge University Press, 2002).

22   Lauren Elkin, *Flâneuse. Women Walk the City in Paris*, New York, Tokyo, Venice and London (London: Chatto & Windus, 2016), 이 책의 몇몇 장들은 Jean Rhys, Virginia Woolf, George Sand, Sophie Calle, Mavis Gallant, Agnès Varda, Martha Gellhorn을 다루고 있고, 문학에서 주목받지 못했던 산책자들의 명단을 제시한다. (302 n. 27): Michèle Bernstein, Rachel Lichtenstein, Laura Oldfield, Rebecca Solnit, Joanna Kavenna, Patti Smith, Faïza Guène, Janet Cardiff, Yoko Ono, Laurie Anderson and 40 others.

23   René Descartes, *Meditations on First Philosophy: Objections and Replies*, Fifth Set of Objections and Replies, in *The Philosophical Writings of Descartes*, vol. II, John Cottingham, Robert Stoothoff, Dugald Murdoch trans. (Cambridge: Cambridge University Press, 1984), 179–277; 특히 180–82페이지를 참조할 것.

24   Jean-Paul Sartre, *Situations II: Qu'est-ce que la littérature?* (Paris: Gallimard, 1948), 15, 243, 251–55, 327; Jean-Paul Sartre, "We Write for Our Own Time" [1947], in *The Selected Prose Writings of Jean-Paul Sartre*, Michel Contat & Michel Rybalka eds., Richard McCleary trans. (Evanston, IL: Northwestern University Press, 1974), 172–78, 173–75.

25   Solnit, *Wanderlust*, 168, 234.

26   Le Breton, *Marcher. Éloge des chemins et de la lenteur*, 19.

27   Solnit, *Wanderlust*, 68.

28   Solnit, *Wanderlust*, 29, 72, 77, 191.

29   Wade Davis, *The Wayfinders* (Toronto: House of Anansi, 2009), 150.

30   Gaston Bachelard, *La Poétique de l'espace* (Paris: Presses Universitaires de France, 2012), 33.

31   Deleuze and Guattari, *A Thousand Plateaus*, 12–13, 23.

32   Deleuze and Guattari, *A Thousand Plateaus*, 311–16.

33   Gabor Maté, *In the Realm of Hungry Ghosts. Close Encounters with Addiction* (Toronto: Vintage Canada, 2009).

34   Le Breton, Marcher. *Éloge des Chemins et de la lenteur*, 19.

35   Henri Lefebvre, *The Production of Space*, Donald Nicholson-Smith trans (Oxford and Cambridge, MA: Blackwell, 1991), 86.

36   Daniel Rubinstein, *Born to Walk. The Transformative Power of a Pedestrian Act* (Toronto: ECW Press, 2015), 77.

37   Heidegger, *Being and Time*, 140–41.

38   Gaston Bachelard, *The Poetics of Space*, Maria Jolas trans. (Boston, MA: Beacon Hill Press, 1964), 11.

39   Jean-Paul Sartre, "American Cities," in *Literary and Philosophical Essays*, Annette Michelson trans. (New York: Collier Books, 1962), 124.

40   Self, *Psychogeography*, 15.

41   Self, *Psychogeography*, 69.

42   Le Breton, *Marcher*, 17; 다음도 참조할 것. Joseph A. Amato, *On Foot. A History of Walking* (New York and London: New York University Press, 2004), 234–43.

43   Ray Bradbury, "The Pedestrian," in *The Magic of Walking*, Aaron Sussman, Ruth Goode eds. (New York: Fireside Books, 1980), 318–22.

44   Geoff Nicholson, *The Lost Art of Walking. The History, Science, Philosophy, and Literature of Pedestrianism* (New York: Riverhead Books, 2009), 33

45   Martin Heidegger, "Poetically Man Dwells, in *Poetry, Language, Thought*, Albert Hofstadter trans. (New York: Harper and Row, 1971), 213–29, 228.

46   Heidegger, *Being and Time*, 111, 115–116, 119.

47   Bachelard, *La Poétique de l'espace*, 187.

48   Bachelard, *La Poétique de l'espace*, 17–19, 24, 27, 58.

49   Bachelard, *La Poétique de l'espace*, 17.

50   Heidegger, "The Thing," in *Poetry, Language, Thought*, 165–86, 186.

51   Le Breton, *Marcher. Éloge des chemins et de la lenteur*, 155.

52   Solnit, *Wanderlust*, 275.

2장

1   다른 작품들 중에서도 Paul Churchland, *Matter and Consciousness* (Cambridge, MA : MIT Press, 1984)와 Patricia Churchland, *Neurophilosophy: Toward a Unified Science of the Mind-Brain* (Cambridge, MA: MIT Press, 1986).

2   Francisco J. Varela, Evan Thompson, Eleonor Rosch, *Embodied Mind. Cognitive Science and Human Experience* (Cambridge, MA: MIT Press, 1991).

3   Maurice Merleau-Ponty, *Phénoménologie de la perception* (Paris: Gallimard, 1945); Donald Landes trans. *Phenomenology of Perception* (New York and London: Routledge Classics, 2012).

4   René Descartes, *Meditations on First Philosophy*, in *The Philosophical Writings of Descartes*, eds./trans. John Cottingham, Robert Stoothof Dugald Murdoch et al. (Cambridge: Cambridge University Press, 1984), vol. 2, 12–23 (First and Second Meditations).

5   Pierre Gassendi, "Fifth Set of Objections," in René Descartes, *Meditations on First Philosophy*, in *The Philosophical Writings of Descartes*, vol. 2, 180; "암불로 에르고 숨ambulo ergo sum"이라는 구절은 수많은 다른 언어들을 쓰는 데 카르트 연구자들에 의해 인용되었음에도 Cottingham 등의 판본에서는 나오지 않는 다. 사례로 Jaakko Hintakka, "Cogito, ergo sum: Inference or Performance?," *Philosophical Review* vol. 71, no. 1 (January 1962): 6; Kuno Fischer, *The History of Modern Philosophy; Descartes and His School*, James Power Gordy trans. (New York: Charles Scribners' Sons, 1887), 461: "'나는 걷는다, 그러므로 나 는 존재한다'라는 말은, 가상디에 따르면 '나는 생각한다, 그러므로 나는 존재한다'만큼 확실한 것이다… '그것은 의심의 여지없는 확실성을 갖고, 내가 이해하는 모든 행위로부 터 내가 존재한다는 사실로 이어진다.'" 다음도 참조할 것. Georg Wilhelm Friedrich Hegel, *Lectures on the History of Philosophy*, vol. 3, *Medieval and Modern Philosophy*, Elizabeth Sanderson Haldane과 Frances H. Simson trans. (Lincoln and London: University of Nebraska Press [Bison Book], 1995), 230-31. 가상디 에 대한 데카르트의 답변도 "나는 걷고 있다, 그러므로 나는 존재한다"라는 말을 언급 한다;" Descartes, "Replies to the Fifth Set of Objections," *Philosophical Works*, vol. 2, 244. 다음도 참조할 것. Pierre Gassendi, *Disquisitio metaphysica, sive Dubitationes et instantiae adversus Renati Cartesii Metaphysicum, & respona* (Amsterdam: Johann Blaev, 1644); French translation by Bernard Rochot (Paris: J. Vrin, 1964).

6   Descartes, "Replies to the Fifth Set of Objections," *Philosophical Writings*, vol. 2, 244; *Principles of Philosophy*, Part One, Proposition 9, in Descartes, *Philosophical Writings*, vol. 1, 195.

7   헤르만 드 브리스herman de vries는 위계 체계의 폐해를 방지하기 위해 자신의 이름을 표기할 때 대문자를 쓰지 않는다.

8   Mel Gooding, *herman de vries: Change and Chance* (London: Thames and Hudson, 2006), 124–26; http://www.hermandevries.org/project_sanctuaries.php

9   herman de vries, *reConnaître: les choses mêmes* (Paris: Réunion des Musées Nationaux, and Digne-les-Bains: Musée départemental, 2001), 34; 다음도 참조할 것. 12페이지, "이동은 삶의 본질이다. 그 필연적 결과로서의 변화와 기회를 동반하여."

10   사례로서 Christophe Lamoure, *Petite philosophie du marcheur* (Paris: Éditions Milan, 2007), 100. 콜리지는 "문자 그대로 길 또는 통행로"라는 뜻의 그리스어 단어 Μεθοδος를 좋아했다. Samuel Taylor Coleridge, *The Friend*, 2 vols., B. E. Rooke eds. (Princeton, NJ and London: Princeton University Press/Bollingen Press, 1969), vol. 1, 457. 콜리지는 칸트로부터 이 은유를 빌려왔다. Immanuel Kant, *Critique of Pure Reason*, Friedrich Max Müller trans. (New York: Anchor Books, 1966), Method of Transcendentalism, chapter III, The Architectonic of Pure Reason, 533, 537, 540. 칸트는 한번 발견하면 절대로 사람들을 잘못된 방향으로 인도하지 않는 하나의 참된 길이 "감성에 의해 지나치게 커지고 숨겨져 왔다"고 말하지만, 이 책에 등장하는 걷기의 사상가들은 그와 반대로 감성을 철학적 진리에 이르는 길의 필수적인 영역으로 인정한다.

11   herman de vries, *reConnaître*, 14.

12   de vries, 디뉴레뱅의 케른 아트센터CAIRN Art Center에서 2008년에 개최된 드 브리스 관련 전시회 보도자료, p. 1; "Dossier de presse," CAIRN centre d'art, Digne-les-Bains, May-June 2008; CP_hdv_09.pd

13   www.resgeol04.org/herman.html, 1페이지.

14   de vries, *reConnaître*, 30: "실제 사물… 사물 그 자체.

15   de vries, *reConnaître*, 48.

16   Gassendi, "Fifth Set of Objections," 181.

17   Gassendi, "Fifth Set of Objections," 183: "따라서 당신 [데카르트]은 절대로 몸에 의해 방해 받지 않는 방식으로, 몸과 관계없이 생각한다는 것을 증명해야 한다."

18   Bernard Williams, *Descartes: The Project of Pure Inquiry* (London: Pelican, 1978), 54–55.

19   Descartes, "Second Meditation," *Meditations*.

20   Descartes, "Replies to the Fifth Set of Objections," 244.

21   Descartes, *Meditations*, 13.

22   예를 들면 하이데거의 저작 "Plato's Doctrine of Truth" (1940), John Barlow

trans, *Philosophy in the Twentieth Century*, William Barrett& Henry D. Aiken eds. (New York: Random House, 1962), vol. 3, 251-70에서 볼 수 있듯, 플라톤의 저작 *Republic*에 나타난 그의 시각 또는 시야에 대한 특권화는 다른 철학자들에 의해 자주 언급되었다. 원작은 Heidegger, *Platons Lehre von der Wahrheit. Mit einen Brief über den "Humanismus"* (Bern: A. Francke, 1947), 5-52. 하이데거 저작들의 기초가 된 강의 과정을 참고할 수 있다. *The Essence of Truth: On Plato's Cave Allegory and Theaetetus*, Ted Sadler trans. (London and New York: Continuum [Impact], 2004). 플라톤은 모든 감각을 폄훼하지만, 차이를 식별하는 능력이 있다는 점을 들어 시각만큼은 지성의 "모방"으로 삼는다. 다음도 참조할 것. Hans Jonas, "The Nobility of Sight," *Journal for Philosophy and Phenomenological Research* vol. 14, no. 4 (1954): 507-19.

23   Gassendi, "Fifth Set of Objections," 181

24   로크는 그의 동료이자 동시대인인 로버트 보일과 아이작 뉴튼과 마찬가지로, 가상디의 저작에 대해 잘 알고 있을지도 모른다. 다음 글을 참조할 것. "Pierre Gassendi" in the Stanford Encyclopedia of Philosophy: http://plato.stanford.edu/entries/gassendi/

25   John Locke, *An Essay Concerning Human Understanding*, Peter H. Nidditch eds. (Oxford: Clarendon Press, 1990), 634-35; Book IV, chapter IX, "Of Our Knowledge of the Existence of other Things."

26   Gassendi, "Fifth Set of Objections," 181-83.

27   Michael Bond, *From Here to There* (Cambridge, MA: Harvard University Press/Belknap Press, 2020), 101.

28   John Grande가 인용한 de vries, "herman de vries in conversation with John Grande," in Wegway Number 7 (Fall 2004): 44.

29   de vries, *reConnaître*, 12.

30   de vries, *reConnaître*, 34: "le mouvement induit de nouvelles expériences."

31   Descartes, *Discourse on the Method*, Part Two, in *Philosophical Writings*, vol. 1, 116; *Early Writings*, in *Philosophical Writings*, vol. 1, 4n.

32   Descartes, *Meditations*, Synopsis, *Philosophical Writings*, vol. 2, 10.

33   Descartes, *Meditations*, First Meditation, *Philosophical Writings*, vol. 2, 13.

34   Descartes, *Meditations*, Second Meditation, *Philosophical Writings*, vol. 2, 21.

35   Chai Youn Kim and Rudolph Blake, "Psychophysical Magic: Rendering the Visible 'Invisible'," *Trends in Cognitive Sciences* vol. 9, no. 8 (n.d.): 381-88; Marvin M. Chun and René Marois, "The Dark Side of Visual Attention," *Current Opinion* in *Neurobiology* vol. 12, no. 2 (April 2002): 184-90; James S. P. Macdonald and Nilli Lavie, "Load Induced Blindness," *Journal of Experimental Psychology: Human Perception and Performance* vol. 34, no. 5 (October 2008):

1078-91. 이러한 연구들은 사물을 보는 사람이 다른 것에 주의를 기울여야 할 때, 짧은 순간에 본 큰 사물 또는 매우 작은 사물이 그 사람의 의식적인 인식을 어떻게 회피하는지 보여 준다.

3장

1   André Breton, *Nadja*; Michel Meyer 주석 및 서류 작업 (Paris: Gallimard [Folio], 1998 [1928]); Richard Howard trans (New York: Grove Press, 1960). 먼저 프랑스어판을 참조하고, 그 다음에 영어판을 참조함. 인용이 하나만 있는 것은 프랑스어판을 참조한 것임.

2   Louis Aragaon, *Le Paysan de Paris* (Paris: Gallimard [Folio], 2007 [1926]); *Paris Peasant*, Simon Watson Taylor trans. (Boston, MA: Exact Change, 1994); Philippe Soupault, *Les Dernières nuits de Paris* (Paris: Gallimard [L'Imaginaire], 1997 [1928]); *Last Nights in Paris*, William Carlos Williams trans. (Cambridge, MA: Exact Change, 1992).

3   André Breton, *Les pas perdus* (Paris: Gallimard [L'Imaginaire], 2004 [1924]); *The Lost Steps*, Mark Polizzotti trans. (Lincoln and London: University of Nebraska Press, 1996). 여기서부터는 pp, 첫번째 참조는 프랑스어판, 두번째 참조는 영어판임.

4   Andreas Huyssen, *Present Pasts: Urban Palimpsests and the Politics of Memory* (Stanford, CA: Stanford University Press, 2003)의 내용처럼, 케런 틸은 *The New Berlin: Memory, Politics, Place* (Minneapolis: University of Minnesota Press, 2005), 67-68에서 팔림세스트 은유를 활용한다.

5   Shakespeare, *Hamlet*, Act I, scene 1: "정처 없이 떠도는 길 잃은 영혼은 제 처소로 서둘러 간다The extravagant and erring spirit hies to his confine." "모험을 찾아다니는 기사a knight errant."에 표현된 것과 유사하게, 여기서 "extravagant"는 "정처 없이 떠도는"을, "erring"은 "방황하는" 또는 "길 잃은"을 의미한다. *Hamlet*, George Richard Hibbard eds. (Oxford and New York: Oxford Worlds's Classics; Oxford University Press, 1998), 153, line 136에 대한 주석. "Extra"는 "어딘가의 바깥쪽"을, "vagant"는 "방랑하는"을 의미하기 때문에, 셰익스피어는 그 단어의 원래의 뜻을 언급하고 있다.

6   André Breton, "Surrealist Situation of the Object," in *Manifestoes of Surrealism*, Richard Seaver와 Helen R. Lane trans. (Ann Arbor: University of Michigan, 1972), 268. 이 글은 프랑스어판에는 수록되어 있지 않다. *Manifestes du surréalisme* (Paris: Gallimard [Folio], 2008).여기서부터는 둘 다 SM으로 표기.

7   André Breton, *Mad Love*, Mary Ann Caws trans. (Lincoln and London: University of Nebraska Press, 1987), 13; *L'amour fou* (Paris: Gallimard [Folio], 2008 [1937]), 18, 21; 영어판에는 프랑스어판과 다른 약간의 변경 사항들이 있음.

8   Breton, *Mad Love*, 23; *L'amour fou*, 31.

9   Soupault, *Last Nights of Paris*, 20-21, 22, 33, 99, 122.

10   Karen E. Till, *The New Berlin*, 13.

11   Michel de Certeau, *The Practice of Everyday Life*, Steven Rendall trans. (Berkeley, Los Angeles, and London: University of California Press, 1984), 108.

12   Michel de Certeau, Luce Girard and Pierre Mayal, *The Practice of Everyday Life*, Vol. 2: *Living and Cooking*, Timothy J. Tomasik trans. (Minneapolis: University of Minnesota Press, 1998), 133-36.

13   유령이 나타남과 장소에 관해서는 다음의 연구를 참조할 것. Till, *The New Berlin*, 231 n. 18. "유령론hauntology" 개념은 다음 저작에 서술되어 있음. Jacques Derrida, *Specters of Marx: The State of the Debt, the Work of Mourning, and the New International*, Peggy Kamuf trans. (New York and London: Routledge Classics, 2006).

14   Till, *The New Berlin*, 10.

15   Richard Holmes, *Footsteps. Adventures of a Romantic Biographer* (New York: Vintage, 1996), 66.

16   Derrida, *Specters of Marx*, 10.

17   Derrida, *Specters of Marx*, 11.

18   Derrida, *Specters of Marx*, xviii-xix, 29.

19   Shakespeare, *Hamlet,* Act One, Scene one; p. 152.

20   Derrida, *Specters of Marx*, 3.

21   Salvador Dali on the "double-image" in *L' Âne pourri*, in *La femme visible* (Paris: Éditions surréalistes, 1930). 이중 이미지는 눈에 띄게 달라지는 점 없이 어떤 다른 물체를 동시에 재현하는, 한 물체에 대한 재현을 말한다.

22   Liedke Plate, "Walking in Virginia Woolf's Footsteps. Performing cultural memory," *European Journal of Cultural Studies* vol. 9, no. 1 (2006): 101-20; pages 108-09에서 인용. 그녀는 신체적으로 수행된 "문화적 기억은 우리가 알지 못하는 다소 먼 과거의 다른 사람들의 기억으로부터 배우고 공유할 수 있는 상호주관적인 능력"이라고 말한다. 다음도 참조할 것. Walter Benjamin, *The Arcades Project* (Harvard, MA: Belknap Press, 2002), 416-17, 이 부분은 "죽은 사실"을 넘어 어떤 장소에 대한 그 사람의 신체의 감각적 친숙함을 통해 "경험된 생생한 어떤 것"인 사실로 이행하기 위해 "감각적 자료에 기반하는", 산책자의 "느껴서 아는 지식"에 관한 것이다. 벤야민은 6장에서 다시 다룬다.

23   Soupault, *Last Nights in Paris*, 29, 91.

24   "모든 학습은 기억이다." 즉, 학습은 영혼이 육체에 들어가기 전에 알았던 것을 기억하는 것이라는 교리에 대해 알아보기 위해 Plato, *Meno*, 81a-86c; *Phaedo*, 72e-77b.

25   Søren Kierkegaard, *The Concept of Anxiety*, Reidar Thomte, Albert B. Anderson trans. (Princeton, NJ: Princeton University Press, 1980), 17-18 n, 89-91, 227 n 43.

26   Søren Kierkegaard, *Repetition*, in *Fear and Trembling/Repetition*, Howard V. Hong, Edna H. Hong eds./trans. (Princeton, NJ: Princeton

University Press, 1983), 150-71.

27　Kierkegaard, *Repetition*, 149.

28　Martin Heidegger, *Sein und Zeit*, 15th ed. (Tübingen: Max Niemeyer, 1979 [1927]), 339, 343-44, 385-86.

29　Rebecca Solnit, *Wanderlust. A History of Walking* (New York: Penguin Books, 2001), 29.

30　Solnit, *Wanderlust*, 72.

31　Solnit, *Wanderlust*, 68.

32　David Le Breton, *Marcher. Éloge des chemins et de la lenteur* (Paris: Éditions Métailié, 2012), 37-38.

33　Solnit, *Wanderlust*, 72.

34　Solnit, *Wanderlust*, 191.

35　De Certeau, *The Practice of Everyday Life*, 35, 96-106, 120-22.

36　Johann Gustav Droysen, "History and the Historical Method" 및 "The Investigation of Origins," in *The Hermeneutics Reader*, Kurt Mueller-Vollmer eds. (New York: Continuum, 1990), 118-26; 120. 본문에 추가적인 참조들이 삽입되어 있다.

37　De Certeau, *The Practice of Everyday Life*, Vol. 2, 141-42.

38　나는 다음을 의역하고 있다. Winfried Georg Sebald, *Austerlitz*, Anthea Bell trans. (New York: Vintage, 2001), 221. 자크 오스터리츠Jacques Austerlitz는 2차 세계대전 발발 직전 체코슬로바키아에서 유대인 어린이들을 탈출시킨 어린이 기차 *Kindertransport*를 탔던 필젠Pilsen 역을 다시 방문한 것에 대해 묘사한다.

나는 내 안의 인식의 심금을 울렸던 무쇠 기둥의 기둥머리를 촬영하기 위해 플랫폼에 올라섰다. 그러나 무쇠 기둥을 볼 때 나를 불안하게 했던 것은 1939년 여름 어린이 기차를 타고 필젠을 지날 때, 지금은 암갈색 때가 끼어있는 복잡한 모양의 기둥머리가 정말 내 마음에 깊은 인상을 주었느냐는 질문이 아니라 마치 생명체인 것처럼 보이는 비늘무늬 표면의 무쇠 기둥이 나를 기억하는지, 그리고 나 혼자서는 더 이상 기억할 수 없는 것에 대한 증거가 되었는지와 같은 우스꽝스러운 생각 자체였다.

39　Le Breton, *Marcher. Éloge des chemins et de la lenteur*, 155, 121.

40　Sigmund Freud, *Civilization and Its Discontents*, James Strachey trans. (New York: Norton, 1962), 16-17.

41　새뮤얼 테일러 콜리지는 자신의 시 "카인의 방랑The Wanderings of Cain"에 대한 주석에서 "내 기억의 팔림세스트 명판에서 [사라진] 문구들을 복구해 보려고 했으니 헛된 일이었다."라고 한탄했다. Ernest Hartley Coleridge eds., *The Poems of Coleridge* (Oxford: Oxford University Press, 1927), 287.

42　Thomas De Quincey, "The Palimpsest of the Human Brain," in *Suspiria de profundis* (1845), in Thomas De Quincey, *Confessions of an English Opium Eater and Other Writings*, Grevel Lindop eds. (Oxford: Oxford World's Classics, 1998), 144-45.

43   Rebecca Solnit, *A Field Guide to Getting Lost* (New York: Penguin, 2006), 89.

44   Plato, *Theaetetus*, Robin Waterfield trans. (London: Penguin 1987), 99–100; 밀랍 칠을 한 명판에 대한 은유를 더 깊이 논의하기 위해 다음도 참조할 것. 102–06.

45   Gottfried Wilhelm Leibniz, *Discourse on Metaphysics*, in Leibniz, *Philosophical Essays*, Roger Ariew, Daniel Garber eds./trans. (Indianapolis, IN: Hackett Books, 1989), 41.

46   미래의 흔적에 대한 라이프니츠의 역설적인 개념은 에른스트 블로흐Ernst Bloch의 철학에서 발전했다. 특히 *Traces*, Anthony A. Nassar trans (Stanford, CA: Stanford University Press, 2006)에서 두드러진다. 블로흐는 미래의 흔적을 혁명적 희망과 연결한다.

47   Tim Ingold, "Footprints in the Weather World," *Journal of the Royal Anthropological Institute* (N. S.), vol. 16 (2010): S121–39; S128–30.

48   Eric R. Kandel, In Search of Memory. *The Emergence of a New Science of Mind* (New York and London: W. W. Norton & Company, 2006), 79.

49   Sigmund Freud, *Beyond the Pleasure Principle*, James Strachey trans, Angela Richards revised, in Sigmund Freud, *On Metapsychology and the Theory of Psychoanalysis*, Angela Richards eds. (Harmondsworth: Penguin, 1984), 275–338.

50   Freud, *Beyond the Pleasure Principle*, 297.

51   Freud, *Beyond the Pleasure Principle*, 296–97.

52   Jacques Derrida, "Freud and the Scene of Writing," in *Writing and Difference*, Alan Bass trans. (Chicago, IL: University of Chicago Press, 1978), 196–231; 200.

53   Derrida, "Freud and the Scene of Writing," 214.

54   Derrida, "Freud and the Scene of Writing," 214와 "The Violence of the Letter," in *Of Grammatology*, Gayatri Chakravorty Spivak trans. (Baltimore, MD: Johns Hopkins University Press, 1976), 107–08, 이 부분은 글쓰기와 새로운 세계의 개척 사이의 비유를 다루고 있다. "the via rupta, 즉, 깨진, 황폐해진, 조각난 길은 숲길의 시작에 의해 발견된 가역성과 반복의 공간이다."

55   Sigmund Freud, "A Note Upon the 'Mystic Writing Pad'," in Freud, *On Metapsychology and the Theory of Psychoanalysis*, 429–34; 430, 432–33.

56   Soupault, *Last Nights of Paris*, 156.

57   David Le Breton, *Éloge de la marche* (Paris: Éditions Métailié, 2000), 123.

58   Georg Wilhelm Friedrich Hegel, *The Phenomenology of Spirit*, A. V. Miller trans. (Oxford: Oxford University Press, 1977), 10.

59   Mary Ann Caws, "The Poetics of a Surrealist Passage and Beyond," *Twentieth-Century Literature* vol. 21, no. 1 (February 1975): 24–36; 29.

60   Breton, "Alfred Jarry," Les pas perdus, 40-55/25-39

61   Alfred Jarry, "Exploits and Opinions of Doctor Faustroll, Pataphysician," in *Selected Works of Alfred Jarry*, Roger Shattuck, Simon Watson Taylor eds. (New York: Grove Press, 1965), 192. 자리는 영어를 읽고 쓸 수 있었기 때문에, 우리는 포스트롤Faustroll 이라는 이름, 즉 Faust-roll 뿐만 아니라 fau-stroll이라는 두 이름에 대한 이중적인 언어유희가 가능하다고 합리적으로 생각할 수 있다. 어떤 사람은 그 이름을 보고 롤리-폴리 파우스트rolly-polly Faust와 거짓 산책false stroll을 하며 그저 목적지를 벗어나기만 하는 팔스타프Falstaff(가짜 막대기faux-bâton)를 상상한다.

62   Mark Frutkin, *Atmospheres Apollinaire* (Erin and Toronto: Porcupine's Quill Press, 1988), 45-47 생략. 이 책은 역사적 자료에 기반하고 있지만 허구의 작품이다. 자리의 방탕함과 권총 쏘는 것에 대한 애착에 대해서는 Guillaume Apollinaire, "Feu Alfred Jarry," in Apollinaire, *Le Flâneur des deux rives* (Paris: Galli- mard [L'Imaginaire], 2005), 125-36.

63   수포 또한 조제트Georgette의 미소에 매료된 후 자기의 모험을 시작한다. "그녀가 정말 신기하게 웃어서 나는 그녀의 하얀 얼굴에서 눈을 뗄 수 없었다." *Last Nights in Paris*, 1.

64   Merlin Coverly, *The Art of Wandering. The Writer as Walker* (Harpden: Oldcastle Books, 2012), 190.

65   Solnit, Wanderlust, 208-09.

66   Lauren Elkin, *Flâneuse. Women Walk the City in Paris*, New York, Tokyo, Venice and London (London: Chatto & Windus, 2016), 142.

67   Anna Balakian, *André Breton: Magus of Surrealism* (New York: Oxford University Press, 1971), 114; Mark Polizzotti, *Revolution of the Mind. The Life of André Breton*, revised edition (Boston, MA: Black Widow Press, 2009), 235, 603n.에서 인용.

68   Polizzotti, *Revolution of the Mind*, 235n. 이 부분은 경매 카탈로그에 실린 브르통과 나자가 주고받은 편지에 대해 언급한다. 폴리조티Polizzotti는 또한 분실된 나자의 미공개 그림들 (240)과 두 사람의 불륜이 끝나고 나자가 브르통에게 돌려달라고 한 분실된 나자의 노트 (253)도 언급한다

69   보통 흠잡을 데 없었던 리차드 하워드의 번역이 여기서 이 표현을 "나는 지옥의 변방에 갇혀 있는 영혼이다."라는 뜻으로 제대로 번역하지 못한다. 좀 더 문학적인 의미는 브르통의 책 전체를 관통하는 방황, 흔적, 발자취라는 주제와 관련이 있다.

70   미셸 마이어의 주서을 포함한 《Nadja》와는 별도로, 내가 나자에 대한 전기傳記적 정보를 얻기 위해 주로 의존한 자료는 다음과 같다. Polizzotti, *Revolution of the Mind*, 235-41, 252-54.

71   이 사진은 하워드의 번역본에는 나오지 않는다.

72   Polizzotti, *Revolution of the Mind*, 237.

73   Pierre Naville, *Le Temps du surréel* (Paris: Éditions Galilée, 1977), 358-59; Polizzotti, *Revolution of the Mind*, 238.에서 인용됨

74   Jean-Jacques Rousseau, *Confessions*, Angela Scholar trans. (Oxford:

Oxford World's Classics/Oxford University Press, 2008), 656, page 223에 대한 주석.

75   Breton, *Surrealist Manifestoes*, 86–88.

76   Polizzotti, *Revolution of the Mind*, 240–41, 252–53; Naville, *Le Temps du surréel*, 359.

77   폴리조티는 브르통의 초현실주의 동료인 앙드레 티리옹André Thirion의 다음 문구를 인용한다. "브르통은 미친 남자들을 싫어했고, 미친 여자들은 더욱 싫어했다." *Revolution of the Mind*, 606n.

78   Polizzotti, *Revolution of the Mind*, 254.

79   Polizzotti, *Revolution of the Mind*, 254.

80   Breton, *Mad Love*, 23; *L'amour fou*, 31

81   Frutkin, *Atmospheres Apollinaire*, 147.

82   Solnit, *Wanderlust*, 213.

83   Soupault, *Last Nights in Paris*, 45.

84   Nicolas Abraham and Maria Torok, *The Shell and the Kernel: Renewals of Psychoanalysis*, Nicholas Rand trans. (Chicago, IL: University of Chicago Press, 1994), 175.

85   Sebald, *Austerlitz*, 185.

86   Holmes, *Footsteps*, 69.

87   자넷 카디프Janet Cardiff와 조지 뷰레스 밀러George Bures Miller가 만든 오디오 및 비디오 걷기의 흥미로운 측면 중 하나는 시청자 및 청취자가 동시에 두 가지 삶을 살도록 하는 방식이다. 일부 걷기에서는 참가자가 헤드폰을 끼고 자신이 걷고 있는 장소가 아닌 다른 장소의 주변 소리를 듣는다. 이렇게 하면 변위變位이기도 한, 불일치하는 "이중화"가 발생한다. Rebecca Dimling Cochran, "Fooling Reality: A Conversation with Janet Cardiff and George Bures Miller," in *Sculpture Magazine*, 1 November 2018; https://sculpturemagazine.art/fooling-reality-a-conversation-with- janet-cardiff-and-george-bures-miller/; 2020년 11월 18일에 접속함.

4장

1   Jean-Paul Sartre, *The Words*, Bernard Frechtman trans. (New York: Vintage, 1981), 40, 60, 194.

2   Simone de Beauvoir, "Strictly Personal," Harper's Bazaar, 146, 1945; Ronald Hayman, *Writing Against: A Biography of Sartre* (London: Weidenfeld and Nicolson, 1986), 104에서 인용됨. 보부아르는 시골에 대한 사르트르의 반감을 사르트르가 익히지 않은 음식보다 익힌 음식을 더 좋아하는 것과 연관짓는다. 사르트르가 보부아르와 함께 도시와 시골을 걸었던 것, 그리고 보부아르가 사르트르보다 시골을 걷는 것에 대한 훨씬 더 큰 열정을 갖고 있었다는 것에 대해서는 *Writing against*,

85–86, 90, 103. 다음도 참조할 것. Claude Francis and Fernande Gontier, *Simone de Beauvoir: A Life*, Lisa Nesselson trans. (New York: St. Martin's Press, 1987), 142: 기분이 내킬 때 잘 걷었던 사르트르는 시골을 그리 좋아하지 않았고, 도보 여행도 고성古城, 박물관, 또는 다른 사람이 만든 건물들을 가는 경우에만 좋아했다." 마지막으로 다음도 참조할 것. Simone de Beauvoir, *La Force de l'âge* (Paris: Gallimard [Folio], 1988 [1960]), 252–53: "사르트르는 기분이 내킬 때 잘 걷었던 사람이었다 […] 나는 계획을 세울 때 그의 취향을 고려했다. 우리는 때로는 걸어서, 때로는 버스를 타고 도시, 마을, 수도원, 고성을 방문했다."

3　David Le Breton, *Marcher. Éloges des chemins et de la lenteur* (Paris: Éditions Métailié, 2012), 122.

4　Jean-Paul Sartre, *Nausea*, Lloyd Alexander trans. (New York: New Directions, 1964), 156; Robert Baldick trans. (Harmondsworth: Penguin Books, 1965), 221–22; *La Nausée* (Paris: Gallimard [Folio], 1983 [1938]), 217–18

5　Sartre, *The Words*, 49:

나중에 반유대주의자들이 자연의 교훈과 침묵도 알지 못한 채 유대인들을 수없이 비난하는 말을 들었을 때, 나는 "그렇다면 나는 유대인보다 더 유대인 같은 유대인이다."라고 답하곤 했다. 시골 유년 시절의 아픈 기억과 지독한 부조리를 내 안에서 찾는 것은 헛된 일이 될 것이다. 나는 밭을 갈거나 둥지를 찾아본 적이 없다. 나는 나물을 캐지도 않았고 새들에게 돌을 던지지도 않았다. 하지만 책들이 나의 새와 둥지, 반려동물, 헛간과 시골이었다.

6　Jean-Paul Sartre, *Being and Nothingness*, Hazel Barnes trans. (New York: Washington Square Press, 1992), 여기서부터는 BN; *L'être et le néant*, correctd by Arlette Elkaïm-Sartre(Paris: Gallimard, 1998 [1943]), 여기서부터는 EN.

7　Jacques Derrida, *The Truth in Painting*, Geoff Bennington과 Ian McLeod trans. (Chicago, IL: University of Chicago Press, 1987), 52–82.

8　Soren Kierkegaard, *The Concept of Anxiety*, Albert B. Anderson과 Reidar Thomte이 trans. (Princeton, NJ: Princeton University Press, 1980), 41–46, 49, 76–77 (이 부분은 "무nothing"와 "가능성의 가능성"에 직면한 불안, 그리고 "가능함의 가능성"으로서의 "자유의 가능성"을 다룬다.) 그리고 61 (이 부분은 가능성의 심연을 내려다 볼 때 "자유의 현기증"으로서의, 자유의 – 졸도 - "실신"으로서의 불안을 다룬다).

9 하이데거의 불안에 관해서는 *Sein und Zeit*, 15th ed. (Tübingen: Max Niemeyer, 1979); *Being and Time*, John Macquarrie, Edward Robinson trans. (New York: Harper and Row, 1962); *Was ist Metaphysik?* (Bonn: Friedrich Cohen, 1929); David Farrell Krell trans., "What Is Metaphysics?," in Martin Heidegger, *Basic Writings*, David Farrell Krell eds. (New York: Harper and Row, 1977), 91–116. 사르트르는 "What is metaphysics?"와 Henri Corbin이 번역한 《존재와 무》의 발췌 내용을 잘 알고 있었다. *Qu'est-ce que la métaphysique?* (Paris: Gallimard, 1938).

10　Jean-Paul Sartre, *The Transcendence of the Ego*, Andrew Brown trans. (London and New York: Routledge, 2004), 47; *La Transcendance de l'ego*, Sylvie Le Bon eds. (Paris: J. Vrin, 1966), 80–81.

11　시몬 드 보부아르는 사르트르와 자신이 1930년대에 발간된 키르케고르의 첫

프랑스어 번역본에 관심을 가졌다고 말한다 (《여자 한창때》 157). 《불안의 개념*The Concept of Anxiety*》 - *Le concept de l'angoisse*, Paul-Henri Tisseau trans. (Paris: Alcan, 1935) - 의 프랑스어 완역본은 1935년이 되어서야 발간되었지만, 장 발Jean Wahl의 주요 논문인 "Hegel et Kierkegaard"는 1931년 '프랑스 철학과 이방인 리뷰'에 실렸다. *Revue philosophique de la France et de l'étranger* 111-12 (1931): 321-80. 사르트르는 《존재와 무》 65페이지와 525페이지에서 발의 Études kierkegaardiennes (Paris: Aubier-Montaigne, 1938)와 "Heidegger et Kierkegaard"를 인용한다. 그는 발의 유명한 강의도 언급한다. "Subjectivité et transcendance," *Bulletin de la Société française de philosopohie* vol. 37, no. 5 (October–December 1937): 161-211; 그는 자신의 다음 저작에서도 그 동일한 강의를 언급한다. *Baudelaire*, Martin Turnell trans. (New York: New Directions, 1950), 30. *Les carnets de la drôle de guerre* (Paris: Gallimard, 1983)에서, 사르트르는 다음의 저작들도 분명하게 언급한다. *Le Concept de l'angoisse*. 발의 서문 (pages 1-38, Tisseau 번역본); Carnet V, 18 December 1939, 166-69. *The War Diaries of Jean-Paul Sartre November 1939-March 1940*, Quintin Hoare trans. (New York: Pantheon Books, 1984), 131-34. 다음도 참조할 것. Jean-Paul Sartre, *Lettres au Castor et à quelques autres* (Paris: Gallimard, 1983), vol. I, 1926-1939, 491, 494, 496, 500. 이 부분에서 사르트르는 하이데거에 영향을 미쳤으며 자신의 무와 자유 이론의 기초가 된 *Le Concept de l'angoisse*에 대해 이야기한다.

12   Sartre, *Carnets de la drôle de guerre*, 166-68; *War Diaries*, 132-33.

13   Simone de Beauvoir, *Adieux: A Farewell to Sartre*, Patrick O'Brian trans. (New York: Pantheon Books, 1984), 333-34.

14   Sartre, *Baudelaire*, 115.

15   Sartre, *Baudelaire*, 105; 번역을 일부 수정함.

16   Sartre, *Baudelaire*, 105.

17   Sartre, *Nausea*, Lloyd Alexander trans, 156; Robert Baldick trans, 221-22; *La Nausée*, 217-18. 나는 대부분 볼딕의 번역본을 참조했다. 마로니에 나무에 대한 유명한 단락은 *La Nausée*, 178-88, 이 부분은 그저 존재하지 않을 수 없다는 이유로 인해 모든 가지 위에 넘쳐 흐르고 있는 그 나무의 "쓸데없는 불안"을 묘사한다. 사르트르가 존재의 맹목적인 적나라함 앞에 있는 공포를 묘사할 때 든 대표적인 예가 식물이다. 반면, 광물은 모든 존재 중에서 가장 무섭지 않은 존재 (Baldick 번역본 222; La Nausée, 218)이며, 보들레르 또한 "단단하고 균이 없는 형태의 광물"을 살아 있는 비옥한 자연보다 더 좋아했다. *Baudelaire*, 108. 보부아르는 "사르트르가 나무보다 바위를 더 좋아했다"라고 적고 있다 (《여자 한창때》 253).

18   Sartre, *Baudelaire*, 106.

19   Francis and Gontier, *Simone de Beauvoir: A Life*, 111.

20   Sartre, *Baudelaire*, 103.

21   이는 《존재와 무》에서도 마찬가지다. 반-자연이라는 주제는 사르트르가 2차 대전 이후에 시작했지만 1948년에 미완성으로 남긴 다음 저작에 더욱 분명하게 드러난다. *Cahiers pour une morale* (Paris: Gallimard, 1983); *Notebooks for an Ethics*, David Pellauer trans. (Chicago, IL: University of Chicago Press, 1992).

22   Jean-Paul Sartre, *Critique de la raison dialectique*. Tome I: *Théorie des ensembles pratiques* (Paris: Gallimard, 1960/1985); *Critique of Dialectical Reason*, vol. 1, *Theory of Practical Ensembles*, Alan Sheridan-Smith trans., Jonathan Rée revised (London: Verso, 2004).

23

24   Kierkegaard, *The Concept of Anxiety*, 42, 49, 235 n. 47.

25   Jean-Paul Sartre, *Saint Genet: Actor and Martyr*, Bernard Frechtman trans. (New York: Plume Books [New American Library], 1971), 152–53:

내가 악을 저지를지도 모른다는 바로 그 생각이 나를 두렵게 한다면 나는 그 행동이 악이라는 사실을 바로 알게 될 것이다. 이 공포가 나로 하여금 악을 행하지 못하도록 하는 것이 맞겠지만, 실상은 그렇지 않다. 나의 가장 강력한 동기가 되어야 하는 것은 공포 그 자체이다 […악은 내가 행할 이유가 없고 피해야 할 이유만 있는 행동이다. 이것이 [장] 주네가 영웅들의 범죄를 표현하는 방식이다. 시골에 홀로 있던 에릭은 갑자기 놀고 있는 한 아이를 발견한다 […그 생각은 먼저 불안의 형태로 나타난다. 아이를 죽이면 끔찍할 것이라는 불안이다 […그는 그럼에도 자신의 가능성이 되어 버린 이 끔찍한 가능성에 대해 완전히 반항한다. 정확히 그 이유로 인해, 그는 그 아이를 죽일 것이다.

26   Kierkegaard, *Concept of Anxiety*, 44–45.

27   스스로를 기다리는 기다림으로서의 자아에 대한 사르트르의 논의는 하이데거의 죽음을 향하는 존재론 (*Sein zum Tode*)에 대한 비판의 맥락에 위치한다. 데리다가 《아포리아스》, 특히 두 번째 부분인 "도착을 기다리며"에서 같은 주제를 광범위하게 다루고 있다는 점을 주목할 만하다. Jacques Derrida, *Aporias*, Thomas Dutoit trans. (Stanford, CA: Stanford University Press [Meridian], 1993). 특히 66페이지를 참조할 것. "죽음과 함께, 존재자는 진실로 자기 앞에, 거울 앞과 미래 앞에 있는 것처럼 자기 자신 앞에 있다.

28   콜리지의 걷기와 도보 여행의 "방법"에 대해서는 Richard Holmes, *Coleridge: Early Visions* (London: Hodder & Stoughton, 1989), 328–31; Robert Macfarlane, Mountains of the Mind: Adventures in Reaching the Summit (London: Granta, 2008), 81–84. 그와 동일한 수준으로 무모한 시몬 드 보부아르의 크로스컨트리 방식의 하이킹에 대해서는 아래에서 설명하는 《여자 한창때》 109페이지에서 110페이지를 참조할 것. 콜리지는 다음 장에서 다룬다

29   Julien Gracq, *En lisant en écrivant* (Paris: José Corti, 1980), 187; Le Breton, *Marcher. Éloge des chemins et de la lenteur*, 71에서 인용. Frédéric Gros, *Marcher, une philosophie* (Paris: Flammarion, Champs, 2011), 80–81; John Howe trans., *A Philosophy of Walking* (London: Verso, 2014), 55.

30   Claude Lanzmann, *The Patagonian Hare: A Memoir*, Frank Wynne trans. (New York: Farrar, Straus and Giroux, 2012), 247, 249.

31   Lanzmann, *The Patagonian Hare*, 249

32   Lanzmann, *The Patagonian Hare*, 250–51.

33   Lanzmann, *The Patagonian Hare*, 244

34   de Beauvoir, *Adieux*, 314.

35 de Beauvoir, *Adieux*, 312, 316.

36 Le Breton, *Marcher. Éloge des chemins et de la lenteur*, 30.

37 Kierkegaard, *The Concept of Anxiety*, 81.

38 Kierkegaard, *The Concept of Anxiety*, 85–93.

39 Derrida, *The Truth in Painting*, 63:

그리 중요하지 않은 하위 조항에서 확보한 두세 가지 우연한 사례를 주장함으로써 내가 온당치 못한 이득을 취하고 있다는 것, 그리고 작품의 덜 주변적인 장소로, 중심과 핵심 le fond에 더 가깝게 이동하는 것이 더 나을 지도 모른다는 것이 맞을 수 있다. 확실히 그렇다. 이 반대는 누구나 세 번째 비판 [즉, 칸트의 판단력 비판]의 핵심이 무엇인지, 그리고 무엇이 세 번째 비판을 선호하는 지에 대해 이미 알고 있다는 것과 누군가 그 틀과 그 분야의 한계를 이미 발견했다는 것을 전제로 한다. 그러나 결정하기 더 어려운 것은 없는 것 같다 […나는 작품에 무엇이 본질적이고 무엇이 부수적인지 알지 못한다. 프랑스어에서 핵심을 뜻하는 le fond는 형식의 반대말로서 논쟁이나 작품의 내용 또는 논점이다. 데리다의 요점은 본질적인 내용과 주변적인 사례인 핵심과 형식을 구별하는 것이 불가능하다는 것이다.

40 *Being and Nothingness*, Part One, Chapter Two: "Bad Faith."

41 Jean-Paul Sartre, *Existentialism Is a Humanism*, Carol Macomber trans. (New Haven, CT: Yale University Press, 2007); *L'existentialisme est un humanisme*, new edition, Arlette Elkaïm-Sartre ed (Paris: Gallimard [Folio essais], 1996).

42 de Beauvoir, *Adieux*, 334.

43 Hayman, *Writing against*, 104.

44 Emily Witt, "A Six-Day Walk through the Alps, Inspired by Simone de Beauvoir," *New York Times Style Magazine*, 13 October 2016; https://www. nytimes. com/2016/10/13/t-magazine/entertainment/simone-de-beauvoir-hiking-alps.html; 2020년 11월 13일에 접속함.

5장

1 마이클 윈터보텀Michael Winterbottom 감독, Revolution Films, Baby Cow Productions, Arbie 제작, BBC Worldwide 배급 영화 <더 트립The Trip>(2010). 원래 BBC 2(2010)의 텔레비전 시리즈였으나 장편 영화로 편집되었다. 내가 언급하는 장면은 장편 영화 버전에서 삭제되었지만, DVD에서는 "추가분"에서 볼 수 있다.

2 Earl Leslie Griggs, ed., *Collected Letters of Samuel Taylor Coleridge* 6 vols (Oxford: Clarendon Press, 1956-1971), vol. 1, 613; 지금부터는 Letters(편지). Ivor Armstrong Richards, *Coleridge on the Imagination*, 3rd ed. (Bloomington and London: Indiana University Press, 1960), 22를 참조: 콜리지의 정수는 노쇠기의 "하이게이트의 입담꾼"에서 찾을 수 있는 것이 아니라 "그레타 홀의 자기 방에 앉아 그러한 풍경을 응시하는, 지인들에게 그것을 묘사하는 일에 지치지 않았던 젊은이"에서 찾을 수 있다.

3   Samuel Taylor Coleridge, *Lectures 1808-1819: On Literature*, ed. Reginald A. Foakes, 2 vols. (Princeton, NJ and London: Princeton University Press and Routledge/Bollingen Series, 1987), vol. 2, 217; cited in Matthew Scott, "*Coleridge, Lectures 1808-1819: On Literature*," in *The Oxford Handbook of Samuel Taylor Coleridge*, ed. Frederick Burwick (Oxford: Oxford University Press, 2009), 185-203, at 199. 여기서부터 이 책을 *Oxford Coleridge*로 언급하겠다.

4   Immanuel Kant, *Critique of Judgment*, trans. Werner S. Pluhar (Indianapolis, IN: Hackett, 1987), §11, § 15, § 16, § 49. 여기서부터는 CJ라는 축약어를 써서 언급하겠다.

5   콜리지에게 정신은 감각 인상을 수동적으로 보관하는 창고가 아니라 그것 자체의 "즉각적 자의식"을 통해 자기를 형성하는 "활동적이고 자기 형성적, 자기 실현적 시스템"이라고, 리처즈는 정확하게 지적한다.(69) Meyer Howard Abrams, *The Mirror and the Lamp: Romantic Theory and the Critical Tradition* (New York: Norton, 1958), 58도 보라: 콜리지에게 "지각하는 정신은 불활성적으로 수동적이기보다는 활동적"이며, "세계를 지각하는 바로 그 과정에서" 세계를 형성하는 데 기여한다.

6   Robin Jarvis, *Romantic Writing and Pedestrian Travel* (London: Macmillan; New York: St. Martin's Press, 1997), especially 126-54.

7   Richard Holmes, *Coleridge: Early Visions* (London: Hodder & Stoughton, 1989), 여기서부터는 Visions(비전)으로 부르겠다. 또한 *Coleridge: Darker Reflections* (London: Flamingo [HarperCollins], 1999); 여기서부터는 Reflections.

8   Richard Holmes, *Footsteps: Adventures of a Romantic Biographer* (London: Penguin, 1986).

9   Rebecca Solnit, *Wanderlust: A History of Walking* (New York: Viking, 2001), "The Legs of William Wordsworth," 104-17. 솔닛은 콜리지의 "열정적 걷기 10년(1794-1804)"에 관해 한 문단(116)을 할애한다. 또한 "콜리지는 걷기를 멈추었을 때 머릿 속 운문 쓰기도 멈추었다"는 자비스의 주장을 언급한다. Jarvis, *Romantic Writing*, 139를 보라.

10   Joseph Amato, *On Foot: A History of Walking* (New York and London: New York University Press, 2004), Chapter Four, "Mind over Foot: Romantic Walking and Rambling," 101-24.

11   Anne D. Wallace, *Walking, Literature, and English Culture: The Origins and Uses of the Peripatetic in the Nineteenth Century* (Oxford: Clarendon Press, 1993). 월러스에 대한 비판을 보려면, 참고하라: Jarvis, *Romantic Walking and Pedestrian Travel*, 19-21.

12   Jarvis, *Romantic Writing*, ix을 보라. 여기서 자비스는 [낭만주의]의 가장 높은 성취를, 육체는 잠들어 있으며, 움직임 없는 "살아 있는 영혼"에 의해 통찰이 발생한다는 생각으로 해석하는 비판적 전통에 도전한다. 반대로, 그의 글에서는 낭만주의 언어 예술의 창의성이, 움직이는 신체의 조건, 성질, 리듬, 이전 세대에서는 볼 수 없었던 이동과 재현의 자유를 발견하며 땅 위를 신나게 지나가는 여행하는 자아에 반복적으로 연결된다.

13   Jarvis, *Romantic Writing*, 139.

14   <고대 선원의 노래>의 탄생에 관한 이야기는 워즈워스의 것이다. 다음을 참조: Samuel Taylor Coleridge and William Wordsworth, *Lyrical Ballads 1798 and 1800*, ed. Michael Gamer and Dahlia Porter (Peterborough: Broadview Press, 2008), 482-83.

15   Samuel Taylor Coleridge, *Biographia Literaria*, ed. George Watson (London: Everyman; J. M. Dent & Sons, London, 1991), 48; 여기서부터는 BL.

16   Macfarlane, "Introduction" to Nan Shepherd, *The Living Mountain* (London and Edinburgh: Cannongate, 2011), xxix-xxx.

17   Jarvis, Romantic *Writing and Pedestrian Travel*, 67, 69.

18   Tim Ingold, "Culture on the Ground: The World Perceived Through the Feet," *Journal of Material Culture* vol. 9, no. 3 (2004): 315-40; 331. See also Tim Ingold, "Footprints Through the Weather-World: Walking, Breathing Knowing," *Journal of the Royal Anthropological Institute* (N. S.) (2010), vol. 16: 121-139.

19   Jarvis, *Romantic Writing*, 4.

20   See Jarvis, *Romantic Writing*, 85: "'발', '구句 걸치기' '이보격dipody' 같은 중요한 운율 용어는 걷는 동작이나 걷기에 필요한 신체적 수단을 암시한다."

21   Jarvis, *Romantic Writing*, 68-69.

22   Marily Oppezzo and Daniel L. Schwartz, "Give Your Ideas Some Legs: The Positive Effect of Walking on Creative Thinking," *Journal of Experimental Psychology: Learning, Memory and Cognition* vol. 40, no. 4 (2014): 1142-52; 1143, 1147-48.

23   Marc G. Berman, John Jonides and Stephen Kaplan, "The Cognitive Benefits of Interacting with Nature," *Psychological Science* vol. 19 (2008): 1207-12. See also Stephen Kaplan, "The Restorative Benefits of Nature: Toward an Integrative Framework," *Journal of Environmental Psychology* 15 (1995): 169-;82, especially 172-76.

24   Karin Laumann, Tommy Garling and Kjell Morten Stormark, "Selective Attention and Heart Rate Responses to Natural and Urban Environments," *Journal of Environmental Psychology* 23 (2003): 125-34; 132.

25   Annette Kjellgren and Hanne Buhrkall, "A Comparison of the Restorative Effect of a Natural Environment with That of a Simulated Natural Environment," *Journal of Environmental Psychology* vol. 30 (2010): 464-72; 465, 470.

26   Dan Rubinstein, *Born to Walk. The Transformative Power of a Pedestrian Act* (Toronto: ECW Press, 2015), 25-;26, 56-57, 62. 루빈스타인은 수많은 연구를 언급한다.

27   Rubinstein, *Born to Walk*, 68; cf. Marc G. Berman et al.,"Interacting with Nature Improves Cognition and Affect for Individuals with Depression,"

Journal of Affective Disorders vol. 140 (2012): 300-05.

28　Jarvis, *Romantic Writing*, 55-56, 65-69. 자비스는 *Richard Long: Walking in Circles* (London: Thames & Hudson, 1991), 249에서 예술가 리처드 롱이 리처드 코크와 나눈 인터뷰를 언급한다: "매일 몇 시간씩 걷는 리듬감 있는 휴식을 취하면, 상상력이 해방되는 마음 상태에 도달하게 된다."

29　Elizabeth K. Nisbet and John M. Zelenski, "Underestimating Nearby Nature: Forecasting Errors Obscure the Happy Path to Sustainability," *Psychological Science* vol. 22 (2011): 1101-06.

30　Coleridge, *Lectures 1808-19*, vol. 1, 68, 81; cited by Mahoney, "Coleridge and Shakespeare," *Oxford Coleridge*, 505.

31　Coleridge, Notebook entry, 1810; cited in John Livingstone Lowes, *The Road to Xanadu: A Study in the Ways of the Imagination* (Boston, MA: Houghton & Mifflin Company, 1955), 285-86.

32　Lowes, *The Road to Xanadu*, 220.

33　Tilar J. Mazzeo, "Coleridge's Travels," *Oxford Coleridge*, 89-106; 91.

34　판티소크라시의 실패 이유에 관한 콜리지의 생각은 사우디에게 보낸, 쓴 말이 담긴 장문의 편지에서 볼 수 있다. *Letters* I, 163-73.

35　John Thelwall, *The Peripatetic; or, Sketches of the Heart, of Nature and Society*, 3 vols. (London, 1793).

36　See also Rosemary Ashton, *The Life of Samuel Taylor Coleridge* (Oxford: Blackwells, 1996), 109: "[네더 스토위에 있는] 작은 오두막은 습기, 비좁음, 쥐들의 출몰에도 불구하고 1797년 그해 여름 동안 사적이고 시적이며 철학적인 시골살이의 중심이 된 것 같았다."

37　William Wordsworth, *The Major Works*, ed. Stephen Gill (Oxford: Oxford University Press/Oxford World's Classics, 2000), 588.

38　Quoted from *The Early Letters of William and Dorothy Wordsworth* (1787-1805), ed. Ernest de Selincourt, revised ed. (Oxford: Clarendon Press, 1970 [1935]), vol. I, 168.

39　See Neil Vickers, "Coleridge's Marriage and Family," *Oxford Coleridge*, 68-88; 68, 75-76. 알폭스덴 일기상의 빈 부분에 관해서는 다음도 참고하라: Dorothy Wordsworth, *The Grasmere and Alfoxden Journals*, ed. Pamela Woof (Oxford: Oxford World's Classics [Oxford University Press], 2008), xx-xxi의 편집자의 글. 알폭스덴 일기의 많은 페이지가 찢겨 나갔다. (274).

40　See Wordsworth, *The Grasmere and Alfoxden Journals*, 144-53 and Woof's explanatory notes, 278-79, 284, 291, 293, 298.

41　Solnit, *Wanderlust*, 119; Jarvis, *Romantic Writing*, 14.

42　William Hazlitt, "On Going a Journey," in William Hazlitt, *Selected Writings*, ed. Ronald Blythe (Harmondsworth: Penguin, 1982), 136-47; 138-39.

43　Hazlitt, "On Going a Journey," 139.

44   Hazlitt, "On Going a Journey," 143; 콜리지가 쓴 이 시는 *The Poems of Samuel Taylor Coleridge*, ed. Ernest Hartley Coleridge (London: Humphrey Milford; Oxford University Press, 1927); 160-68에 있는 "지는 해를 위한 송가Ode to the Departing Year"(1796)임. 여기서부터는 Poems(시). 인용된 행들은 166면에 나옴.

45   Hazlitt, "My First Acquaintance with Poets," in Hazlitt, *Selected Writings*, 55.

46   Hazlitt, "My First Acquaintance with Poets," 51, 53, 54.

47   Hazlitt, "My First Acquaintance with Poets," 60.

48   토머스 드 퀸시에 따르면, 샛길로 새는 듯한 콜리지의 대화 모드는 사실 콜리지가 생각에 빠져 있다는 증거는 아니다: 그는 실제로 방랑 본능에 대한 저항이 가장 컸을 때, 가장 방랑했던 것처럼 보인다. 즉, 그의 이야기를 움직인 나침반과 거대 회로가 외딴 지역으로 가장 멀리까지 이동해서는 그 야기가 해결되기 시작했을 때 말이다. 이러한 회로가 시작되기 이미 오래 전에, 대부분의 사람들은 그가 하는 말을 놓쳤고, 충분히 자연스럽게도 그 역시 자기 말을 놓쳤다고 생각했다. Thomas De Quincey, "Samuel Taylor Coleridge," in *Collected Writings*, vol. 2, ed. David Masson (London: A & C Black, 1896) 152-53. 콜리지의 걷기 모드와 그의 이야기하기 모드와의 관계에 대해서도 같은 말을 할 수 있다.

49   Cited in Jeffrey Hipolito, "Coleridge's Lectures 1818-1819: *On the History of Philosophy*," *Oxford Coleridge*, 254-70; 258; see Coleridge, *The Friend*, 2 vols., ed. Barbara Elizabeth Rooke (Princeton, NJ and London: Princeton University Press and Routledge/Bollingen Series, 1969), vol. 1, 457.

50   Robert Macfarlane, *The Old Ways: A Journey on Foot* (London: Penguin, 2013), 22; see Robert Macfarlane, Stanley Donwood and Dan Richards, *Holloway* (London: Faber & Faber, 2013), 3: 홀로웨이는 […] 가라앉은 길, 깊고 그 늘진 길이다. 수세기에 걸쳐 발밑, 발굽 부딪히기, 바퀴 굴리기, 빗길이 땅으로 참혹하게 흘러 들어간 길. 오랜 세월 지나간 교통, 애타는 물로 낡게 된, 들판의 높이보다 16~18피트 아래로 푹 꺼진 길.

51   Thomas De Quincey, *Confessions of an English Opium-Eater*, in *Confessions of an English Opium-Eater and Other Writings*, ed. Robert Morrison (Oxford: Oxford University Press/Oxford World's Classics, 2013), 68: [아편의 영향 아래] 공간 감각 그리고 결국엔 시간 감각도 강력한 영향을 받았다. 건물, 풍경 등이 신체의 눈이 수용할 수 없을 정도로 방대한 비율로 전시되었다. 공간은 부풀어 올랐고, 말하기 어려울 정도의 무한대로 증폭되었다. See also 74-75.

52   Jarvis, *Romantic Writing*, 131.

53   Coleridge, The Friend, vol. 1, 471; cited in Matthew Scott, "*Coleridge's Lectures 1808-1819: On Literature*," in *Oxford Coleridge*, 193.

54   Coleridge, *Collected Notebooks*, vol. 2, 2546; cited in Douglas Hedley, "Coleridge as Theologian," *Oxford Coleridge*, 473-97; 477. 콜리지는 플라톤의 교리(감각이 영혼이 전생에서 경험한 것을 회상하도록 유도한다)를 암시하는 소네트를 쓴 적이 있다: "종종 알 수 없는 과거로부터 그런 환상은 현재를 그럴 듯하게 보이게 하며

내 뇌를 굴러가게 한다/잠시간 가장 괴이한 꿈처럼 […] 그리고 어떤 이들은 우리가 입었던 이 살의 옷을 우리가 그곳에서 살아냈다고 말했다." 이에 대해 콜리지는 설명한다: "플라톤의 전생에 관한 플라톤의 교리를 떠올리며" (*Letters* I, 260-61).

55   See Coleridge, *Collected Notebooks*, ed. Kathleen Coburn, vol. 1, 1794-1804 (Princeton, NJ and London: Princeton University Press and Routledge/Bollingen, Series, 1957), 1597; cited in Paul Cheshire, "Coleridge's Notebooks," *Oxford Coleridge*, 288-306; 300.

56   Immanuel Kant, *Critique of Pure Reason*, trans. Friedrich Max Muller (New York: Anchor Books, 1966). 칸트의 첫 번째 '비판'(CPR)을 언급하는 표준적인 방법을 사용한다. 초판본 페이지 숫자는 예컨대 A: 76으로 표기했고, 두 번째 판본의 페이지는 예컨대 B: 102로 표기했다. 부가적인 페이지 숫자는 뮐러의 번역본의 숫자를 의미한다.

57   나의 칸트 해석은 Martin Heidegger, *Kant and the Problem of Metaphysics*, trans. Richard Taft (Bloomington: Indiana University Press, 1990)의 안내를 받은 것이다. 이 책은 여기서부터는 KPM이라는 축약어로 부르겠다.

58   See Samuel Taylor Coleridge, *Lay Sermons*, ed. Reginald James White (Princeton, NJ and London: Princeton University Press and Routledge/Bollingen Series, 1972), 29; cited in Nicholas Halmi, "Coleridge on Allegory and Symbol," *Oxford Coleridge*, 354.

59   Friedrich Wilhelm Joseph Schelling, *System of Transcendental Idealism*, trans. Peter Heath (Charlottesville: University of Virginia Press, 1978), 228; 여기서부터는 STI.

60   Friedrich Wilhelm Joseph Schelling, *Ideas for a Philosophy of Nature*, trans. Errol E. Harris and Peter Heath (Cambridge: Cambridge University Press, 1988), 31; 여기서부터는 IPN.

61   Coleridge, *The Table Talk of Samuel Taylor Coleridge*, 2 vols., ed. Carl R. Woodring (Princeton, NJ and London: Princeton University Press and Routledge/Bollingen Series, 1990), vol. 1, 258-59; cited in David Vallins, "Coleridge as Talker: Sage of Highgate, Table Talk," *Oxford Coleridge*, 307-22; 312, 317.

62   칸트와 셸링의 사유와 콜리지가 어떻게 연결되는지에 관한 최근의 연구를 보려면 다음을 보라. Monika Class, *Coleridge and Kantian Ideas in England, 1796-1817: Coleridge's Responses to German Philosophy* (London: Bloomsbury, 2012) and Paul Hamilton, *Coleridge and German Philosophy: The Poet in the Land of Logic* (London and New York: Continuum, 2007).

63   Ingold, "Footprints Through the Weather-World," S125; see S136.

64   David Le Breton, *Eloge de la marche* (Paris: Editions Metailie, 2000), 32, 34.

65   Macfarlane, *The Old Ways*, 77, 340-41.

66   Thomas Hardy, *Return of the Native*, cited in Linda Crackwell, *Doubling*

Back. Ten Paths Trodden in Memory (Glasgow: Freight Books, 2014), 27.

67   Ingold, "Culture on the Ground," 333. 리베카 솔닛의 다음 에세이에서도 비슷한 주장이 제기된다. "Five Miles," in Lars Nittve, ed., *NowHere* Exhibition Catalogue (Humlebaek: Louisiana Museum of Modern Art, 1996), vol. II, 40-41: "신체의 리듬이 정신을 움직이고, 생각을 맑게 하며, 시퀀스를 열어준다; 걷기는 생각하기의 수단이다. 또는 걷기는 […] 발이 자신의 지능으로 읽는 길의 표면을 생각한다."

68   Jarvis, *Romantic Writing*, 66. 자비스는 보행자의 상상력이 어떤 식으로 감각 지각을 변형하고 "위치를 바꾸고, 융합해서, 무수한 형식으로 바꾸어내는지"에 관해 다음을 언급한다: William Gilpin, *Three Essays: on Picturesque Beauty; on Picturesque Travel; and on Sketching Landscape* (London: R. Blamire, 1792), 54.

69   Jarvis, *Romantic Writing*, 8-88; Macfarlane, *The Old Ways*, 201 and "Introduction" to *The Living Mountain*, xxxiii.

70   Coleridge, *Lectures 1808-1819: On Literature*, vol. 1, 218; cited in Matthew Scott, "Coleridge's *Lectures 1808-1819: On Literature*," in *Oxford Coleridge*, 185-203; 192.

71   영적 내면화를 사유로 바꾸는 것으로서의 회상에 관해서는 다음을 보라: Georg Wilhelm Friedrich Hegel, *The Phenomenology of Spirit*, trans. Arnold Vincent Miller (Oxford: Oxford University Press, 1977), 17, 27-28, 492-93; 영적 회상과 경험적 기억의 구별에 관해서는 다음을 보라: Søren Kierkegaard, *Stages on Life's Way*, trans. Howard V. Hong and Edna H. Hong (Princeton, NJ: Princeton University Press, 1988), 518-20.

72   Coleridge, *The Friend*, vol. 1, 471; cited in Scott, "Coleridge's *Lectures 1808-1819*," *Oxford Coleridge*, 192.

73   See Coleridge, *Lectures 1808-1819*, vol. 2, 351; cited in Scott, "Coleridge's *Lectures 1808-1819*," *Oxford Coleridge*, 195. See also Macfarlane, "Introduction" to Shepherd, *The Living Mountain*, xv, xix, xxv: "아리스토텔레스에게 '일반'은 넓고 모호하며 파악되지 않은 것이었다. 반면 '보편'은 특수자에 관한 강력한 집중에서 도출되는 잘 조정된 원칙으로 구성되었다…. 강렬한 경험주의는 세계를 하나이자 나눌 수 없는 것이라고 보는 전일적 세계관"과 관련지을 때 "내재성으로 가는 첫 번째 단계였다."

74   Coleridge, *Anima Poetae*, ed. Ernest Hartley Coleridge (Boston, MA and New York, 1895), 206; in Lowes, *Road to Xanadu*, 52, 85, 368.

75   Trine Plambech and Cecil C. Konijnendijk van den Bosch, "The Impact of Nature on Creativity—A Study among Danish Creative Professionals," *Urban Forestry & Urban Greening* vol. 14 (2015): 255-63. 더 많은 내용은 이 텍스트 내 괄호 안에서 볼 수 있다.

76   Hazlitt, "My First Acquaintance with Poets," 54.

77   Letter to—[Sara Hutchison]," *Samuel Taylor Coleridge*, ed. James Fenton (London: Faber and Faber, 2006), 47-56.

78   Robert Macfarlane, *Mountains of the Mind. Adventures in Reaching the Summit* (New York: Random House/Vintage, 2004), 81-82.

79   Quoted in Macfarlane, *Mountains of the Mind*, 82.

80   Macfarlane, *Mountains of the Mind*, 82.

81   Macfarlane, *Mountains of the Mind*, 83.

82   Shepherd, *The Living Mountain*, 14.

83   Macfarlane, *Mountains of the Mind*, 84.

84   Virginia Woolf, "The Man at the Gate," in *The Death of the Moth and Other Essays* (Harmondsworth: Penguin, 1961), 92.

85   John Keats, *The Letters of John Keats*, ed. Robert Gittings (Oxford: Oxford University Press, 1970), 237.

86   Hazlitt, "My First Acquaintance with Poets," *Selected Writings*, 46.

87   Hazlitt, "Mr. Coleridge," 233, 239.

88   Hazlitt, *Lectures on the English Poets. Delivered to the Surrey Institution*, no. 8; "On the Living Poets," 165-68.

6장

1   See Jonathan Conlin, "Vauxhall on the Boulevard: Pleasure Gardens in London and Paris, 1764-1784," *Urban History* vol. 35, no. 1 (2008): 24-47; Joseph A. Amato, *On Foot: A History of Walking* (New York and London: New York University Press, 2004), 82-83; Rebecca Solnit, *Wanderlust: A History of Walking* (New York and London: Penguin, 2001), 87-93; Jean-Louis Hue, *L'apprentissage de la marche* (Paris: Grasset, 2010), 57-67; Frederic Gros, *Marcher, une philosophie*, 2nd ed. (Paris: Flammarion/Champs essais, 2011), 238; *A Philosophy of Walking*, trans. John Howe (London and New York: Verso, 2014), 178.

2   Lauren Elkin, *Flâneuse. Women Walk the City in Paris, New York, Tokyo, Venice and London* (London: Chatto & Windus, 2016), 10; Walter Benjamin, "On Some Motifs in Baudelaire," in *Illuminations*, ed. Hannah Arendt, trans. Harry Zohn (New York: Schocken Books, 2007), 172.

3   Hue, *L'apprentissage de la marche*, 102.

4   Hue, *L'apprentissage de la marche*, 103; Conlin, "Vauxhall on the boulevard," 30, 31, 42.

5   See Walter Benjamin, "Paris, Capital of the Nineteenth Century," in *Reflections*, ed. Peter Demetz, trans. Edmund Jephcott (New York: Schocken Books, 2007), 146-62, especially 146-47.

6   Hue, *L'apprentissage de la marche*, 103-04.

7   "*Flâneur*" entry in Larousse, *Grand Dictionnaire universel* (Paris: 1872),

vol. 8, 436; quoted in Walter Benjamin, *The Arcades Project*, trans. Howard Eiland and Kevin McLaughlin (Cambridge, MA and London: Belknap Press/ Harvard University Press, 2002), 453.

8   Benjamin, *The Arcades Project*, 372.

9   Hue, *L'apprentissage de la marche*, 104-05; Benjamin, "Paris, Capital of the Nineteenth Century. Expose <of 1939>," *The Arcades Project*, 21. See also Honore de Balzac, *Theorie de la demarche* (Paris: Albin Michel, 1990); 초판본은 1833년에 출간됨.

10   Plato, *Apology* 21a-26b, 32e-34c, 36d-37a.

11   Søren Kierkegaard, *The Point of View*, ed. and trans. Howard V. Hong and Edna H. Hong (Princeton, NJ: Princeton University Press, 1998), 61, 60, 59, 316 n. 35; *The Point of View for My Work as an Author: A Report to History*, ed. Benjamin Nelson, trans. Walter Lowrie (New York: Harper Torchbooks, 1962), 49-50, 47. 나는 두 번역의 요소들을 종합했다.

12   Quoted in Joakim Garff, *Søren Kierkegaard. A Biography*, trans. Bruce Kirmmse (Princeton, NJ and Oxford: Princeton University Press, 2007), 591-92 and in Clare Carlisle, *Philosopher of the Heart. The Restless Life of Søren Kierkegaard* (London: Allen Lane/Penguin Books, 2019), 213-14.

13   Andrew Hamilton, *Sixteen Months in the Danish Isles*, vol. 2 (London: Richard Bentley, 1852), 269; cited in Carlisle, *Philosopher of the Heart*, 307-08.

14   Garff, *Søren Kierkegaard*, 311-12, quoting Kierkegaard's friend, Vilhelm Birkedal.

15   Carlisle, *Philosopher of the Heart*, 205 and 305, quoting H. C. Rosted and Tycho Spang.

16   Christian Zahle, quoted in Garff, *Søren Kierkegaard*, 310.

17   Garff, *Søren Kierkegaard*, 312.

18   Garff, *Søren Kierkegaard*, 310.

19   Garff, *Søren Kierkegaard*, 309.

20   Garff, *Søren Kierkegaard*, 318, 311; Kierkegaard, *The Point of View*, 54-55.

21   Garff, *Søren Kierkegaard*, 91.

22   Kierkegaard, *The Corsair Affair*, ed. and trans. Howard V. Hong and Edna H. Hong (Princeton, NJ: Princeton University Press, 1992), 217.

23   이러한 "산책자됨의 변증법"에 관해선 다음을 보라: Benjamin, *The Arcades Project*, 420.

24   Kierkegaard, *The Point of View*, 58-59.

25   See Garff, *Søren Kierkegaard*, 302.

26   Kierkegaard, *The Point of View*, 62.

27   Kierkegaard, *The Point of View*, 63.

28   Garff, *Søren Kierkegaard*, 317.

29   See Kierkegaard, *Practice in Christianity* (1850), trans. and ed. Howard V. Hong and Edna H. Hong (Princeton, NJ: Princeton University Press, 1991); *The Moment and Late Writings*, ed. and trans. Howard V. Hong and Edna H. Hong (Princeton, NJ: Princeton University Press, 1998).

30   Carlisle, *Philosopher of the Heart*, 69.

31   Edgar Allan Poe, "The Purloined Letter," in *The Fall of the House of Usher and Other Writings*, ed. David Galloway (London: Penguin Books, 1986), 330-49.

32   Charles Baudelaire, *The Painter of Modern Life*, trans. P. E. Charvet (London: Penguin Books/Great Ideas, n.d.), 12. 다음 사이트에서 볼 수 있는 보들레르의 원래 텍스트를 사용해 번역을 약간 수정했다: https://fr.wikisource.org/wiki/Le_Peintre_de_la_vie_moderne/III accessed 9 July 2020.

33   Baudelaire, "Les Foules," in *Selected Poems*, ed. and trans. Carol Clark (London: Penguin Books, 1995), 201-03; my translation. See Baudelaire, *Paris Spleen*, trans. Louise Varese (New York: New Directions, 1970), 20.

34   Gros, *Marcher, une philosophie*, 239; *A Philosophy of Walking*, 178; Benjamin, "Paris, Capital of the Nineteenth Century," in *Reflections*, 156; *The Arcades Project*, 442; "On Some Motifs in Baudelaire," *Illuminations*, 165.

35   Benjamin, *The Arcades Project*, 417-18.

36   Benjamin, *The Arcades Project*, 442.

37   Poe, "The Man of the Crowd," *The Fall of the House of Usher and Other Writings*, 179-88.

38   See Garff, *Søren Kierkegaard*, 414, 428.

39   Garff, *Søren Kierkegaard*, 301.

40   Garff, *Søren Kierkegaard*, 216; Carlisle, *Philosopher of the Heart*, 144.

41   Garff, *Søren Kierkegaard*, 310, 584-85.

42   Søren Kierkegaard, *Either/Or*, Part I; ed. and trans. Howard V. Hong and Edna H. Hong (Princeton, NJ: Princeton University Press, 1987), x.

43   Garff, *Søren Kierkegaard*, 711-12, 317; Carlisle, *Philosopher of the Heart*, 238.

44   Søren Kierkegaard, *Christian Discourses/The Crisis and a Crisis in the Life of an Actress*, ed. and trans. Howard V. Hong and Edna H. Hong (Princeton, NJ: Princeton University Press, 1997), 269-70.

45   Søren Kierkegaard, *Fear and Trembling/Repetition*, ed. and trans. Howard V. Hong and Edna H. Hong (Princeton, NJ: Princeton University Press, 1983).

46   Kierkegaard, *Fear and Trembling*, 38-40.

47   See Kierkegaard, "Problema I: Is There a Teleological Suspension of the Ethical?", *Fear and Trembling*, 54-67, especially 60: "[신앙의 본보기격인] 아브라함은 중개될 수 없다; 즉, 그는 말하지 못한다. 내가 말하는 즉시 나는 보편적인 것을 표현하며, 내가 말하지 않으면, 아무도 나를 이해할 수 없다."See also *Fear and Trembling*, 111-20, especially 118-19.

48   Kierkegaard, *Fear and Trembling*, 69.

49   Kierkegaard, *Fear and Trembling*, 41.

50   어느 개인을 특정하게 유형화함으로써 그 개인의 가장 깊은 심부를 붙잡을 수 있기라도 한 듯 생각하는 산책자의 태도에 관해선 다음을 보라: Benjamin, "Paris, Capital of the Nineteenth Century. Expose <of 1939>," *The Arcades Project*, 21-22.

51   Kierkegaard, *The Corsair Affair*, 216; *The Point of View*, 59-63.

52   Kierkegaard, *Repetition*, in *Fear and Trembling/Repetition*, 368 n. 79; Garff, Søren Kierkegaard, 236.

53   See Martin Heidegger, *Sein und Zeit*, 15th ed. (Tubingen: Max Niemeyer, 1979 [1927]), 339, 343-44, 385-86. 하이데거는 "반복"의 번역어로 "Wiederholung"이라는 단어를 사용한다. 하지만 최근의 하이데거 번역본은 "Wiederholung"을 "다시 살려냄retrieval"이라고 번역한다. Martin Heidegger, *Kant and the Problem of Metaphysics*, trans. Richard Taft (Bloomington: Indiana University Press, 1990), 139. Holen은 "갔다 오기, 얻기, 집기 또는 취하기"를, wieder 는 "다시"를 뜻한다.

54   Kierkegaard, *The Concept of Anxiety*, trans. Reidar Thomte with Albert B. Anderson (Princeton, NJ: Princeton University Press, 1980), 17-18n, 149.

55   Kierkegaard, "The Activity of Travelling Esthetician and How He Still Happened to Pay for the Dinner," in *The Corsair Affair*, 44.

56   Søren Kierkegaard, *Philosophical Fragments*, in *Philosophical Fragments/Johannes Climacus*, ed. and trans. Howard V. Hong and Edna H. Hong (Princeton, NJ: Princeton University Press, 1985), "The Situation of the Contemporary Follower," 55-71; *Fear and Trembling*, 66; *Concluding Unscientific Postscript*, ed. and trans. Howard V. Hong and Edna H. Hong (Princeton, NJ: Princeton University Press, 1992), vol. 1, 210, 246.

57   Kierkegaard, *Repetition*, 221, 133.

58   Garff, *Søren Kierkegaard*, 233; Kierkegaard, *Repetition*, 131. 강조는 내가 한 것.

59   Kierkegaard, *Concluding Unscientific Postscript*, vol. 1, 242-50.

60   Kierkegaard, *Concluding Unscientific Postscript*, vol. 1, 199-203.

61   Villads Christensen, *Peripatetikeren Søren Kierkegaard* (Copenhagen: Graabrødre Torv Forlag, 1965); cited in Kierkegaard, *The Corsair Affair*, 288 n. 85.

62   Garff, *Søren Kierkegaard*, 309.

63   Carlisle, *Philosopher of the Heart*, 169.

64   Garff, *Søren Kierkegaard*, 307-08.

65   Garff, *Søren Kierkegaard*, 305.

66   Garff, *Søren Kierkegaard*, 290.

67   Garff, *Søren Kierkegaard*, 309, 356.

68   Garff, *Søren Kierkegaard*, 152, 309.

69   Garff, *Søren Kierkegaard*, 305.

70   See the Index entry for Copenhagen in Kierkegaard, *Stages on Life's Way*, ed. and trans. Howard V. Hong and Edna H. Hong (Princeton, NJ: Princeton University Press, 1988), 758.

71   See the index entry for Copenhagen in *Either/Or*, Part I, 678.

72   Kierkegaard, *Stages On Life's Way*, 488.

73   Garff, *Søren Kierkegaard*, 310.

74   Kierkegaard, *The Point of View*, 37, 69; *Eighteen Upbuilding Discourses*, ed. and trans. Howard V. Hong and Edna H. Hong (Princeton, NJ: Princeton University Press, 1992), 5; *Fear and Trembling*, 70-81; *Concluding Unscientific Postscript*, vol. 1, 66-67, 77, 129-30, 144, 149, 151 and *passim*; Carlisle, *Philosopher of the Heart*, 148-49.

75   키르케고르의 집필용 책상 중 하나를 전시하고 있는 코펜하겐 시립 박물관 내 키르케고르 룸에 관한 묘사를 보려면: See David Lodge, *Therapy* (London: Penguin Books, 1995), 184-85.

76   Garff, *Søren Kierkegaard*, 314; Carlisle, *Philosopher of the Heart*, 61.

77   Garff, *Søren Kierkegaard*, 269.

78   Garff, *Søren Kierkegaard*, 335.

79   Garff, *Søren Kierkegaard*, 334.

80   Kierkegaard, letter to his sister-in-law, Henriette Lund, 1847, trans. Henrik Rosenmeier; in *The Vintage Book of Walking*, ed. Duncan Minshull (London: Vintage Books, 2000), 6-7.

81   Kierkegaard, letter to Henriette Lund, op. cit., 7.

82   Garff, *Søren Kierkegaard*, 315.

83   Garff, *Søren Kierkegaard*, 313; see Carlisle, *Philosopher of the Heart*, 6-7.

84   Garff, *Søren Kierkegaard*, 402; see *Concluding Unscientific Postscript*, vol. 2, 277-78 n. 103; *The Corsair Affair*, xxxiv-xxxv.

85   Garff, *Søren Kierkegaard*, 196.

86   Garff, *Søren Kierkegaard*, 309, 428-29.

87   Garff, *Søren Kierkegaard*, 174.

88   Garff, *Søren Kierkegaard*, 416; Kierkegaard, *The Corsair Affair*, 217-18, 220, 226-27, 229, 237-38.

89   Garff, *Søren Kierkegaard*, 311, 415; Kierkegaard, *The Corsair Affair*, 222.

90   Kierkegaard, *The Corsair Affair*, 46 and 278 n. 93. See the editors' "Historical Introduction," *The Corsair Affair*, vii-xxxiii; Garff, *Søren Kierkegaard*, 375-415; Carlisle, *Philosopher of the Heart*, 189-201.

91 Kierkegaard, *The Corsair Affair*, 100.

92   Kierkegaard, *The Corsair Affair*, 46.

93   Kierkegaard, *The Corsair Affair*, 114; 번역은 수정됨.

94   Kierkegaard, *The Corsair Affair*, 120.

95   Kierkegaard, *The Corsair Affair*, 130-31.

96   Kierkegaard, *The Corsair Affair*, 223-24.

97   Kierkegaard, *Concluding Unscientific Postscript*, vol. 2, 153.

98   Kierkegaard, *The Corsair Affair*, 227; journal entry for 1848.

99   Kierkegaard, *The Corsair Affair*, 227.

100   Kierkegaard, *The Corsair Affair*, 220; journal entry for 1847.

101   Kierkegaard, *The Corsair Affair*, 209, 212, 303-04 n. 436.

102   Kierkegaard, *The Corsair Affair*, 210; journal entry for March 9, 1846.

103   Kierkegaard, *The Corsair Affair*, 226.

104   Kierkegaard, *The Corsair Affair*, 212; journal entry for March 9, 1846.

105   Garff, *Søren Kierkegaard*, 406, 523.

106   Kierkegaard, *The Corsair Affair*, 220.

107   Kierkegaard, *The Corsair Affair*, 212.

108   Kierkegaard, *The Corsair Affair*, 222, 217.

109   Kierkegaard, *The Corsair Affair*, 219; see also 226.

110   Søren Kierkegaard, *Two Ages: The Age of Revolution and the Present Age, a Literary Review*, ed. and trans. Howard V. Hong and Edna H. Hong (Princeton, NJ: Princeton University Press, 1978).

111   Søren Kierkegaard, *The Sickness Unto Death*, ed. and trans. Howard V. Hong and Edna H. Hong (Princeton, NJ: Princeton University Press, 1980).

112   See Garff, *Søren Kierkegaard*, 415-16.

113   Garff, *Søren Kierkegaard*, 45, 50-59; Carlisle, *Philosopher of the Heart*, 104-08.

114   Garff, *Søren Kierkegaard*, 50.

115 Kierkegaard, "The Lilies of the Field and the Birds of the Air. Three Godly Discourses"(1849), *Christian Discourses*, trans. Walter Lowrie (Princeton, NJ: Princeton University Press, 1971), 311-56; see 349-50, 353, 355.

116 Carlisle, *Philosopher of the Heart*, 107-08.

117 Kierkegaard, *The Sickness Unto Death*, 32-34; 축약 및 재배열됨.

118 Garff, *Søren Kierkegaard*, 121.

119 Carlisle, *Philosopher of the Heart*, 171-72.

120 Kierkegaard, *Concluding Unscientific Postscript*, vol. 2, 59-60; see also vol. 1, 286.

121 Garff, *Søren Kierkegaard*, 283.

122 Garff, *Søren Kierkegaard*, 176.

123 Garff, *Søren Kierkegaard*, 187.

124 McKenzie Wark, *The Beach Beneath the Street* (London and New York: Verso, 2015), 27-28.

125 Kierkegaard, *Concluding Unscientific Postscript*, vol. 1, 189-251.

126 Ivan Chtcheglov (Gilles Ivain), "Formulary for a New Urbanism" (1953), *Situationist International Anthology*, ed. and trans. Ken Knabb, revised and expanded ed. (Berkeley, CA: Bureau of Open Secrets, 2006), 1-8.

127 Charles Baudelaire, "Invitation to the Voyage," *Flowers of Evil*, trans. James McGowan (Oxford: Oxford World's Classics, 2008), 108-11.

128 Guy Debord, "Introduction to a Critique of Urban Geography" (1953), *Situationist International Anthology*, 8-12.

129 Debord, "Introduction to a Critique of Urban Geography," 10.

130 Guy Debord, "Report on the Construction of Situations and on the International Situationist Tendency's Conditions of Organization and Action," *Situationist International Anthology*, 25-43; at 38-40.

131 See "Historical Introduction," *Philosophical Fragments*, ix n. 2.

132 Garff, *Søren Kierkegaard*, 283; Kierkegaard, *Prefaces/Writing Samples*, ed. and trans. Todd W. Nichol (Princeton: Princeton University Press, 1997).

133 Kierkegaard, *The Concept of Anxiety*, 14-15, 36, 62, 183.

134 Kierkegaard, *Concluding Unscientific Postscript*, vol. 2, 187 n. 33; Søren Kierkegaard, *Papers and Journals: A Selection*, ed. and trans. Alastair Hannay (London: Penguin Books, 1996), 161.

135 Garff, *Søren Kierkegaard*, 325-26.

136 See Carlisle, *Philosopher of the Heart*, 254-55. 칼라일의 번역을 약간 수정함.

137 Garff, *Søren Kierkegaard*, xviii-xix, 798.

138 Garff, *Søren Kierkegaard*, 26-27, 198.

139 Søren Kierkegaard, *On the Concept of Irony, with Continual Reference to Socrates/Notes of Schelling's Berlin Lectures*, ed. and trans. Howard V. Hong and Edna H. Hong (Princeton, NJ: Princeton University Press, 1989).

140 Garff, *Søren Kierkegaard*, 325.

141 Carlisle, *Philosopher of the Heart*, 88.

142 See Garff, *Søren Kierkegaard*, 683, 689; Carlisle, *Philosopher of the Heart*, 73, 233-34.

143 See Carlisle, *Philosopher of the Heart*, 81-83.

144 Kierkegaard, *Christian Discourses*, 265-66; *Training in Christianity*, trans. Walter Lowrie (Princeton, NJ: Princeton University Press, 1967), 14.

145 Garff, *Søren Kierkegaard*, 484

146 Kierkegaard, *Either/Or*, Part I, 301-445.

147 Garff, *Søren Kierkegaard*, 228-29, 241; see *Stages on Life's Way*, 431-36.

148 Carlisle, *Philosopher of the Heart*, 163; Kierkegaard, *The Concept of Anxiety*, 160.

149 Garff, *Søren Kierkegaard*, 688-89.

150 Kierkegaard, *Either/Or*, vol. 1, 306.

151 Carlisle, *Philosopher of the Heart*, 256-57; Garff, *Søren Kierkegaard*, 796-98.

152 Susanne Wenningsted-Torgard, *The Church of Our Lady and Søren Kierkegaard* (Copenhagen: The Church of Our Lady, 2015), 4-5; Garff, *Søren Kierkegaard*, xviii-xix.

153 Benjamin Fondane, "Heraclite le pauvre," *Cahiers du Sud* 13/177 (1935): 757-70; 758.

154 Benjamin Fondane, "A propos du livre de Leon Chestov: Kierkegaard et la philosophie existentielle," *Revue de philosophie* vol. 37 (Sept.-Oct. 1937): 381-414; 406.

155 See *Fear and Trembling*, 121.

156 Søren Kierkegaard, "The Mirror of the Word," in *For Self-Examination and Judge for Yourselves!*, trans. Walter Lowrie (Princeton, NJ: Princeton University Press, 1974), 13-74.

157 Garff, *Søren Kierkegaard*, 17-18, 513.

158 Garff, *Søren Kierkegaard*, 17; Carlisle, *Philosopher of the Heart*, 95.

159 Garff, *Søren Kierkegaard*, 19-20.

160 Garff, *Søren Kierkegaard*, 123-24; Carlisle, *Philosopher of the Heart*, 94.

161 Garff, *Søren Kierkegaard*, 9-10.

162 Garff, *Søren Kierkegaard*, 12-16, 37-46.

163 Garff, *Søren Kierkegaard*, 10.

164 Carlisle, *Philosopher of the Heart*, 169

165 Carlisle, *Philosopher of the Heart*, 94, 171-72.

166 Garff, *Søren Kierkegaard*, 88, 103; Carlisle, *Philosopher of the Heart*, 94.

167 Garff, *Søren Kierkegaard*, 306.

168 Cited by Benjamin, *The Arcades Project*, 453.

169 Garff, *Søren Kierkegaard*, 103; Carlisle, *Philosopher of the Heart*, 94.

170 Garff, *Søren Kierkegaard*, 302-03.

171 키르케고르의 마지막 나날들에 관해 더 소상히 알아보려면, see Garff, *Søren Kierkegaard*, 782-93. 프레데릭스 병원에 관한 일부 정보는 다음 책에서 가져온 것이다: Kurt Rodahl and Søren Nordhausen, *Designmuseum Danmark: The Royal Frederik's Hospital* (Copenhagen: KKArt, 2016).

172 See *Abramovic Method for Treasures* (Copenhagen: Det Kgl. Bibliotek/Royal Danish Library, 2018).

173 See Garff, *Søren Kierkegaard*, 178-80.

174 Kierkegaard, *The Concept of Anxiety*, 42, 235 n47.

175 Garff, *Søren Kierkegaard*, 327.

176 Garff, *Søren Kierkegaard*, 307; Stephen Metcalf, "In the Tidy City of the World's Most Anxious Man," *New York Times*, 1 April 2007, https://www.nytimes.com/2007/04/01/travel/01cultured.html; accessed 26 July 2020. See Kierkegaard, *Either/Or*, Part I, 313-17.

177 Garff, *Søren Kierkegaard*, 597, 686-87.

178 Garff, *Søren Kierkegaard*, 228.

179 Garff, *Søren Kierkegaard*, 598.

180 Garff, *Søren Kierkegaard*, 683-85.

181 Garff, *Søren Kierkegaard*, 746; Carlisle, *Philosopher of the Heart*, 240.

182 Garff, *Søren Kierkegaard*, 647.

183 Kierkegaard, *Fear and Trembling*, 41.

184 *Fear and Trembling*, 120.

185 이것이 *Philosophical Fragments, Concluding Unscientific Postscript*의 주요 주제다.

186 See *Fear and Trembling*, 59.

187 *Stages on Life's Way*, 505; journal for 17 May 1845.

188   키르케고르의 "잃은 자가 이긴다"는 주제에 관해선 see Jean-Paul Sartre, "The Singular Universal," in Sartre, *Between Existentialism and Marxism*, trans. John Matthews (New York: Pantheon Books, 1974), 141-69.

7장

1   Jean-Jacques Rousseau, *Confessions*, ed. François Raviez (Paris: Le Livre de Poche/Classiques, 2012), 2 vols; vol. 1, 114, 235, 332, 377; trans. John Michael Cohen (Harmondsworth: Penguin, 1979) 60, 205–06, 235; 여기서부터는 축약어 C로 부르겠다. 레퍼런스상의 첫 번째 책은 프랑스어 책이며, 두 번째는 코헨의 영문 번역서다. See also the translation by Angela Scholar (Oxford: Oxford World's Classics/Oxford University Press, 2008)

2   Jean-Jacques Rousseau, *A Discourse on Inequality*, trans. Maurice Cranston (Harmondsworth: Penguin Books, 1984).

3   Jean-Jacques Rousseau, *Reveries of the Solitary Walker*, trans. Peter France (Harmondsworth: Penguin Books, 1979); *Rêveries du promeneur solitaire*, ed. Michèle Crogiez (Paris: Livre de Poche/Classiques, 2001); 여기서부터는 축약어 RSW로 부르겠다. 레퍼런스상의 첫 번째 책은 프랑스어판이며, 두 번째는 영문 번역서다.

4   Leo Damrosch, *Jean-Jacques Rousseau: Restless Genius* (New York and Boston, MA: Houghton Mifflin Company/Mariner Books, 2007), 481.

5   Karl G. Schelle, *L'Art de se promener* (Paris: Rivages, 1996), 51; cited in Le Breton, *Éloge de la marche* (Paris: Editions Métailié, 2000), 92–93.

6   Crogiez, "Introduction," *Rêveries du promeneur solitaire*, 21.

7   Crogiez, "Introduction," *Rêveries du promeneur solitaire*, 34–35.

8   Crogiez, "Introduction," *Rêveries du promeneur solitaire*, 18; Christophe Lamoure, *Petite philosophie du marcheur* (Paris: Éditions Milan, 2007), 100.

9   Rousseau, *Lettres à Malesherbes* III, in Rousseau, *Oeuvres completes*, ed. Marcel Raymond et al. (Paris: Gallimard, Éditions de la Pléiade, 1959–1995), vol. 1, 1139–41; cited in Damrosch, *Jean-Jacques Rousseau: Restless Genius*, 261–62.

10   Jean-Jacques Rousseau, *Émile*, trans. Barbara Foxley (London: J. M. Dent/Everyman, 1993), 448–49.

11   11 Samuel Taylor Coleridge, letter to Robert Southey of 6 July 1794, in *The Letters of Samuel Taylor Coleridge*, ed. Earl Leslie Griggs (Oxford: Clarendon Press, 1966), vol. 1, 84.

12   See Jean-Louis Hue, *L'apprentissage de la marche* (Paris: Grasset, 2010), 74–75.

13   Friedrich Nietzsche, *Thus Spoke Zarathustra*, trans. R. J. Hollingdale (Harmondsworth: Penguin Books, 1969), Part Four, "Of the Higher Man,"

section 17; 304; 여기서부터는 축약어 TSZ로 표기된다.

14   See Rebecca Solnit, *Wanderlust. A History of Walking* (New York: Penguin Books, 2001), 17.

15   Friedrich Nietzsche, *Twilight of the Idols*, Maxims and Arrows, §34; in *Twilight of the Idols and The Anti-Christ*, trans. R. J. Hollingdale (London: Penguin Books, 1990), 36; altered. 《우상의 황혼》 은 여기서부터 축약어 TI로 표기된다; 《안티크리스트》 는 AC로 표기된다.

16   Friedrich Nietzsche, *Ecce Homo*, Why I Am So Clever, §1; in *On the Genealogy of Morals and Ecce Homo*, trans. Walter Kaufmann (New York: Vintage, 1969), 239-40; altered; 여기서부터는 EH로 축약 표기된다. 《이 사람을 보라》 의 프랑스 번역본은 "앉아서 하는 생활"을 "le cul de plomb(납 엉덩이)"로 번역한다; *Ecce Homo* (Paris: Denoël-Gonthier, 1971), 42; cited in David Le Breton, *Marcher. Éloge des chemins et de la lenteur* (Paris: Éditions Métailié, 2012), 29.

17   Friedrich Nietzsche, *The Gay Science*, Book Five, §366; trans. Walter Kaufmann (New York: Vintage, 1974), 322; 여기서부터는 GS로 축약 표기된다.

18   Rousseau, *Émile*, 30. See also *Émile*, 106-07: 자연 철학에서 우리의 첫 번째 스승은 우리의 발, 손, 눈이다. 따라서 우리는 생각하는 법을 배우기 위해 지성의 도구인 팔다리, 감각, 신체 기관을 실행해야 한다. [….] 참된 이성이 신체와 분리되어 발달한다고 생각하는 것은 그저 실수가 아니다. 정신의 활동을 쉽고 올바르게 만드는 것은 훌륭한 신체적 구성이다.

19   *Selected Letters of Friedrich Nietzsche*, ed. and trans. Christopher Middleton (Indianapolis, IN: Hackett Publishing, 1996), 167; letter of 31 May 1878 to Heinrich Köselitz ("Peter Gast").

20   Cited in David Farrell Krell and Donald L. Bates, *The Good European. Nietzsche's Work Sites in Word and Image* (Chicago, IL and London: University of Chicago Press, 1997), 87-88.

21   Quoted in Julian Young, *Friedrich Nietzsche: A Philosophical Biography* (New York and Cambridge: Cambridge University Press, 2010), 333.

22   Nietzsche, *Selected Letters*, 165-68; letters of 3 September 1877 to Malwida von Meysenbug; 31 May 1878 to Heinrich Köselitz; 15 July 1878 to Mathilde Maier.

23   Nietzsche, *Selected Letters*, 169; letter of 5 October 1879 to Heinrich Köselitz.

24   Farrell Krell and Bates, *The Good European*, 123; Sue Prideaux, *I Am Dynamite! A Life of Nietzsche* (New York: Tim Duggan Books, 2018), 164, 179, 187.

25   Damrosch, *Jean-Jacques Rousseau: Restless Genius*, 67, 184; Hue, *L'apprentissage de la marche*, 112; Farrell Krell and Bates, *The Good European*, 105; Prideaux, *I Am Dynamite!*, 182.

26   니체의 끔찍한 시력 문제에 관해선, see Prideaux, *I Am Dynamite!*, 48, 116-

17, 119, 165–66, 169, 243, 252, 293–94, 298–99; Farrell Krell and Bates, *The Good European*, 88–90, 105, 122, 141, 192–93; Young, *Friedrich Nietzsche*, 277, 292, 361, 453.

27   Leslie Stephen, *The Playground of Europe* (London: Spottiswoode and Co., 1871), 39; cited in Simon Bainbridge, "'The Columbus of the Alps': Rousseau and the Writing of Mountain Experience in British Literature of the Romantic Period," in *Jean-Jacques Rousseau and British Romanticism*, ed. Russell Gouldbourne and David Higgins (London: Bloomsbury Academic, 2018), 52.

28   Hue, *L'apprentissage de la marche*, 111–13; Damrosch, *Jean-Jacques Rousseau: Restless Genius*, 67, 184; Jean M. Goulemot, "Introduction" to Jean-Jacques Rousseau, *Julie, ou La Nouvelle Héloïse*, ed. Jean M. Goulemot (Paris: Livre de Poche/Classiques, 2002), 46; Robert Macfarlane, *Mountains of the Mind* (New York: Vintage, 2004), 145–46.

29   Damrosch, *Jean-Jacques Rousseau: Restless Genius*, 314–15, 323, 325; Hue, *L'apprentissage de la marche*, 111; Goulemot, "Introduction" to *La Nouvelle Héloïse*, 41; Macfarlane, *Mountains of the Mind*, 208–09; Simon Bainbridge, "'The Columbus of the Alps'," 54, 59.

30   Goulemot, "Introduction" to *La Nouvelle Héloïse*, 41; Damrosch, *Jean-Jacques Rousseau: Restless Genius*, 314–15.

31   Rousseau, *La Nouvelle Héloïse*, Part One, Letter 23, 130–31; see Hue, *L'apprentissage de la marche*, 111–12; Damrosch, *Jean-Jacques Rousseau: Restless Genius*, 323.

32   See Farrell Krell and Bates, *The Good European*, 132–33; Prideaux, *I Am Dynamite! A Life of Nietzsche*, 190–92, 240–41; Rüdiger Safranski, *Nietzsche: A Philosophical Biography*, trans. Shelley Frisch (New York: W. W. Norton & Company, 2002), 220–22; Young, *Friedrich Nietzsche*, 318–19.

33   Nietzsche to Henrich Köstelitz, 14 August 1881, *Selected Letters of Friedrich Nietzsche*, 178.

34   Frédéric Gros, *A Philosophy of Walking*, trans. John Howe (London: Verso, 2014), 12, 18, 22–23; *Marcher, une philosophie* (Paris: Flammarion/Champs essais, 2011), 22, 30, 37–38.

35   Nietzsche, letter to Marie Baumgartner, 2 August 1875; in *The Good European*, 92.

36   나는 홀링데일Hollingdale의 번역과 영Young의 번역을 혼합했다; see Young, *Friedrich Nietzsche*, 381.

37   Nietzsche, letter to Erwin Rohde, 11 November 1887; in *The Good European*, 201.

38   Gaston Bachelard, *L'eau et les rêves* (Paris: José Corti, 1942), 218; cited in Damrosch, *Jean-Jacques Rousseau: Restless Genius*, 97.

39   Damrosch, *Jean-Jacques Rousseau: Restless Genius*, 13.

40   Damrosch, *Jean-Jacques Rousseau: Restless Genius*, 17–19, 373–75. 루소는 다음 저작에서 민병대가 춤추는 장면을 상세히 서술한다: *Lettre à d'Albembert sur les spectacles*, in Rousseau, *Oeuvres Completes*, vol.5, 123–24.

41   게임용 카드 뒷면에 쓰인 '산책'을 포함한 《고독한 산책자의 몽상》 원고는 스위스 뇌샤텔 공공 도서관에 있는 루소 기념관 상설 전시관에서 볼 수 있다.

42   Damrosch, *Jean-Jacques Rousseau*, 47-48.

43   Nietzsche, *Selected Letters*, 149; Letter of 11 October 1876.

44   Damrosch, *Jean-Jacques Rousseau: Restless Genius*, 51.

45   Prideaux, *I Am Dynamite!*, 152.

46   Damrosch, *Jean-Jacques Rousseau: Restless Genius*, 90.

47   Damrosch, *Jean-Jacques Rousseau: Restless Genius*, 319.

48   Damrosch, *Jean-Jacques Rousseau: Restless Genius*, 366.

49   James Boswell, diary entry for 3 December 1764, in *Boswell on the Grand Tour: Germany and Switzerland*, Frank Brady and Frederick A. Pottle eds. (New York: McGraw-Hill, 1955), 220; Damrosch, *Jean-Jacques Rousseau: RestlessGenius*, 367.

50   Damrosch, *Jean-Jacques Rousseau: Restless Genius*, 388-90.

51   Damrosch, *Jean-Jacques Rousseau: Restless Genius*, 325, 330, 476.

52   Damrosch, *Jean-Jacques Rousseau: Restless Genius*, 371.

53   루소는 "현대에서 고대인을 볼 수 있는 자유롭고 단순한 나라"인 스위스를(111쪽),에서 스위스 농민의 독립성, 덕성, "무심한 본성과 열렬한 환대"(132-34쪽)를 이야기한다: Rousseau, *La Nouvelle Héloïse*. 이들에 대한 그의 환멸은 1763년 1월 룩셈부르크 총독에게 보낸 편지에 잘 나타나 있다: Damrosch, *Jean-Jacques Rousseau: Restless Genius*, 368. See also Hue, *L'apprentissage de la marche*, 70.

54   Hue, *L'apprentissage de la marche*, 83–84; Damrosch, *Jean-Jacques Rousseau*, 373.

55   Hue, *L'apprentissage de la marche*, 78–79; Damrosch, *Jean-Jacques Rousseau*, 381.

56   Hue, *L'apprentissage de la marche*, 78–79.

57   Hue, *L'apprentissage de la marche*, 75.

58   Damrosch, *Jean-Jacques Rousseau: Restless Genius*, 394-95.

59   Jean-Jacques Rousseau, *Le chemin de la perfection vous est ouvert* (Paris: Gallimard/Folio sagesses, 2017).

60   Rousseau, *Émile*, 448.

61   Damrosch, *Jean-Jacques Rousseau: Restless Genius*, 376.

62   Rousseau, Letter to Malesherbes of 26 January 1762; Lamoure, *Petite philosophie du marcheur*, 74–75; Le Breton, *Marcher: Éloge des chemins et de la lenteur*, 34; Frédéric Gros, *Petite bibliothèque du marcheur* (Paris: Flammarion/Champs, 2011), 150–51.

63   Rousseau, *Émile*, 247. see Damrosch, *Jean-Jacques Rousseau: Restless Genius*, 338.

64   Hue, *L'apprentissage de la marche*, 77.

65   https://www.randos-montblanc.com/en/intermediate-hikes/creux-du-van.html; accessed 17 November 2019.

66   Damrosch, *Jean-Jacques Rousseau: Restless Genius*, 382-83, 370. Hue, *L'apprentissage de la marche*, 78.

67   Timothée Léchot, "Jean-Jacques Rousseau, le botaniste," audio-visual presentation, Espace Rousseau, Neuchâtel, Switzerland.

68   https://www.myswitzerland.com/en-ca/experiences/route/motiers-poeta-raissechasseron-ste-croix/; accessed 17 November 201

69   Hue, *L'apprentissage de la marche*, 80.

70   Hue, *L'apprentissage de la marche*, 80-81.

71   Rousseau, *La Nouvelle Héloïse*, 130.

72   Gustave Roud, *Petit traité de la marche en plaine* (Paris : Éditions Fario, 2019), 30–32.

73   Rousseau, *La Nouvelle Héloïse*, 130.

74   Friedrich Nietzsche, *Beyond Good and Evil*, trans. R. J. Hollingdale (Harmondsworth: Penguin Books, 1973), Part Nine: What is Noble?, aphorism 257; 173. 이후에 이 책은 축약어 BGE로 표기된다.

75   Friedrich Nietzsche, *On the Genealogy of Morals,* trans. Douglas Smith (Oxford: Oxford University Press/Oxford World's Classics, 1996), First Essay, Section 2, 12–13; 여기서부터는 축약어 OGM으로 표기된다.

76   Young, *Friedrich Nietzsche*, 424, 429.

77   Nietzsche, *Selected Letters*, 197.

78   Safranski, *Nietzsche*, 270, 279, 298; Young, *Friedrich Nietzsche*, 333.

79   Young, *Friedrich Nietzsche*, 439–40.

80   Lamoure, *Petite philosophie du marcheu*r, 55–57.

81   《이 사람을 보라》에 수록된 '나는 왜 이런 좋은 책을 쓰는지' 2장의 삭제된 부분에서 인용. *EH* Appendix, 340.

82   Nietzsche, letter to Franz Overbeck of 11 February 1883, *Selected Letters*, 206.

83   Farrell Krell and Bates, *The Good European*, 128; letter of 7 July 1881.

84   Farrell Krell and Bates, *The Good European*, 148. Letter of 23 June 1881.

85   Nietzsche, July 1878 letter to Marie Baumgartner; in Young, *Friedrich Nietzsche*, 278.

86   Prideaux, *I Am Dynamite!*, 253. Young, *Friedrich Nietzsche*, 394.

87   Prideaux, *I Am Dynamite!*, 191, 416-17 n. 12.

88   Young, *Friedrich Nietzsche*, 361.

89   Farrell Krell and Bates, *The Good European*, 152; letter to Carl von Gersdorff of 18 June 1883, *Selected Letters of Friedrich Nietzsche*, 213-14.

90   Farrell Krell and Bates, *The Good European*, 128.

91   Farrell Krell and Bates, *The Good European*, 122-23, 150, 154-55. Young, *Friedrich Nietzsche*, 361.

92   Nietzsche, *Selected Letters*, 30 July 1881; 177; see also his letter to Overbeck of September 1882, *Selected Letters*, 19.

93   Young, *Friedrich Nietzsche*, 390-91. 실스에서의 니체의 일상에 대한 조금 다른 설명은, 같은 책 316, 455-56.

94   Nietzsche, *Selected Letters*, 214.

95   See Farrell Krell and Bates, *The Good European*, 153.

96   Nietzsche, in his notebook of August 1881; in Young, *Friedrich Nietzsche*, 318.

97   Farrell Krell and Bates, *The Good European*, 129, 132-33. Safranski, *Nietzsche*, 220-21, 238. Prideaux, *I Am Dynamite!*, 191-92.

98   Friedrich Nietzsche, "On the uses and disadvantages of history for life," *Untimely Meditations*, trans. R. J. Hollingdale (Cambridge: Cambridge University Press, 1983), 70.

99 Safranski, *Nietzsche*, 223, 238.

100   Nietzsche, letter to Köselitz, 14 August 1881; *Selected Letters*, 178.

101   "*Amor fat*i in Nietzsche, Shestov, Fondane and Deleuze," in *Minor Ethics: Deleuzian Variations*, ed. Casey Ford, Suzanne McCullogh and Karen Houle (Montreal and Kingston: McGill-Queen's University Press, 2021), 150-74.

102   Farrell Krell and Bates, *The Good European*, 153-56.

103   *The Good European*, 150.

104   Young, *Friedrich Nietzsche*, 361.

105   *The Good European*, 156; 1886년 여름 샤스테에서 니체와 함께 산책한 경험에 관한 메타 폰 살리스의 회고를 언급하고 있다.

106   Young, *Friedrich Nietzsche*, 489.

107   *The Good European*, 154-55.

108 Nietzsche, *Selected Letters*, to Georg Brandes, 10 April 1888, 292; Prideaux, *I Am Dynamite!*, 241; Young, *Friedrich Nietzsche*, 361, Farrell Krell and Bates, *The Good European*, 135, 156

109 Farrell Krell and Bates, *The Good European*, 153.

110 *The Good European*, 148, 157. Young, *Friedrich Nietzsche*, 388, 392.

111 하이데거의 다음 저작에 대한 부록에서 논쟁은 계속된다. *Kant and the Problem of Metaphysics*, trans. Richard Taft (Bloomington: Indiana University Press, 1990), 169–85.

112 Martin Heidegger, *Was ist Metaphysik?* (Bonn: Friedrich Cohen, 1929); trans. David Farrell Krell as "What Is Metaphysics?", in Martin Heidegger, *Basic Writings*, ed. David Farrell Krell (New York: Harper and Row, 1977), 95–112

113 Rudolf Carnap, "Überwindung der Metaphysik durch logische Analyse der Sprache," *Erkenntnis* vol. 2 (1931): 220–41; "The Elimination of Metaphysics through Logical Analysis of Language," in: Alfred Jules Ayer, ed., *Logical Positivism* (Glencoe, IL: The Free Press, 1959), 60–81.

114 Martin Heidegger, "The Self-Assertion of the German University: Address Delivered on the Solemn Assumption of the Rectorship of the University; Freiburg the Rectorate 1933/34: Facts and Thoughts," trans. Karsten Harries, *Review of Metaphysics* vol. 38, no. 3 (March 1985): 467–502.

115 Young, *Friedrich Nietzsche*, 432.

116 Farrell Krell and Bates, *The Good European*, 156.

117 Farrell Krell and Bates, *The Good European*, 156, quoting Resa von Schirnhofer.

118 Young, *Friedrich Nietzsche*, 392.

119 Frédéric Gros, *A Philosophy of Walking*, 24. *Marcher, une philosophie*, 38.

120 Farrell Krell and Bates, *The Good European*, 195–99.

121 Quoted in Prideaux, *I Am Dynamite!*, 19; Farrell Krell and Bates, *The Good European*, 19.

122 Farrell Krell and Bates, *The Good European*, 199..

123 Nietzsche, *Selected Letters*, 172; letter of 18 July 1880.

124 Young, *Friedrich Nietzsche*, 292.

125 Nietzsche, *Selected Letters*, 185; letter of 2 July 1882.

126 Prideaux, *I Am Dynamite!*, 316.

127 Friedrich Nietzsche, *Also Sprach Zarathustra. Ein Buch für Alle und Keinen* (Stuttgart: Philipp Reclam, 1994), 190.

128 Nietzsche, *Selected Letters*, 228.

129　Farrell Krell and Bates, *The Good European*, 201.

130　Young, *Friedrich Nietzsche*, 456.

131　Young, *Friedrich Nietzsche*, 291; Farrell Krell and Bates, *The Good European*, 125, 189.

132　Nietzsche, *Selected Letters*, 294; letter to Georg Brandes of 10 April 1888.

133　Stefan Zweig, *Nietzsche*, trans. Will Stone (London: Hesperus Press, 2013), 18.

134　Prideaux, *I Am Dynamite!*, 166–69.

135　Young, *Friedrich Nietzsche*, 278; Farrell Krell and Bates, *The Good European*, 124; Prideaux, *I Am Dynamite!*, 184.

136　See Nietzsche, *Selected Letters*, 160–61; letter to Malwida von Meysenbug of 1 July 1877.

137　Young, *Friedrich Nietzsche*, 276.

138　Young, *Friedrich Nietzsche*, 278, 289; Farrell Krell and Bates, *The Good European*, 124; Safranski, *Nietzsche*, 178; Prideaux, *I Am Dynamite!*, 186–87.

139　Prideaux, *I Am Dynamite!*, 119–20.

140　Nietzsche, *Selected Letters*, 160–61; letter of 1 July 1877; 177, letter of 19 June 1881 to Elizabeth Nietzsche; Farrell Krell and Bates, *The Good European*, 119, quoting a letter of 25 June 1877 to Elizabeth Nietzsche.

141　Prideaux, *I Am Dynamite!*, 182; Farrell Krell and Bates, *The Good European*, 122–23. 패럴 크렐과 베이츠는 니체가 1879년 7월 11일 프란츠 오버베크에게 쓴 편지를 인용한다: "생 모리츠는 내 감수성과 내 감각 기관(내 눈들!)에 잘 적응이 된, 적당한 장소라네. […] 공기는 소렌토보다 더 낫고, 향기로 가득하지. 나는 그게 좋아."

142　Farrell Krell and Bates, *The Good European*, 119, 148; Young, *Friedrich Nietzsche*, 294, 357, 455; Prideaux, *I Am Dynamite!*, 183.

143　Young, *Friedrich Nietzsche*, 294.

144　Farrell Krell and Bates, *The Good European*, 128.

145　Safranski, *Nietzsche*, 233; Prideaux, *I Am Dynamite!*, 184.

146　Young, *Friedrich Nietzsche*, 317.

147　Nietzsche, *Selected Letters*, 177.

148　Nietzsche, *Selected Letters*, 178.

149　Young, *Friedrich Nietzsche*, 317.

150　Nietzsche, *Selected Letters*, 179; letter of 18 September 1881.

151　Farrell Krell and Bates, *The Good European*, 142.

152　Young, *Friedrich Nietzsche*, 487–89.

153 Farrell Krell and Bates, *The Good European*, 205–06.

154 Farrell Krell and Bates, *The Good European*, 210–11; Young, *Friedrich Nietzsche*, 492–97.

155 Young, *Friedrich Nietzsche*, 489; Prideaux, *I Am Dynamite!*, 303.

156 Young, *Friedrich Nietzsche*e, 498.

157 Nietzsche, *Selected Letters*, 315; letter of 18 October 1888.

158 Young, *Friedrich Nietzsche*, 525–26.

159 Young, *Friedrich Nietzsche*, 523–25; Prideaux, *I Am Dynamite!*, 309–11.

160 Young, *Friedrich Nietzsche*, 525–28; Safranski, *Nietzsche*, 315.

161 Safranski, *Nietzsche*, 313.

162 Nietzsche, *Selected Letters*, 346; letter of 5 January 1889.

163 Young, *Friedrich Nietzsche*, 532.

164 Young, *Friedrich Nietzsche*, 532, 528.

165 Young, *Friedrich Nietzsche*, 532–33.

166 Nietzsche, *Selected Letters*, 178; letter of 14 August 1881.

167 Laurence Sterne, *The Life and Opinions of Tristram Shandy, Gentleman*, ed. Graham Petrie (Harmondsworth: Penguin Books, 1967), 453–54, 576.

168 See Young, *Friedrich Nietzsche*, 521.

169 Farrell Krell and Bates, *The Good European*, 206.

170 See Gros, *Marcher. Une philosophie*, 93, 108–10; *A Philosophy of Walking*, 66, 77–78.

171 Damrosch, *Jean-Jacques Rousseau: Restless Genius*, 401–30.

172 Damrosch, *Jean-Jacques Rousseau*, 428.

173 Damrosch, *Jean-Jacques Rousseau*, 457–68.

174 Damrosch, *Jean-Jacques Rousseau*, 486.

175 Rousseau, *La Nouvelle Héloïse*, Fourth Part, Letter XI, 533–38; see Hue, *L'apprentissage de la marche*, 89; Damrosch, *Jean-Jacques Rousseau*, 487.

176 Hue, *L'apprentissage de la marche*, 89–91.

177 Hue, *L'apprentissage de la marche*, 94.

178 Hue, *L'apprentissage de la marche*, 98; Fabrice Boucault and Jean-Marc Vasseur, *Le parc Jean-Jacques Rousseau à Ermenonville* (Paris: Éditions du Patrimoine/Centre des monuments nationaux, 2012), 26–28.

179 Hue, *L'apprentissage de la marche*, 95–96.

180 Gros, *Marcher, une philosophie*, 108–09, 111; *A Philosophy of Walking*, 77–79.

181   Le Breton, *Éloge de la marche*, 59.

182   Boucault and Vasseur, *Le parc Jean-Jacques Rousseau*, 20–23; Damrosch, *Jean-Jacques Rousseau: Restless Genius*, 489.

183   William Hazlitt, "On Going a Journey," in *Selected Writings*, ed. Ronald Blythe (Harmondsworth: Penguin Books, 1970), 136.

184   Robert Louis Stevenson, "Walking Tours," in *The Magic of Walking*, revised ed.; ed. Aaron Sussman and Ruth Goode (New York: Simon and Schuster/Fireside Book, 1980), 235.

185   Patrick Leigh Fermor, *A Time of Gifts* (London: John Murray, 2013), 18.

8장

1   Rachel Bowlby, "Walking, Women and Writing: Virginia Woolf as flâneuse," in *New Feminist Discourses: Critical Essays on Theories and Texts*, ed. Isobel Armstrong (London: Routledge, 1992), 26-47; Deborah Parsons, *Streetwalking the Metropolis: Women, the City and Modernity* (Oxford: Oxford University Press, 2000), 27; cited by David Bradshaw, "Introduction" to Virginia Woolf, *Selected Essays*, ed. David Bradshaw (Oxford: Oxford University Press/ Oxford World's Classics, 2008), xx; Lauren Elkin, *Flâneuse: Women Walk the City in Paris, New York, Tokyo, Venice and London* (London: Chatto & Windus, 2016), 69-93; Rebecca Solnit, *Wanderlust. A History of Walking* (New York: Penguin Books, 2001), 187-88; Matthew Beaumont, *The Walker. On Finding and Losing Yourself in the Modern City* (London: Verso, 2020), 163-86.

2   Bowlby, cited in Lauren Elkin, *Flâneuse*. 80. See Virginia Woolf, *Mrs Dalloway*, ed. Stella McNichol with an Introduction and notes by Elaine Showalter (London: Penguin Books, 2000); 여기서부터는 MD로 언급된다. 댈러웨이 부인의 산책길에 관한 지도를 알아보려면, see the *Virginia Woolf Miscellany* no. 62 (Spring 2003): 7.

3   엘킨의 《Flâneuse》에서 울프에 관한 장의 제목은 "블룸스버리"다. 울프와 그녀의 런던 생활에 관해서는, see Dorothy Brewster, *Virginia Woolf's London* (London: George Allen & Unwin, 1959); Jean Moorcroft Wilson, *Virginia Woolf. Life and London. A Biography of Place* (London and New York: W. W. Norton, 1988); Emma Woolf, "Literary haunts: Virginia's London Walks," *The Independent*, 28 March 2011; Liedke Plate, "Walking in Virginia Woolf's Footsteps: Performing Cultural Memory," *European Journal of Cultural Studies* vol. 9, no. 1 (2006): 101-20; Hilary Macaskill, *Virginia Woolf at Home* (Pimpernel Press, 2019).

4   Virginia Woolf, *The Diary of Virginia Woolf. Volume III: 1925-30*, ed. Anne Olivier Bell (Harmondsworth: Penguin, 1982), 298; 28 March 1930; 여기서 부터는 축약어 D3으로 언급된다.

5   Virginia Woolf, "Street Haunting: A London Adventure," in Woolf, *Death*

of the Moth and Other Essays (Harmondsworth: Penguin, 1961), 23-36. 여기서 부터는 축약어 DM으로 언급된다.

6   Woolf, "Oxford Street Tide," in *Selected Essays*, 199-203.

7   Hermione Lee, *Virginia Woolf* (London, Vintage Books, 1997), 454, 552-54, 563.

8   Cited in Lee, *Virginia Woolf*, 171.

9   Virginia Woolf, *Moments of Being*, 2nd ed., ed. Jeanne Schulkind (New York and London: Harcourt/Harvest Book, 1985), 71-72.

10   Virginia Woolf, "How Should One Read a Book?", *Selected Essays*, 63-73; 68-69; "How It Strikes a Contemporary," Selected Essays, 23-31; 27.

11   Woolf, "The Art of Biography," in *Selected Essays*, 121.

12   울프의 두 에세이 "The Novels of E. M. Forster", "Letter to a Young Poet"에서 인용문들을 따와 섞었다. DM 148-49, 184.

13   Virginia Woolf, *To the Lighthouse* (Harmondsworth: Penguin Books, 1964); 여기서부터는 축약어 TTL로 언급된다.

14   Virginia Woolf, *The Waves*, ed. Gillian Beer (Oxford: Oxford University Press/Oxford World's Classics, 1992) 여기서부터는 축약어 W로 표기된다. 비어 Beer는 이 작품을 "정체성 용해 실험"이라고 부른다(xxv). See also Gilles Deleuze and Felix Guattari, *A Thousand Plateaus. Capitalism and Schizophrenia*, trans. Brian Massumi (Minneapolis: University of Minnesota Press, 1987), 252: 인물들 각각은 일종의 다중multiplicity(질적으로 다차원적인 존재)인데, 이들은 "이 다중 안에, 그 끝에 동시에 존재하면서, 경계를 넘어 타자들 안으로 들어간다. [⋯] 각각은 하나의 파도처럼 전진하지만 [⋯] 그들은" 그들 모두가 (그 안에서) 뒤섞이는 순수한 되기라는 "하나의 추상적인 파도"다.

15   Virginia Woolf, *A Room of One's Own*, in *A Room of One's Own and Three Guineas*, ed. Anna Snaith (Oxford: Oxford University Press/Oxford World's Classics, 2015), 75-76. 여기서부터는 축약어 R로 표기된다.

16   Lee, *Virginia Woolf*, 637-38.

17   Virginia Woolf, "Leslie Stephen," *Selected Essays*, 111-15; originally, "Leslie Stephen. The Philosopher at Home: A Daughter's Memories," *The Times* (London), 28 November 1932, 15-16

18   Samuel Taylor Coleridge, "The Eolian Harp," in *The Poems of Samuel Taylor Coleridge*, ed. Ernest Hartley Coleridge (Oxford: Oxford University Press, 1927), 101-02.

19   Virginia Woolf, *The Diary of Virginia Woolf. Volume IV: 1931-35*, ed. Anne Olivier Bell and Andrew McNeillie (Harmondsworth: Penguin Books, 1983), 124; 여기서부터는 축약어 D4로 표기된다.

20   울프는 콜리지의 *Table Talk and Omniana* (Oxford: Oxford University Press, 1917), 201을 언급한다. 울프는 타임즈 문학 부록에 이 책에 관한 서평을 썼

다. (7 February 1918); see R 262; Virginia Woolf, *Essays*, ed. Andrew McNeillie (London: Hogarth Press, 1986), vol. 2, 221-22.

21   《자기만의 방》에 더해, 다음을 보라: Woolf, "Professions for Women," in *The Death of the Moth*: 소설 집필을 위해서 작가는 "그 신비스러운 냄새 맡기, 주변 느끼기, 던져보기를" "무의식적 존재의 심층에 푹 잠긴" "그 수줍고 환각적인 영혼의 돌연한 발견과 돌진을, 그 상상력"을 방해하거나 깨뜨릴 수 없는" 무아지경 상태에 들어가야 해요. 그 여성이 자신의 몸 그리고 "자신의 열정에 관한 진실을 말하는 여성에 대해 남성들이 늘어놓은 말"에 관한 생각으로 인해 무아지경에서 강제로 깨어나면, "무아지경은 끝나버리죠. 그녀의 상상력은 더 이상 활동하지 못하게 되고요"(DM 205).

22   Coleridge, "Religious Musings," *The Poems of Samuel Taylor Coleridge*, 113, 114.

23   Solnit, *Wanderlust*, 21.

24   Solnit, *Wanderlust*, 187.

25   Virginia Woolf, *The Diaries of Virginia Woolf. Volume II: 1920-24*, ed. Anne Olivier Bell and Andrew McNeillie, 199 (6 September 1922), 205 (4 October 1922); 259 (28 July 1923), 312 (7 September 1924); 여기서부터는 축약어 D2로 언급된다.

26   Woolf, "On Being Ill," *Selected Essays*, 101-10; 107. Originally in *New Criterion* (January 1926).

27   Woolf, *Orlando*, 178-79, 181.

28   Woolf, *Moments of Being*, 67.

29   Virginia Woolf, *The Diary of Virginia Woolf. Volume 1: 1915-19*, ed. Anne Olivier Bell (Harmondsworth: Penguin Books, 1979), 214; 4 November 1918; 여기서부터는 축약어 D1로 언급된다

30   Lee, *Virginia Woolf*, 490.

31   Lee, *Virginia Woolf*, 552-53.

32   Virginia Woolf, "Character in Fiction," *Selected Essays*, 44; originally in *Criterion* 218 (July 1924): 409-30.

33   Virginia Woolf, "On Being Ill," *Selected Essays*, 101.

34   Virginia Woolf, "Modern Fiction," *Selected Essays*, 6-12; 10; originally in Virginia Woolf, *The Common Reader* (London: Hogarth Press, 1925), 150-58.

35   Gilles Deleuze and Felix Guattari, *What Is Philosophy?*, trans. Hugh Tomlinson and Graham Burchell (New York: Columbia University Press, 1994), 169 and Gilles Deleuze and Claire Parnet, *Dialogues*, trans. Hugh Tomlinson and Barbara Habberjam (New York: Columbia University Press, 1987), 30.

36   Woolf, "Oxford Street Tide," *Selected Essays*, 199-203.

37   See D3 95: 22 July 1926; *The Second Common Reader* (New York and London: Harcourt Brace Jovanovich, 1960), 119-26에 있는 "De Quincey's Autobiography"에 관한 글을 쓰려고 "내 펜은 어느 아침의 드 퀸시를 통과해 달렸

다.”; see also "Impassioned Prose," which is also about De Quincey, in *Selected Essays*, 55-62.

38   Thomas De Quincey, *Confessions of an English Opium-Eater*, ed. Robert Morrison (Oxford: Oxford University Press/Oxford World's Classics, 2013), 48, 71.

39   Woolf, *Letters of Virginia Woolf*, ed. Nigel Nicolson and Joanne Trautmann (London: Hogarth Press, 1975-1980), vol. 6, 36: 6 May 1936; cited in Lee, *Virginia Woolf*, 671.

40   Lee, *Virginia Woolf*, 222, 240-41, 292.

41   Lee, *Virginia Woolf*, 292.

42   Lee, *Virginia Woolf*, 316; see *Letters of Virginia Woolf*, vol. 1, 458 (8 April 1911).

43   Lee, *Virginia Woolf,* 316-17; Maskell, *Virginia Woolf at Home*, 99-101.

44   Lee, *Virginia Woolf*, 317, 322; Maskell, *Virginia Woolf at Home*, 98-99, 106.

45   Lee, *Virginia Woolf*, 346.

46   Maskell, *Virginia Woolf at Home*, 106, 167. 울프는 로드멜에서 찰스턴까지의 거리를 약 10km(7마일)이라고 쓰고 있다; D5 246: 12 November 1939.

47   Maskell, *Virginia Woolf at Home,* 107-09.

48   Lee, *Virginia Woolf*, 422.

49   Lee, *Virginia Woolf*, 421.

50   Lee, *Virginia Woolf*, 421.

51   Maskell, *Virginia Woolf at Home*, 177.

52   Lee, *Virginia Woolf*, 430.

53   Lee, *Virginia Woolf*, 429.

54   Lee, *Virginia Woolf*, 427, 433.

55   Lee, *Virginia Woolf*, 423.

56   Maskell, *Virginia Woolf at Home*, 177.

57   Lee, *Virginia Woolf,* 760-61.

58   Claire Masset, *Virginia Woolf at Monk's House* (Swindon: National Trust, 2018), 40-41; Lee, *Virginia Woolf*, 424.

59   Lee, *Virginia Woolf*, 424-26.

60   Lee, *Virginia Woolf*, 424-25.

61   Macaskill, *Virginia Woolf at Home*, 150-51 and Caroline Zoob, *Virginia Woolf's Garden. The Story of the Garden at Monk's House* (London: Jacqui Small LLP/Aurum Press, 2013), 30-31.

62 See Zoob, *Virginia Woolf's Garden*, 24-25.

63 Lee, *Virginia Woolf*, 424.

64 Zoob, *Virginia Woolf's Garden*, 32-33; Masset, *Virginia Woolf at Monk's House*, 32-33; Macaskill, *Virginia Woolf at Home*, 150-53.

65 Masset, *Virginia Woolf at Monk's House*, 35.

66 Lee, *Virginia Woolf*, 426.

67 Macaskill, *Virginia Woolf at Home*, 149.

68 Masset, *Virginia Woolf at Monk's House*, 47.

69 Masset, *Virginia Woolf at Monk's House*, 35.

70 Lee, *Virginia Woolf*, 426; Woolf, D4 263: 26 November 1934.

71 *Letters of Virginia Woolf*, vol. 3, no. 1921; cited in Zoob, *Virginia Woolf's Garden*, 119.

72 Lee, *Virginia Woolf*, 434.

73 See *Virginia Woolf*, "In The Orchard," in *The Mark on the Wall and Other Short Fiction*, ed. David Bradshaw (Oxford: Oxford University Press/ Oxford World's Classics, 2001), 60-62.

74 Lee, *Virginia Woolf*, 453.

75 Lee, *Virginia Woolf*, 454.

76 Lee, *Virginia Woolf*, 747.

77 Lee, *Virginia Woolf*, 751-59.

78 Lee, *Virginia Woolf*, 760-64.

79 Lee, *Virginia Woolf*, 770.

80 The book was Benjamin Fondane, *Existential Monday. Philosophical Essays*, ed. and trans. Bruce Baugh (New York: NYRB Classics, 2016).

81 See Phyllis Rose, *Woman of Letters. A Life of Virginia Woolf* (New York: Oxford University Press, 1978), 150-51.

82 See Woolf, *Memories of Being*, 81.

83 Coleridge, "Kubla Khan," *Poems*, 296.

9장

1 Pierre Gassendi, "Fifth Set of Objections," in Rene Descartes, *Meditations on First Philosophy*, in *The Philosophical Writings of Descartes*, ed. and trans. John Cottingham, Robert Stoothoff and Dugald Murdoch (Cambridge: Cambridge University Press, 1985), vol. 2, 180.

2 Descartes, "Replies to the Fifth Set of Objections," *Philosophical*

Writings, vol. 2, 244 and *Principles of Philosophy*, Part One, section 8, in *Philosophical Writings*, vol. 1, 195.

3   Jacques Derrida, "Cogito et histoire de la folie," *Revue de metaphysique et de morale* vol. 68 (1963): 460-94 and vol. 69 (1964): 116-19; see especially 487-90.

4   Immanuel Kant, *Critique of Pure Reason*, trans. F. Max Muller (New York: Anchor Books, 1966): I. Elements of Transcendentalism; First Division, Transcendental Analytic; Book I, Analytic of Concepts, especially section 3, Of the Pure Concepts of the Understanding, or of the Categories, § 10.

5   Martin Heidegger, *Kant and the Problem of Metaphysics*, trans. Richard Taft (Bloomington: Indiana University Press, 1990), 55-57.

6   See Maurice Merleau-Ponty, *Phenomenologie de la perception* (Paris: Gallimard, 1945); *Phenomenology of Perception*, trans. Donald A. Landes (London and New York: Routledge, 2012). See especially Chapters 3 and 4.

7   확실히 이것은 오래된 이야기다. 이 주장을 처음 제기한 이는 다음 책에서의 존 로크였다. John Locke, *An Essay Concerning the Human Understanding* (1689), ed. Peter H. Nidditch (Oxford: Oxford University Press, 1979).

8   See the translator's note to Sophocles, *Oedipus the King,* in Sophocles, *Antigone, Oedipus the King and Electra*, trans. Edith Hall (Oxford: Oxford University Press/Oxford World's Classics, 2008), 165 (note to page 53).

9   Tim Ingold, "Footprints Through the Weather-World: Walking, Breathing, Knowing," *Journal of the Royal Anthropological Institute* (N. S.) (2010), vol. 16: S128-30.

10   See Ingold, "Footprints Through the Weather-World," S126, S129.S

11   See Søren Kierkegaard, "I Walk for Health and Salvation," in *Beneath My Feet. Writers on Walking,* ed. Duncan Minshall (London: Notting Hill Editions, 2018), 3-4.

플라뇌르 *Flâneur*, 산책자
철학자들을 매혹한 길과 풍경

초판1쇄 발행   2024년 12월 12일

지은이   브루스 보
옮긴이   황재준 · 우석영
표지 디자인   고래의노래 디자인
본문 디자인   디자인오팔
펴낸곳   산현글방 The House of Wisdom under Shelter
출판등록   제2020-000025호
주소   서울시 마포구 연희로 11. 5층 CS-531
이메일   thehouse.ws@gmail.com
인스타그램   wisdom.shelter

ISBN   979-11-990295-0-7 (03100)